Volker Weichsel

Tschechien in Europa

Studien zu Konflikt und Kooperation im Osten

herausgegeben von

Egbert Jahn

Band 16

LIT

Volker Weichsel

Tschechien in Europa

Nationalpolitische Traditionen und integrationspolitische Konzepte

LIT

Bibliografische Information der Deutschen Nationalbibliothek
Die Deutsche Nationalbibliothek verzeichnet diese Publikation in der Deutschen Nationalbibliografie; detaillierte bibliografische Daten sind im Internet über http://dnb.d-nb.de abrufbar.

ISBN 978-3-8258-0061-1
Zugl.: Mannheim, Univ., Diss., 2006

Chausseestr. 128 – 129
D-10115 Berlin

Auslieferung:
LIT Verlag Fresnostr. 2, D-48159 Münster
Tel. +49 (0) 2 51/620 32 - 22, Fax +49 (0) 2 51/922 60 99, e-Mail: lit@lit-verlag.de

Inhalt

Vorwort des Herausgebers 7
Dank 9

1 **Einleitung** 13

1.1 Zum Forschungsstand 20
1.2 Zur historischen Genese der Konfliktkonstellation 32

2 **Souveräner Nationalstaat im euroatlantischen Raum**
Die staatsnationale „Rechte“ der Demokratischen Bürgerpartei 39

2.1 Eine postkommunistische „Rechte“ ohne Traditionen? 43

2.2 Die gesamteuropäischen Ordnungsvorstellungen der ODS
– Nationalstaat im Westen 50

2.3 Das EU-Konzept der ODS: Alle Macht dem Nationalstaat! 73

3 **Europäischer Bundesstaat in einer transatlantischen Gemeinschaft**
Die nationalföderativen Christlichsozialen 105

3.1 Die nationalföderativen Traditionen der KDU-ČSL 107

3.2 Die gesamteuropäischen Ordnungsvorstellungen
der KDU-ČSL – ein euroatlantischer Verbund 114

3.3 Das EU-Konzept der KDU-ČSL –
ein europäischer Bundesstaat 125

4 **Europäischer Bundesstaat und transatlantische Gemeinschaft oder euroasiatischer Staatenverbund?**
Die Sozialdemokraten zwischen nationalföderativen
und staatsnationalen Kräften 137

4.1 Nationalföderative und staatsnationale Traditionen der tschechischen Arbeiterbewegung 139

4.2 Die gesamteuropäischen Ordnungsvorstellungen der ČSSD: Ein dritter Weg zwischen West und Ost? 148

4.3 Das EU-Konzept der ČSSD: Auf dem Weg in einen europäischen Bundesstaat? 171

5 Nationalstaat in der Isolation oder Aufbruch in einen euroasiatischen Staatenverbund?
Die Kommunisten zwischen tschechoslowakischem und tschechischem Staatsnationalismus 189

Die tschechoslowakisch-staatsnationalen Traditionen der KSČM 191

Die gesamteuropäischen Ordnungsvorstellungen der KSČM: Vom Blockkommunismus zum Nationalkommunismus 197

Das EU-Konzept der KSČM: Auf dem Weg in einen zentralistischen Staatenverbund? 212

6 Resümee 233

7 Literaturverzeichnis 255

Vorwort des Herausgebers

Nach dem Zusammenbruch der kommunistischen Parteiherrschaft in der Tschechoslowakei setzten sich rasch die politischen Kräfte durch, die die Integration zunächst der tschechoslowakischen, ab 1. Januar 1993 der tschechischen Republik in die westlichen Bündnisse anstrebten, und zwar gegen den Widerstand derjenigen, die enge Bindungen an die Sowjetunion und danach an Rußland aufrechterhalten oder ihr Land in die Neutralität führen wollten. Die Systemkonkurrenz war in wenigen Jahren ausgefochten, da die potentielle neue Ostbindung mit dem Systemwechsel in Rußland, dem Dahinsiechen der GUS und der Schwächung der rußländischen Weltmacht einen völlig neuen Charakter erhalten hätte. Nur ein Aspekt der Systemkonkurrenz blieb erhalten, die Auseinandersetzung um die Priorität und die Kombinierbarkeit von euroatlantischer oder/und rein europäischer Westorientierung und um ihre Vermittlung mit einer – soweit überhaupt vorhandenen – tschechischen Ost- bzw. Rußlandpolitik oder auch Gesamteuropapolitik.

Volker Weichsel untersucht die zahlreichen Varianten der europapolitischen Ordnungsvorstellungen aller relevanten, im Parlament vertretenen Parteien sowie gegebenenfalls auch der Parteiflügel und exponierten politischen Repräsentanten in der Tschechischen Republik. Dabei geht er von der Grundannahme aus, daß die Europapolitik und darüber hinaus im beträchtlichen Maße auch die Gesellschaftspolitik ganz wesentlich von dem nationalpolitischen Selbstverständnis der tschechischen Akteure bestimmt sei. Diese These verfolgt Weichsel konsequent durch die ganze Arbeit hindurch und findet auch zahlreiche überzeugende Belege für diese seine Grundthese.

Weichsel unterscheidet zwei deutlich unterschiedene Varianten von nationalpolitischem Selbstverständnis, eine staatsnationale und eine nationalföderative, deren Wurzeln er in der tschechischen Nationalbewegung seit dem 19. Jahrhundert entdeckt. Immer wieder stellt Weichsel bei seiner gegenwartsbezogenen Analyse Bezüge zur politisch-geistigen Geschichte seit dem 19. Jahrhundert her, und zwar nicht nur dann, wenn sich die Akteure selbst auf die Geschichte berufen, sondern auch wenn sie es unterlassen oder es nur in deutlicher Geschichtsverdrehung tun. Dabei versteht er es hervorragend, einer banalen Konstruktion von geschichtlichen Kontinuitäten zu entgehen und die Widersprüche, Brüche und Entwicklungsprozesse in den Geschichtsbildern trotz zahlreicher kontinuitätsheischender Ansprüche, die etwa im Wiederaufleben historischer Partei- und Pressenamen, in der Berufung auf historische Autoritäten zum Ausdruck kommen, herauszuarbeiten. So wirft seine Arbeit auch neues Licht auf politisch-strukturelle Gründe der Teilung der Tschechoslowakei in den Monaten und Jahren vor dem Januar 1993, die immer noch stark personengeschichtlich, insbesondere durch Hervorhebung der Rolle von Václav Klaus und Vladimir Mečiar, interpretiert wird. Demgegenüber betont

Weichsel ohne Verkennung der Bedeutung von Persönlichkeiten die wichtige Rolle von tiefsitzenden nationalpolitischen Grundanschauungen in der Gesellschaft, im Parteienspektrum und im Wählerverhalten.
Die Genese der Konflikte um die tschechische Europapolitik ist in wesentlicher Hinsicht durch die historische Auseinandersetzung zwischen Tschechen und Deutschen bestimmt, und zwar im doppelten Sinne: Konflikt mit den böhmischen und mährisch-schlesischen Deutschen (den Sudetendeutschen), im weiteren Kontext auch mit den Deutsch-Österreichern, und Konflikt mit dem mächtigen Nachbarstaat Deutsches Reich bzw. Bundesrepublik Deutschland. Spannend ist Weichsels These, daß durch die Flucht und Vertreibung der Sudetendeutschen als zahlenmäßig und politisch starker Minderheit in der Tschechoslowakei ein wesentlicher Kohäsionsgrund für die Bindung der böhmischen Länder und der Slowakei entfallen war.
Dem ethnischen Tschechoslowakismus war bereits 1945 der Boden entzogen, der staatliche Tschechoslowakismus schien hingegen eher durch die Flucht und Vertreibung der Deutschen wie eines Teils der Ungarn gestärkt. Aber der Staat Tschechoslowakei war nunmehr ein Staat der tschechischen und slowakischen Nationen oder Völker, nicht einer als einheitlich postulierten tschechoslowakischen Nation. Auch wenn von einer tschechoslowakischen nationalen Politik (seltener von einer tschechoslowakischen Nation – národ) gesprochen wurde, war immer bewußt, daß die Nation im Grunde aus zwei Nationen mit zwei Sprachen und zweierlei Nationalbewußtsein bestand. Vor allem war auch bewußt, daß die „tschechoslowakische Nation“ ein Konstrukt war, das vor allem in tschechischen, weit weniger in slowakischen Köpfen existierte. Und da die Tschechen doppelt so zahlreich sind wie die Slowaken, war allgemein bewußt, daß in einer Demokratie tschechoslowakische Mehrheitsentscheidungen über die grundlegenden nationalen Angelegenheiten in aller Regel tschechische Entscheidungen sein würden, solange sich die slowakische Minderheit widerspruchslos der „tschechoslowakischen“ Mehrheit beugte. Der Übergang vom tschechoslowakischen „Staatsnationalismus“ zum tschechischen fand deshalb, wie Weichsel immer wieder bemerkt, so weitgehend problemlos statt, weil er ein überwiegend von Tschechen getragener und von tschechischem Bewußtsein geprägter, also im Grunde ein rigider Ethnonationalismus war. Er steht in Tschechien im Konflikt mit einem eher nach innen und außen kooperativen Ethnonationalismus. Von einer tschechischen Staatsnation kann man allenfalls in dem manchmal mit dem gleichen Wort bezeichneten ganz anderen Sinne einer staatstragenden Nation, die man heutzutage auch öfter Titularnation nennt. Der tschechoslowakische bzw. tschechische Staatsnationalismus ist also keineswegs identisch mit dem französischen „Staatsnationalismus“; der westliche „Standardnationalstaat“ ist allenfalls in Hinblick auf den Souveränitätsanspruch des Staates identisch mit den Vorstellungen der tschechischen „staatsnationalen“ politischen Kräfte, nicht in Hinblick auf das nationale Subjekt.

Die Berufung auf das „historische Staatsrecht“ war seit dem Ende des böhmischen und mährischen Landespatriotismus bei Tschechen wie Deutschen in der Mitte des 19. Jahrhunderts eine Sache der ethnischen Tschechen, die lediglich das Territorium und die Grenzen der böhmischen und mährischen Kronländer für einen tschechischen Staat beanspruchten, nicht für einen Staat aller Bewohner der Kronländer als gleichberechtigten Bürgern. Die Berufung auf das „historische Staatsrecht“ begründet also keinesfalls einen Staatsnationalismus, der die Bürger eines Staates ohne Rücksicht auf ihre sprachlich-kulturelle und ethnische Verschiedenheit zu einer Nation erklärt. Das Beharren auf dem Einheitsstaat nicht nur gegenüber (potentiell national-) föderativen und sogar dezentral-regionalen Bestrebungen hat also kaum etwas mit Staatsnationalismus, sondern mit sich bedroht fühlendem Ethnonationalismus zu tun. Die Bedrohung kam historisch und in der Furcht vor deutschem und ungarischem Revisionismus nach 1945 von außen, aber auch von innen (von den national bewußten Slowaken und den tschechischen Mährern), wie Weichsel sehr gut herausarbeitet.

Sehr überzeugend arbeitet Weichsel den Zusammenhang zwischen innerem (innerhalb des tschechoslowakischen und dann auch des tschechischen Staates) und äußerem (europapolitischem) nationalem Föderalismus heraus. Föderalismus setzt sowohl eigene Kooperationsbereitschaft als auch das Vertrauen in die Kooperations- und Kompromißbereitschaft der politischen Partner voraus. Weichsel demonstriert das ganz hervorragend in bezug auf den Umgang der tschechischen Parteien mit der Bundesrepublik Deutschland und den Deutschen (einschließlich den Sudetendeutschen) in ihrer Europapolitik. Mißtrauen in Deutschland und die Deutschen begründet ein starkes Desiderat an tschechischer nationaler Rückversicherung durch Anlehnung an Rußland oder die USA (mittels der NATO), größere Zuversicht in ein demokratisch gewandeltes, selbstgenügsames, nicht revisionistisches Deutschland ermöglicht eine furchtlose Akzeptanz der europäischen Integration und der Europäischen Union. Dieses Grundmuster der Vermittlung von Nationalpolitik und Europapolitik (einschließlich euroatlantischer und gesamteuropäischer Politik) findet sich bei allen Parteien – sowie bei ihren Parteiflügeln und Parteiabsplitterungen.

Bei der vorliegenden Studie handelt es sich um eine hervorragende Arbeit, die durch ihre Überwindung der personenfixierten Zeitgeschichtsschreibung und durch den Rekurs auf historisch tieferliegende und gesellschaftlich breit verankerte Denkmuster, auf die Analyse der Politik von Parteien, Parteigruppierungen und Personen und ihrer intellektuell-institutionellen Herkunft – so zeigt der Autor die hohe Bedeutung des ehemaligen Prognoseinstituts der Akademie der Wissenschaften für mehrere Parteiführungen auf – zu einer wichtigen Bereicherung nicht nur der Kenntnisse über die Außen- und Europapolitik Tschechiens, sondern auch über einen zukünftigen Akteur in der Europäischen Union.

Egbert Jahn

Dank

Ich danke für großzügige finanzielle Unterstützung der Volkswagen-Stiftung. Sie hat das Projekt „Die Verknüpfung von Westintegration und Ostpolitik nach den Vorstellungen polnischer und tschechischer politischer Akteure“, aus dem dieses Buch hervorgegangen ist, gefördert und die Druckkosten übernommen. Dank gebührt auch dem Mannheimer Zentrum für Europäische Sozialforschung, das mir mit einer Anschubfinanzierung und einer hervorragenden Infrastruktur das wissenschaftliche Arbeiten erleichtert hat. Nicht zu vergessen ist das Institut für Internationale Beziehungen in Prag, das mir einen Aufenthalt als Gastwissenschaftler ermöglicht hat. Schließlich die Deutsche Gesellschaft für Osteuropakunde, die mir durch große Kulanz die Möglichkeit gegeben hat, eine Zeitlang auf zwei Baustellen zu arbeiten.

Für den intellektuellen Anstoß danke ich Prof. Dr. Egbert Jahn. Er hat wesentlich dazu beigetragen, daß ich versucht habe, an dem, was der Mehrheit als das Randständige gilt, das Allgemeingültige zu zeigen. In die böhmischen Dörfer, in die dieser Versuch führte, hat sich dankenswerterweise auch Prof. Dr. Klaus Schönhoven als Zweitkorrektor begeben.

Dafür, daß ich mich nicht ganz allein auf weiter tschechischer Flur fühlte, hat vor allem Dr. Anneke Hudalla gesorgt. Niemand kennt wie sie das tschechische Innenleben und kann doch von außen daraufblicken. So war sie es, mit der ich das für die geistige Durchdringung unerläßliche Wechselbad von Distanz und Nähe zum Gegenstand immer wieder durchexerziert habe.

Dr. Manfred Sapper ist mir in den wechselnden Lebensphasen, in die die Arbeit an diesem Buch fiel, stets verbunden geblieben. Er hat mich als Mentor gefördert, hat mir als Kollege den Rücken freigehalten und als Freund Mut gemacht.

Dr. Christine Pütz hat in allen Disziplinen geglänzt, mit Rat und Tat in den akademischen, mit Herz in den zwischenmenschlichen. Unserem gemeinsamen Sohn Jannis verdanke ich die – die Bedeutung wissenschaftlicher Arbeit relativierende – Einsicht, daß zwar Kinder nicht alles, aber ohne Kinder alles nichts ist. Nicht zuletzt daher sei das Buch meinen Eltern zugedacht.

Es gibt keinen anderen Weg als die Offenheit, keine Tricks. Wir müssen vor uns selbst in der Wahrheit stehen, welche die ganze Welt sehen kann, und wir müssen diese Welt überzeugen, daß das, was wir wollen, ihrem Gedeihen dient. Die tschechische Frage ist eine Frage der ganzen Welt, nicht nur unsere Frage.

Tomáš G. Masaryk

1 Einleitung

Die europäische Integration ist ein Vergesellschaftungsprozeß. Aus arbeitsteiligen nationalen Gesellschaften sind in der zweiten Hälfte des 20 Jahrhunderts Ansätze einer arbeitsteiligen europäischen Gesellschaft entstanden. Getrieben ist diese Vergesellschaftung vor allem von der zu immer größeren Einheiten drängenden Rationalisierungslogik der industriellen Produktion. Ein solch nüchterner Befund „verscheucht [. . .] die Nebel der politischen Rhetorik", welche die „Sehnsuchtsvokabel" und „Beschwörungsformel" *Europa* umgeben.[1] Er verschleiert jedoch zugleich, daß die als objektiver Prozeß ohne Wenn und Aber erscheinende europäische Integration ein politisches Projekt ist. Ein politisches Projekt, dessen Fortgang, Stillstand oder Scheitern im Zeitalter der demokratisch organisierten Nationalstaaten von der Vermittlung zwischen der nationalstaatlich organisierten Politik und der zunehmend transnationalen Ökonomie abhängt. Die Idee *Europa* hat nicht die Europäische Union hervorgebracht, aber als ungewolltes Gebilde hat die Europäische Union keinen Bestand.

Die Kernfrage, die sich allen Staaten als Akteure der europäischen Politik stellt, lautet daher: Soll der politische Handlungsspielraum der Nationalstaaten gegenüber der zunehmend transnational organisierten, den Geltungsbereich nationaler Politik transzendierenden europäischen Gesellschaft, wiedergewonnen werden, in dem Politik auf europäischer Ebene institutionalisiert und verlorene nationalstaatliche Handlungsfähigkeit durch Beteiligung an supranationalen Entscheidungen kompensiert wird? Oder soll die politische Handlungsfähigkeit des Nationalstaats bewahrt bzw. wiedergewonnen werden, indem die transnationale Vergesellschaftung gebremst, verhindert oder zurückgedreht wird? Soll das europäische Ordnungssystem ein locker institutionalisiertes Nebeneinander oder ein straff organisiertes Miteinander von Staaten sein oder sogar bundesstaatliche Züge annehmen?

Diese Studie untersucht die Antworten, die politische Akteure in der Tschechischen Republik in den anderthalb Dekaden vor dem Beitritt zur Europäischen Union im Mai 2004 auf diese Frage gegeben haben. Der empirische Befund ist eindeutig: Im Unterschied etwa zu Deutschland, wo unter den politischen Kräften ein breiter Konsens über die Europapolitik herrschte, war die Europapolitik in den vergangenen Jahren *die* zentrale politische Streitfra-

---

[1] Rudolf Burger: Vae neutris. Determinanten der europäischen Integration in österreichischer Perspektive, in: Leviathan 3/1994, S. 353-363, hier S. 353, 358.

ge der tschechischen Politik. Die politischen Vorstellungen von der idealen Ordnung Europas unterschieden sich in der Tschechischen Republik erheblich. Erklärte Gegner eines Beitritts zur Europäischen Union standen Anhängern einer Vertiefung der Integration unter tschechischer Mitwirkung gegenüber. Einstige Protagonisten der Westintegration entpuppten sich als EU-Skeptiker, die zuvor geäußerte Beitrittsabsichten unter erhebliche Vorbehalte stellten oder revidierten.

Die Arbeit versucht eine Interpretation zu geben, warum einige Akteure die europäische Vergesellschaftung als eine Herausforderung betrachten, auf die der Nationalstaat mit einer Strategie der politischen Integration adäquat reagieren kann, und warum andere Akteure die politische Integration zu verhindern suchen, da sie die europäische Vergesellschaftung vorantreibe und dem Nationalstaat als einzigen legitimen Herrschaftsverband das Grab schaufele. Im Fokus der Arbeit stehen die Vorstellungen der politischen Akteure vom Verhältnis zwischen Staat und Nation, die deren europapolitische Konzepte wesentlich prägen. Dabei lehnen jene Akteure, so die These, die im Staat die Verkörperung der Nation sehen oder sogar die Vorstellung hegen, daß der Staat der Nation historisch vorausgegangen sei, eine Vertiefung der politischen Integration ab. Integration im Sinne einer Verlagerung staatlicher Herrschaftskompetenzen auf supranationale Institutionen gilt diesen *staatsnationalen* Kräften als Schwächung der Staatssouveränität und eine Schwächung der Staatssouveränität als Schwächung der Nation. Diese Kräfte betrachten Herrschaft daher nur dann als legitim, wenn sie im Rahmen des Nationalstaats ausgeübt wird. Akteure hingegen, deren Nationsverständnis weniger auf den Staat fokussiert ist, denen der Nationalstaat als ein Mittel zum Wohle der als Kulturnation verstandenen Nation gilt, zeigen sich eher bereit, Entscheidungskompetenzen von der nationalstaatlichen auf die europäische Ebene zu verlagern. Die Integration von Nationalstaaten in einem supranationalen Staatenverbund oder sogar in einem Bundesstaat gilt diesen *nationalföderativen* Kräften als erwägenswertes Mittel, um inter-nationale Konflikte zu institutionalisieren, zu einer konstruktiven Konfliktbearbeitung zu gelangen und die kulturellen und sozialökonomischen Entfaltungs- und Gestaltungsmöglichkeiten der Nation zu erhöhen. Die supranationale Integration gilt ihnen nicht als Ende der nationalen Differenz, sondern als Mittel zur Bewahrung kultureller und administrativer Unterschiede. Solche nationalföderativen Ordnungsvorstellungen sind zu trennen von kurzfristigen Nützlichkeitsüberlegungen, die sich mit dem Schwanken der ökonomischen Geschikke rasch wieder verändern. Es geht vielmehr um solche nationalpolitischen Vorstellungen, die aufgrund einer langen sozialhistorischen Entwicklung im kollektiven Bewußtsein verankert und daher relativ krisenresistent sind. Als nationalföderativ sind sie dann zu bezeichnen, wenn ihnen ein europäisches Ordnungssystem als rechtens gilt, in dem Konflikte nicht lediglich zwischen souveränen Nationalstaaten ausgetragen werden, sondern das Neben-, Mit- und Gegeneinander korporativ verfaßter Nationen zumindest auch in supranationale Organisationen institutionalisiert ist, die von Ansätzen eines europäischen Bewußtseins getragen sind,

Mit dieser Fragestellung ist eine grundlegende Annahme dieser Arbeit vorweggenommen: Die zentrale Arena, in der die Debatte über die entscheidenden europapolitischen Fragen ausgetragen wird, ist ungeachtet der transnationalen gesellschaftlichen Verflechtung und der supranationalen Institutionalisierung von Politik in Europa weiterhin der demokratisch organisierte Nationalstaat.[2] Richtet man den Blick auf einzelne Politikfelder, die bereits auf europäischer Ebene institutionalisiert sind, so mag diese These Zweifel hervorrufen. Der Nationalstaat sei nur einer der Akteure und eine der Arenen europäischer Politik, lautet der Vorwurf an diesen Ansatz. Die europäische Politik sei daher nur als Mehrebenenpolitik zu verstehen.[3] In der Tat, über Fragen des Agrarmarktes, über Dienstleistungsrichtlinien, ja selbst über Außen- und Sicherheitspolitik wird längst nicht mehr alleine in den europäischen Hauptstädten entschieden.

Doch muß eine Fallstudie über die europapolitischen Ordnungsvorstellungen in einem ostmitteleuropäischen Staat in den Jahren 1989-2004 zur Kenntnis nehmen, daß sich die Europäisierung der Politik nicht wie in den westeuropäischen Gründerstaaten der Europäischen Gemeinschaft im Laufe mehrerer Jahrzehnte in kleinsten Schritten und gleichsam unbemerkt auf verschiedenen Ebenen vollziehen konnte. Mitglied in der Europäischen Union werden Staaten; über den Willen zum Beitritt wurde auf nationalstaatlicher Ebene entschieden. Die Ratifizierung der Verträge über den Beitritt der Tschechischen Republik zu den wichtigsten Institutionen des europäischen Ordnungssystems – zur NATO qua Parlamentsabstimmung 1997 und zur EU qua Referendum im Jahre 2003 - waren das Nadelöhr nationalstaatlich verfaßter Demokratie, an dem kein Weg vorbei ging. Hinzu kommt, daß es in dieser Studie nicht

---

[2] Exemplarisch Andrew Moravscik: Liberalism and international relations theory. Cambridge/Massachusetts 1992. – Peter Graf Kielmansegg: Integration und Demokratie, in: Beate Kohler-Koch, Markus Jachtenfuchs (Hg.): Europäische Integration. Opladen 1996, S. 47–71. Michael Greven (Hg.): Democracy beyond the state? The European dilemma and the emerging global order. Lanham (Maryland) 2000.

[3] Siehe beispielhaft die Beiträge in Thomas König, Elmar Rieger, Hermann Schmitt: Das Europäische Mehrebenensystem. Frankfurt 1996.

vorrangig um materielle Politikergebnisse und die institutionellen Bedingungen ihrer Entstehung gehen soll, sondern um grundsätzliche Vorstellungen über die Rolle des Nationalstaats im europäischen Ordnungssystem.
Hieraus ergibt sich ein wesentlicher Punkt für den Zuschnitt der Untersuchung. Auch wenn die Europäische Union als wichtigste europäische Institution im Zentrum dieser Untersuchung steht, so kann sich die Analyse der europapolitischen Ordnungsvorstellungen tschechischer politischer Akteure nicht auf die EU-Politik im engeren Sinne reduzieren. Täte sie dies, so würde sie ausblenden, daß sich die Vorstellungen von der Gestalt der Europäischen Union nicht in EU-Konzepten erschöpfen. Vielmehr offenbart erst eine Untersuchung der Rolle, welche die tschechischen politischen Akteure der Europäischen Union im umfassenderen europäischen Ordnungssystem zuweisen, ihre spezifische Haltung zur EU. Anders gesagt: Nationale Außenpolitik ist ein zentrales Mittel zur Gestaltung der EU-Innenpolitik. Dies gilt insbesondere für die Rolle der NATO, deren Verhältnis zur Europäischen Union eine der zentralen Fragen der ostmitteleuropäischen EU-Politik darstellt. Dies gilt aber auch für die Vorstellungen von den Beziehungen zu den anderen ostmitteleuropäischen Staaten sowie den Nachfolgestaaten der Sowjetunion. Was sich seit dem Beitritt der ostmitteleuropäischen Staaten als tschechischer Beitrag zur EU-Ostpolitik im Rahmen der seit Ende der 1990er Jahre immer wichtiger werdenden Nachbarschaftspolitik gegenüber den postsowjetischen Staaten ausnimmt, ist nicht zu verstehen, wenn man die gesamteuropäischen Ordnungsvorstellungen außer acht läßt, die in den Jahren zuvor in der Tschechischen Republik entwickelt wurden. Mitte der 1990er Jahre konnte ja mit guten Gründen noch von einer – wenngleich asymmetrischen – Integrationskonkurrenz zwischen Brüssel und Moskau[4] gesprochen werden, die sich auch in den ostmitteleuropäischen Staaten als innergesellschaftlicher Wettbewerb zwischen konkurrierenden europäischen Ordnungsvorstellungen nachweisen ließ.
Schließlich wäre eine Verengung des Fokus auf die Vorstellungen über die Europäische Union für die Jahre bis 1993 ahistorisch, kristallisierte sich doch erst zu diesem Zeitpunkt heraus, daß der durch den Maastrichter Vertrag erheblich bedeutsamer gewordene westeuropäische Staatenverbund der EG zu einem der zentralen Anziehungspunkte für die ostmitteleuropäischen Staaten werden sollte. So ist etwa die Behauptung, daß das Schlagwort der „Rückkehr nach Europa“, das für den Umbruch in Ostmitteleuropa 1989 so große Bedeutung hatte, von Anfang an den Beitritt zu EU und NATO ge-

[4] Egbert Jahn: Osteuropäische Staaten und ihre Integration ins gesamteuropäische Mehrebenensystem, in: Thomas König, Elmar Rieger, Hermann Schmitt (Hg.): Das europäische Mehrebenensystem. Frankfurt, New York 1996, S. 46–69.

meint habe[5], eine retrospektive Setzung, die den Blick auf die europapolitischen Ordnungsvorstellungen tschechischer politischer Akteure eher verstellt als durch Konkretisierung erhellt.

Um mehr Klarheit in die auf den ersten Blick sehr verschwommen erscheinenden europapolitischen Ordnungsvorstellungen der tschechischen politischen Akteure in den Jahren nach dem Umbruch zu bringen, muß man vielmehr umgekehrt verfahren und den Fokus erweitern. Die Suche nach präziseren Vorstellungen der Akteure etwa über die Stimmgewichtung im Ministerrat der Europäischen Union, über die Kompetenzabgrenzung zwischen der europäischen und der nationalstaatlichen Ebene oder gar nach von wissenschaftlichen Politikberatern ausgearbeiteten umfassenden europapolitischen Ordnungsvorstellungen bleibt zumeist erfolglos.[6] Einen überaus präzisen Indikator für die europapolitischen Ordnungsvorstellungen stellt hingegen beispielsweise die Haltung dar, welche die tschechischen Akteure nach 1989 zur Zukunft der Tschechoslowakei einnahmen. Dies hat zwei Gründe. Zum einen war der Zerfall der Tschechoslowakei eine der zentralen geopolitischen Ereignisse in Ostmitteleuropa, dessen europapolitischer Bedeutung sich alle Akteure in der Tschechischen Republik bewußt waren. Zum anderen dürften die nationalpolitischen Konzepte zur inter-nationalen Konfliktregelung im binationalen Staat Tschechoslowakei Auskunft über die europapolitischen Vorstellungen zur Gestalt einer multinationalen Gemeinschaft geben.

Richtet sich diese Studie somit auf die Analyse der Vorstellungen von der Rolle des Nationalstaats im europäischen Ordnungssystem, so ist es wenig sinnvoll, die in der tschechischen Europadebatte geäußerten Ordnungsvorstellungen auf „die“ tschechische Position zu reduzieren. Nimmt man das Demokratiegebot ernst, das alle europäischen internationalen und supranationalen Organisationen ausgeben, so muß man auch die unterschiedlichen Positionen kollektiver Akteure in einer pluralistisch verfaßten Demokratie ernstnehmen. Im parlamentarischen Regierungssystem der Tschechischen Republik sind es die Parteien, die gesellschaftliche Ideen und Interessen bündeln. Ignoriert man die Ordnungsvorstellungen, die sie entwickeln, mit der Begründung,

---

[5] Magarditsch Hatschikjan: Nationale Interessen und außenpolitische Orientierungen in Osteuropa, in: Magarditsch Hatschikjan (Hg.): Jenseits der Weltpolitik. Die Außenpolitik der osteuropäischen Staaten im Wandel. Opladen 2000.

[6] Handl und Khol konstatierten etwa im Jahre 2001 bedauernd, eine „grundsätzliches und allseits registriertes Fehlen einer nationalen Debatte über die Außenpolitik, mit der Ausnahme der Beziehungen zu Deutschland.“ – Vladimir Handl, Radek Khol: Czech attitudes towards the ESDP, in: Hans-Georg Ehrhart (Hg.): Die europäische Sicherheits- und Verteidigungspolitik. Positionen, Perzeptionen, Probleme, Perspektiven, Baden-Baden 2002, S. 113-127, hier S. 113.

„kleine Staaten" wie die Tschechische Republik würden ohnehin nur auf die Politik der großen Staaten - die sich darüber hinaus in der Europäischen Union zusammengeschlossen haben – reagieren, und objektiviert alles politische Handeln zu „nationalen Interessen" oder gar einer Systemlogik der europäischen und internationalen Politik, so ignoriert man die gesellschaftliche Pluralität und die Parteien als politische Subjekte.

Darüber hinaus ist auch in wissenschaftlicher Hinsicht Vorsicht vor der Mißachtung der Interessen- und Ideenpluralität in kleineren Staaten geboten. Einer der wesentlichen Fehler der (Ost)Europaforschung bis 1989 war, den ostmitteleuropäischen Staaten nahezu keine Aufmerksamkeit zu schenken. Der Umbruch des Jahres 1989 ist zwar ohne die Berücksichtigung des veränderten Denkens in der Sowjetunion und ihres schwindenden Machtpotentials nicht zu erklären, er kam aber vor allem deswegen so überraschend, weil der Erosion des sowjetischen Bündnissystems von unten, d.h. aus den ostmitteleuropäischen Gesellschaften heraus, kaum Beachtung geschenkt wurde. Die Selbstverständlichkeit, mit der seit 1989 oft von der Westorientierung der ostmitteleuropäischen Staaten ausgegangen wird oder mit der die ökonomische Alternativlosigkeit des EU-Beitritts an die Stelle des militärischen Zwangs der Sowjetunion als Erklärung für die europapolitische Orientierung der ostmitteleuropäischen Staaten getreten ist, reproduziert diesen Fehler. Zwar ist nicht davon auszugehen, daß ein einzelner ostmitteleuropäischer Staat – mit der partiellen Ausnahme Polens – gegen eine geschlossene EU Sondervorstellungen durchzusetzen oder gar deren Entwicklungsrichtung substantiell zu beeinflussen vermag. Die innereuropäischen Konflikte – etwa über die Aufnahme weiterer Mitglieder jenseits der großen Osterweiterung des Jahres 2004, das Verhältnis zu den USA und Rußland oder den Verfassungsvertrag – eröffnen jedoch Handlungsspielräume. Mehren sich solche Konflikte, so wird es durchaus relevant, ob starke politische Kräfte auch in einem kleineren Mitgliedstaat dem europäischen Ordnungssystem in seiner in den 1990er Jahren gewachsenen Gestalt die Unterstützung entziehen oder auf eine Stabilisierung hinwirken.

Gleichzeitig ist bei der Fokussierung der Untersuchung auf Parteien als Analyseeinheiten Vorsicht geboten. Es ist nicht ohne weiteres davon auszugehen, daß das Parteiensystem entlang europapolitischer Ordnungsvorstellungen strukturiert ist. Die tschechische – und im Anschluß an sie auch die internationale - Parteienforschung behauptet im Gegenteil sogar explizit, daß die tschechische Parteienlandschaft entlang einer sozioökonomischen Rechts-

Links-Achse polarisiert sei.[7] Wäre dies richtig, so müßte diese Konfliktlinie entweder parallel zu der europapolitischen Konfliktlinie verlaufen oder die Zuordnung von idealtypischen europapolitischen Ordnungsvorstellungen zu Parteien würde systematische Fehler ergeben. Die dieser Arbeit zugrundeliegende Hypothese lautet jedoch, daß die nationalpolitischen Konzepte das tschechische Parteiensystem in erheblichem Maße prägen und Parteiabspaltungen sowie Parteineugründungen im Verlaufe der 1990er Jahre diesen Grundzug des tschechischen Parteiensystems verstärkt haben. Methodisch folgt daraus, daß auch die Untersuchungseinheit „Partei" aufgebrochen werden muß, um gegebenenfalls Parteiströmungen mit divergierenden nationalpolitischen Vorstellungen zu identifizieren. Nur so kann der Entstehung modifizierter europapolitischer Ordnungsvorstellungen nachgegangen und gezeigt werden, ob, wann, wie und warum ein Umdenken stattfand.
Ein solches Umdenken kann in dem kurzen Untersuchungszeitraum von anderthalb Dekaden kaum die grundlegenden nationalpolitischen Vorstellungen betreffen. Vielmehr ist davon auszugehen, daß lediglich die europapolitischen Ordnungsvorstellungen, die der Erreichung nationalpolitischer Ziele dienen, einem langsamen Wandel unterworfen sein können. Die basalen Vorstellungen von der Nation, dem Staat und ihrem Verhältnis zueinander werden deshalb in dieser Studie als feste Größen betrachtet, die tief verwurzelt sind, und sich nur langfristig ändern können. In diesem Sinne kann man im Sinne des historischen Institutionalismus von einer Pfadabhängigkeit der in den Parteitraditionen verwurzelten nationalpolitischen Vorstellungen sprechen.[8] Somit läßt sich erklären, warum Parteien mit nationalföderativen Traditionen unter den gleichen europapolitischen Gegebenheiten andere europapolitische Ordnungsvorstellungen entwickeln als Parteien mit staatnationalen Traditionen. Diese Stabilität der Tiefenstrukturen darf jedoch nicht deterministisch verstanden werden. So begibt sich die Arbeit auf die Suche nach einem Wandel der europapolitischen Ordnungsvorstellungen – der Oberflächenstruktur -, die zwar in den nationalpolitischen Konzepten wurzeln, gleichzeitig jedoch einem Anpassungsdruck an die Gegebenheiten des europäischen Ordnungssystems in den Jahren 1989-2004 ausgesetzt waren. Methodisch nimmt die Studie damit eine vermittelnde Position zwischen systemischen und akteurszentrierten Ansätzen ein. Weder determiniert das europäische Ordnungssystem die tschechischen europapolitischen Vorstel-

[7] Klara Vlachova: Czech Political Parties and their Voters, Czech Sociological Review 1/1997, S. 39-56.

[8] Sven Steinmo, Kathleen Thelen; Frank Longstreth: Structuring Politics. Historical Institutionalism in Comparative Analysis. Cambridge 1992.

lungen, zwingt die Akteure also nicht zur einseitigen Adaption, noch legen die Parteitraditionen ein und für allemal ihre europapolitischen Positionen fest. Vielmehr wird versucht, Kontinuität und Wandel der europapolitischen Ordnungsvorstellungen der tschechischen Parteien vor dem Hintergrund des Wechselspiels von Parteitradition und Anpassungsdruck zu verstehen.

1.1 Zum Forschungsstand

Die in der vergangenen Dekade erschienenen Veröffentlichungen über die Entwicklung des europäischen Ordnungssystems in den 1990er Jahren im allgemeinen und die Osterweiterung der Europäischen Union im besonderen füllen mittlerweile eine eigene Bibliothek. Doch die überwiegende Mehrzahl dieser Studien vermag wenig zu der in dieser Arbeit aufgeworfenen Frage nach der nationalpolitischen Bedingtheit europapolitischer Ordnungsvorstellungen in der Tschechischen Republik auszusagen. Dies hat zunächst etwas damit zu tun, daß es sich hier um eine Fallstudie zu einem kleineren ostmitteleuropäischen Staat handelt, dessen Bedeutung für das europäische Ordnungssystem allgemein als gering eingeschätzt wird. Während die Zahl der Monographien und wissenschaftlichen Aufsätze in einer der gängigen westlichen Sprachen über Polen, dem aufgrund seiner vierfach höheren Bevölkerungszahl ein größeres politisches, wirtschaftliches und z.T. auch militärisches Potential beigemessen wird, immer noch recht beachtlich ist[9], hat die Zahl der deutsch-, englisch- oder französischsprachigen Veröffentlichungen, die sich mit der Tschechischen Republik beschäftigen, ein überschaubares Maß. Zumeist beschränken sich diese Arbeiten jedoch auf eine Darstellung des politischen Systems, das nach 1989 rasch demokratisiert worden sei und schon bald in seinen Grundzügen einer „EU-würdigen" westeuropäischen Standarddemokratie entsprochen habe, sowie der technisch-administrativen Vorbereitung auf den EU-Beitritt, die sehr eng an die Berichte der Europäi-

---

[9] Exemplarisch: Klaus Bachmann: To be or not to be. Die Debatte über den EU-Beitritt in der polnischen Öffentlichkeit, in: Jahrbuch des deutschen Polen-Instituts. Darmstadt 2000, S. 66-84; - Agnieszka Biegaj: Accession negotiations: Poland on the road to the European Union. Warsaw 2000; - Ilya Prizel: National Identity and Foreign Policy. Nationalism and Leadership in Poland, Russia and the Ukraine. Cambridge 2000.

schen Kommission über die Übernahme des gemeinsamen Rechtsbestands der EU, des *acquis communautaire*, angelehnt sind.[10]

Es wird festgehalten, daß die Tschechische Republik am 1.1.1993 als einer der beiden Nachfolgestaaten der Tschechoslowakei entstand, die tschechoslowakische demokratische Tradition der Zwischenkriegszeit sich positiv auf die Stabilisierung von Rechtsstaat und gewaltenteiliger Volksherrschaft auch in dem neuen Staat ausgewirkt habe, die Tschechische Republik ein unitarischer Zentralstaat ist, über ein parlamentarisches Regierungssystem verfügt, das Parlament nach dem Verhältniswahlrecht in großen Wahlkreisen gewählt wird, der Präsident aus dem Parlament gewählt wird und vor allem repräsentative Funktionen hat, die zweite Kammer, der Senat, erst 1996 mit vierjähriger Verzögerung eingerichtet wurde und schließlich ein unabhängiges Verfassungsgericht über die Einhaltung der konstitutionellen Ordnung wache. Das politische System weise somit sowohl mehrheitsdemokratische als auch konkordanzdemokratische Elemente auf. Das Parteiensystem sei stabil, wenig fragmentiert und bipolar und strukturiere sich vor allem entlang der sozioökonomischen Konfliktachse. Mit der *Kommunistischen Partei Böhmens und Mährens* gäbe es allerdings auch eine „Anti-System-Partei". Die Tschechische Republik sei damit ein „normaler" europäischer Staat ohne spezifisch postkommunistische oder spezifisch ost(mittel)europäische Eigenschaften und erfülle die von der Europäischen Union bei dem Treffen der Staats- und Regierungschefs in Kopenhagen 1993 aufgestellten politischen Kriterien für eine Mitgliedschaft.

Auch die Chronologie der Annäherung der Tschechischen Republik an die Europäische Union, wie sie diese Literatur darstellt, ist rasch abgehandelt. Auf eine gemeinsame Erklärung, in der die Europäische Gemeinschaft (EG) und der Rat für gegenseitige Wirtschaftshilfe (RGW) 1988 ihren Willen zu wirtschaftlicher Kooperation aussprachen, folgte im Jahr 1990 ein Handelsabkommen zwischen der Tschechoslowakei und der EG und die Aufnahme der Tschecho-

[10] Exemplarisch: Rolf Caesar, Hans-Eckart Scharrer (Hg.): Die Zukunft Europas im Lichte der Agenda 2000. Baden-Baden 2000. - Jackie Gower, John Redmond (Hg.): Enlarging the European Union: the Way Forward. Aldershot 2000. – Karen Henderson (Hg.): Back to Europe: Central and Eastern Europe and the European Union. Padstow 1998. – Wim Kok: Die Erweiterung der Europäischen Union. Errungenschaften und Herausforderungen. Bericht an die Europäische Kommission. März 2003. – Phedon Nicolaides: Enlargement of the European Union and Effective Implementation of its Rules. Maastricht 2000. - Werner Weidenfeld (Hg.): Europa öffnen. Anforderungen an die Erweiterung. Gütersloh 1996. - Werner Zöhlnhöfer (Hg.): Perspektiven der Osterweiterung und Reformbedarf der Europäischen Union. Berlin 1998.

slowakei in das PHARE-Hilfsprogramm[11] der EG im gleichen Jahr. In den folgenden zwei Jahren handelten die EG, die sich mit dem Inkrafttreten des Maastrichter Vertrags 1993 als Europäische Union konstituierte, und die Tschechoslowakei ein Europaabkommen aus, das auf der Basis der auf dem Kopenhagen Gipfeltreffen der Staats- und Regierungschefs der Europäischen Union 1993 geäußerten Erweiterungsabsicht der EU als Vorstufe zu einem Beitritt verstanden wurde. Nach der Auflösung der Tschechoslowakei zum 31.12.1992 mußte die Tschechische Republik dieses Abkommen allerdings neu verhandeln; das im Oktober 1993 unterzeichnete Abkommen trat im Februar 1995 in Kraft. Im Januar 1996 – zwei Jahre nach Polen und Ungarn – stellte die Tschechische Republik schließlich den Antrag auf Mitgliedschaft in der EU. Damit erklärte sie sich bereit, eine von der Europäischen Kommission kontrollierte umfangreiche Rechtsangleichung vorzunehmen, Fragenkataloge der Kommission auszufüllen, eine „Durchleuchtung“ (screening) des nationalen Rechtssystems durch die Europäische Kommission zuzulassen, im Rahmen von „Beitrittspartnerschaften“ einen nationalen Plan zu erstellen, der das Vorgehen bei den Beitrittsvorbereitungen offenlegt, an speziellen Programmen zur verwaltungstechnischen Eingliederung in die Gemeinsame Agrarpolitik der EU (SAPARD) sowie die Strukturpolitik (ISPA) teilzunehmen und vieles mehr. Auf dem Gipfeltreffen der Staats- und Regierungschefs der EU in Luxemburg Ende 1997 wurde die Tschechische Republik in eine erste Gruppe von fünf ostmitteleuropäischen Staaten aufgenommen, mit denen bereits 1998 Beitrittsverhandlungen aufgenommen wurden. In ihren seit 1998 erstellten jährlichen Berichten über den Fortschritt der Beitrittsvorbereitungen wies die Europäische Kommission immer wieder darauf hin, daß die Tschechische Republik über eine Marktwirtschaft verfüge, die in der Lage sei, den Marktkräften in der Union standzuhalten, kritisierte aber die Beitrittsvorbereitungen im Bereich der Verwaltungsreform, da die Tschechische Republik lange Zeit weder das geforderte Gesetz über den Staatsdienst verabschiedete noch die geforderten regionalen Selbstverwaltungseinheiten in einer mit den statistischen Standards der EU kompatiblen Größe einführte. Trotz kritischer „Fortschrittsberichte“ in den Jahren 1998-2000 galt die Tschechische Republik aufgrund ihres kleinen und hochindustrialisierten Agrarsektors – der wegen seines hohen Anteils an den Ausgaben der EU im Zentrum der Osterweiterungs-Aufmerksamkeit stand - nie als Problemfall. So konnte sie Ende 2002 die Verhandlungen mit der Europäischen Union abschließen, im Frühjahr 2003 Beobachter in alle Institutionen der EU entsenden und nach der Ratifizierung des Beitrittsvertrags in den EU-

[11] PHARE: Poland and Hungary Aid for Reconstruction of the Economy.

Staaten und in der Tschechischen Republik – im Sommer 2003 in einem allgemeinen Referendum bei Zustimmung von 75 Prozent der abgegebenen Stimmen und 41 Prozent der Wahlberechtigten - im Mai 2004 von einigen Übergangsfristen abgesehen vollberechtigtes Mitglied der Europäischen Union werden.

Neben diesen politikberatenden, -begleitenden, -verkündenden und -dokumentierenden Studien mit Checklistencharakter, die zwar einen raschen Überblick über die technischen und juristischen Details des Beitritts geben, deren Haltbarkeitsdatum aber seit dem EU-Beitritt der Tschechischen Republik häufig überschritten ist, verfolgen einige neuere Studien auch eine politikwissenschaftliche Fragestellung. Zumeist setzen sie sich unter dem Stichwort „compliance" mit der Fähigkeit der ostmitteleuropäischen Staaten zur Anpassung an die Verwaltungsprozeduren der EU oder unter dem Stichwort „conditionality" mit der Fähigkeit der EU auseinander, die Einpassung der ostmitteleuropäischen Verwaltungsapparate und -prozeduren in das Mehrebenensystem der EU zu steuern und zu kontrollieren.[12] Bei dieser Form von Politikwissenschaft handelt es sich allerdings um eine Lehre von der administrativen Steuerung, die kaum nach den politischen Grundlagen für die Bereitschaft der ostmitteleuropäischen Staaten zur Anpassung an die EU fragt. Inhalt dieser Studien ist der „Export von Formen der politischen Organisation und des Regierens [. . .] über das europäische Territorium hinaus."[13] Der Aufbau der Analyse entspricht zumeist den Machtverhältnissen zwischen den untersuchten Objekten: Die Anpassung der ostmitteleuropäischen Staaten ist die abhängige Variable, die Vorgaben und die Kontrollmechanismen der EU die unabhängige Variable. „Transformation" und „Integration" werden dabei mehr oder minder explizit gleichgesetzt, wodurch entweder die positive normative Aufladung des Transformationsbegriffs oder sein deterministischer Grundzug - oder auch beides - auf den Integrationsbegriff übertragen werden. An die Stelle des Sachzwangs, der die „Transformation" vom maroden Kommunismus zum blühenden Kapitalismus erklären sollte, tritt zumeist der Machtzwang der Europäischen Union, die, so das Ergebnis dieser Studien, aufgrund ihrer dominanten Stellung gegenüber den ostmitteleuropäischen Staaten in der Lage war, diese

---

[12] Heather Grabbe: Europeanization Goes East. Power and Uncertainty in the EU Accession Process, in: Kevin Featherstone, Claudio M. Ravelli (Hg.): The Politics of Europeanization. Oxford 2003, S. 303-327. - Frank Schimmelfenning, Ulrich Sedelmeier: The Europeanisation of Eastern Europe. Evaluating the Conditionality Model. Paper presented at the EPCR European Union Politics Conference. Bordeaux,September 2002.

[13] Johan P. Olson: The many faces of Europeanization, in: Journal of Common Market Studies 5/2002, S. 921-952, S. 924.

vor die Alternative „Beitritt durch Anpassung oder Verzicht auf Beitritt“ zu stellen. Die negativ aufgeladenen Begriffe „kommunistisch“ und auch „postkommunistisch“ werden dabei als zu überwindende Negativfolie dem „Normalen“, dem „Europäischen“ gegenübergestellt.[14]
Nur selten wird diese implizit technokratische Perspektive auch explizit zur These über die Natur der Osterweiterung gemacht. Geschieht dies, so zeigt sich das Problem dieser Studien:

> Wie lange für die Landwirtschaft der Marsch nach Europa tatsächlich ausfällt, entscheiden deshalb nicht Werte und Kultur, sondern die Zertifizierung von Zahl-, Verwaltungs- und Bevorratungsstellen, die Einrichtung von Kontroll- und Inspektionssystemen, der Aufbau von Handelsmechanismen und Grenzkontrollen. Diese verwaltungstechnischen Probleme sind für den Erfolg der Osterweiterung viel wichtiger als die vieldiskutierten Fragen einer neuen Machtbalance und Führungsstruktur der Union [. . .] Die verwaltungstechnische Angleichung zwischen Ost- und Westeuropa [. . .] folgt im Grunde der gleichen Logik wie die institutionenpolitische Einordnung der ostmittel- und osteuropäischen Staaten in den sowjetischen Herrschaftskreis nach dem Zweiten Weltkrieg.[15]

Sollte diese Perspektive auf die Osterweiterung der Europäischen Union in den Beitrittsstaaten von relevanten oder sogar dominanten politischen Kräften geteilt werden, so stünde es schlecht um die Zukunft der Europäischen Union. Wie rasch eine so verstandene Integration in Desintegration umschlagen kann, hat die rasche Abwicklung des Rates für gegenseitige Wirtschaftshilfe und der Warschauer Vertragsorganisation in den Jahren 1990-1992 gezeigt. Das wissenschaftliche Problem solcher Analysen besteht daher darin, daß sie die Frage, ob und warum wichtige Akteure eher ein an kurzfristigen Nützlichkeitserwägungen orientiertes Integrationsverständnis hegen, andere aber mit der europäischen Integration im Rahmen der EU ein Ordnungssystem verbinden, an dem sie auch in Zeiten der Krise festhalten, nicht beantworteten können.
An diesem Defizit leidet auch der überwiegende Teil der tschechischsprachigen Europaliteratur, die zumeist dem Muster der westeuropäischen folgt. Zahlreiche Veröffentlichungen haben pädagogischen Charakter und dienen

---

[14] Exemplarisch bereits im Titel: Barbara Lippert, Gaby Umbach: The Pressure of Europeanisation. From post-communist state administration to normal players in the EU-system. Baden-Baden 2005.

[15] Elmar Rieger: Wohlfahrt für Bauern? Die Osterweiterung der Agrarpolitik, in: Osteuropa 5-6/2004, S. 296-315, hier S. 308-309, 311.

der Information über die Funktionsweise der europäischen Institutionen sowie der Darstellung der ökonomischen und rechtlichen Anforderungen für einen EU-Beitritt.[16] Eine handlungsanleitende Zielsetzung hat die juristisch-verwaltungswissenschaftliche und ökonomische Literatur, die sich an den Personenkreis richtete, der in staatlichen und halbstaatlichen Institutionen mit der Vorbereitung des EU-Beitritts befaßt war.[17] Einen recht großen Korpus bilden zudem makrohistorische Studien, denen nicht selten ein kulturalistischer Zug innewohnt und die nachzuweisen suchen, daß Ostmitteleuropa schon immer zu (West)Europa gehörte. Ziel dieser Schriften war es, den politischen Anspruch der Tschechischen Republik auf Mitgliedschaft in den westeuropäischen Integrationsforen zu untermauern. Ähnliches gilt auch für all jene Studien mit Gegenwartsbezug, die – ganz gleich ob sie einem „realistischen" oder einem „liberalen" Ansatz folgen – den Nationalstaat als Analyseeinheit betrachten und dessen „objektive Interessen" bzw. eine „vernünftige Politik" für die Tschechische Republik aus den Gegebenheiten des europäischen Ordnungssystems ableiten.[18] Zentrales Ziel dieser Studien ist die Beobachtung der Außenwelt und die Handlungsanleitung. In ihr werden zwar die Grundzüge der europapolitischen Debatte in der Tschechischen Republik durchaus deutlich, doch kann man diesem Korpus nicht ohne weiteres Quellenstatus für eine Analyse der europapolitischen Ordnungsvorstellungen der tschechischen Parteien zuweisen, ist doch die Verbindung zwischen der wissenschaftlichen Literatur und der parteipolitischen Diskussion in den seltensten Fällen explizit und zumeist nur eine phänotypische Ähnlichkeit der europapolitischen Ordnungsvorstellungen zu diagnostizieren, nicht aber eine genotypische Verwandtschaft nachzuweisen.
Hinzu kommt, daß auch die im engeren Sinne politikwissenschaftliche Literatur sich kaum mit der Analyse der tschechischen Europapolitik beschäftigt, son-

---

[16] Siehe exemplarisch Jaroslav Jakš: Co je to, když se řekne Evropská unie. Praha 1997; – Miloslav Had: Evropská společenství : První pilíř Evropské unie. Praha 1997; – Jan Hřích: Evropská unie v roce konání mezivládní konference a aktuální problémy vztahů ČR k Unii. Praha 1996; – František Mezihorák: Průvodce evropanstvím. Olomouc 1997; – Karel Barták: Průvodce Evropskou unií. Praha 1999; – Martin Maňák: Sto otázek a odpovědí o Evropské unii. Praha 2000.

[17] Jan Hřích: Zahraničněobchodní vztahy mezi Českou republikou a Evropskou unií. Praha 1995 [=Ústav mezinárodních vztahů: Studijní sešity 4/1995]; – ders.: Tranzitivní země střední a východní Evropy v závěru svého transformačního procesu a v předvečer vstupu do EU. Praha 2004. [=Ústav mezinárodních vztahů: Studijní sešity 1/2004]; ders.: Obchodní politika EU a obchodní vztahy ČR s Unií. Praha 2001 [=Ústav mezinárodních vztahů: Studijní sešity 2/2001].

[18] Miloslav Had, Jiří Valenta: České národní zájmy. Praha 1993; – Václav Kotyk: Česká zahraniční politika. Úvahy o prioritach. Praha 1997.

dern auf ihrem Feld eine ebenso explizit adaptive Zielsetzung hat wie die juristisch-verwaltungswissenschaftliche Literatur. Wichtigste Aufgabe der Disziplin Internationale Beziehungen in der Tschechischen Republik und ihres wichtigsten Publikationsorgans, der vom Prager *Ústav mezinárodních vztahů* (Institut für internationale Beziehungen, ÚMV) herausgegebenen Zeitschrift *Mezinárodní vztahy* (Internationale Beziehungen) sei es nach Auffassung ihres leitenden Redakteurs denn auch, „sich mit dem Stand der Disziplin in ihren bedeutendsten ausländischen Zentren in den USA und Europa vertraut zu machen."[19] Selbstverständlich lassen sich aus der selektiven Rezeption der Theorien der internationalen Beziehungen auch Rückschlüsse auf internationale und europäische Ordnungsvorstellungen ziehen. So war etwa infolge eines doppelten Umbruchs in der zweiten Hälfte der 1990er Jahre, als die in West- und Ostmitteleuropa geführte europapolitische Debatte sich von der Osterweiterung der NATO auf die Osterweiterung der EU verschob und in der Tschechischen Republik mit einem Regierungswechsel 1998 auch das Leitungspersonal des eng an das Außenministerium angebundenen ÚMV wechselte, ein allmählicher Übergang von „realistisch" angehauchten auf „konstruktivistisch" inspirierte Ansätze in den *Mezinárodní vztahy* zu beobachten. Auch die Anerkennung einer Hegemonialstellung (west)europäischer und amerikanischer Theorie der Internationalen Beziehungen sagt bereits viel über die Vorstellungen von den internationalen Beziehungen in Europa aus, doch stellt sich auch hier das Problem, daß sich diese Studien nur sehr bedingt als Quelle für die hier verfolgte Fragestellung verwenden lassen.

Jene eher seltenen Studien tschechischer und westeuropäischer Provenienz, die nicht das Machtgefälle zwischen den „großen" und etablierten Altmitgliedern bzw. der EU-15 als Einheit den „kleinen", isolierten und unter Anpassungsdruck stehenden ostmitteleuropäischen Staaten gegenüberstellen, verweisen darauf, daß es sich auch die ostmitteleuropäischen Regierungen langfristig „kaum leisten [können], gegen den Trend von nationalen Bevölkerungseinstellungen anzugehen"[20]. Auffallend ist jedoch, daß in gleichem Maße, wie die Methoden zur Erhebung der quantitativen Umfragedaten raffinierter werden, die Interpretation dieser Zahlen dünner wird. Gleichzeitig sind ernste Zweifel an der Aussagekraft solcher Umfragedaten anzumelden, handelt es sich doch um Messungen mit dem Stimmungsbarometer. Wie rasch Tief auf Hoch folgt, haben zuletzt die Umfrageergebnisse über die Zustimmung zum Vertrag über

[19] Petr Drulák: Mezinárodní vztahy – časopis a disciplína, in: Mezinárodní vztahy 1/2001, S. 5-7, hier S. 6.

[20] Timm Beichelt: Die Europäische Union nach der Osterweiterung. Wiesbaden 2005, S. 130.

eine Verfassung für die Europäische Union gezeigt. Lag vor den Referenden in Frankreich und den Niederlanden die Zustimmungsrate in der Tschechischen Republik bei über 60 Prozent, so fiel sie unmittelbar nach der Ablehnung des Verfassungsvertrags bei den beiden Abstimmungen auf deutlich unter 50 Prozent. Sehr stabil scheint die so abgefragte Unterstützung oder Ablehnung europapolitischer Ordnungen nicht zu sein.
Aussagekräftigere Ergebnisse liefern daher die wenigen Studien, die nicht nur passive Stimmungen isolierter Individuen einfangen und aggregieren, sondern sich auf aktives kollektives politisches Handeln konzentrieren. Erste Untersuchungen haben folgende Klassifizierung der tschechischen Parteien nach Parteifamilien und ihrer Haltung zur Europäischen Union ergeben:

Tabelle 1: Haltung tschechischer Parteien zur Europäischen Union[21]

	proeuropäisch-pro-EU	**proeuropäisch-EU-skeptisch**	**Euroskeptisch (antieuropäisch)**
Parteityp	christdemokratisch sozialdemokratisch liberale	konservativ	Linksradikal rechtsradikal
Partei in der Tschechischen Republik	KDU-ČSL ČSSD US, DEU	ODS	KSČM SPR-RSČ

KDU-ČSL: Křesťanská demokratická unie – Československá strana lidova (Christdemokratische Union – Tschechoslowakische Volkspartei)
ČSSD: Česká strana sociálně demokratická (Tschechische Sozialdemokratische Partei)
ODS: Občanská demokratická strana (Demokratische Bürgerpartei)
KSČM: Komunistická strana Čech a Moravy (Kommunistische Partei Böhmens und Mährens)
US: Unie Svobody (Freiheitsunion)
DEU: Demokratická unie (Demokratische Union)
SPR-RSČ: Sdružení pro republiku – Republikanská strana Československa (Vereinigung für die Republik – Republikanische Partei der Tschechoslowakei)

[21] Nach Timm Beichelt: Euro-Skepticism in the New Member States, in: Comparative European Politics 2/2004, S. 29-50, siehe auch: Paul Taggart, Aleks Szczerbiak: Parties, Positions and Europe: Eurosecpticism in the EU Candidate States of Central and Eastern Europe. Sussex 2001 [= Sussex European Institute. Working Paper 46].

Zwar wird in solchen Studien erstmals der Tatsache Rechnung getragen, daß die Regierungsverlautbarungen über *die* Europapolitik der Tschechischen Republik nicht der gesellschaftlichen Pluralität entsprechen und der oberflächliche Konsens über die Europapolitik zwischen einem breiten Parteienspektrum unter Ausschluß der KSČM Ende der 1990er Jahre aufgebrochen ist. Auch erfaßt die Unterscheidung zwischen EU-skeptisch und euroskeptisch, die an die Stelle des zuvor in der Literatur anzutreffenden binären Gegensatzpaares proeuropäisch vs. antieuropäisch getreten ist und auf eine Ablehnung des EU-Beitritts bzw. eine Ablehnung des europäischen Ordnungssystems zielt, wie es sich nach dem Umbruch des Jahres 1989 entwickelt hat, einen wichtigen Punkt, indem sie die bisweilen anzutreffende Gegenüberstellung eines harten und eines weichen EU-Skeptizismus präzisiert.
Es fehlen jedoch insbesondere für die Tschechische Republik Fallstudien, die dieser Klassifizierung eine differenzierte Interpretation zur Seite stellen. So wird ein Zusammenhang zwischen der aus der Selbstdarstellung der Parteien bzw. der politischen Charakterisierung durch ihre parteipolitischen Gegner ohne weitere Interpretation übernommene Klassifizierung in eine sozialdemokratische, eine christdemokratische, zwei liberale, eine konservative und je eine links- bzw. rechtsradikale Partei und deren jeweiliger europapolitischer Haltung nicht ersichtlich. Wenn eine rechtsradikale Partei euroskeptisch - bzw. nach anderer Terminologie antieuropäisch – und eine konservative rechte Partei EU-skeptisch sind, ist dann die Europäische Union ein „linkes" Projekt? Warum ist aber auch die „linksradikale" Partei des tschechischen Parteienspektrums euroskeptisch, die zwei liberalen hingegen proeuropäisch? Wenn die liberalen Parteien proeuropäisch sind, weshalb ist dann die ODS, die sich ja nicht nur als konservativ, sondern auch als liberal versteht EU-skeptisch? Und weshalb ist es gerade der liberale Prager Flügel der ODS, der seine Skepsis gegenüber der EU viel lauter zum Ausdruck bringt als der vor allem in Mähren verankerte konservative Flügel der ODS?
Zunächst drängt sich der Verdacht auf, daß die Charakterisierung einer Partei als „radikal" nicht als Erklärung für ihre ablehnende Haltung zur Europäischen Union oder zum europäischen Ordnungssystem im weiteren Sinne herhalten kann, weil dieser Erklärung eine Tautologie innewohnt. Was die beiden „radikalen" Parteien im hegemonialen tschechischen politischen Diskurs zu „radikalen" Parteien gemacht hat, sind gerade ihre von der Mehrheit der Parteien abweichenden europapolitischen Ordnungsvorstellungen. Daran schließt sich nahtlos die Beobachtung an, daß die wenigen vorliegenden Erkundungen über europapolitische Ordnungsvorstellungen der ostmitteleuropäischen Parteien ausschließlich der Frage nachgehen, warum manche Parteien EU- oder euroskeptisch sind. Die umgekehrte Frage, warum andere

Parteien sich klar für den Beitritt zur Europäischen Union sowie für den Vertrag über eine Verfassung für die Europäische Union aussprachen, wurde hingegen noch nie gestellt. Dahinter verbirgt sich eine normative Grundhaltung, nach der eine positive Einstellung zur EU als Norm, Skepsis oder Ablehnung hingegen als abnorm zu bewerten ist.
Neben dem Tautologieproblem und den in der Klassifizierung enthaltenen normativen Grundannahmen beruhen solche Klassifizierungen bisweilen auf einem theoretischen Vorverständnis, das sich in der Terminologie niederschlägt. Daß dies nicht unproblematisch ist, zeigt die Klassifizierung der ODS als konservativ, nicht aber, wie es dem Selbstverständnis der Partei entsprechen würde, auch als liberal. Der tiefere Grund solcher Terminologie ist die modernisierungstheoretische Annahme, daß die sozioökonomischen Gewinner des als Modernisierung verstandenen Doppelprozesses Transformation/Integration ein positives Bild von der EU hegten, während die sozioökonomischen Verlierer diesem ablehnend gegenüber stünden. „Radikale" Parteien erscheinen dann als Sammelbecken der Verlierer von Transformation/Integration. Gut in dieses Schema fügt sich die Charakterisierung der ODS als konservativ, als eine Partei also, die der Transformation/Integration eine Konservierung überkommener Strukturen entgegenstellt. Wie aber erklärt sich, daß die ODS bis weit in die 1990er Jahre als Partei der radikalen Transformation und des radikalen Westkurses auftrat? Daß sie nicht die Bewahrung der aus kommunistischer Zeit ererbten Gesellschaftsstrukturen auf ihre Fahnen schrieb, sondern deren radikale Negierung und daß sie vor allem bei Modernisierungsgewinnern Zuspruch findet? Was eigentlich möchte eine „konservative" Partei im ehemals kommunistischen Ostmitteleuropa konservieren? Warum hegt eine Partei wie die KDU-ČSL, die christliche Werte konservieren will und eine heterogene soziale Gruppe anspricht, zu der auch Transformationsverlierer gehören, europapolitische Ordnungsvorstellungen, die jenen einer anderen, sich als „konservativ" verstehenden Partei (ODS) nahezu diametral entgegengesetzt sind? Welche Freiheit meint die ODS, wenn sie sich als „liberal" bezeichnet? Besteht ein Zusammenhang zwischen diesem Freiheitsbegriff und ihren europapolitischen Ordnungsvorstellungen? Welche europapolitischen Ordnungsvorstellungen hegt eine Partei in der Tschechischen Republik, die nicht nur EU-skeptisch, sondern euroskeptisch ist? All diese Fragen, die an dem Paradigma Transformation/Integration rütteln, können die Überblicksstudien, die nicht auf der Basis der Ergebnisse empirischer Fallstudien vergleichen, sondern den intraregionalen (ostmitteleuropäischen) oder gar interregionalen deduktiven Vergleich (Westeuropa vs. Osteuropa) an die Stelle eines im ersten Schritt induktiven Vorgehens stellen, nicht beantworten.

Die vorliegende Studie beabsichtigt daher, den ersten Schritt vor dem zweiten zu gehen und die Spezifika des europapolitischen Denkens in einem Lande zu erkunden und zu deuten, um so Kriterien für einen möglichen späteren Vergleich europapolitischer Ordnungsvorstellungen in verschiedenen europäischen Ländern zu gewinnen, bei dem Gemeinsamkeiten und Unterschiede sich nicht aus dem methodischen Zuschnitt des Vergleichs, sondern aus den in empirischen Fallstudien gewonnenen Kategorien ergeben. Die wichtigste Quelle für diese Studie sind angesichts des geschilderten Forschungsstands Primärmaterialien, insbesondere Parteiprogramme, Wahlprogramme, außen- und europapolitische Parteidokumente sowie Reden und schriftliche Beiträge für Tages- und Wochenzeitungen bzw. Zeitschriften, die der Feder der zentralen Akteure der untersuchten Parteien entstammen. Hilfreich sind dabei einige Studien, die - ohne weiterreichenden interpretativen Anspruch - eine Bestandsaufnahme bestimmter Ausschnitte der europapolitischen Ordnungsvorstellungen tschechischer politischer Akteure bieten.[22] Große Verdienste bei der Aufarbeitung des Primärmaterials kommt darüber hinaus einer von Anneke Hudalla verfaßten Monographie zu, der einzigen umfangreichen Studie, die sich systematisch mit der EU-Politik der Tschechischen Republik in den Jahren nach der Staatsgründung 1993 auseinandersetzt.[23] Diese vertritt allerdings die These, daß in der Tschechischen Republik vor allem in den ersten Jahren nach der Teilung der Tschechoslowakei eine spezifisch postkommunistische Europapolitik betrieben worden sei, die sich dadurch ausgezeichnet habe, daß „außenpolitische Entscheidungen häufig nach innen gerichtet [gewesen seien], um auf diese Weise

[22] Kai-Olaf Lang: Tschechische Positionen zur künftigen Gestalt der Europäischen Union. Berlin 2002. [= Stiftung Wissenschaft und Politik, SWP-Studie 1/2002]. - Miroslav Mareš: Česká republika, in: Břetislav Dančák, Miroslav Mareš (Hg.): Zahraniční politika politických stran v České republice, Maďarsku, Polsku a na Slovensku. Brno 2000, S. 12-39; Peter Bugge: Home at Last? Czech Views of Joining the European Union, in: Noel Parker, Bill Armstrong (Hg.): Margins in European Integration. Houndsmills u.a. 2000, S. 203-229. - Ders.: České vnímání členství v EU – Havel vs. Klaus, in: Politologická revue 2/1998, S. 76-110.

[23] Anneke Hudalla: Außenpolitik in Zeiten der Transformation: Die Europapolitik der Tschechischen Republik 1993-2001. Münster, Hamburg, London 2003. Die Analyse baut auf einer Vorstudie der gleichen Autorin auf: Der Beitritt der Tschechischen Republik zur Europäischen Union. Eine Fallstudie zu den Auswirkungen der EU-Osterweiterung auf die finalité politique des europäischen Integrationsprozesses. Hamburg 1996. Problematisch ist an diesen beiden Studien wie an vielen anderen Darstellungen der „Europapolitik“ die Verkürzung des Europabegriffs auf die EU, was zur Folge hat, daß für Gestalt und Funktion der EU höchst relevante europapolitische Überlegungen außer acht bleiben, während Detailfragen aus den auf EU-Ebene vergemeinschafteten Politikfeldern erhebliche Aufmerksamkeit gewidmet wird.

die Legitimität [. . .] der Regierung oder schlichtweg die Unterstützung für einzelne Politiker zu sichern."[24]

Diese Zuspitzung des akteurzentrierten Ansatzes *unter*schätzt zum einen die Prägekraft der europapolitischen Vorstellungen für die tschechische Politik, indem sie die Innenpolitik losgelöst von der Außenpolitik betrachtet und damit den gesellschaftspolitischen Handlungsspielraum der politischen Akteure der Tschechischen Republik, die als kleiner Staat existentiell auf die militärische und wirtschaftliche Einbindung in einen größeren Herrschaftsverband angewiesen ist, *über*schätzt. Selbst scheinbar rein innenpolitische oder innerparteiliche Richtungsentscheidungen bedürfen in einem kleinen Staat wie der Tschechischen Republik einer europapolitischen Einbettung, da sie nur durch eine Einbindung in internationale Zusammenhänge umzusetzen sind. Da europapolitische Grundsatzentscheidungen sehr weitreichende Bedeutung für die gesamte tschechische Politik haben, können nicht nur umfassende konzeptionelle Entwürfe mit unmittelbarem europapolitischen Bezug der Vorstellungen von der europäischen Ordnung zugerechnet werden. Vielmehr muß der Verzicht auf eine politische Mobilisierung gegen die Grundlagen der Europapolitik einer Regierung oder die Unterstützung einer Partei ungeachtet ihres europapolitischen Programms als Akzeptanz dieser Konzepte gewertet werden.[25] Ebenso sind scheinbar rein das Innere betreffende politische Konzepte, die sich im Rahmen des gegebenen europäischen Ordnungssystems aber nicht verwirklichen lassen, auch dann ein Hinweis auf europapolitische Ordnungsvorstellungen, die von den aktuellen Verhältnissen abweichen, wenn diese nicht explizit formuliert sind. Konkret: Je lauter ein Politiker auf den „rein innenpolitischen" Charakter einer Angelegenheit verweist, desto deutlicher ist, daß gerade dies von außen bestritten wird.

Vor allem aber kann ein Ansatz, der das Motiv des persönlichen Machtgewinns und Machterhalts - Ingredienzien des Politischen als solchem – zum erklärenden Moment macht, nicht die große Variation der europapolitischen

---

[24] Hudalla, Außenpolitik, S. 29.

[25] Exemplarisch ist das Beispiel der Auflösung der Tschechoslowakei. Das oft vorgebrachte Argument (etwa: Lubomír Brokl, Zdenka Mansfeldová: Die letzten Wahlen in der ČSFR 1992 und die Lage danach, Berichte des Bundesinstituts für ostwissenschaftliche Studien 2/1993), die Teilung sei von einer kleinen politischen Elite gegen der Willen der in Meinungsumfragen für eine Erhaltung der Föderation plädierenden Bevölkerung beschlossen worden, kann nicht überzeugen. War schon bei den Wahlen 1992 den gesamttschechoslowakischen Parteien ebenso wie den unzweideutig für den gemeinsamen Staat auftretenden Parteien in beiden Landesteilen kein Erfolg beschieden gewesen, so blieb nach dem Teilungsbeschluß ungeachtet der weitreichenden Folgen eine Massenmobilisierung aus und auch die Armee teilte sich ohne erkennbaren Widerstand entlang der nationalen Sollbruchlinie.

Ordnungsvorstellungen erklären. Darüber hinaus kann es nicht überzeugen, daß in einer von demokratischer Massenpolitik gekennzeichneten Gesellschaft Parteien und Politikern in Wahlen Gefolgschaft geleistet wird, wenn deren Politik nur von persönlichen Motiven geleitet ist. Eine dezisionistische Argumentation kann nur überwunden und das Problem der Gefolgschaft nur sinnvoll gelöst werden, wenn mittels eines soziohistorischen Ansatzes der zentrale nationalpolitische Konflikt, der das tschechische politische Denken geprägt hat, ausgemacht und die verschiedenen tradierten europapolitische Regulierungsansätze identifiziert werden, welche die in unterschiedlichen nationalpolitischen Traditionen stehenden Akteure als legitime, d.h. in tschechischer Sicht als rechtens geltende europäische Ordnung präsentieren. Verstehen kann man die tschechischen europapolitischen Vorstellungen also nur, wenn man zu ihrem eigentlichen Kern, dem nationalpolitischen Programm, seiner historischen Genese und seiner geschichtlichen Entwicklung vordringt. Nur der diachrone Vergleich der nationalpolitischen Programme und der aus ihr entspringenden europapolitischen Ordnungsvorstellungen der heutigen tschechischen Parteien und ihrer Vorgängerorganisationen ermöglicht den synchronen Vergleich der heutigen Parteien.

1.2 Zur historischen Genese der Konfliktkonstellation

Grundlegend für alle tschechischen europapolitischen Ordnungsvorstellungen ist die Regulierung des Konflikts mit Deutschland und den Deutschen, die bis 1946 auf dem Gebiet der Tschechoslowakei siedelten. Der Konflikt hat historische Wurzeln, die bis zur Entstehung der deutschen und tschechischen Nationalbewegungen im 19. Jahrhundert zurückreichen. Auch wenn sich die Konfliktkonstellation in den vergangenen 150 Jahren - insbesondere aufgrund der gewaltsamen Eskalation des Konflikts in den Jahren 1938-1946 - substantiell verändert hat, so dauert dieser doch auf deeskaliertem Niveau an. Ohne ein Verständnis dieses Konflikts in seinen historischen Stadien und der sich wandelnden Vorstellungen zu seiner Regulierung sind die heutigen tschechischen europapolitischen Ordnungskonzepte nicht zu erfassen.

Im Verlauf des 19. Jahrhunderts wurde die Stabilität der ständischen Gesellschaft des Habsburgerreichs im Zuge der vor allem in seinen westlichen Teilen rasch voranschreitenden Industrialisierung von einem Herrschaftskonflikt zwischen zahlreichen Nationalbewegungen abgelöst.[26] Die tschechische Na-

[26] Die überzeugendste Synthese der Forschung zum historischen Verlauf des tschechisch-deutschen Konflikts in Böhmen und Mähren, in dem alle tschechische Eu-

tionalbewegung rivalisierte dabei mit der deutschen Nationalbewegung auf vier Ebenen: auf der Ebene der einzelnen Kronländer Böhmen und Mähren, auf der Ebene der vereinigten Kronländer; auf einer ostmitteleuropäischen, durch das Habsburgerreich staatlich institutionalisierten Ebene und schließlich auf einer alle historischen Staatsgrenzen transzendierenden großmitteleuropäischen Ebene.

Dieser mehrstufige Herrschaftskonflikt war auf allen vier Konfliktebenen durch unterschiedliche Bündniskonstellationen gekennzeichnet. Auf der niedrigsten Ebene der einzelnen Kronländer konkurrierten eine böhmentschechische und eine mährischtschechische Nationalbewegung mit den böhmendeutschen und mährendeutschen Bewegungen. Auf der Ebene der historischen Kronländer verschmolzen die böhmentschechische und die mährischtschechische Nationalbewegung zu einer alltschechischen Nationalbewegung, die mit einer sich seit Beginn des 20. Jahrhunderts als „sudetendeutsch" bezeichnenden Nationalbewegung konkurrierte. Auf der ostmitteleuropäischen Ebene des Habsburgerreichs suchte die tschechische Nationalbewegung im Konflikt mit den Deutschen in Österreich-Ungarn Verbündete bei der Nationalbewegung der Slowaken sowie jenen der kleineren südslawischen Völker, die dem österreichischen Reichsverband angehörten (Austroslawismus). Auf der Ebene des Konflikts mit der großdeutschen Bewegung schließlich betrachteten sich die Tschechen als Teil eines panslawischen Makroethnos, dessen größter Zweig, die Russen, als staatstragende Nation des Russischen Zarenreiches die kleineren slawischen Völker vor dem Pangermanismus der Alldeutschen schützen sollte.

Die unterschiedlichen Strömungen der tschechischen Nationalbewegung legten den Akzent ihrer Politik im Verlaufe des 19. Jahrhunderts zu unterschiedlichen Zeiten auf verschiedene Ebenen. Da die dominierenden Strömungen der tschechischen Politik einen Herrschaftskonflikt mit den Russen in einem allslawischen Herrschaftsverband antizipierten, verblieb die panslawische Strömung allerdings in einer deutlichen Minderheitsposition. Die stärksten Strömungen der tschechischen Politik sprachen sich für die Erhaltung des Habsburger Reichsverbands in Mitteleuropa aus, der die Tschechen sowohl vor einer panrussischen als auch vor einer pangermanischen Dominanz schützen sollte.

---

ropapolitik wurzelt, hat in zwölfjähriger Arbeit unter dem kommunistischen „Normalisierungs"-Regime als historische und politische Arbeit gegen diese „Normalisierung" der Unterzeichner der Charta 77 Jan Křen geschrieben: Konfliktní společnost. Češi a němci 1780-1918. Praha 1990 (dt.: Die Konfliktgemeinschaft. Tschechen und Deutsche 1780-1918. München München ^{2}2000. Darüber hinaus: Otto Urban: Die tschechische Gesellschaft 1848-1918. Wien, Köln, Weimar 1994.

Erst im Verlaufe des Krieges der Jahre 1914-1918 schwenkte die von Tomáš Garrigue Masaryk repräsentierte dominante Strömung der tschechischen Nationalbewegung um und strebte die Gründung eines eigenständigen Staates an. Das nationalpolitische Konzept, auf dem dieser Staat aufgebaut werden sollte, knüpfte an die skizzierten Ordnungsvorstellungen an, entwickelte sie aber auf allen vier Konfliktebenen weiter.[27] Deutlich an Bedeutung verloren die böhmische und die mährische Ebene, die Ebene der vereinigten Kronländer Böhmen und Mähren sowie die ostmitteleuropäische Ebene des zusammenbrechenden Habsburgerreichs. An ihre Stelle trat die Ebene des tschechoslowakischen Staates. Durch die Verschmelzung von Böhmen-Tschechen und Mährern zu einer „alltschechischen" Nation sowie mittels des Konzepts einer zweigliedrigen tschecho-slowakischen Ethnonation, die sich zugleich als staatstragende Nation der Tschechoslowakei verstand, sollte die Konfliktposition gegenüber den sich nun als Sudetendeutsche verstehenden Deutschen in Mähren und vor allem in Böhmen verbessert werden, die durch die Auflösung der Wiener Reichsebene von den übrigen österreichischen Deutschen abgeschnitten worden waren. Dieser tschechoslowakische Staat sollte in Böhmen und Mähren im wesentlichen entlang der historischen Grenzen der beiden Kronländer verlaufen und damit die dort siedelnden Deutschen inkorporieren. Da diese sich dem widersetzten, wurde aus dem Herrschaftskonflikt in Böhmen und Mähren ein - wesentlich brisanterer - Territorialkonflikt.
Um die Tschechoslowakei gegen österreichischdeutsche Revisionsabsichten, sudetendeutsche Sezessionsbestrebungen und alldeutsche Inkorporationsvorstellungen abzusichern, sah das von Masaryk und seinem Außenminister Edvard Beneš ausgearbeitete Ordnungsmodell auf der ostmittel- und südosteuropäischen Ebene eine Zusammenarbeit der kleinen Staaten, die aus dem Ersten Weltkrieg als Siegermächte hervorgegangen waren, vor. Diese „kleine Entente", zu der auch Rumänien gehörte, läßt sich als Fortsetzung der Idee der austroslawischen Kooperation unter neuen Bedingungen verstehen. Nach dem Untergang der österreichisch-ungarischen Doppelmonarchie suchte die tschechoslowakische Außenpolitik darüber hinaus Verbündete auf der europäischen Ebene und orientierte sich auf Frankreich als kontinentaleuropäische Siegermacht des Ersten Weltkriegs (Große Entente). Auf einer erweiterten europäischen Ebene schließlich sollten die mit ihrem Kriegseintritt zur

---

[27] In den Grundzügen dargelegt in Tomáš Garrigue Masaryk: Nová Evropa. Stanovisko Slovanské. Brno [4]1994 [Praha 1920]. Dieser von Masaryk im Exil formulierten Radikalisierung widersprachen die tschechischen Parteien in Böhmen noch bis in die erste Jahreshälfte 1917, siehe dazu: Jan Křen: Die Konfliktgemeinschaft. Tschechen und Deutsche 1790-1918; - Jörg K. Hönsch: Geschichte der Tschechoslowakei 1918-1965, S. 22.

Großmacht auf der europäischen Bühne aufgestiegenen Vereinigten Staaten auf der einen Seite und die Sowjetunion auf der anderen Seite eine doppelte Garantie für den Bestand und die Lebensfähigkeit der Tschechoslowakei geben. Eingebettet werden sollte dieses System nach den tschcchoslowakischen Vorstellungen in das kollektive Verteidigungssystem des Völkerbunds, das den Bestand der aus den Pariser Vorortverträgen hervorgegangenen territorialen Ordnung in Europa gewährleisten sollte.
Diese Pfeiler des tschechoslowakischen Sicherheitssystems brachen zwischen 1918 und 1938 schrittweise zusammen. Bereits die Oktoberrevolution 1917 hatte die Hoffnung enttäuscht, ein liberaldemokratisches Rußland könne als Schutzmacht der Tschechoslowakei in Europa fungieren. Die Aktionen der tschechoslowakischen Legion in Sibirien und die Unterstützung der Tschechoslowakei für die liberaldemokratische Opposition, die in den frühen 1920er Jahren in Prag ein Exil fand, konnten das Blatt nicht wenden.[28] Die Annäherung zwischen der Sowjetunion und der Weimarer Republik seit dem Vertrag von Rapallo 1922 tat ein übriges. Auch die zweite Stütze der tschechoslowakischen Sicherheitspolitik, die Präsenz der USA in Europa, brach mit deren Weigerung weg, dem Völkerbund als Garantiemacht beizutreten. Der Völkerbund schließlich verwandelte sich schrittweise, vor allem mit den Locarno-Verträgen von 1925, definitiv mit der Aufnahme des Deutschen Reichs 1926, aus einem System kollektiver Verteidigung in ein System kollektiver Sicherheit. Was zunächst blieb, war das Bündnis mit Frankreich, der Garantiemacht des Versailler Systems.
Wenn dieses System in den 1920er Jahren an Stabilität gewann, so vor allem auch aufgrund der Deeskalation der Konflikte auf der niedrigsten Ebene, im tschechoslowakischen Fall symbolisiert durch die Bereitschaft zweier deutscher Parteien, sich in den Jahren 1926-1929 an der tschechoslowakischen Regierung unter Antonín Švehla zu beteiligen. Mit der Weltwirtschaftskrise, dem Aufstieg der NDSAP im Deutschen Reich und der Sudetendeutschen Partei in der Tschechoslowakei verschärfte sich der Konflikt jedoch wieder erheblich. Endgültig besiegelt wurde das Schicksal des tschechoslowakischen Bündnissystems der Nachkriegsjahre mit dem Münchener Abkommen 1938, als Großbritannien und Frankreich die Bestandsgarantie für die Tschechoslowakei in den in Versailles festgelegten Grenzen aufgaben.[29]

---

[28] Vergleiche dazu die brilliante Studie von Ivan Savickij, dessen Vater, Petr Savikkij, neben Nikolaj Trubeckoj zu den Begründern des russischen Eurasismus gehörte: Osudová setkání. Češi v Rusku a Rusové v Čechách 1914-1938. Praha 1999.

[29] Zu den Grundzügen der europäischen Politik zwischen 1918 und 1939 siehe Horst Möller: Europa zwischen den Weltkriegen, München 1998.

Seit Mitte der 1930er Jahre wurde die sudetendeutsche Politik zunehmend von der *Sudetendeutschen Heimatpartei* beherrscht. In ihr setzten sich mit Unterstützung der reichsdeutschen Nationalsozialisten schrittweise jene Kräfte durch, die deren in der pangermanischen Idee wurzelnde Lebensraum- und Rassenideologie teilten, welche die Zerschlagung des tschechoslowakischen Staates, die Vertreibung der Tschechen aus den dem Reich als Sudetengau angegliederten Gebieten und eine Assimilations- und Vernichtungspolitik gegenüber den Tschechen beinhaltete. Dies führte dazu, daß der tschechisch-sudetendeutsche Herrschaftskonflikt zu einem Siedlungskonflikt eskalierte.[30] Nachdem sich das militärische Blatt des Zweiten Weltkriegs gewendet hatte und die Tschechoslowakei von amerikanischen und sowjetischen Truppen befreit worden war, versuchte die tschechoslowakische Politik unter Präsident Edvard Beneš, durch eine von den Alliierten geduldete und auf der Potsdamer Konferenz nachträglich abgesegnete, staatlich organisierte Vertreibung und Abschiebung der durch Enteignung ihrer Lebensgrundlagen in der Tschechoslowakei beraubten Deutschen, diesen Konflikt für immer zu beenden.

Da das Bündnissystem der Zwischenkriegszeit versagt hatte und der mit historisch nie dagewesener industrieller Vernichtungskapazität geführte Krieg das politische Denken in seinen Grundlagen erschüttert hatte, suchte die Tschechoslowakei auch nach neuen Wegen der Absicherung des durch die Vertreibung und Abschiebung entstandenen *status quo*. 1946 wurde im Schatten des eskalierenden Ost-West-Konflikts bei halbfreien Wahlen die Kommunistische Partei zur stärksten politischen Kraft. Ihre gesellschaftspolitischen und sicherheitspolitischen Ordnungsvorstellungen zum Schutz vor einem deutschen Revisionismus deckten sich mit den Interessen der Sowjet-

[30] Die Ursachen der Eskalation des Herrschafts- zum Siedlungskonflikt sind eine der zentralen Streitpunkte der historischen Forschung. Während die sudetendeutsche Geschichtsschreibung dazu neigt, der Genese des Siedlungskonflikts geringe oder keine Aufmerksamkeit zu schenken und nur seine gewaltsame Phase 1945-1946, insbesondere die wilden Vertreibungen und Morde 1945, zu beschreiben, konzentriert sich die tschechische Historiographie auf die Ursachen des Konflikts. Sie betont dabei zumeist die Greuel der nationalsozialistischen Besatzungspolitik, welche die tschechische Politik zu dem Schluß hätten kommen lassen, daß ein Zusammenleben von Deutschen und Tschechen in der Tschechoslowakei nicht mehr möglich sei. Detlef Brandes hat hingegen gezeigt, daß die Aussiedelungspläne vor allem auf Überlegungen zur dauerhaften Sicherung der territorialen Integrität der Tschechoslowakei in den vor dem Münchener Abkommen geltenden Grenzen zurückgehen, die der Präsident der tschechoslowakischen provisorischen Regierung in London während des Zweiten Weltkriegs, Edvard Beneš, schon seit dem Münchener Abkommen anstellte. Detlef Brandes: Der Weg zur Vertreibung 1938-1945. Pläne und Entscheidungen zum ‚Transfer' der Deutschen aus der Tschechoslowakei und aus Polen. München 2001.

union. Dies war der Beginn eines neuen Herrschaftskonflikts von gesellschaftspolitischer und internationaler Dimension zwischen den nichtkommunistischen Kräften in der Tschechoslowakei auf der einen Seite und der Kommunistischen Partei der Tschechoslowakei sowie deren Schutzmacht, der Sowjetunion, auf der anderen Seite.
Während in den ersten zwei Jahrzehnten nach dem Zweiten Weltkrieg das sozialistische Gesellschaftsmodell und die außenpolitische Absicherung gegen deutsche Revisionsforderungen durch das Bündnis mit der Sowjetunion noch große Unterstützung erfuhr und die Gegner dieser Ordnung gewaltsam ausgeschaltet wurden, ließ die schleichende Delegitimierung der kommunistischen Ordnung und das wachsende Vertrauen in die Selbstbeschränkung der Bundesrepublik den Konflikt mit der Sowjetunion Mitte der 1960er Jahre akut werden. Er eskalierte mit der Niederschlagung der reformkommunistischen Bewegung des Jahres 1968 durch sowjetische Truppen, die für weitere zwanzig Jahre die sozialistische Gesellschaftsordnung und die internationale Verankerung der Tschechoslowakei im sowjetischen Bündnissystem festschrieb. Erst die vom Generalsekretär der KPdSU Michail Gorbačev eingeleiteten, sich dynamisch entwickelnden und rasch außer Kontrolle geratenden Reformen in der Sowjetunion ermöglichten Ende der 1980er Jahre einen gesellschaftspolitischen und europapolitischen Neuanfang.
Somit stellte sich die Konfliktkonstellation zu Beginn des Untersuchungszeitraums Ende der 1980er Jahre aus tschechoslowakischer Sicht wie folgt dar: Die Absicherung gegen deutsche Revisionsbestrebungen durch eine enge Anlehnung an die Sowjetunion bildete noch immer eine der zentralen Legitimitätsstützen des kommunistischen Regimes in der Tschechoslowakei. Eine Beendigung der Alleinherrschaft der Kommunistischen Partei sowie der einseitigen Abhängigkeit von der Sowjetunion war nur möglich, wenn neue Antworten auf die Frage gegeben werden konnten, was in dem seit vierzig Jahren durch die Europa durchschneidende militärische Frontstellung des Ost-West-Konflikts eingefrorenen Konflikt mit den Sudetendeutschen noch der Konfliktgegenstand ist, ob die sudetendeutschen Forderungen auch der deutschen Außenpolitik entsprechen und wie tschechoslowakische Positionen in diesem Konflikt abzusichern seien.[31] Die Fragen, die sich alle tschechischen politischen Akteure mithin zu stellen hatten, lauteten: Hat sich der im Ost-West-Konflikt gespiegelte innereuropäische, tschechisch-deutsche Konflikt in vierzig Jahren so verän-

[31] Erstmals umfassend dargelegt in der in den Jahren 1985-1986 entstandenen, zunächst im Samizdat verbreiteten Schrift des späteren tschechoslowakischen Außenminister Jiří Dienstbier: Snění o Evropě. Praha 1990 [deutsch: Träumen von Europa. Berlin 1991].

dert, daß auch eine Transformation des Ost-West-Konflikts für möglich zu erachten ist und wenn ja, wie soll diese Ordnung aussehen?
So hatte für die Tschechoslowakei bereits 1986 Jiří Dienstbier eine der grundlegenden Antworten, auf der die gesamte europäische Ordnung seit dem Ende des Ost-West-Konflikts beruht und in die die Tschechische Republik nolens volens eingebettet ist, gegeben: Die Voraussetzung für die „demokratische" Stabilisierung des europäischen Unruheherds Deutschland sei, daß dessen existentiellen Ansprüchen nachgekommen werden müsse, damit ein so saturiertes Deutschland sich selbst beschränke und alle weiterreichenden Forderungen aufgebe. Nur so sei die Abhängigkeit der Tschechoslowakei von der Sowjetunion zu verringern und damit auch eine innenpolitische Wende zu erreichen.[32]
Diese Überlegung legte den Grundstein für die tschechoslowakische Zustimmung zur deutschen Wiedervereinigung und die Osterweiterung von NATO und EU. Dieser Zusammenhang gilt grundsätzlich bis heute: Die Europapolitik spielt eine geringe Rolle in den innertschechischen politischen Auseinandersetzungen, mit dem Hinweis auf sudetendeutsche Forderungen oder deren Unterstützung durch hochrangige bundesdeutsche Politiker können jedoch in der Tschechischen Republik Wahlen gewonnen werden. Entscheidend aber ist, daß auf diesen Zusammenhang nur mittelbar Einfluß genommen werden kann: durch die Entwicklung europapolitischer Ordnungskonzepte.
Wenngleich diese Ordnungsvorstellungen nicht ohne den tschechisch-deutschen Konflikt zu verstehen sind, so reduzieren sie sich dennoch nicht auf ihn. Die tschechische Wahrnehmung aktueller politischer Entwicklungen in Deutschland sowie die Schwankungen des tschechisch-deutschen Verhältnisses seit 1989 wirkten, so die dieser Arbeit zugrundeliegende Annahme, zwar katalytisch auf die europapolitischen Ordnungsvorstellungen der tschechischen Parteien. Die grundlegenden nationalpolitischen Programme der in Parteien formierten politischen Strömungen der Tschechischen Republik sowie die basalen europapolitischen Ordnungsvorstellungen sind jedoch über lange historische Zeiträume gewachsen und traten in den vergangenen anderthalb Dekaden in Abhängigkeit von dem Aggregatszustand des tschechisch-deutschen Konflikts lediglich mehr oder minder deutlich hervor. Dies erlaubt es, in der folgenden Analyse der europapolitischen Ordnungsvorstellungen der tschechischen Parteien in den vergangenen anderthalb Jahrzehnten die aktuelle bilaterale Dimension des tschechisch-deutschen Konflikts nur dann zu berücksichtigen, wenn sie ein europapolitisches Umdenken, eine Korrektur der in den nationalpolitischen Traditionen der jeweiligen Partei verankerten Ordnungskonzepte bewirkte.

[32] Jiří Dienstbier: Snění o Evropě. Praha 1990 [dt: Träumen von Europa. Berlin 1991].

2 Souveräne Nationalstaaten im euro-atlantischen Raum

Die staatsnationale „Rechte"

„Der Konservatismus unserer Zeit, der Gegenwart, ist extrem revolutionär, er ist absolut und programmatisch ohne Mäßigung."

Václav Klaus[1]

Václav Klaus ist es geschickt gelungen, sich die Aura eines Reformers zuzulegen und so einen Mythos zu schaffen, mit dem er die Öffentlichkeit beherrschte. Wir hielten es damals für kleinlich zu sagen: ‚Du bist überhaupt kein Reformer'. Vor allem nicht in einer Zeit, in der alle Demokraten vor den Umtrieben der Kommunisten zitterten und die Sowjetunion an allen Fronten ein gefährliches Maß an Gereiztheit zeigte und ihre innere Entwicklung völlig unklar war.

Pavel Bratinka[2]

Keine politische Strömung der tschechischen Politik hat das Land seit dem Umbruch 1989 so geprägt wie die sich als „liberal", „konservativ" und „rechts" verstehenden Kräfte, die auf eine rasche Verwandlung des Staatseigentums in Privateigentum und eine Anerkennung der Tschechischen Republik als gleichberechtigtes Mitglied der westlichen Staatengemeinschaft drängten. Diese „liberal-konservative" Strömung formierte sich Anfang der 1990er Jahre in drei Parteien mit ganz unterschiedlichen Wurzeln: in der aus einem christlich-konservativen dissidentischen Prager Kreis um Daniel Kroupa und Pavel Bratinka entstandenen *Občanská demokratická aliance* (Demokratische Bürgerallianz, ODA), der von dem christlich-konservativen Dissidenten Václav Benda gegründeten *Křesťanská demokratická strana* (Christdemokratische Partei, KDS) und der von neoliberal gewendeten An-

---

1 Zitiert nach Bohumil Pečinka: Formování české občanské pravice, in: Petr Fiala, František Mikš (Hg.): Česká konzervativní a liberální politika. Sborník k desátému výročí založení revue Proglas. Brno 2000. S. 69-85, hier S. 70.

2 Interview mit Milan Hamerský, in: 10 let na straně svobody. Kronika ODA z let 1989-1999. Brno 1999, S. 25.

gehörigen der tschechoslowakischen kommunistischen Funktionselite aus dem *Prognose- und Wirtschaftsinstitut der Tschechoslowakischen Akademie der Wissenschaften* (Prognostický/Ekonomický Ústav Československé akademie věd, PU ČSAV) um Václav Klaus gegründeten *Občanská demokratikká strana* (Demokratische Bürgerpartei, ODS). Während sich ODA und KDS bereits unmittelbar nach dem Umbruch gegründet hatten, entstand die ODS erst, als im Verlauf des Jahres 1990 deutlich geworden war, daß die kommunistische Parteiherrschaft endgültig zusammengebrochen war und immer mehr ehemalige Mitglieder der *Kommunistischen Partei der Tschechoslowakei* sowie parteilose Funktionsträger des kommunistischen Regimes in das von den Regimegegnern gegründete *Občanské forum* (Bürgerforum, OF) strömten. Die zum Mehrheitsflügel des OF herangewachsene Gruppe unter dem seit Oktober 1990 als dessen Vorsitzender amtierenden Klaus begann daraufhin, die auf Konsens und Minderheitenrepräsentation beruhenden Verfahren der Sammlungsbewegung als lästige Fesseln zu betrachten, spaltete sich von dieser ab und gründete die ODS.

Die eigentliche Scheidelinie, welche die wichtigsten Repräsentanten der politischen Strömungen trennte, verlief jedoch nicht zwischen den Parteien, sondern zwischen Parlament und Regierung. Während die ehemaligen Bürgerrechtler in der von den politischen Entscheidungszentren des Staats weit entfernten tschechoslowakischen Föderalversammlung sowie im ebenfalls machtlosen Tschechischen Nationalrat Platz nahmen, eroberte die technokratische Elite des untergegangenen kommunistischen Regimes die höchsten Staatsämter. Mit dem Ministerpräsidenten der Jahre 1993-1997, Václav Klaus (ODS), dem Außenminister Josef Zieleniec (ODS, 1992-1997), dem Minister für die Verwaltung des nationalen Eigentums (1990-1992) und Vorsitzenden des *Fond národního majetků* (Fonds für nationales Eigentum, FNM) Tomáš Ježek (ODA, später ODS) sowie dem Minister für Wirtschaft und Industrie Vladimír Dlouhy (1992-1997, ODA) gelangte ein Kreis von Männern an die Schalthebel der Macht, die alle dem Wirtschafts- und Prognoseinstitut der ČSAV entstammten.

Das organisatorische Scharnier, das die Bürgerrechtler und die gewendete kommunistische Funktionselite zusammenhielt, waren die Parteien, in denen sich ehemalige Regimegegner und zu Antikommunisten gewendete Vertreter der postkommunistischen Elite zusammenfanden. Mit Tomáš Ježek und Vladimír Dlouhy gesellten sich zwei Politiker zur ODA, die wie Klaus im Prognoseinstitut der ČSAV gearbeitet hatten, deren persönliche Konkurrenz zu Klaus sie aber eine andere parteipolitische Heimat suchen ließ. Umgekehrt schlossen sich einige Dissidenten der jüngeren Generation wie Jan Ruml,

Hana Marvanová und Alena Hromádková der ODS an. Ermöglichte die Parteimitgliedschaft der kleinen und gesellschaftlich randständigen Gruppe der Bürgerrechtler das politische Überleben, so benötigte die neue Führungselite unter Klaus in der Mehrheitsdemokratie die Parteien zur Machterlangung und zur Legitimation ihres politischen Programms. Sie übernahm zentrale Begriffe der Bürgerrechtler wie „Freiheit", „Demokratie" und „Rückkehr nach Europa", wodurch es ihr gelang, sich an die Spitze der Reformbewegung zu setzen.

Das entscheidende Scharnier zwischen diesen so unterschiedlichen Gruppen war ein nationalpolitisches Programm, das sie in der ersten Hälfte der 1990er Jahre verband und später wieder trennte. Solange die tschechische Politik noch im Zeichen des Ost-West-Konflikts in seiner sicherheitspolitischen und sozialsystemaren Dimension stand, kooperierten sie im Namen dieses Programms. Als die Europäische Union zum entscheidenden Thema der tschechischen Politik wurde, zeigten sich die Unterschiede der beiden Varianten dieses Programms und das „rechte" Spektrum der tschechischen Politik strukturierte sich neu.

Bereits 1995 trat die Bürgerrechtlerin Alena Hromádková aus der ODS aus und gründete mit einer kleinen Schar von Anhängern die *Demokratická Unie* (Demokratische Union, DEU). Bedeutsamer war der Bruch des Jahres 1997, als der ehemalige Vorsitzende der KDS, Ivan Pilip, sowie der ebenfalls der KDS angehörende ehemalige Leiter der Kanzlei des Außenministers, Michal Lobkowicz, welche die Partei noch 1995 mit der ODS verschmolzen hatten, gemeinsam mit den ehemaligen Bürgerrechtlern Jan Ruml und Hana Marvanová die ODS verließen und die *Unie Svobody* (Freiheitsunion, US) gründeten. Mit ihnen kehrte auch der aus dem tschechisch-polnischen Übergangsgebiet stammende Außenminister Josef Zieleniec der ODS den Rücken. Zieleniec hatte zwar dem engeren Führungskreis um Klaus angehört, in Partei und Regierung aber ein Gegengewicht zu Klaus gebildet. Schließlich verließen umgekehrt die Angehörigen der Machtelite in der ODA, Tomáš Ježek und Vladimír Dlouhý, die Partei, wodurch diese erheblich geschwächt wurde, bevor sie mit dem Austritt Pavel Bratinkas und Daniel Kroupas auch ihres Kerns beraubt wurde und unterging (zur Orientierung siehe Graphik, S. 224).[3]

---

[3] In bezug auf die ODA könnte argumentiert werden, daß sie für einige ihrer wichtigsten Mitglieder das war, was im tschechischen Kontext nie und im ukrainischen Kontext so häufig als „Oligarchenpartei" bezeichnet wird: eine Partei, deren Programm kein politisches Ziel hat, sondern nur der persönlichen Bereicherung ihrer mit wirtschaftspolitischen Schlüsselpositionen und Immunität ausgestatteten Führungsspitzen dient. Ihr Untergang in Finanzskandalen spricht für diese These. Sie

Erst mit dieser Neustrukturierung des „rechten" Flügels des tschechischen Parteienspektrums haben sich die zwei nationalpolitischen Strömungen der tschechischen Politik mit ihren entsprechenden europapolitischen Ordnungsvorstellungen parteipolitisch formiert. Hatten sich bis Ende der 1990er Jahre die sich als „rechts", „konservativ" oder „liberal" verstehenden Strömungen der tschechischen Politik unter so allgemeinen Losungen wie „Freiheit", „Demokratie", „Transformation", „Privatisierung", „Rückkehr nach Europa", „NATO-Beitritt" und „EU-Beitritt" zusammengefunden, so zeigten sich nun wichtige politische Unterschiede, die zuvor außerhalb der Tschechischen Republik kaum je wahrgenommen worden waren.[4] Die nationalpolitischen Programme der unterschiedlichen Strömungen sind daher nur zu verstehen, wenn man sich von der Parteibindung der frühen 1990er Jahre löst und die europapolitischen Ordnungsvorstellungen in den Kontext der historischen nationalpolitischen Traditionen der jeweiligen Strömung stellt.

---

ist aber nicht von politischem Interesse, weil die Interessen Einzelner keine dauerhaften politischen Folgen für Staat und Gesellschaft haben.

[4] Frühe Hinweise alleine bei Anneke Hudalla: Der Beitritt der Tschechischen Republik zur Europäischen Union. Eine Fallstudie zu den Auswirkungen der EU-Osterweiterung auf die finalité politique des europäischen Integrationsprozesses. Hamburg 1996. Ausführlicher später von derselben Autorin: Außenpolitik in Zeiten der Transformation. Die Europapolitik der Tschechischen Republik 1993-2000. Münster, Hamburg, London 2002. Beobachtungen ebenfalls bei Peter Bugge: Home at Last? Czech views of joining the European Union, in: Noel Parker, Bill Armstrong (Hg.): Margins in European Integration. Houndsmill 2000, S. 203-229. Bugge beschreibt lediglich, Hudalla interpretiert die Befunde als „persönliche Marotte" von Václav Klaus (1996, S. 145f.) bzw. „innenpolitisch motiviert" (2002, passim).

2.1 Eine postkommunistische „Rechte" ohne Traditionen?

Die Suche nach Kontinuitätslinien der tschechischen „liberal-konservativen" Strömung, ist mit erheblichen Hindernissen konfrontiert. Dies hängt damit zusammen, daß sich diese Strömung, die sich um Václav Klaus formiert hatte, bis in die zweite Hälfte der 1990er Jahre einen Mehrheitsflügel in der ODS bildete und diese seit dem Austritt des Minderheitsflügels dominiert, nicht auf tschechische Vorgängerparteien beruft. In ihrem offiziellen Selbstverständnis knüpften

> die tschechischen rechten Bürgerparteien nach dem Umbruch im November 1989 nicht an die rechten politischen Parteien der Zwischenkriegszeit und auch nicht an ihre Ableger im Exil [an].

Ihre Entstehung sei vielmehr

> eine späte Reaktion auf die Renaissance des klassischen Liberalismus und Konservatismus zu Beginn der achtziger Jahre, die mit Denkern wie Friedrich von Hayek, Milton Friedman und Politikern wie Margret Thatcher und Ronald Reagan verbunden ist. Das Leben und die Ideen der Vertreter des tschechischen liberalen (Karel Havlíček Borovský, František Palacký, Jozef Kaizl, Ferdinand Peroutka, Karel Čapek) und konservativen (František Ladislav Rieger, Karel Kramář, Alois Rašín, Antonín Švehla, Ladislav Feierabend) Lagers wurde mit wenigen Ausnahmen nicht Teil der geistigen Ausstattung und der Argumentation der tschechischen Politiker.[5]

Ein solches ahistorisches Selbstbild, das vielerorts in Ostmitteleuropa Anhänger fand, und in dem mit der Berufung auf angelsächsische Vorbilder nicht nur gesellschaftspolitische, sondern – wie zu zeigen sein wird - auch europapolitische Ordnungsvorstellungen anklingen, wurde als postkommunistische Ausprägung eines dem „Marxismus" eigenen „ahistorischen Dogmatismus" und „Materialismus" gedeutet.[6] Diese auf theoretische Parallelen

---

[5] Bohumil Pečinka: Formování české občanské pravice, in: Petr Fiala, František Mikš (Hg.): Česká konzervativní a liberální politika. Sborník k desátému výročí založení revue Proglas. Brno 2000, S. 69-85, hier S. 69.

[6] Ilja Srubar: Neoliberalismus, Transformation und bürgerliche Gesellschaft, in: Bálint Balla, Anton Sterbling: Zusammenbruch des Sowjetsystems. Herausforderung für die Soziologie. Hamburg 1996, S. 61-80.

zielende Argumentation sagt jedoch noch wenig über die praktische Funktion der kommunistischen und postkommunistischen Doktrinen. Die Attraktivität der Marxschen Lehre für die kommunistische Politik bestand gerade darin, daß sie in der historischen Theorie das Gegenteil dessen angenommen hatte, was sie über die revolutionäre Praxis kaum auszusprechen wagte und was später tatsächlich in ihrem Namen verwirklicht wurde: Die Rolle der Gewalt in der Geschichte hatten Marx und Engels in der materialistischen Theorie bestritten.[7] Der Marxismus verharmloste sie dann in der Praxis als „Geburtshelferin" eines neuen Stadiums der Geschichte. Der postkommunistische Ahistorismus der Antikommunisten wiederum verschleiert, daß diese die Erben der mit Gewalt geborenen Gesellschaftsstrukturen sind. Die Entschleierung dieses Ahistorismus führt daher zum Kern des nationalpolitischen, gesellschaftspolitischen und europapolitischen Programms der postkommunistischen „Rechten".

So lassen sich freilich sehr wohl Kontinuitätslinien zwischen den beiden tschechischen Parteien, die sich in den 1990er Jahren explizit als „rechts" verstanden, und den historischen „rechten" tschechischen Parteien ausmachen. Dieses Erbe ist aufgrund der tiefgreifenden gewaltsamen Umgestaltung der tschechischen Gesellschaft im 20. Jahrhundert stark entstellt. Gleichwohl stehen ODS und ODA in der Tradition der *Československá národní demokracie*, die 1919 unter dem Namen *Česká státoprávní demokracie* (Tschechische staatsrechtliche Demokratie) durch eine Verschmelzung der *Národní strana svobodomyslná* (Freisinnige Nationalpartei), sowie eines Flügels der *Strana pokroková* (Partei des Fortschritts) und einer Abgeordnetengruppe der *Strana lidovopokroková* (Partei des Fortschritts des Volks) entstanden war.[8] Auch die *Republikánská strana zemědělského a malorolnického lidu* (Republikanische Partei der Landwirte und des kleinbäuerlichen Volks), die 1896 als *Sdružení českých zemědělců* (Verband der tschechischen Landwirte) im Rahmen der Jungtschechischen Partei entstanden war[9], ist als historische Vorgängerorganisation von ODS und ODA zu betrachten.

---

7 Am kompaktesten in der Gewaltstheorie im Anti-Dühring. Friedrich Engels: Herrn Eugen Dührings Umwälzung der Wissenschaft. MEW Bd. 20, S. 147-171.

8 Zur Entwicklung des tschechischen Parteiensystems Ladislav Cabada: Český stranický systém 1890-1939. Plzeň 2000; Věra Olivová: Dějiny první republiky. Praha 2000; - Jörg K. Hoensch: Geschichte der Tschechoslowakei. Stuttgart ^{3}1992.

9 Seit 1903 unter dem Namen *Česká strana agrární* (Tschechische Agrarpartei) selbständig, 1919-1922 unter dem Namen *Repulikánská strana československého venkova* (Republikanische Partei des tschechoslowakischen Dorfes).

Gemeinsam war all diesen, das kleine tschechische Großbürgertum und das große tschechische Kleinbürgertum vertretenden Parteien, daß sie im tschechisch-deutschen Konflikt zu Zeiten vor und nach dem Ende des Habsburgerreichs weitreichendere Forderungen vertraten, als dies die Christlichsozialen und die Sozialdemokraten taten. Mit Karel Kramář stand ein Politiker an der Spitze der *Národní demokracie*, der früher und radikaler als die meisten anderen tschechischen Politiker von Rang auf die Auflösung Österreich-Ungarns gepocht hatte.[10] Hinter dieser Radikalität stand ein nationalpolitisches Programm des 19. Jahrhunderts, das die *Národní demokracie* bei ihrer Gründung als *Státoprávní demokracie* noch im Namen trug: das „böhmische Staatsrecht", die Forderung nach der Entstehung eines tschechischen Staates in den historischen Grenzen der böhmischen Kronländer.

Zur Umsetzung der weitreichenden Forderungen der staatsrechtlichen „Rechten" bedurfte es eines starken Bündnispartners, den Kramář zeitweise im Westen gesucht hatte, den er aber dann vor allem im zarischen Rußland sah, in dessen Reichsverband er eine tschechische Monarchie eingegliedert sehen wollte. Mit diesem panslawisch verbrämten, großrussisch-abgestützten staatsnationalen Konzept, das angesichts der sozialen Stellung der Tschechen gegenüber den Deutschen im Habsburgerreich immer auch Züge eines patriarchalischen Kleinbürgersozialismus hatte, erreichte Kramář 1918 den Höhepunkt seiner politischen Karriere und wurde erster Ministerpräsident der Tschechoslowakei. Doch hatten zwei weltpolitische Ereignisse des Jahres 1917 dieses Konzept für die so stark von der Außenwelt abhängige Tschechoslowakei schon obsolet gemacht, bevor Kramář überhaupt sein Amt angetreten hatte. Mit dem Kriegseintritt der USA und insbesondere den zwei Revolutionen in Rußland hatten sich die Machtverhältnisse in Europa fundamental verändert. Auch waren die Bol'ševiki nicht jene russischen Bündnispartner, auf den der monarchistisch gesinnte Kramář gehofft hatte. Zudem erwies sich in den 1920er Jahren die nach dem weniger radikalen nationalpolitischen Programm Masaryks gegründete Tschechoslowakei mit ihrer gemäßigten Nationalitätenpolitik im Inneren und der sicherheitspolitischen Verankerung im Westen als stabil. So sank der Stern der *Národní demokracie* in den Jahren nach dem Ersten Weltkrieg rasch. Als der Aufstieg der deutschen Nationalsozialisten im Reich und ihrer Verbündeten in der Tschechoslowakei den tschechisch-deutschen Konflikt wieder eskalieren ließ, brachte dies nicht Kramářs staatsnationaler „Rechte" Zulauf. Das Rußland

---

[10] Zu Kramář siehe die vortreffliche Biographie von Martina Winkler: Karel Kramář. (1860-1937). Selbstbild, Fremdwahrnehmungen und Modernisierungsverständnis eines tschechischen Politikers. München 2002.

der Bol'ševiki war ihr ein „falsches" Rußland, so daß sie ohne außenpolitischen Bündnispartner dastand. So fand nicht die Partei des kleinbürgerlich-sozialistischen Staatsnationalismus Zulauf, sondern Edvard Benešs Partei des staatsnationalen Sozialismus (Československá strana národně socialistická, (Tschechoslowakische National-Sozialistische Partei), die ihr in nationalpolitischer und gesellschaftspolitischer Hinsicht so ähnlich war, jedoch die Anlehnung an die Sowjetunion suchte. Daraufhin näherte sich die *Národní demokracie*, die 1935 mit der *Národní liga*[11] (Nationale Liga) zur *Národní sjednocení* (Nationale Vereinigung) verschmolz, an den deutschen Nationalsozialismus an, was den historischen Untergang dieser „Rechten" bedeutete.
Es ist dieses delegitimierende Erbe, das es dem „rechten" Spektrum der tschechischen Politik unmöglich macht, ideologisch an die Traditionen der „rechten" Parteien der Zwischenkriegszeit anzuknüpfen. Alleine die in dieser Studie nur am Rande behandelte nationalpolitisch staatsnational-tschechoslowakische und daher innenpolitisch isolierte - und europapolitisch isolationistische - *Sdružení pro Republiku – Republikánská strana Československa* (Vereinigung für die Republik – Republikanische Partei der Tschechoslowakei, SPR-RSČ) unter Miroslav Sládek, deren kleine Fraktion im tschechischen Abgeordnetenhaus in den Jahren 1992-1998 mit xenophoben, antiziganistischen, antideutschen und antirussischen Ausfällen von sich reden machte, knüpfte schon im Namen an die *Republikanská strana zemědělského a malorolnického lidu* und deren Vorgängerorganisation, die *Sdružení českých zemědělců*, an und berief sich auf die Tradition der *Nationalen Demokratie*.[12]
Stellte die historische Diskreditierung der „rechten" tschechischen Parteien ein ideologisches Hindernis für die Anknüpfung an die *Národní demokracie* dar, so ist es vor allem eine „pragmatische Verschiebung" des nationalpolitischen Programms gegenüber den „rechten" Parteien der Zwischenkriegszeit, das die „rechten" Strömungen der tschechischen Politik der 1990er Jahre kennzeichnet. So hatten jene nach der Gründung der Tschechoslowakei das tschechisch-nationale staatsrechtliche Programm der bürgerlichen tschechi-

---

[11] Die sich 1927 als *Slovanská strana národně socialistická* (Slawische National-Sozialistische Partei) von der National-Sozialistischen Partei Benešs abgespalten hatte.

[12] Jaroslav Novák: Z historie SPR-RSČ; - <www.republikani.com/historie>. Die von der antideutschen Rhetorik verhüllte Kontinuitätslinie zu den Kräften, die seit Ende der 1930er Jahre mit den Nationalsozialisten kollaborierten, zeigte auch die Kooperation der SPR-RSČ mit dem französischen *Front National* (Besuch Le Pens bei den tschechischen Republikanern im Oktober 1999), der als Bewegung der Vichy-Kollaborateure entstand.

schen Parteien des 19. Jahrhunderts an die ordnungspolitischen Gegebenheiten angepaßt – was in der Umbenennung der *Česká statoprávní demokracie* in *Československá národní demokracie* zum Ausdruck kam. Sie vertraten nun einen Tschechoslowakismus mit staatsrechtlichen Ober- und tschechisch-nationalen Untertönen. Die „rechten" Parteien der 1990er Jahre jedoch kehrten zu dem tschechisch-staatsnationalen Programm des 19. Jahrhunderts zurück.

Hinter dem Ahistorimus von ODS und ODA taucht somit der staatsrechtliche Historismus der tschechischen „Rechten" des 19. und frühen 20. Jahrhunderts auf, die die Wiedererstehung des „tausendjährigen" böhmischen Staates als tschechischen Staat gefordert hatten. Es ist dieses staatsnationale nationalpolitische Programm, welches jene zunächst vor allem von den postkommunistischen Eliten repräsentierten Strömungen der tschechischen Politik seit 1989 verbindet, die in ihrem Selbstverständnis der „wahren Rechten" angehören. Umgekehrt bezeichnet diese „Rechte" all jene Strömungen als „links", die nicht das tschechisch-staatsnationale Programm vertreten.

Die nationalpolitischen und die aus ihnen folgenden europapolitischen Konsequenzen dieses staatsnationalen Programms sind nur im Kontext der historischen Voraussetzungen zu verstehen, die seine Wiederaufnahme Anfang der 1990er Jahren ermöglichten. Das staatsrechtliche Programm der tschechischen „Konservativen" des 19. Jahrhunderts war gescheitert, weil es in seiner landespatriotischen vornationalen Ausprägung - im früh industrialisierten Böhmen zuerst, im länger agrarisch geprägten Mähren erst später - hinter der rasch voranschreitenden Ausbildung der tschechischen und der deutschen nationalen Teilgesellschaften in Böhmen und Mähren zurückblieb.[13] In seiner zuerst von den böhmischen „Liberalen" vertretenen tschechisch-staatsnationalen Variante hingegen kam es einer unter den gegebenen Nationalitätenverhältnissen zwischen Deutschen und Tschechen in Böhmen und Mähren und den Machtverhältnissen im Habsburgerreich nicht realisierbaren Maximalforderung gleich.

Die Masaryksche Idee des tschechoslowakischen Staates war in dieser Hinsicht eine Kompromißformel, welche die Deutschen in Böhmen und Mähren in eine Minderheitenposition bringen und so die Verwirklichung der nationalen Aspirationen der Tschechen ermöglichen sollte, indem sie die Forderung nach einem tschechischen Staat in den historischen Grenzen der böhmischen Kronländer (Staatsrecht) mit der Idee einer tschechisch-slowakischen Ver-

---

[13] Zu den Zusammenhängen von Industrialisierung und Nationalisierung Ernest Gellner: Nationalismus und Moderne. Berlin ^{2}1995.

bundenheit und des Selbstbestimmungsrechts (Naturrecht) dieser zweigliedrigen Nation verband. Während der tschechoslowakischen Staatsidee in seiner ethnischen Variante tschechisch-deutsch-slowakische nationalföderative Züge eigen waren[14], tendierte die Übertragung des der staatsrechtlichen Vorstellung zugrundeliegenden staatsnationalen Programms auf den Nationalitätenstaat Tschechoslowakei zur Etablierung einer zentralistischen Mehrheitsherrschaft der Tschecho-Slowaken über die Deutschen und der Tschechen über die Slowaken.[15]

Der sudetendeutsche und reichsdeutsche Nationalsozialismus zerstörte dann 1938 nicht nur den tschechoslowakischen Staat, sondern auch dessen Gründungsidee, insbesondere in seiner nationalföderativen Variante. In spiegelbildlicher Reaktion auf den deutschen Nationalsozialismus radikalisierte der tschechische staatsnationale Sozialismus, dessen Erbe 1948 der staatsnationale Kommunismus antrat, mit der Vertreibung und Abschiebung der enteigneten Deutschen und eines Teils der Ungarn aus der Tschechoslowakei das tschechoslowakische staatsnationale Programm. Damit zerstörte er aber gleichzeitig die Grundlage des tschechoslowakischen Staates, da im nunmehr rein tschechisch-slowakischen Staat der Anreiz für die mehrheitsbildende Kooperation der beiden Nationen wegfiel. Gleichwohl setzten die tschechischen staatsnationalen Kommunisten ihr tschechoslowakisch-staatsnationales Programm fort, dessen tschechisch-zentralistische Züge sich nach dem Wegfall des Zwangs zur Koalition mit den Slowaken nur verstärkten.

Welche Folgen diese neue Situation für den tschechoslowakischen Staat haben konnte, wurde erstmals während des politischen Aufbruchs der 1960er Jahre deutlich. Viel wichtiger als ökonomische Fragen zur Ausgestaltung eines dritten Wegs zwischen Kapitalismus und Sozialismus war die nationale Frage, über die nach der Lockerung der Zensur wieder gesprochen werden konnte und die sich in den Debatten über die Demokratisierung der Tschechoslowakei widerspiegelte. Während die mehrheitlich tschechischen tschechoslowakisch-staatsnationalen Kräfte unter Demokratisierung verstanden, daß dem tschechoslowakischen demos mehr politische Rechte verliehen werden sollten, was de facto eine Majorisierung der Slowaken bedeutete hätte,

---

[14] Von der Lage der „Minderheiten", der Juden, Polen, Roma, Rusinen und Ungarn sei in diesem Kontext abgesehen.

[15] Jaroslav Kučera: Minderheit im Nationalstaat. Die Sprachenfrage in den tschechisch-deutschen Beziehungen 1918–1938. München 1999; – Jörg K. Hoensch: Das Scheitern der Verständigung: Tschechen, Deutsche und Slowaken in der Ersten Republik. (1918–1938). Essen 1994.

forderten die Slowaken, deren nationale Aspirationen nach der Vertreibung eines Teils der Ungarn gewachsen waren, mehr nationale Rechte.
Hatte die Vertreibung und Aussiedelung der Deutschen aus Böhmen zunächst das tschechische tschechoslowakisch-staatsnationale Programm verstärkt, so ließ sich aus dieser neuen Situation auch eine andere Konsequenz ziehen. Was in der ersten Hälfte des 19. Jahrhunderts eine vornationale, in seiner zweiten Hälfte eine radikal-nationale Vorstellung gewesen war, war nun zu verwirklichen: die alte Idee eines tschechischen Nationalstaats in den historischen Grenzen der böhmischen Kronländer. Dies war die ideelle Geburtsstunde der neuen tschechischen staatsnationalen „Rechten". Wann und wie nach der Niederschlagung des Prager Frühlings 1968 durch sowjetische Truppen und ihre Verbündeten das Umschwenken der tschechischen kommunistischen Funktionselite vom tschecho-slowakischen, de facto tschechischen kommunistischen staatsnationalen Programm zu einem auf die historischen Grenzen Böhmens und Mährens begrenzten tschechischen „liberalen" und „konservativen" staatsnationalen Programm stattgefunden hat, ist nur schwer zu erforschen.[16]
Das äußere Staatsgeheimnis, das die antikommunistische und antirussische Rhetorik der zur staatsnationalen „Rechten" formierten kommunistischen Funktionselite verschleiert, ist die Naht, welche die kommunistische Anlehnung an die Sowjetunion mit der postkommunistischen Anlehnung an die USA verbindet.[17] Eine Schlußstrich-Politik, die die innergesellschaftlich durch den Kommunismus und europapolitisch durch den Ost-West-Konflikt konservierten und vollendeten Zerstörungen des von den deutschen Nationalsozialisten verursachten Gewaltausbruchs Mitte des 20. Jahrhunderts nicht zu beseitigen sucht,

[16] Selbst die tschechisch-schweizerische Autorin Maya Hertig, die in einer am Schweizer Institut für Föderalismus entstandenen hervorragenden Studie über die Auflösung der Tschechoslowakei die historische Genese sowie die Grundprinzipien des tschechischen staatsnationalen Konzepts darlegt, setzt mit der Analyse der politischen Formierung des „neuen" tschechischen staatsnationalen Programms erst 1989 an. Maya Hertig: Die Auflösung der Tschechoslowakei. Analyse einer friedlichen Staatsteilung. Basel, Genf, München 2001. Ebenso scheint mir die Frage ein Desiderat der Forschung zu sein, inwiefern die sowjetische Führung bei ihrer Entscheidung zum Einmarsch in Prag davon ausging, daß der nationalpolitische Aufbruch in der Tschechoslowakei nach Ostmittel- und Osteuropa strahlen könnte und nicht nur die sozialistische innere Ordnung der Staaten, sondern die gesamte Staatenordnung in Bewegung setzen könnte.

[17] Über den fließenden Übergang von der technokratischen Umsetzung der ideologischen Vorgaben der kommunistischen Doktrin zur Entwicklung einer strategischen Gegendoktrin im Prognoseinstitut der Akademie der Wissenschaften ist leider noch weniger bekannt als über die Anfänge des tschechisch-staatsnationalen Programms.

sondern dieses Erbe unter neuen ideologischen Vorzeichen übernimmt, ist in der Tschechischen Republik nicht ohne äußere Absicherung durchzuführen. Hatte die militärische Machtentfaltung der Sowjetunion diese Absicherung für vierzig Jahre gewährleisten können, so drängte die Mitte der 1980er Jahre zu Tage tretende Erosion des sowjetischen Machtpotentials zur Suche nach einer neuen Garantie für die Erhaltung des inneren status quo. Dies war die strategische Geburtsstunde der tschechischen staatsnationalen „Rechten". Und auch wenn die Dokumente aus der dunklen und verdunkelten Zeit vor dem November 1989 nicht einzusehen sind, so ist doch eines klar: Als die kommunistische Staatsparteiherrschaft in der Sowjetunion und damit auch in der Tschechoslowakei zusammenbrach, stand nicht nur das tschechisch-staatsnationale Programm, sondern auch die in ihr wurzelnde europapolitische Strategie der Funktionseliten des kommunistischen Staates schon bereit.

2.2 Die gesamteuropäischen Ordnungsvorstellungen der ODS – Nationalstaat im Westen

Die entscheidende Herausforderung für das tschechische staatsnationale Programm tauchte bald nach dem Umbruch 1989 auf der europäischen Ebene in Ljubljana, Zagreb und Sarajevo, auf der staatlichen Ebene in Bratislava auf. Als die slowakische Nationalbewegung immer lauter Mitbestimmung in Prag und Autonomie für den slowakischen Landesteil forderte, fürchtete die staatsnationale „Rechte", wie in Südosteuropa könnte auch in Mitteleuropa die Territorialordnung in Bewegung geraten. Nichts konnte vor dem Hintergrund des jugoslawischen Staatszerfalls, dessen blutiger Verlauf die europäischen Großmächte auf den Plan rief, in den Augen der tschechischen staatsnationalen „Rechten" stabilitätsbedrohender sein, als ein langwieriger slowakisch-tschechischer Konflikt, dessen Eskalation in der Mitte Europas schneller noch als in Südosteuropa die großen europäischen Staaten und insbesondere Deutschland anziehen würde.
Zumindest rhetorisch ließen die Ordnungsvorstellungen der staatsnationalen „Rechten" für die Tschechoslowakei noch die Varianten der konservierenden Kontinuität des tschechoslowakischen staatsnationalen Programms und der ebenfalls konservierenden radikalen Diskontinuität des tschechischen staatsnationalen Programms zu. Klar war aber, daß der Konflikt schnell und leise beseitigt werden mußte, so oder so, durch die Aufrechterhaltung der gesamtstaatlichen zentralistischen Ordnung oder durch eine Teilung des Staates. So formulierte die ODS:

> Wir bekennen uns zu einem gemeinsamen Staat. Wir sind allerdings dagegen, daß dieser auf dem nationalen Prinzip beruht. Der Aufbau des Föderalstaats muß von den historischen Territorialeinheiten ausgehen, muß die Bedingungen für ein rationales Funktionieren der Staatsorgane und -institutionen schaffen und muß das Bürgerprinzip verwirklichen. [. . .] Aus der breiten Palette der Möglichkeiten für eine Staatsordnung schließen wir von vorneherein nur eine konföderative Ordnung aus. Eine Teilung des Staates ist nicht unser Programm. Erweist sie sich aber als notwendig, so werden wir damit zurecht kommen.[18]

Und die ODA sekundierte:

> Die ODA ist bereit, mit jedem über einen gemeinsamen Staat zu verhandeln, wir lehnen es aber ab, uns auf das falsche Spiel der nationalistischen Kräfte einzulassen, die diese Verhandlungen für einen Wählerbetrug zu mißbrauchen suchen, in dem sie mit ihnen ihre separatistischen Absichten verdecken.[19]

Das staatsnationale „Bürgerprinzip“ (občanský prinzip), das ODS und ODA bereits im Namen trugen, sollte somit entweder die Mehrheitsherrschaft der tschechischen Bürger über die slowakischen Bürger (2:1, zehn Millionen zu fünf Millionen) sichern, oder aber die tschechischen Bürger unter sich, in einen tschechischen Staat mit tschechischen Bürgern bringen. Hielten ODS und ODA das ideologische Hintertürchen des tschechoslowakischen staatsnationalen Programms noch offen, so war doch schon klar, daß ihr eigentliches Programm das tschechisch-staatsnationale war. Denn wäre das Programm das tschechoslowakisch-staatsnationale gewesen, so wäre die „Rechte“ keine „Rechte“, sondern eine „Linke“ gewesen, war doch das tschechoslowakisch-staatsnationale Programm das der Kommunisten.
Daher taucht in der Debatte über die innere Ordnung der Tschechoslowakei bereits in aller Klarheit das wichtigste rhetorische Instrument auf, das später in der Debatte über das Ordnungssystem der Europäischen Union wirkungsmächtig werden sollte: die Verbindung des tschechisch-staatsnationalen Prinzips mit den legitimitätsheischenden Begriffen „rechts“, „liberal“ und „konservativ“ und

---

[18] Svoboda a prosperita. Volební program Občanské demokratické strany. Volby 1992, S. 15, 17.

[19] Volební program ODA, in: 10 let na straně svobody. Kronika ODA z let 1989-1999. Brno 1999, S. 264-267

umgekehrt die Verschmelzung aller anderen nationalpolitischen Programme mit den diskreditierten Begriffen „links“, „sozialistisch“ oder „kommunistisch“:

> Die *sozialistischen* Juristen des Jahres 1968 verstanden die Föderation als eine Verbindung zweier Nationalstaaten. Die schwierigen Mechanismen, mit denen in der höchsten Volksversammlung eine Majorisierung verhindert wird [. . .], machen das Parlament in vielen Fragen funktionsunfähig. Es zeigt sich, daß eine Staatsordnung, in der das *nationale* (oder das religiöse, das rassische, etc.) Prinzip zur Anwendung kommt, im politischen Prozeß der Föderationsorgane große Probleme verursacht. Die *kommunistische* Ideologie, die in den Bereich des Staatsaufbaus eingedrungen ist, hat so den Gedanken der Föderation als solchen diskreditiert.[20]

So geißelte die sich als „liberal“, „konservativ“ und „individualistisch“ verstehende staatsnationale „Rechte“ jene Parteien als „links“, „sozialistisch“ und „kollektivistisch“, die entweder an einem tschechoslowakisch-staatsnationalen Zentralismus festhielten, oder aber die Tschechoslowakei erhalten wollten, in dem sie den slowakischen Forderungen nach einer vertieften Föderalisierung nachkommen wollten (kleine liberale Parteien, Christlichsoziale, nationalföderativer Flügel der ČSSD).
So gingen auch Sládeks *Republikaner* nicht etwa deswegen Ende der 1990er Jahre unter, weil ihre rassistischen Ausfälle keinen Anklang gefunden hätten. Die SPR-RSČ ist von der politischen Bühne verschwunden, weil ihre Rhetorik die einer „rechten“ tschechoslowakisch-staatsnationalen Partei war, das tschechoslowakisch-staatsnationale Programm jedoch in der tschechischen Gesellschaft als „links“ kodiert und im Parteienspektrum von der Kommunistischen Partei besetzt war. Schließlich sind die Republikaner daraufhin in zwei bislang politisch bedeutungslose Nachfolgeorganisationen zerfallen, in die „rechte“ *Republikáni Miroslava Sládka* (Republikaner Miroslav Sládeks) und die noch unbedeutendere „linke“ *Republikanská strana Československa*, weil ihre beiden Teile ein unterschiedliches nationalpolitisches Programm hatten: Die Vereinigung für die Republik (SPR) war eine Vereinigung für die Tschechische Republik, das Programm der Republikanischen Partei der Tschechoslowakei (RSČ) hingegen war ein tschechoslowakisch-staatsnationales.[21]

---

[20] Ebd., S. 12. In gleichem Stile: „Die Gesellschaft war von kommunistischen Ideen und den Illusionen der slawischen Verbundenheit infiziert.“, ebd. S. 4.

[21] Schon die Berufung auf die Namen der Vorgängerorganisation in ihren historischen Stufen zeigt es an. Die *Sdružení pro Republiku* knüpfte an die tschechisch-staatsnationale *Sdružení českých zemědělců* des 19. Jahrhunderte an, die *Republikanská strana Československa* an die *Republikanská strana zemědělského a malo-*

Wie stark die gesellschaftliche Basis des tschechischen staatsnationalen Programms bereits 1992 war, zeigte sich an dem durchschlagenden Erfolg seiner politischen Formation – der ODS - bei den letzten Wahlen in der Tschechoslowakei. Die tschechoslowakisch-staatsnationalen Kräfte (KSČ) sowie die tschechischen nationalföderativen Kräfte - die Christlichsozialen (KDU-ČSL), Sozialdemokraten (ČSSD unter Jiří Horák) und Sozialliberalen (Petr Pithart, Občanské hnutí, später KDU-ČSL) - und selbst die aufgrund der Nationalitätenverhältnisse in der Slowakei etwas stärkeren slowakischen nationalföderativen Christdemokraten (Jan Čarnogurský, KDH), schnitten schwach ab.[22] Als in beiden Landesteilen die siegreichen „rechten" tschechischen (Václav Klaus, ODS) und „linken" slowakischen (Vladimír Mečiar, HZDS) staatsnationalen Kräfte innerhalb weniger Wochen die Abwicklung des tschechoslowakischen Staats aushandelten, konnten die staatsnationalen und nationalföderativen Anhänger der Tschechoslowakei gegen ihre Auflösung kaum mehr gesellschaftlichen Widerstand mobilisieren als ein bei Meinungsumfragen zu Kunde gegebenes Bedauern.[23]

---

rolnického lidu der Zwischenkriegszeit mit ihrem von tschechisch- zu tschechoslowakisch-staatsnational verschobenen nationalpolitischen Programm. So liefen auch nach dem Parteizerfall viele Mitglieder der SPR-RSČ zur *Vlastenecká republikánská strana* (Republikanische Heimatpartei) über, die das tschechisch-staatsnationale Programm mit dem Bezug auf die *vlast* bereits im Namen trägt.

22 Lubomír Brokl, Zdenka Mansfeldová: Die letzten Wahlen der ČSFR 1992 und die Lage danach. Berichte des Bundesinstituts für ostwissenschaftliche Studien 1993.

23 Ein verbreitetes, aber nicht überzeugendes, weil nicht „realistisches" Argument lautet hingegen, daß die Meinungsumfragen „bewiesen" hätten, daß weder Tschechen noch Slowaken die Auflösung des Staats gewollt hätten. Dieses Argument ist auf der einen Seite zu „realistisch", weil es ausschließlich auf den politischen Realismus der „hohen Politik" abzielt, deren Vertreter, Klaus und Mečiar, „alleine" den Staat aufgelöst hätten. Da der Staat sich in die Gesellschaft, auf der er beruht, gefressen hat, ist aber ohne die „unpolitische Politik", das alltägliche soziale Handeln, das auch ein Nicht-Handeln sein kann, ein Staat und eine Gesellschaft nicht zu machen und nicht aufzulösen. So konnte die „tschechoslowakische" Gesellschaft nur deswegen so rasch aufgelöst werden, weil sie in den „politischen" Köpfen der Parteien bereits verschwunden war. Außer der KSČ und der SPR-RSČ gab es keine tschechoslowakisch-staatsnationalen Parteien. In den „unpolitischen" Köpfen der Wähler, zeigte sich die Tatsache, daß die tschechoslowakische Gesellschaft bereits aufgelöst war, daran, daß die tschechoslowakisch-staatsnationalen und die Parteien der „unpolitischen Politik", die nationalkonföderativen Parteien, so erfolglos blieben. Das Argument der „Umfrageergebnisse" ist auf der anderen Seite aber auch nicht „realistisch" genug. Klaus und Mečiar waren zwar die Vertreter der „hohen Politik", aber nicht die Vertreter ihrer „ganz hohen" Fortsetzung mit anderen Mitteln. So befahlen die tschechischen Generäle den tschechischen Truppenteilen nicht - oder diese gehorchten nicht – die von der Grenze des Ost-West-Konflikts abziehenden slowakischen Truppenteile an die-

Dies war auch der Grund für die friedliche Teilung der Tschechoslowakei, deren unblutiger Verlauf das dominante tschechische Staats- und Nationsverständnisses nur verstärkte, vor dessen Hintergrund das tschechisch-staatsnationale Programm erst seine Wirksamkeit entfalten konnte. Nach diesem Staats- und Nationsverständnis ist die *westliche* Idee der *Staatsnation* ein *modernes*, *zivilisiertes*, *liberales*, den *individuellen* Willen der Bürger betonendes Konzept, wohingegen die *östliche* Idee der *Ethnonation* ein *wildes*[24], *völkisches* Konzept sei, das auf die Ausgrenzung all jener aus dem *Kollektiv* ziele, die nicht einer an objektiven Kriterien zu erkennenden Gemeinschaft angehören. Diese Vorstellung hatte in der tschechischen Gesellschaft natürlich erst wirklich an Boden gewinnen können, als die Tschechen mit der Gründung der Tschechoslowakei über einen Staat verfügten, als dessen Staatsnation sie sich sehen konnten – wenngleich sie lediglich die stärkste Nation der Tschechoslowakei waren. Dominant wurde das tschechische Selbstverständnis als Staatsnation dann mit der Deutung des nationalsozialistischen rassisch-staatsnationalen Imperialismus[25] als deutschem Ethnonationalismus.[26] Diesem setzte die Mehrheitsströmung der tschechischen Politik ab

---

sem Abzug zu hindern. Zum Umfrage-Argument und den Umfragedaten exemplarisch: Ladislav Cabada, Karel Vodička: Rozpad československé federace, in: dies. (Hg.): Politické systém České republiky. Praha 2003. Leider scheint es neben der vieldutzendfachen Wiederholung der Ergebnisse der quantivativen Staatszerfalls-Umfrageforschung und ihrer Fortsetzung auch nach der Auflösung keine einzige qualitative Studie zu geben, die Generäle oder Soldaten befragt hätte.

[24] Zur Gleichsetzung von „Osten“ und „wildem Ethnonationalismus“ siehe die Veröffentlichungen des Chefideologen der staatsnationalen „Rechten“, Miloslav Bednář, insbesondere: Spravedlnost, demokracie a česká filosofie politiky po roce 1989. Olomouc 1998, passim.

[25] Die kurze Phase zwischen dem Münchener Abkommen und der Umwandlung der „Rest-Tschechei“ in das „Reichsprotektorat Böhmen und Mähren“ spielt im tschechischen staatsnationalen Denken eine viel geringere Rolle als bei einigen Sudetendeutschen. Während diese zwischen der nationalexpansiven irredentistischen (bzw. separatistischen) Phase als berechtigter „Erlösung“ von tschechoslowakischer Herrschaft und der unberechtigten imperialen Ausdehnung unterscheiden, wird in der Tschechischen Republik die Eingliederung des gesamten böhmisch-mährischen Gebietes in das Reich als unausweichliche Folge der Abtrennung der „Sudetengebiete“ gesehen.

[26] Exemplarisch für die „staatsbildende“ Ideenkraft des nationalsozialistischen Zerstörungswerks beim ehemals „staatslosesten“ aller größeren europäischen Völker, den Juden: Hannah Arendt: Elemente und Ursprünge totalitärer Herrschaft. Antisemitismus, Imperialismus, totale Herrschaft. München 2000[7] [The origins of totalitarianism. New York 1951]. Während dieses, unter dem Eindruck des Holokaust geschriebene Werk nach 1989 in der Tschechischen Republik wie überall in Osteuropa breit rezipiert wurde, ist der lebenslange Versuch Hannah Arendts, sich wie-

1945 das sozialistisch-staatsnationale und ab 1948 das kommunistisch-staatsnationale Programm sowjetischer Provenienz entgegen.
Als sich dessen Legitimität erschöpft hatte, knüpfte die staatsnationale tschechische Funktionselite wieder an das staatsnationale Programm westlicher Provenienz an und verhüllte die Naht, die beide Programme verbindet, hinter einer ahistorischen Legitimationsideologie sowie einem rhetorischen Antikommunismus. Für das tschechoslowakisch-staatsnationale Programm der „Linken“, das sie aufgrund seiner panslawischen Verbrämung als *národovectví* (Volkstümelei) bezeichnet, hatte die staatsnationale „Rechte“ nur ein müdes Lächeln übrig.[27] Die „Volkstümler“ waren sogar politisch nützlich, weil der Verweis auf tschechischer und europäischer Ebene dazu diente, den eigenen Hang zum ethnizistischen Essentialismus zu leugnen. Als sich das „linke“ nationalpolitische Programm aber dem tschechisch-staatsnationalen Programm der „Rechten“, dem *vlastenectví* – der tschechischen Entsprechung des „westlichen“ staatsnationalen „Patriotismus“ (vlast = Heimat) – annäherte, wurde es ihr innenpolitisch gefährlich. Gleichzeitig sind die Freund-Feinde der tschechisch-staatsnationalen „Rechten“ und der tschechisch-staatsnationalen „Linken“ zur Kooperation gezwungen.[28]

---

der vom Staat loszuschreiben, viel weniger zur Kenntnis genommen worden. Am prägnantesten: Hannah Arendt: Macht und Gewalt. München 1996[12]. [On violence. New York 1970]. Tschechische Ausgaben: Hannah Arendtová: Původ totalitarismu. Praha 1995; Hannah Arendtová: O násilí. Praha 1995.

27 Ähnliches gilt für den Begriff *panslawismus*. In dem Maße, in dem das slawische sprachnationale Programm zum tschechisch-staatsnationalen Programm wurde, verschob sich sein Inhalt von der Kooperation der slawischen Völker zur Russophilie, die Kramář allerdings als *neoslawismus* bezeichnete, der nicht auf die Russen, sondern auf ihren Machtstaat zielte. Exemplarisch für Gleichsetzung und Kritik: Václav Černý: Vývoj a zločiny panslawismu. Praha 1995 [Střední Evropa 33/1993-38-39/1994; Handschrift vermutlich Anfang der 1950er Jahre]. Ebenso der christdemokratische Politiker (KDS) Michal Lobkowicz: Prag zwischen Ost und West? In: Walter Koschmal et al (Hg.): Deutsche und Tschechen. Geschichte – Kultur – Politik. München 2001, S. 489-496. Dem russophilen Panslawismus des staatsnationalen Programms stand in der zweiten Hälfte des 19. Jahrhunderts die *slovanská vzájemnost*, die (austro)slawische Verbundenheit, entgegen. Auch dieser Begriff hat mit der Durchsetzung des staatsnationalen Programms das Schicksal des *panslawismus* durchgemacht und meint heute in aller Regel auch nur noch Russophilie. Während die nationalföderativen Kräfte die in den Begriffen steckende Orientierung auf den Rußländischen Machtstaat betonen und sie deshalb kritisieren, hat der Anti-Panslawismus der staatsnationalen „Rechten“ die gleiche verschleiernde Funktion wie der Antikommunismus.

28 Zu Konflikt und Kooperation der staatsnationalen „Rechten“ und „Linken“, der ODS und der ČSSD unter Miloš Zeman, zwischen 1996 und 2002 siehe unten.

Die zentralen gesellschaftspolitischen Begriffe sind somit alle nationalpolitisch unterlegt. Selbst die auf das Jahr 1968 folgende „Normalisierung“ war nicht nur eine Wiedererrichtung des kommunistischen Regimes, sondern auch eine Wiedererrichtung der „Normalität“ des tschechoslowakischen staatsnationalen Programms im Innern und seiner äußeren Absicherung durch die Sowjetunion. Und da der Übergang vom „linken“ tschechoslowakisch-staatsnationalen Programm zum „rechten“ tschechisch-staatsnationalen Programm so fließend, so kontinuierlich in seiner Fixierung auf den Staat und so diskontinuierlich im Wechsel des Staates und seiner außenpolitischen Absicherung war, folgte auf die „östliche „Normalisierung“ die „westliche Standardisierung“. Die kommunistische „Endgesellschaft“ sollte eine tschechoslowakisch-staatsnationale sein. Da sie in Bewegung geraten war, sollte nun das endgültige „Ende der Geschichte“ ein „liberales“ tschechisch-staatsnationales Ende sein.[29] Und da in Südosteuropa offen sichtbar war, daß das „Ende der Geschichte“ doch nicht gekommen war, sondern ein „Zusammenstoß der Zivilisationen“ anstand, der ein Zusammenstoß der sich als „zivilisiert“ verstehenden Kulturen war, sollte das staatsnationale Programm in jene „Zivilisation“ führen, in der es keine „Kulturen“ mehr gibt, sondern nur noch „zivilisierte“ Staaten, die nicht zusammenstoßen.[30]
Die inneren und äußeren Wechselwirkungen der Auflösung der Tschechoslowakei, ihre europapolitischen Ursachen und ihre europapolitischen Folgen, die alle im nationalpolitischen Programm zusammenlaufen, sind in den nun zur souveränen Tschechischen Republik aufgestiegenen Kronländern Böhmen und Mähren als „geopolitische Westverschiebung“ verstanden worden. Der Blick auf die Landkarte legt es nahe, die Wirtschaftsgeographie führt aus, daß die hochentwickelte Tschechische Republik sich von der agrarisch-vorindustriell und kommunistisch-schwerindustriell geprägten Slowakei, dem

[29] Daher war auch der praktische Kern der Debatte über Francis Fukuyamas „Theorie“ vom „Ende der Geschichte“ im endgültigen Sieg der Demokratie der nationalpolitische. Francis Fukuyama: Das Ende der Geschichte. Wo stehen wir? München 1992.

[30] Zum „Zusammenstoß der Zivilisationen“ Samuel Huntington: The Clash of Civilizations, in: Foreign Affairs 3/1993, S. 22-49. Deutsch: Kampf der Kulturen. München 1996. Tschechisch unter dem Titel Střet civilizací: boj kultur a proměna světového řádu. Praha 2001. Zum Kultur- und Zivilisationsbegriff Norbert Elias: Über den Prozeß der Zivilisation der Zivilisation. Soziogenetische und psychogenetische Untersuchungen. Erster Band. Wandlungen des Verhaltens in den weltlichen Oberschichten des Abendlandes. Frankfurt 1978, insbesondere S. 36-42. Zur Verwendung des Zivilisationsbegriffs in den zentralen Schlagworten der Zeit, „westliche Zivilisation“ und „euroamerikanische Zivilisation“, bei der staatsnationalen „Rechten“ siehe unten.

„Osten", gelöst hat.[31] Die entscheidende „geopolitische Westverschiebung" war allerdings die nationalpolitische.

Was mit der Zerstörung der multinationalen Tschechoslowakei durch die deutschen Nationalsozialisten begonnen und in Flucht, Vertreibung und Aussiedelung der Deutschen aus Böhmen und Mähren seine Fortsetzung gefunden hatte, war nun in der Teilung der Tschechoslowakei vollendet. Die Verbindung zur Slowakei, deren Zusammenschluß mit den böhmischen Kronländern auf dem ethnonationalen Prinzip der Vereinigung von Tschechen und Slowaken beruht hatte, deren Grenzen zu Ungarn unter Berufung auf das ethnonationale Prinzip gezogen worden waren,[32] in der gar ein ethnonationaler Sezessionskonflikt mit den nach 1945 nicht geflüchteten und vertriebenen Magyaren und ihrem ungarischen Mutterland nicht ausgeschlossen werden konnte, diese Verbindung war gekappt. Die Tschechische Republik ist damit zu dem geworden, was der Chef der staatsnationalen „Rechten", Václav Klaus, dem heimischen und internationalen Publikum unermüdlich erklärte: Ein *standardní západní stát*, ein westlicher Standardstaat, in dem Staatsnation und Ethnonation zur Deckung kommen, dessen Außengrenzen historisch legitimiert werden, und dessen innere „Standardisierung" nie wieder historisch befragt oder gar politisch in Zweifel gezogen werden soll.[33]

Dies ist der Schlüssel zum historistischen Ahistorismus der staatsnationalen „Rechten", deren Partei, die ODS, keine Parteigeschichte hat, weil sie keine Partei einer pluralen Gesellschaft ist, sondern die Verlängerung des „modernen" monopolistischen Staates und seiner tausendjährigen Geschichte.[34] Dies

---

[31] Solche Deutungen im Kontext der Teilung etwa bei: Michael Kraus, Allison K. Stanger: Irreconcilable differences? Explaining Czechoslovakia's dissolution. Lanham 2000; - Jiří Musil: The end of Czechoslovakia. Budapest 1995; Rüdiger Kipke, Martin Bútora (Hg.): Abschied von der Tschechoslowakei: Ursachen und Folgen der tschechisch-slowakischen Trennung. Köln 1993. Im Zusammenhang mit der tschechischen Außenpolitik: Miloslav Had, Jiří Valenta et al. (Hg.): České národní zájmy. Prag 1993; - Otto Pick: Česká republika ve světě, in: Václav Kotyk (Hg.): Česká zahraniční politika. Úvahy o prioritach. Prag 1997, S. 11-16; - Břetislav Dančák (Hg.): Integrační pokusy ve středoevropském prostoru II. Brno 1999.

[32] Hinzu kam eine geoökonomische Argumentation, weshalb bis heute eine ungarische Minderheit in der Slowakei lebt.

[33] Exemplarisch vor internationalem Publikum: Překročily jsme rubikon. Projev u Siemense (Wir haben den Rubikon überschritten. Vortrag bei Siemens), Feldafing 3.12.1993. Abgedruckt in: Václav Klaus: Evropa pohledem politika, pohledem Ekonoma. Praha 2001, S. 25-30.

[34] Zur staatsrechtlichen Legitimierung vergleiche exemplarisch die gesammelten publizistischen Aufsätze des Mittelalterhistorikers Dušan Třeštík aus den 1990er Jahren: Češi. Jejích národ, stát, dějiny a pravdy v transformaci. Texty z let 1991-1998. Praha 1999.

ist auch der Schlüssel zum europapolitischen Programm der ODS, das auf die Sicherung des staatlichen Monopols zielt, das sich nicht mit der Pluralität der Völker einer europäischen Gesellschaft verträgt. Der individualistische „Liberalismus“ der staatsnationalen „Rechten“ zielt nicht auf die Freiheit und Integrität der Person, er zielt auf die Souveränität des Staates nach innen und außen. Der Demokratiebegriff der staatsnationalen Rechten ist jener ihrer historischen Vorläuferorganisation, der *Národní demokracie*, bei der die Demokratie keine Staatsform, sondern eine Bewegung für den Staat, den tschechischen Nationalstaat war.[35]

Der Status eines „westlichen Standardstaats“ war die Voraussetzung für den Bruch mit allen tschechischen europapolitischen Traditionen und die ausschließliche außenpolitische Orientierung nach Westen. Dies ist der äußere Aspekt der „geopolitischen Westverschiebung“. Zwar hatte die staatsnationale „Rechte“ des 19. Jahrhunderts zeitweise von einer reinen Westpolitik geträumt. Die Nationalitätenverhältnisse in Böhmen und Mähren hatten der Realisierung dieses Traums aber immer im Wege gestanden, so daß der bereits der radikalisierten Generation der „Jungtschechen“ angehörende Masaryk als Theoretiker des „Realismus“ auf die Kooperation der kleinen slawischen Völker im Habsburgerreich gesetzt hatte und als „realistischer“ Staatsmann seine der machtpolitischen Sicherheit dienende *West*politik mit einer Kooperation der Völker in der Tschechoslowakei und in *Mittel*europa verbunden hatte. Sein Freund und Erbe Beneš sowie dessen Feinde und Erben, die Kommunisten, beerbten nach der durch den deutschen Nationalsozialismus verursachten weiteren Radikalisierung die staatsnationale „Rechte“ und suchten eine machtpolitische Absicherung bei der russisch-sowjetischen Großmacht in *Ost*europa. Die Fahrtrichtung des postkommunistischen Schnellzugs ihrer Erben, der tschechischen staatsnationalen „Rechten“, hieß schließlich „West-West“.[36] Der nationalsozialistische „Drang nach Osten“ hatte die tschechische tschechoslowakisch-staatnationale „Linke“ aus der „Mitte“ nach „Osten“ gedrängt, und nun drängte ihr Erbe, die tschechisch-staatsnationale „Rechte“ aus der „Mitte“ nach Westen. Waren das staatsnationale Programm und die Idee der Souveränität am Anfang des 19. Jahrhunderts aus dem fernen französischen Westen zu den Tschechen gekommen, so

---

[35] In einem Wahlprogramm aus dem Jahre 1996 heißt es etwa: „Ein starker Staat mit einer funktionierenden Armee ist die Garantie für die Erhaltung der Demokratie, der politischen Freiheit und der Menschenrechte.“ Svoboda a prosperita. Volební program ODA. Parlamentní volby 1996, S. 17.

[36] So der Titel eines Zeitungsbeitrags des späteren tschechischen Botschafters in Deutschland, Boris Lazar: Směr západo-zapad, in: Respekt 10/1993, S. 2.

sollte das tschechisch-staatsnationale Programm nach seiner keineswegs determinierten, aber doch historisch so geschehenen Vollendung im 20. Jahrhundert nun für das 21. Jahrhundert im eigenen Staat gelebt werden, der aus der so nahe an Deutschland gelegenen Mitte herausgehoben, im fernen Westeuropa verankert und vor allem im fernen amerikanischen Westen abgesichert werden sollte.
Dies konnte um so leichter geschehen, nachdem die Slowaken als innenpolitischer Störfaktor für das Programm der radikalen Westpolitik beseitigt waren. Dies mußte um so schneller geschehen, als sich die Bevölkerung und die Wirtschaftskraft sowie vor allem das politische Kooperationspotential durch die Teilung der Tschechoslowakei erheblich verringert hatten. Dies durfte aber nicht so geschehen, daß dabei das staatsnationale nationalpolitische Souveränitätsprogramm wieder in Frage gestellt werden würde.[37]
Diese drei Konditionen bestimmen seit 1993 die Europapolitik der tschechischen staatsnationalen „Rechten" und ihre europapolitischen Ordnungsvorstellungen: Um das Ziel der Anerkennung als „westlicher Standardstaat" zu erreichen, sollten alle verbliebenen Bindungen im „Osten" so weit und so rasch als möglich abgebrochen werden. Damit sollte eine sofortige Aufnahme in die westliche Staatengemeinschaft ohne die Erfüllung weitreichender, „souveränitätsbedrohender" Beitrittsbedingungen erreicht werden. Sollte sich allerdings die europäische Ordnung in eine Richtung entwickeln, die diesem Konzept des Nebeneinanders souveräner Nationalstaaten widerspricht, so mußte das Konzept revidiert werden.
Konkret folgte aus diesem Programm eine antirussische Rhetorik, die Verweigerung einer institutionalisierten ostmitteleuropäischen Kooperation im Rahmen der Visegrad-Gruppe, die Forderung nach einem raschen und bedingungslosen Beitritt zur Europäischen Union sowie als oberstes Ziel einen Beitritt zur NATO, deren „neue Priorität" es sein sollte, die Souveränität ihrer alten und neuen Mitgliedstaaten zu garantieren, in dem ihre Führungsmacht, die USA, dafür sorgt, daß beide Aspekte der Souveränität, die innere und die äußere, erhalten bleiben. Die Konzentration auf die USA enthüllt einen weiteren Aspekt der „geopolitischen Westverschiebung", der eröffnet, wie und wodurch die innere und äußere Souveränität aus Sicht der staatsnationalen Kräfte ge-

[37] Es ließe sich natürlich auch behaupten, daß das ganze europapolitische Westprogramm von Beginn an bloße Rhetorik war und die Herren der Wirtschaftsdaten wußten, daß das Programm *so* nicht funktionieren konnte. Dies würde m.E. die Steuerungsphantasien der postkommunistischen Staats- und Nationsplaner unterschätzen. So gibt es auch keine Hinweise und selbst dezidierte Klaus-Kritiker bestreiten dies. Interview mit Václav Žák, Prag 5.12.2000.

fährdet werden könnte. Die „Westverschiebung“ ist angesichts der „Lage“ der Tschechischen Republik eine „Verschiebung“ Richtung Deutschland und „Europa“. Die Absicherung der äußeren Souveränität ist daher eine Absicherung der territorialen Integrität gegenüber einer für möglich gehaltenen Bedrohung durch Deutschland. Die Bedrohung der inneren Souveränität geht von einer europäischen Vergesellschaftung sowie einer über wirtschaftliche Kooperation hinausreichenden Staatenintegration in der Europäischen Union aus.

Dieses in spätkommunistischer Zeit entwickelte Programm blieb solange im Dunkeln, als die tschechische kommunistische Funktionselite noch zweifelte, ob die Sowjetunion die politische Entwicklung in Ungarn, Polen und der DDR nicht unterbinden würde. Als aber im November 1989 die Welle des gesellschaftlichen Umbruchs in Ostmitteleuropa die Tschechoslowakei erreichte und endgültig klar wurde, daß die alten strategischen Positionen nicht zu halten sein würden, konnte das neue strategische Programm ans Licht gezogen werden. Das zentrale Element dieses Programms lautete, daß alle bisherigen außen- und innenpolitischen rhetorischen Strategien sowie alle europäischen und innergesellschaftlichen Oberflächenstrukturen augenblicklich und mit der größtmöglichen Radikalität negiert werden müssen, um eine weitreichende Kontinuität der Tiefenstrukturen zu erreichen.

Hatte bislang die Sowjetunion die territoriale Integrität des tschechoslowakischen Staates gegen die befürchteten deutschen Revisionsbestrebungen garantieren sollen, so traten an ihre Stelle nun die als Siegermacht des Kalten Krieges verstandene USA. Bereits bei ihrer parlamentarischen Konstituierung in der Abgeordnete aus der tschechoslowakischen Föderalversammlung und dem tschechischen Nationalrat verbindenden *Interparlamentarischen Fraktion der demokratischen Rechten* (Meziparlamentární klub demokratické pravice) im September 1990 verkündete die neue tschechische staatsnationale „Rechte“:

> Die sich *verändernde Machtlandschaft* Europas führt zu der Frage, wie die *äußere Sicherheit* der ČSFR mit einem *neuen Ansatz* zu sichern ist. Ein Garant für *Frieden und Freiheit* in Europa war zweifellos die Militärallianz der NATO, in der sich die *demokratischen* Staaten Europas, die USA und Kanada freiwillig verbünden. Auch die neuere Entwicklung hat ihre Bedeutung nicht verringert, *nur ihre Prioritäten verändert.*[38]

[38] Ustavující prohlášení Meziparlamentího klubu demokratické pravice (září 1990), in: 10 let na straně svobody. Kronika ODA z let 1989-1999. Brno 1999, S. 17. Hervorhebung von mir.

Obgleich zu diesem Zeitpunkt die 1968 einmarschierten sowjetischen Truppen noch in der Tschechoslowakei standen, sprach die neue „Rechte“ somit bereits von einer „neuen Priorität“ der NATO. Nicht von der Sowjetunion ging die Gefahr aus, welche die sich nun in der ODS und der ODA versammelnde „Rechte“ fürchtete. Die eigentliche Angst war, das Ende des Ost-West-Konflikts könne die gesamte Nachkriegsordnung in Ostmittel-, Südost- und Osteuropa in Frage stellen. „Frieden“ und „Freiheit“ - die territoriale Integrität nach außen und die uneingeschränkte Souveränität des Staates nach innen - waren nach Ansicht von ODS und ODA nur zu erreichen, wenn der Staat möglichst rasch dem „Osten“, dem postkommunistischen Raum der „Transformation“, entkommen und im „Westen“, dem Raum der „Stabilität“, ankommen würde:

> Unsere Gesellschaft ist an einem sehr wichtigen Punkt angelangt, an dem die Entscheidung fällt, ob unser Land erneut und definitiv ein Teil des *Westens* wird, wohin es *für Jahrhunderte* gehörte, oder ob es für *weitere lange Jahre* Teil des *Ostens* bleibt. [. . .] Der Sturm, der sich im *Osten* erhebt, wo das jahrhundertealte russische Kolonialimperium zerfällt, drängt uns, eine *möglichst rasche* und *möglichst enge* Verbindung mit der Nordatlantischen Allianz anzustreben.[39]

Diesem Ziel ordnete die neue staatsnationale tschechische „Rechte“ ihre gesamte Europapolitik unter. Mit diesem Programm startete die ODS ihren Angriff auf die von 1990 bis Mitte 1991 vom tschechoslowakischen Außenminister Jiří Dienstbier und vom Staatpräsidenten Václav Havel verfolgte Europapolitik, deren

> Fundament die Vorstellung von der Tschechoslowakei als ein Pufferland, eine Brücke zwischen Ost und West sowie die Hypothese, daß sie ein stabilisierender Faktor in ganz Mittel- und Osteuropa werden könnte [sei]. Daraus erwachsen z.B. die *utopischen* Träume, daß der *mitteleuropäische* Raum zur institutionellen Grundlage eines *gesamteuropäischen* Sicherheitssystems werden könnte. Im Rahmen dieses Ansatzes wird ein Ersatz für unsere *nicht existierende Westeuropapolitik* gesucht (Pentagonale, jetzt Hexagonale), der uns in die Probleme des *ewig instabilen Südostens Europas* hineinzieht und damit der Integration mit [sic!] Westeuropa schadet. Das Konzept der ‚Trojka‘ (Tschechoslowakei, Ungarn, Polen) ist gegen die gemeinsamen Inter-

[39] Svoboda a prosperita. Volební program Občanské demokratické strany. Volby 1992, S. 31. Hervorhebung von mir.

> essen dieser Länder, weil es sie künstlich aus ihren *europäischen Bindungen* herauszieht. [. . .] Unsere gegenwärtige außenpolitische Orientierung [. . .] vernachlässigt Aktivitäten, die direkt und eindeutig zu einer *politischen, verteidigungspolitischen, militärischen und wirtschaftlichen* Integration mit *Westeuropa* führen.[40]

Entsprechend lautete das auf die Sicherung der Staatssouveränität zielende Alternativprogramm der staatsnationalen „Rechten":

> Die Nordatlantische Allianz war für Jahrzehnte der *Garant des Friedens* in Europa, und auch heute [. . .] hat sie eine entscheidende Bedeutung für die Erhaltung des Friedens und die Bewahrung der *westlichen Zivilisation.* Vor allem ihre *transatlantische* Dimension schafft *im sich vereinigenden Europa das notwendige Gleichgewicht.* [. . .] Wir sind uns der grundlegenden Rolle bewußt, welche die USA im Prozeß des Zerfalls des totalitären kommunistischen Imperiums und bei der Erneuerung der Demokratie auf unserem Kontinent spielten. Ohne eine aktive Beteiligung der USA können wir uns die Schaffung einer neuen *postkommunistischen Ordnung* in Europa und der Welt nicht vorstellen.[41]

Und schließlich das wirtschaftspolitische Westprogramm:

> Die ODS ist grundlegend gegen eine langfristige und breite Verbindung unserer Wirtschaft mit dem *postsowjetischen* Wirtschaftsraum mittels des sogenannten triangulären Handels, bei dem der Westen Kredite für unseren Export in diese Region geben würde. [. . .] Wir müssen an der Schwelle des nächsten Jahrtausends ein integraler Bestandteil des *westeuropäischen* gemeinsamen Markts sein.[42]

Nachdem die tschechisch-staatsnationale „Rechte" unter Klaus im tschechischen und die slowakisch-staatsnationale „Linke"[43] im slowakischen Lan-

---

[40] Svoboda a prosperita. Volební program Občanské demokratické strany. Volby 1992, S. 30. Hervorhebung von mir.

[41] Ebd., S. 31-32. Hervorhebung von mir.

[42] Ebd., S. 32, S. 19. Hervorhebung von mir.

[43] Für die tschechischen tschechisch-staatsnationalen Rechten war Mečiar mit seinen Forderungen solange „links", als die Tschechoslowakei nicht geteilt war, denn sie selbst war offiziell ja tschechoslowakisch-staatsnational und „rechts". Aus slowakischer Sicht war es genau umgekehrt: Dort galt und bezeichnete sich Mečiar als „rechts", weil als „links" die tschechischen tschechoslowakisch-staatsnationalen

desteil unter Mečiar die Wahlen mit ihren - im Inneren wie im Äußeren - entgegengesetzten nationalpolitischen Programmen gewonnen hatten und der Staat am 1.1.1993 geteilt worden war, begann Klaus sein „West"-Programm umzusetzen. Die staatsnationale „Rechte" in der Regierungskoalition wurde dabei von den nationalföderativen Kräften in der ODS und der ODA sowie dem dritten Koalitionspartner, der christlichsozialen KDU-ČSL, kaum gebremst. Der Grund ist darin zu sehen, daß deren noch zu analysierendes Programm ebenfalls nach Europa wies, das im Westen lag, wenngleich es nicht jener „Westen" souveräner Nationalstaaten war, in den die staatsnationale „Rechte" den tschechischen Staat führen wollte. Das Programm der staatsnationalen Kräfte zielte auf die USA, weil die Vereinigten Staaten eine weitreichende Souveränität des tschechischen Nationalstaats garantieren und eine europäische Integration blockieren sollte, die mehr als eine bloße Wirtschaftskooperation der Staaten beinhaltet. Die nationalföderativen Kräfte in ODS und ODA erwarteten hingegen von den USA, daß diese eine europäische Integration gerade ermöglichen, in dem sie die Asymmetrie zwischen den kleinen und großen europäischen Staaten mildern.

Die größte Einigkeit herrschte unter beiden, in der ODA und der ODS vereinten nationalpolitischen Kräften schließlich, daß ihr Programm von Rußland wegzeigte, wenngleich für die nationalföderativen Kräfte in und außerhalb der Regierungskoalition *auch* weg von Rußlands Machtstaat und für die staatsnationalen Kräfte *vor allem* weg von Rußlands Ohnmachtsstaat.

All diese Aspekte der beiden nationalpolitischen Programme fielen Mitte der 1990er Jahre in ihrer strategischen Anwendung auf die Fragen der Zeit zusammen. Lediglich die unterschiedlichen Vorstellungen zur Ostmitteleuropapolitik traten offener zutage. Doch hatte Ministerpräsident Klaus eine sehr starke Position in der Regierung. Hinzu kam, daß die Position von Außenminister Jozef Zieleniec auf einem vorgestellten Kontinuum zwischen staatsnationalen und nationalföderativen Kräften genau in der Mitte lag und er in der Frage der Ostmitteleuropapolitik sich zwar nicht derart explizit von den Nachbarstaaten abgrenzte wie dies Klaus tat, in der Praxis aber doch der Westintegration und der europäischen Integration zunächst Priorität einräumte.[44] Die Folge dieser

---

Kommunisten und auch Klaus mit seinem offiziellen tschechoslowakisch-staatsnationalen Programm galten.

[44] Regierungserklärung von Zieleniec: Ke koncepci zahraniční politiky České republiky. Vystoupení ministra zahraničních věcí Josefa Zieleniece na 8. schůzi Poslanecké sněmovny Parlamentu České republiky. Abgedruckt in: Mezinárodní vztahy 2/1993, S. 95-100. Zu Zieleniec' Außenpolitik siehe auch Anneke Hudalla: Außenpolitik in Zeiten der Transformation. Die Europapolitik der Tschechischen Republik 1993-2000. Münster, Hamburg, London 2002, S. 95-100, 108-111.

Strategiekoalition der Anhänger unterschiedlicher nationalpolitischer Programme war das gemeinsame Pochen auf die Osterweiterung der NATO und der EU sowie das Scheitern einer ostmitteleuropäischen Kooperation, die über das Modell der staatsnationalen „Rechten" für Ostmitteleuropa und Gesamteuropa - die bloße Wirtschaftskooperation - hinausging.[45]

Deutlicher noch als in der Ostmitteleuropapolitik zeigte sich die Westfixierung der staatsnationalen „Rechten" an dem nahezu vollständigen Fehlen einer positiven tschechischen Ostpolitik. Da auch der Verzicht auf eine Politik eine Politik ist, gilt es, dies genauer zu beleuchten. Dazu hilft der Vergleich mit Polen, wo eine aktive Ostpolitik seit Anfang der 1990er Jahre zahlreichen politischen Kräften als „strategisches Interesse" gilt. Ohne großen politischen Einfluß sind dort die Anhänger des großpolnischen staatsnationalen Programms geblieben, die auf einen polnischen Staat in den Grenzen der Zwischenkriegszeit schielten. Die große Schar der polnisch-staatsnationalen Kräfte hingegen arbeitet mit den ukrainisch-staatsnationalen Kräften und den rußländisch-staatsnationalen Kräfte gegen die eurasisch-neosowjetischen und großrussisch-imperialen Kräfte an der Erhaltung des territorialen status quo. Die mittelgroße Schar der polnisch-ethnonationalen Kräfte schließlich kooperiert mit den ukrainisch-ethnonationalen Kräften, um einen nationalföderativen Aufbau für die Ukraine zu erreichen, die den Polen im ukrainischen Staat Autonomierechte gewähren könnte.[46] Eine solche Konflikt- und Kooperationsgemeinschaft mit den Ukrainern hat für die tschechi-

---

[45] Es soll hier nicht behauptet werden, daß die geringe Bedeutung der institutionalisierten ostmitteleuropäischen Kooperation alleine oder auch nur vor allem auf die Tschechischer Republik zurückgeht. Auch die Bekenntnisse der anderen Staaten waren mit der partiellen Ausnahme Polens eher lauwarm und auch eine Reaktion auf die Forderung der EU-Staaten, die - mit unterschiedlichen Zielen – auf eine solche Institutionalisierung pochten. Zu Viśegrad-Kooperation, Pentagonale (später Hexagonale) und Zentraleuropäischer Initiative siehe Christian Meier: Wirtschaftsbeziehungen zwischen den Staaten Osteuropas. Regionale Kooperation auf dem Prüfstand. Berichte des Bundesinstituts für ostwissenschaftliche und internationale Studien 36/1995; - Břetislav Dančák (Hg.): Integrační pokusy ve středoevropském prostoru I/II. Brno 1998/1999. Zur Zentraleuropäischen Freihandelszone siehe darüber hinaus: Katarzyna Żukrowska: Probleme der Regionalen Zusammenarbeit der CEFTA-Staaten, in: Osteuropa-Wirtschaft 1/1996, S. 38-51.

[46] Zu den nationalpolitischen Strömungen in Rußland siehe überblickend: Egbert Jahn: Die Außenpolitik Rußlands, in: Manfred Knapp, Gert Krell: Einführung in die internationale Politik. München, Wien [4]2004, S. 250–284; siehe auch Rolf Peter: Rußland im neuen Europa. Nationale Identität und außenpolitische Präferenzen. (1992–2004). Münster 2006. - Zu den polnischen Strömungen siehe Markus Bieniek: Polens Westintegration und Ostpolitik: Vorstellungen unterschiedlicher politischer Kräfte im Vergleich. Münster 2005.

sche staatsnationale „Rechte“ nie bestanden, da sie immer auf Böhmen und Mähren fixiert war. Dies ist der Grund für das nahezu vollständige Fehlen einer positiven Ukrainepolitik der tschechischen staatsnationalen „Rechten“ und ihres „linken“ Pendants in den 1990er Jahren.[47]
Anders sieht es mit der Rußlandpolitik aus. Die Vorgänger der postkommunistischen staatsnationalen „Rechten“ im 19. Jahrhundert hatten nie einen Blick auf das ganze Rußland geworfen, sondern immer nur auf das Moskauer Zentrum des rußländisch-russischen Machtstaats, der *deržava*, die den territorialen *status quo* des Habsburgerreichs ändern sollte. Die tschechoslowakisch-staatnationale sozialistische und kommunistische „Linke“ schaute seit 1934 ins Zentrum des sowjetischen Machtstaats, der den territorialen status quo der Tschechoslowakei sichern sollte.
Die postkommunistische staatsnationale „Rechte“ schließlich blickte, wenn überhaupt, wieder nur nach Moskau. Der Blick war heimlich, die ihn verschleiernden antirussischen Töne laut, solange der nationale Aufbruch in der späten Sowjetunion und im postsowjetischen Raum das Moskauer Zentrum schwächte. In der Theorie am gefährlichsten war das Solženicynsche nationalexpansive Konzept, da es nicht auf historischen Grenzen, sondern auf dem ethnischen Prinzip beruhte, im Gegensatz zu einem neosowjetischen Programm also Grenzänderungen und nicht nur Statusänderungen von Staatsgebilden vorsah. „Linker“ konnte aus Sicht der tschechischen staatsnationalen „Rechten“ ein nationalpolitisches Konzept nicht sein. Am uninteressantesten waren für die tschechische staatsnationale „Rechte“ die liberalen rußländisch-

---

[47] Ähnliches gilt für Belarus. Die erste, auf polnische und slowakische Anregung entstandene, 2003 veröffentlichte tschechische Kurzstudie zur tschechischen Ostpolitik kommt zu dem Ergebnis: „Die Bedeutung der Beziehungen zur Ukraine reichen in keiner Weise über die Standardbeziehungen zu anderen weniger wichtigen europäischen Staaten hinaus. [. . .] In den 1990er Jahren blieb die Ukraine jenseits des Horizonts tschechischer Diplomatie.“ Zu Belarus, wohin die Tschechische Republik noch nicht einmal einen Botschafter delegierte, heißt es dort in charakteristischer tschechischer Perspektive: „Die Minsker Außenpolitik hat keine Aspirationen auf Unabhängigkeit. Wenn sie sich von der Politik unterscheidet, die die Rußländische Föderation verfolgt, dann ist ihr zumeist die Rolle eines Vorläufers oder Testballons zugewiesen.“ Vladimír Votápek: Policy of the Czech Republic towards Russia, the Ukraine and Belarus, in: Katarzyna Pełczyńska-Nałęcz et al. (Hg.): Eastern Policy of the Enlarged European Union. Developing Relations with Russia, Ukraine and Belarus. A Visegrad Perspective. Thinking about an Eastern Dimension. Bratislava 2003, S. 89-108, Zitate S. 90, 105. Charakteristisch für den skeptischen Blick der tschechischen Politikberatung auf die Ukraine in den 1990er Jahren: Vladimír Leška: Ukrajina – zájimy a perspektivy, in: Mezinárodní vztahy 2/1998, S. 56-65.

staatsnationalen Kräfte um Grigorij Javlinskij, denn deren Selbstbeschränkung auf den mit dem Zusammenbruch der Sowjetunion entstanden *status quo* war zwar grundsätzlich mit dem tschechisch-staatsnationalen Konzept vereinbar. Aber es war weder rhetorisch bei der Forderung nach einem Beitritt zur NATO verwendbar, noch bot ein Rußland, das auf den Anspruch, eine Ordnungsrolle in Ostmitteleuropa zu übernehmen verzichtet, ein Alternativkonzept zur NATO.

Ähnliches galt mit Einschränkungen für die rußländisch-staatsnationale Großmachtpolitik der staatstragenden Kräfte um den Präsidenten Boris El'cin und den Außenminister Evgenij Primakov. Deren Widerstand gegen die Osterweiterung der NATO war für die tschechische staatsnationale „Rechte“ ambivalent. Auf der einen Seite bestand die Gefahr, daß sich ihre Position durchsetzen konnte und die NATO-Erweiterung nicht stattfinden würde. Auf der anderen Seite aber war ihr Widerstand ein Beleg dafür, daß sie stattfinden müsse.[48]

Am interessantesten im Moskauer Machtzentrum wären für die postkommunistische tschechische staatsnationale „Rechte“ noch die postsowjetischen sowjetisch-staatsnationalen, also vom Standpunkt des status quo neoimperialen Kräfte der *Kommunističeskaja Partija Rossijskoj Federacii* (Kommunistische Partei der Rußländischen Föderation, KPRF) gewesen. Denn obwohl auch deren Programm sich territorial auf die ehemalige Sowjetunion beschränkte, war es doch das einzige, das je nach Blickwinkel entweder gefährlich oder nützlich, nicht aber irrelevant war. Doch war die KPRF zwar in der rußländischen Gesellschaft gut verankert, was sie in die Staatsduma führte, nicht aber in den Kreml, der seit der gewaltsamen Niederschlagung der im Obersten Sowjet versammelten kommunistischen Opposition im Oktober 1993 wieder zum wenig anfechtbaren Machtzentrum geworden war. Zudem handelte die KPRF trotz aller sowjetisch-eurasischen Hegemonialtheorie in der Praxis der Duma-Abstimmungen so, wie es der Name der Partei sagt: rußländisch-staatsnational, den Großmachtstatus fordernd, aber nicht expansiv.[49]

---

[48] Mehr zu der in der Sache selbst – nicht in ihren Funktionen – auf einem Konsens der gesamten tschechischen „Rechte“ und eines Teils der „Linken“ beruhenden tschechischen Position bei: Pavel Seifert, Vladimír Handl: Die Sicherheitspolitik der Tschechischen Republik, in: August Pradetto (Hg.): Ostmitteleuropa, Rußland und die Osterweiterung der NATO. Perzeptionen und Strategien im Spannungsfeld nationaler und europäischer Sicherheit. Opladen 1997, S. 43-76. Zur erheblichen innenpolitischen Funktion der Abgrenzung von Rußland siehe: Volker Weichsel: Westintegration und Rußlandpolitik. Der Tschechischen Republik. Münster 2000, insbesondere S. 26-43.

[49] Zur Ideologie siehe Genadij Zjuganov: Za gorizontom. Moskva 1995.

Erst seit die rußländische *deržava* ihre Kräfte wieder gesammelt hat und die nationalen Bewegungen mit ihren für das staatsnationale Programm so bedrohlich erscheinenden Autonomieforderungen oder gar Sezessionsbestrebungen autoritär unterdrückt oder gewaltsam zu unterbinden sucht, hat sie für die tschechische staatsnationale „Rechte" wieder an Attraktivität gewonnen. Die ersten deutlichen Anzeichen einer Abkehr der staatsnationalen „Rechten" von der einseitigen Orientierung auf die USA und einer Rückkehr Rußlands als europapolitischer Partner traten Anfang 1999 zutage. Als die NATO - inklusive der dieser kurz zuvor beigetretenen, von der sozialdemokratischen Minderheitsregierung repräsentierten Tschechischen Republik - sich für einen Luftangriff auf Jugoslawien zur Beendigung der Morde und Vertreibungen serbischer Truppen an der albanischen Bevölkerung in der serbischen Provinz Kosovo aussprach, äußerten sich einige Politiker der staatsnationalen Rechten, allen voran der damalige Parlamentspräsident und Parteichef der ODS, Václav Klaus, gegen diesen Krieg und standen damit an der Seite Rußlands. Während die Kriegsgegner der tschechischen staatsnationalen „Linken" sich pazifistischer Argumente bedienten oder auf die „slawische Verbundenheit" zwischen den kleinen, von den Großmächten unterdrückten slawischen Völkern der Tschechen und Serben verwiesen, argumentierten die Kriegsgegner der „Rechten" gemäß dem staatsnationalen Programm.[50] Klaus etwa warnte, es öffne sich

> *eine Pandorabüchse möglicher Änderungen der bestehenden staatsrechtlichen Ordnung*, von der heute keiner eine klare Vorstellung hat und die in ihren Folgen die Stabilität erschüttern kann – *nicht nur auf dem Balkan*. [. . .] Die Schritte der NATO müssen nicht die Ergebnisse bringen, die von ihnen erwartet werden. [. . .] Daher habe ich mich nicht jenen angeschlossen, die leichtfertig zustimmen, die vor allem deswegen zustimmen, weil es nichts kostet und es zudem garantiert *prowestlich aussieht*. Wir, die wir uns so lange um eine Mitgliedschaft in der Allianz bemüht haben, müssen ein wesentliches Interesse daran haben, daß *die NATO ihre Mission gut erfüllt* und in der *modernen Welt* eine dauerhafte Rolle hat.[51]

---

[50] Ihre Ablehnung des Krieges „Isolationismus, Panslawismus oder National-Sozialismus zu nennen, wie uns manche vorwerfen", sei hingegen „lächerlich". Václav Klaus: Nevytvářejme nové falešné myty 29.3.1999. Zitiert nach: Václav Klaus: Od opoziční smlouvy k tolerančnímu patentu. Praha 2000, S. 113-115.

[51] O Kosovu a naší zodpovědnosti. 1.4.1999. Zitiert nach Václav Klaus: Od opoziční smlouvy k tolerančnímu patentu. Praha 2000, S. 102-104. Hervorhebungen von mir.

In seltener Klarheit tritt zutage, was die staatsnationale „Rechte" als den „Westen" und „die moderne Welt" verstanden wissen wollte: ein Raum der nahezu uneingeschränkten Souveränität des Nationalstaats. Was Klaus mit der Formulierung „nicht nur auf dem Balkan" meint, erläuterte der Chefphilosoph der staatsnationalen „Rechten", Václav Bělohradský:

> In Jugoslawien verteidigen wir nicht die territoriale Integrität eines international anerkannten Staates, sondern das Recht einer ethnischen Minderheit auf Separatismus. Die NATO, die eine separatistische Guerrilla unterstützt, kämpft auf der Seite der neuen Henleins.[52]

Als der „Westen" das Prinzip der uneingeschränkten Souveränität wie im Kosovo verletzt, die NATO die „Mission", die sie nach Ansicht der staatsnationalen „Rechten" zu erfüllen hat, in Frage stellte, stellten Václav Klaus als Vordenker der tschechisch-staatsnationalen Kräfte auch seine Westorientierung zur Debatte:

> Ein primitiver Antirussismus ebenso wie ein blinder Amerikanismus sind nur zwei Seiten der gleichen Münze. Auf welcher Seite wir in einem *grundlegenden Ideenkonflikt am Ende des 20. Jahrhunderts* stehen, ist klar. Nur reden wir uns nicht ein, daß es um eine Debatte zwischen Kommunismus und Freiheit im heutigen Kosovo gehe.[53]

Der Luftkrieg der NATO gegen Jugoslawien warf somit die ideologische Rechts-Links-Achse der 1990er Jahre über den Haufen. Als „rechts", also staatsnational, galten zuvor in nahezu allen vorherigen politischen Auseinandersetzungen in der Tschechischen Republik die USA. „Links" hingegen war Rußland, weil es den sowjetischen territorialen Status quo nicht halten konnte und den neuen territorialen Status quo im postsowjetischen Raum in Frage stellte. „Rechts" war innenpolitisch die ODS und „links" die kommunistische KSČM. Nun führten plötzlich die USA einen Krieg, der zwar erklärtermaßen nicht der Veränderung des territorialen Status quo diente, aber doch die absolute Souveränität eines Staates – des jugoslawischen – auf seinem Territorium verletzte. Rußland hingegen trat für die uneingeschränkte Souveränität und damit gegen den Krieg auf. Gleiches galt auch für die tschechischen Kom-

---

[52] Václav Bělohradský: Válka v Kosovu je levičácká válka, Lidové Noviny 10.4.1999.

[53] Václav Klaus: Nevytvářejme nové falešné myty 29.3.1999. Zitiert nach: Václav Klaus: Od opoziční smlouvy k tolerančnímu patentu. Praha 2000, S. 113-115.

munisten, die aufgrund ihres tschechoslowakisch-staatsnationalen Programms als „links" galten, jetzt aber gegen den Krieg waren, also „rechts". „Links" waren im Sinne der staatsnationalen "Rechten" die sezessionistischen Kosovaren, „rechts" dagegen der staatsnationale Milošević. Dies war angesichts des dominanten Verständnisses von Milošević als „kommunistisch" nicht auszusprechen. Da der „grundlegende Ideenkonflikt" um die Souveränität nicht mehr wie die gesamten 1990er Jahre entlang der ideologischen Scheidelinie „rechts oder links", „West oder Ost", „Freiheit oder Diktatur", „Demokratie oder Kommunismus" abzubilden war, reagierte die staatsnationale „Rechte" mit einer Aufweichung der Begriffe:

> Der heutige Konflikt in Jugoslawien (und schon gar nicht im Kosovo) ist *kein Konflikt zwischen dem Kommunismus und der Freiheit oder der Demokratie* und noch mehr gilt, daß die Haltung zu diesem Konflikt kein Maß für den Widerstand gegen den Kommunismus ist.[54]

In der Tschechischen Republik habe sich hingegen eine

> triviale Ideologisierung festgesetzt: Clinton gut, El'cin schlecht; Albright gut, rußländischer Außenminister schlecht; Ruml [aus der ODS ausgetretener Kriegsbefürworter – V.W.] gut, Ransdorf [für Außenkontakte zuständiger stellvertretender Vorsitzender der KSČM – V.W.] schlecht; Tudjman, Izetbegović, Rugova gut, Milošević schlecht; NATO gut, nicht-NATO schlecht; Havel gut, Macek [stellvertretender ODS-Vorsitzender, Kriegsgegner – V.W.] schlecht, Mlynář [aus der ODS ausgetretener Kriegsbefürworter – V.W.] gut, Kavan [tschechischer Außenminister, ČSSD – V.W.] schlecht [. . .] Wir hingegen sagen, daß die NATO öfters gut, Rußland meistens schlecht und die NATO gerade im Moment nicht am besten ist. [. . .] Ich würde erwarten, daß [alle „Rechten" – V.W.] unsere etwas verschlafene [. . .] und zweifellos unreife Gesellschaft vor vereinfachenden Positionen warnen und von diesem ‚*linken Krieg*' (wie ihn Václav Bělohradský schön genannt hat) der ehemaligen Gegner aller Kriege [. . .] bestürzt sind, daß sie ebenso wie ich [Václav Klaus] erschrecken, wenn sie die Worte des polnischen Außenministers Bronisław Geremek lesen [. . .], der gesagt hat, daß

---

[54] Jiný pohled na jugoslávskou krizi než jaký předvádějí pánové Buchert a Leschtina. 31.3.1999. Zitiert nach Václav Klaus: Od opoziční smlouvy k tolerančnímu patentu. Praha 2000, S. 105-105, hier S. 107. Hervorhebungen von mir.

dieser Krieg ‚ein erstes Signal des kommenden Jahrhunderts ist, in dem die Beziehungen zwischen den Staaten schon *nicht mehr auf dem Respekt gegenüber der Souveränität* beruhen, sondern auf dem *Respekt gegenüber den Menschenrechten.*' In einer solchen Welt würde ich nicht leben wollen und ich werde alles dafür tun, daß sie nicht entsteht.[55]

Mit diesem staatsnationalen Credo brach Václav Klaus erstmals mit der Oberflächenstrukturierung der tschechischen Innenpolitik entlang der ein knappes Jahrzehnt gerade von Klaus und der „liberal-konservativen Rechten“ forcierten Rechts-Links-Achse. Nun war nicht nur die alte Koalition der „Rechten“ endgültig gebrochen, die in der ersten Hälfte der 1990er Jahre im Kampf gegen die „linken“ Kommunisten so unterschiedliche Politiker wie Klaus und Havel im Bürgerforum zusammengebracht hatte, ehemalige Dissidenten und ehemalige Funktionäre des kommunistischen Regimes in der ODS und der ODA, diese beiden, von der staatsnationalen „Rechten“ dominierten Parteien und die nationalföderativen Christlichsozialen in einer Regierung unter Klaus. Nun fand sich der Parteichef der ODS nicht nur an der Seite der Kriegsgegner des tschechisch-staatsnationalen Flügels der Sozialdemokratischen Partei um Miloš Zeman, mit der die ODS sich 1999 ja bereits seit einem Jahr in einer als „Oppositionsvertrag“ kaschierten Koalition befand. Klaus befand sich erstmals in einer argumentativen europapolitischen Koalition mit der Kommunistischen Partei - zumindest mit deren kleinem tschechisch-staatsnationalen Flügel – die als Gegner des „linken Krieges“ nun als „rechts“ erscheinen mußte.[56] Außenpolitisch schließlich befand er sich erstmals seit dem Umbruch an der Seite Rußlands als erklärtem Gegner des Krieges gegen Jugoslawien.

Gleichzeitig vertrat ein erheblicher Teil der ODS auch nach der Abspaltung des nationalföderativen Flügels, der die Partei bereits zwei Jahre vor dem Luftkrieg der NATO gegen Jugoslawien verlassen hatte, die staatsnationale Position nicht mit jener Konsequenz, wie dies Klaus tat. Vielmehr gab er der

---

[55] Václav Klaus: Jugoslávský problém naši země (a Proglasu), 6.5.1999. Zitiert nach: Václav Klaus: Od opoziční smlouvy k tolerančnímu patentu. Praha 2000, S. 108-112, passim. Hervorhebungen von mir.

[56] So erwähnt Klaus nicht zufällig den stellvertretenden Parteivorsitzenden Ransdorf anstelle des Parteivorsitzenden Grebeníček. Zwar war Ransdorf zu dieser Zeit in der KSČM für Außenkontakte zuständig und damit eine natürliche Bezugsperson. Entscheiden aber ist sicher, daß Ransdorf an der Spitze des kleinen tschechisch-staatsnationalen Flügels in der tschechoslowakisch-staatsnationalen KSČM stand. Siehe zur KSČM und Ransdorf Kapitel 5.

in den 1990er Jahren immer wieder beschworenen Bündnistreue mit den USA und der Kontinuität der Außenpolitik Vorrang und hoffte, daß der NATO-Einsatz keinen Präzedenzfall schaffen würde, in dessen Namen die Westalliierten auch ihre im Potsdamer Abkommen verankerte Duldung der Vertreibung und Aussiedlung der Deutschen aus der Tschechoslowakei revidieren würden.[57] Jan Zahradil, der Mitte der 1990er Jahre als außenpolitischer Berater von Klaus fungiert hatte und zu dieser Zeit seinen Aufstieg zum exponiertesten Europapolitiker der staatsnationalen „Rechten“ antrat, erklärte auf einer europapolitischen Programmkonferenz der ODS im April 2000, „Versuche der internationalen Isolation oder gar Dämonisierung Rußlands“ seien der Stabilisierung Rußlands „nicht zuträglich“.[58] Im offiziellen Dokument allerdings, das die Redebeiträge der Konferenz wiedergab, fehlt diese

---

[57] Das gleiche Muster strukturiert übrigens auch die tschechische Debatte über den palästinensisch-israelischen Konflikt. War die tschechoslowakische Außenpolitik nach 1945 exponiert proisraelisch, so zwang sie die Sowjetunion, die ihre Weltpolitik in Konkurrenz zur auf der Seite Israels stehenden USA betrieb, auf eine proarabische Politik umzustellen. Die Rückkehr zu einer dezidiert proisraelischen Position markierte einen zentralen Umschwung der tschechischen Außenpolitik, den die tschechische staatsnationale „Rechte“ nach 1989 durchsetzte und die auch ihr „linkes“ tschechisch-staatsnationales Pendant vertritt. Der pointierter als die Politiker der ersten Reihe formulierende Václav Bělohradský bemerkte etwa, daß die sudetendeutsche Landsmannschaft nicht „europäisch“ sei, was ihr „wortrechtlich unsinniger Begriff Recht auf Heimat“ zeige, der „von den palästinensischen Terroristen übernommen worden ist.“ Václav Bělohradský: Legitimita a legalita po bavorsku. Lidové Noviny 30.9.1995. Roman Joch vom *Liberální institut*, dem wichtigsten think tank der staatsnationalen Rechten, argumentierte: „Das grundlegende Problem des arabisch-israelischen Konflikts ist nicht, daß Israel das Recht der Palästinenser auf einen eigenen Staat nicht anerkennen will, sondern der Unwille der entscheidenden Kräfte der Palästinenser, das Recht der Israelis auf ihren Staat anzuerkennen [. . .] Die Erfahrung von München hat uns gelehrt, daß in einem Konflikt zwischen einer liberalen Demokratie und den Kräften der Tyrannei und der Gewalt beide Seiten nicht für moralisch gleichwertig gehalten werden dürfen – dies war der Fehler, den die Westeuropäer 1938 in München machten.“ Roman Joch: Zahraniční politika pro Českou republiku – několik rad novému ministrovi. Mladá Fronta Dnes 3.8.2002. Der sozialdemokratische tschechische Zeman, der Arafat mit Hitler verglich, sei daher, so Joch, „in der Israel-Frage und im Kampf gegen den Terrorismus [. . .] kein Linker, sondern ein Neo-Konservativer.“ Roman Joch: Konzervativci pro Zemana - <www.volny.cz/oi.praha/konzervativci.htm>.

[58] Jan Zahradil: Základní koncepční teze pro II. ideovou Konferenci Národní zajmy v reálném světě. – <ww.ods.cz/vlada_zahradil-k.html>.

Passage und es ist wie in den gesamten 1990er Jahren lediglich davon die Rede, daß „neoimperiale Tendenzen“ in Rußland begrenzt werden müßten.[59] Insgesamt fand Klaus' strategischer Kurswechsel in der Kosovo-Frage im Jahre 1999 bei der staatsnationalen „Rechten“ somit noch keinen allzu großen Widerhall. Auch mit seiner dezidierten Annäherung an Rußland, die er nach seiner Wahl zum tschechischen Präsidenten im Zuge einer Moskaureise im November 2003 vollzog, ist er der ODS vorausgeeilt.[60] Die grundsätzlichen staatsnationalen Positionen, die Klaus in der Kosovo-Frage in aller Deutlichkeit formulierte, sind jedoch bei der gesamten staatsnationalen „Rechten“ auf fruchtbaren Boden gefallen.

---

59 Zahraniční politika. Národní zajmy v reálném světě (dokument stínové vlády ODS). Praha 2000, S. 12.

60 Klaus reiste im November 2003 als erster tschechischer Staatspräsident seit der Teilung der Tschechoslowakei 1993 zu einem offiziellen Besuch nach Moskau. Nach anderthalb Jahrzehnten tschechisch-rußländischer Beziehungen, die zunächst von Beschuldigungen und dann von Schweigen geprägt waren, konnte er sich unmittelbar in den Kreis der Staatsmänner einreihen, die mit Putin engen persönlichen Kontakt pflegen. Doktor Klaus – on i v Rossii doktor. Rossijskaja gazeta 3.11.2003. Siehe auch das Interview der Rossijskaja gazeta mit Klaus: Mne važno vlijanie, a ne vlast' – sčitaet prezident Češskoj Respubliki Vaclav Klaus, in: RG 27.12.2003.

2.3 Das EU-Konzept der ODS – Alle Macht dem Nationalstaat!

Die tschechische Debatte über die EU ist eine Fortsetzung der Debatte über das Kosovo mit anderen Mitteln.
Zbyněk Petráček[61]

Im Sozialismus sind die Bürger Eigentum des Staats, wir sind hingegen der Ansicht, daß die Bürger ihren eigenen Staat besitzen müssen. [. . .]
Michal Simkanič[62]

Das staatsnationale Programm für die Europäische Union tauchte in den offiziellen Papieren der ODS bis Ende der 1990er Jahre kaum auf. Zu positiv war der Europa-Begriff in der tschechischen Gesellschaft besetzt und zu verbreitet war die Gleichsetzung von „Europa" und EU, als daß die Partei offen mit einem Programm hätte auftreten können, das der durch den Maastrichter Vertrag gekennzeichneten Entwicklungsrichtung der Europäischen Union zuwiderlief. Zu stark war zunächst auch der nationalföderative Flügel in der ODS, der sich nach der Teilung der Tschechoslowakei in den Jahren 1995-1997 abspaltete, als die Stoßrichtung des nationalpolitischen Programms der staatsnationalen „Rechten" immer deutlicher wurde. Zu weit war auch der Beitritt zur Europäischen Union entfernt und zu groß die Hoffnung der staatsnationalen „Rechten", daß der nationalstaatliche Aufbruch in Ostmitteleuropa auch Westeuropa erfassen könnte und dies jenen Kräften einen Aufschwung verleihen würde, die der europäischen Integration skeptisch gegenüberstanden.

Das nationalpolitische Programm der staatsnationalen „Rechten" stieß schließlich solange nicht mit den Gegebenheiten des Ordnungssystems der EU und dem eigenen Ziel des EU-Beitritts zusammen, solange die *äußere* Anerkennung der Tschechischen Republik als Teil des „(west)europäischen", also nicht mehr des „osteuropäischen" oder „(post)kommunistischen" Staatensystems auf der

---

61 Zbyněk Petráček: Od Kosova k Bruselu. Respekt 9.7.2001.

62 Evropská unie – socialismus a nesvoboda [Die Europäische Union: Sozialismus und Unfreiheit], <http://eu.eportal.cz/modules.php?name=News&file=article&sid=44>.

europapolitischen Agenda stand, die *innere* Ordnung der Tschechischen Republik hingegen nicht als Europapolitik, sondern als Innenpolitik firmierte.
Doch gerade im Inneren fanden bis Ende der 1990er Jahre die entscheidenden nationalpolitischen Weichenstellungen statt, die nahezu alle im Zuge der Beitrittsverhandlungen zur Europäischen Union wieder auf der nach außen gerichteten europapolitischen Agenda auftauchten. Die wichtigste Weichenstellung war das Privatisierungsprojekt, das die höchsten Vertreter der staatsnationalen „Rechten“ in ihren Funktionen als Finanzminister des tschechischen Landesteils der Tschechoslowakei (Klaus, 1990-1992) als Minister für die Verwaltung des nationalen Eigentums (Ježek 1990-1992) mit aller Radikalität bereits begonnen und nach der Teilung der Tschechoslowakei als Ministerpräsident (Klaus, 1992-1997), Vorsitzender des *Fond národního majetků* (Fonds für nationales Eigentum, FNM; Ježek, 1992-1996), und Minister für Wirtschaft und Industrie (Vladimír Dlouhy, ODA, 1992-1997) zu Ende zu bringen suchten.
Da das Soziale und das Nationale so eng zusammenhängen, ist die „Privatisierung“ einer der Schlüssel zum Verständnis der inneren Souveränität, die das Programm der staatsnationalen „Rechten“ so vehement verteidigen will. Da in gemischtnationalen Gebieten, wie es Böhmen und Mähren bis zur Mitte des 20. Jahrhunderts waren, die soziale Schichtung häufig auch eine nationale Schichtung und der soziale Konflikt häufig auch ein nationaler Konflikt ist, ist die soziale Revolution häufig auch eine nationale Revolution. Die grundlegende Frage des Sozialen ist die Eigentumsordnung. Die soziale Revolution als nationale Revolution ist daher auch eine Revolution der nationalen Eigentumsverhältnisse. Die tschechische Sprache offenbart es: Die Vergesellschaftung des Eigentums ist die *znárodnění*, eigentlich also die „Vervolkung“. Hinter der Verstaatlichung (zestátnění) verschwindet der Zusammenhang ebenso wie hinter ihrer Rückgängigmachung, der Privatisierung (privatizace). Die Antwort, die der Vertreter der staatsnationalen Tschechoslowakischen National-Sozialistischen Partei, Präsident Edvard Beneš, auf die nationale und soziale Revolution der deutschen Nationalsozialisten, die Arisierung, seit Anfang der 1940er Jahre als einzig mögliche gesehen und dann nach 1945 auch gegeben hat, war die Enteignung der Deutschen in der Tschechoslowakei. Die kommunistische Revolution beendete nach 1948 - bereits ohne nationale Komponente -, was schon weitgehend geschehen war. Das revolutionäre Un-Recht der ersten und zweiten, der sozialistischen und kommunistischen Enteignung wollte die staatsnationale „Rechte“ nach 1989 keineswegs durch Eigentumsrestitution rückgängig machen oder das enteignete Eigentum auch nur schrittweise an die Mitglieder einer sich von der

Unterdrückung durch den kommunistischen Staat langsam erholenden Gesellschaft übergeben. Für die postkommunistische „Rechte" sollte die „samtene Revolution" des Jahres 1989 keine samtene Re-Evolution, sondern eine radikale Evolution der Ergebnisse der Revolution der Jahre nach 1945 sein, die soviel als möglich konserviert. Václav Klaus hat es deutlich ausgedrückt:

> Der Konservatismus unserer Zeit, der Gegenwart, ist extrem revolutionär, er ist absolut und programmatisch ohne Mäßigung.[63]

So verbirgt der historistische Ahistorismus der staatsnationalen „Rechten", daß das neue „Recht" auf der Kontinuität des revolutionären Un-Rechts beruht. Der „Rechtsstaat", von dem Klaus schon 1992 betonte, er sei bereits geschaffen, bestand für ihn vor allem in einem: der Garantie der alt-neuen Eigentumsordnung. Zur eisernen „Grenze" der Souveränität im Innern erhob die staatsnationale „Rechte" daher die auf den 28.2.1948 festgesetzte Restitutionsgrenze.

Darüber, daß diese „Grenze" nicht angetastet werden darf, herrschte und herrscht in der tschechischen Gesellschaft und der tschechischen Politik ein weitgehender Konsens. Nur die christlichsozialen Kräfte in der „rechten" Regierungskoalition der Jahre 1992-1997, die auf der einen Seite für die Restitution von Eigentum der Kirche, das vor 1948 enteignet worden war, kämpften und zudem gemeinsam mit den anderen nationalföderativen Kräften darauf vertrauten, daß die von der Sudetendeutschen Landmannschaft erhobenen Restitutionsansprüche von einer sich selbst beschränkenden deutschen Politik nicht staatlich unterstützt werden würden, rüttelten an dieser Grenze. Die Antwort der staatsnationalen Rechten lautete:

> Der Versuch des *linken* Teils des Bürgerforums in der Föderalversammlung, die Restitutionsgrenze vor den Beginn des kommunistischen Regimes zu verschieben, haben wir mehr oder weniger für einen Versuch gehalten, den ganzen Gedanken der Restitution zu diskreditieren. Das gleiche gilt für den Slogan der Volkspartei [KDU-ČSL] ‚Was gestohlen wurde, muß zurückgegeben werden'. Beides war entweder ein Versuch, die Berichtigung von Unrecht zu verhindern, weil es faktisch unrealisierbar war, oder ein unannehmbares Moralisieren mit absoluten Ansprüchen, das notwendig in einer Enttäuschung der Öffentlichkeit enden muß.[64]

---

[63] Zitiert nach Bohumil Pečinka: Formování české občanské pravice, in: in: Petr Fiala, František Mikš (Hg.): Česká konzervativní a liberální politika. Sborník k desátému výročí založení revue Proglas. Brno 2000, S. 69-85, hier S. 70.

[64] Marek Benda: Konzervatismus v 90. letech. Odkaz Václava Bendy, in: Petr Fiala, František Mikš (Hg.): Česká konzervativní a liberální politiky. Sbornik k desátému

Die Bewahrung dieser Grenze der inneren Souveränität des Nationalstaats wurde vor dem Beitritt der Tschechischen Republik zur Europäischen Union zu einem der wichtigsten nationalpolitischen Projekte der staatsnationalen Kräfte der Tschechischen Republik.

Die Versuche deutscher und österreichischer Parlamentarier, den EU-Beitritt mit der Eigentumsfrage zu verknüpfen, haben wesentlich dazu beigetragen, daß diese Kräfte das ganze Projekt des Beitritts zur Europäischen Union in Frage zu stellen begannen. Wenn, wie mit guten Gründen argumentiert wurde, die Bereitschaft „öffentlich Schuld zu bekennen, und im Namen des Staats und des Volks um Vergebung zu bitten“ und eine „gemeinsame selbstkritische Auseinandersetzung mit der Gewalt, die sich die Nationen in der Vergangenheit angetan haben“[65], die Voraussetzung für die Entwicklung eines *nicht nur* nationalen, sondern *auch* europäischen Selbstverständnisses und dies die Voraussetzung für das Ende der Angst und die Fixierung auf den Nationalstaat, die Wiedergeburt des Selbstbewußtseins – im doppelten Sinne – der Nationen ist, dann ist das ahistorische Selbstverständnis der tschechischen staatsnationalen „Rechten“ kein Zeichen, das darauf schließen lassen könnte, daß sie die Europäische Union wirklich befürworten. Nicht zufällig war daher auch die erste große europapolitische Debatte im tschechischen Parlament die mehrtägige Mammutdebatte über die Deutsch-Tschechische Erklärung im Februar 1997.[66]

Der zweite innere Aspekt der Souveränität des Staates, der wieder auf europäischer Ebene auftauchen sollte, war die innere Territorialordnung. Schon

---

výročí založení revue Proglas. Brno 2000, S. 125-137, hier S. 127. Kritische christlichsoziale Stimmen kamen etwa vom Leiter der politischökonomischen Sektion der Christlichen Akademie der Tschechischen Republik, Lubomír Mlčoch: Úvahy o české ekonomické transformace. Praha 2000. Mit ähnlicher Argumentation der Chefredakteur der Zeitschrift Střední Evropa und Leiter des Instituts für politologische Studien der sozialwissenschaftlichen Fakultät an der Karlsuniversität in Prag Rudolf Kučera: K teoretickému pozadí současné krize, in: Střední Evropa 72-73/1993. Abdruck in: Rudolf Kučera: Omyly české transformace (politické analyzy z let 1993-1998). Praha 1998.

[65] Jean-Marc Ferry: Die EU, die postnationale Konstellation und das Problem der Souveränität, in: Osteuropa 5-6/2004, S. 76-86, hier S. 84. Siehe auch: Jürgen Habermas: Die postnationale Konstellation. Politische Essays. Frankfurt/Main 1998.

[66] Česko-německá deklarace o vzájemných vztazích a jejich budoucím rozvoji, podle sněmovního tisku 129: Stenografický zápis 8. schůze, 11. února 1997; Stenografický zápis 8. schůze, 12. února 1997; Stenografický zápis 8. schůze, 13. února 1997; Stenografický zápis 8. schůze, 14. února 1997. Beginn des Protokolls: <www.psp.cz/eknih/1996ps/stenprot/008schuz/s008033.htm>; Ende des Protokolls: <www.psp.cz/eknih/1996ps/stenprot/008schuz/s008075.htm>.

unmittelbar nach dem Umbruch löste die Föderalregierung der Tschechoslowakei im Jahre 1990 die mittlere Verwaltungsebene, die Ebene der *kraje* (Singular: kraj), von denen es im tschechischen Landesteil acht gegeben hatte, auf. Übrig blieb die untere Ebene der 75 *okresy* (Singular: okres). Damit wurde dic zentralistische Struktur der kommunistischen Zeit verlängert. Formal hatten die *kraje* zu kommunistischer Zeit Selbstverwaltungskompetenzen, die jedoch durch den „demokratischen Zentralismus“ über die Parteistrukturen der Kommunistischen Partei unterlaufen wurden. Die *okresy* waren und blieben hingegen reine Organe der Staatsverwaltung. Den nationalföderativen Kräften (vor allem der christlichsozialen KDU-ČSL) war es jedoch gelungen, in die nach dem Beschluß zur Teilung der Tschechoslowakei ausgearbeitete Verfassung der Tschechischen Republik die Wiedereinführung von Selbstverwaltungseinheiten auf einer mittleren Ebene zu verankern. Diesem Verfassungsauftrag widersetzte sich die staatsnationale „Rechte“ in den folgenden Jahren vehement.

Deutlicher als in anderen Fragen zeigten sich hier die Spaltung von ODA und ODS sowie der Mechanismus der Verteilung von staatsnationalen Kräften in ODS und ODA auf die entscheidenden Regierungsposten und von nationalföderativen Kräften auf das Parlament.[67] Das mit Mehrheit abstimmende Kabinett, wo die staatsnationalen Kräfte der ODS zehn, die anderen Kräfte neun Stimmen hatten, beschloß im November 1993 die Verschiebung der Gebietsverwaltungsreform. Doch auch im Parlament waren die Schlüsselpositionen von den staatsnationalen Kräften besetzt. Den Vorsitz der Kommission zur Verwaltungsreform hatte Tomáš Ježek, Klaus’ Kollege aus dem Prognoseinstitut, inne. Im Plenum hatten die staatsnationalen Kräfte aus ODS und ODA jedoch keine Mehrheit, so daß dieses die Verschiebung ablehnte. Mit Hilfe der Stimmen jener Abgeordneten der ODS, die später gänzlich die Partei verließen, verabschiedeten die nationalföderativen Kräfte im Parlament eine Resolution, in der sie die Regierung dazu aufforderten, eine Gesetzesvorlage zu erarbeiten. Dies tat das Kabinett Klaus auch, die Vorlage war jedoch so gegen den Geist der Schaffung autonomer Verwaltungseinheiten

---

[67] So gelang es der Regierung nicht, eine einzige Kommission zur Erarbeitung eines Modells für die territoriale Neugliederung einzusetzen. Vielmehr entstanden zwei Kommissionen, eine unter der Leitung des ODA-Vorsitzenden Jan Kalvoda, der sich bereits bei der Frage der Teilung der Tschechoslowakei in der Öffentlichkeit stärker noch als Klaus auf die Position „entweder zentralistisch oder Teilung“ festgelegt hatte, die andere unter Innenminister Jan Ruml von der christdemokratischen KDS. Jan Obrman, Pavel Mates: Subdividising the Czech Repblic: The Controversy Continues. RFE/RL Research Report 9/1994, S. 27-32.

gerichtet, daß das Parlament sie zurückwies. Eine von den nationalföderativen Kräften im Abgeordnetenhaus erarbeitete Vorlage wiederum wies die ODS – in untypischer und doch charakteristischer Koalition mit den staatsnationalen Republikanern – zurück.[68]
Wie in der Debatte über die Zukunft der Tschechoslowakei 1992 tauchten auch bei der Frage der inneren Territorialordnung der Tschechischen Republik die gleichen Argumente des staatsnationalen Repertoires auf, die später wieder in Zusammenhang mit der Europäischen Union eine große Rolle spielen sollten. Die Einführung der *kraje* habe, so Václav Klaus,

> *weitreichende Folgen* [. . .] Statt daß wir uns maximal darauf konzentrieren, daß der größte Anteil der Entscheidung *direkt beim Bürger* und so wenig wie möglich von „oben" (*wie auch immer wir „oben" definieren*) reglementiert wird, konservieren wir die gegenwärtige *Macht der Bürokratie* [. . .] unter dem falschen Vorwand, daß sie den *Bürgern* näher stehen würde. [. . .] Vor zehn Jahren haben die mährischen *Extremisten* Anstrengungen unternommen, unser Land zu *zerlegen* [. . .] Was für einen Sinn hat es, zu *Wahlen* zu gehen, wenn keine Regierung die Möglichkeit hat, wichtige Reformschritte durchzuziehen angesichts der kleinen befestigten *Sozialismen*! Genau das sehen wir im *heutigen Westeuropa*.[69]

Es zeigt sich, daß die staatsnationale „Rechte" anstrebte, mit antikommunistischen Argumenten den kommunistischen „demokratischen Zentralismus" durch einen postkommunistischen „demokratischen Zentralismus" zu erset-

---

[68] Siehe dazu im einzelnen Jan Hřích, Kristina Larischová: Die Tschechische Republik. Der langwierige Weg zur Reform der öffentlichen Verwaltung, in: Föderalismus, Subsidiarität und Regionen in Europa. Baden-Baden 2000 [=Europäisches Zentrum für Föderalismus-Forschung Tübingen, Jahrbuch des Föderalismus 2000], S. 358-369. Siehe auch Anneke Hudalla: Außenpolitik in Zeiten der Transformation. Die Europapolitik der Tschechischen Republik 1993-2000. Münster, Hamburg, London 2002, S. 159-185. Die drei Autoren gehen im Gegensatz zu der hier vorgebrachten Argumentation davon aus, daß es vor allem um persönliche Machtinteressen von Klaus gegangen sei.

[69] Václav Klaus: VÚSC – řešení které nikdo nepotřebuje. Zitiert nach ders.: Od opoziční smlouvy k tolerančnímu patentu. Praha 2000, S. 202-204. Hervorhebungen von mir. Der Text wurde am 4.11.1999 geschrieben, also nachdem sich die Mehrheitsverhältnisse zwischen staatsnationalen Kräften und nationalföderativen Kräften geändert hatten und ein Gesetz über die Einführung der mittleren Ebene, der *kraje*, verabschiedet worden war. Die Argumentationsmuster waren jedoch immer die gleichen.

zen. Wurde vor 1989 die formelle vertikale Gewaltenteilung informell unterwandert, so sollte dieses System nun durch die Abschaffung bzw. die Blokkade der Wiedereinführung einer vertikalen Gewaltenteilung formalisiert werden. Die Bedeutung der Wendung „wie auch immer wir ‚oben' definieren" wird im Zusammenhang mit der Erwähnung des „heutigen Westeuropa" - das nicht „der Westen" ist, denn es ist voller „kleiner befestigter Sozialismen" – klar. So stand die Debatte über die Einführung der Selbstverwaltungseinheiten von Beginn an im Kontext des Beitritts zur Europäischen Union, die für die Abwicklung der strukturpolitischen Fördergelder die Einführung mittlerer Verwaltungsebenen forderte. Der Staat hingegen, bei dem angesichts der Machtlosigkeit der „Bürger" alle Macht liegt, verschwindet hinter der Rhetorik der „Bürgernähe". Deutlicher als andernorts tritt hier bei Václav Klaus auch das klassische französische Verständnis von Volkssouveränität auf, die durch keine intermediären Strukturen zwischen Staat und Bürger gehemmt werden dürften.[70] Selbst die Akzeptanz der Minimaldefinition von Demokratie und Macht der Bürger, die Wahlen, gerät ins Wanken, wenn diese nicht das „richtige" Ergebnis bringen: Wer wie die mährische Autonomiebewegung „falsche" nationalpolitische Vorstellungen hegte, galt Klaus als „Extremist". Die Wurzel dieses Denkens ist, der Verweis auf die „Extremisten" deutet es an, eine nationalpolitische und liegt in der - mit der Abtrennung der Sudetenländer 1938 radikalisierten - zentralistischen Antwort des Programms der staatsnationalen Kräfte auf die territorialen Autonomiemodelle für die deutschbesiedelten Gebiete in Böhmen und Mähren.[71]

---

[70] Dort aufgrund der monarchistischen Tradition allerdings noch stärker auf die Person der Präsidenten fixiert. Die zentrale Formel de Gaulles etwa lautete, der „dialogue dirècte" der citoyens mit dem Präsidenten würde durch intermediäre Strukturen verhindert. Charles de Gaulle: L'esprit de la Ve république. Paris 1999, passim.

[71] Damit soll nicht behauptet werden, daß die staatsnationale „Rechte" um Klaus unmittelbar die Wiedererstehung von innerstaatlichen Territorialeinheiten fürchtete, deren Grenzen mit tatsächlichen oder geforderten historischen Grenzen deutschbesiedelter Gebiete zusammenfielen. Es geht um die Kontinuität des Programms. Lohnenswert wäre eine Analyse des Streits um den Verlauf der Grenzen der neuen *kraje* unter diesem Gesichtspunkt. Eine kartographische und tabellarische Übersicht über die mit dem Verfassungsgesetz 347/1997 Sbírka zákonů und dem Gesetz 129/2000 Sbírka zákonů geschaffenen und im November erstmals in Wahlen besetzten *kraje* findet sich bei Karel Vodička, Ladislav Čabada: Politický systém České republiky. Historie a současnost. Praha 2003, S. 293, 295. Zur historischen Verwaltungsgliederung seit 1848 und insbesondere in der Tschechoslowakei der Zwischenkriegszeit Karel Schelle: Vývoj správy v předválečném Československu, I., II. díl. Brno 1991.

Mit der Furcht vor „weitreichenden Folgen“ der Regionalisierung, die den Staat „zerlegen“ würde, der Gegenüberstellung von Bürger und Bürokratie, von Demokratie („Wahlen“) und „kleinen Sozialismen“ in Westeuropa sind bereits in der Debatte über die innere Ordnung der Tschechischen Republik die entscheidenden Begriffe genannt, die das nationalpolitische Programm der staatsnationalen „Rechten“ auch in seiner nach außen gerichteten, auf das Ordnungssystem der EU zielenden Komponente prägen sollten.
Bis in die zweite Hälfte der 1990er Jahre war das Programm der ODS allerdings von einer charakteristischen Ambivalenz geprägt, die den Zusammenhalt des staatsnationalen und des nationalföderativen Flügels der Partei sicherte, die zu dieser Zeit noch gemeinsam agierten. Im Wahlprogramm aus dem Jahre 1996 hieß es etwa:

> Für unsere *Bürger* bedeutet der Beitritt der Tschechischen Republik zur Europäischen Union die Möglichkeit, eine *gleichberechtigte* Stellung mit allen anderen Bürgern der Mitgliedstaaten zu erhalten. [. . .] Wir sind gleichzeitig überzeugt, daß der Prozeß der europäischen Integration *nicht die Verschiedenheit der Staaten, Völker und Kulturen* unterdrücken darf, die einer der Werte der *europäischen Zivilisation* ist. Wir sind davon überzeugt, daß auch in Zukunft die einzelnen *Staaten die Grundbausteine der Europäischen Union* sein werden und die *Souveränität und Rechtssetzungsmacht der Union sich von der Souveränität und Rechtssetzungsmacht der einzelnen Staaten ableitet.*[72]

Die Schlüsselbegriffe sind genannt, die Ambivalenz ist - zumindest aus der Rückschau - offensichtlich. Der Hinweis auf die „gleichberechtigte Stellung der Bürger“ kann sich auf ein europäisches Bürgerrecht beziehen. Er kann aber auch in der Vermittlung über den Staat, auf den der Bürgerbegriff der staatsnationalen „Rechten“ zielt, die Gleichberechtigung der Staaten meinen. Die „europäische Zivilisation“ kann für die nationalpolitisch heterogene „Rechte“ eine Verschiedenheit der Staaten, aber auch eine Verschiedenheit der Völker und Kulturen beinhalten. Die Überzeugung, daß die Kompetenz-Kompetenz „auch in Zukunft“ bei den Staaten liegen werde, sagt wenig darüber aus, wo die Schwelle liegt, bei der die einen zu dem Ergebnis kommen, daß weiterhin die Souveränität und Rechtssetzungsmacht der Staaten grundlegend gewährleistet sind und die anderen bereits der Ansicht sind, daß dies zwar so sein sollte, aber nicht mehr so ist.

---

[72] Svoboda a prosperita. Volební program ODA. Parlamentní volby 1996, S. 11. Hervorhebung von mir.

Was aber die staatsnationale „Rechte" tatsächlich von der Europäischen Union erwartete, machte Václav Klaus schon vor dem Kopenhagener Gipfeltreffen der Staats- und Regierungschefs 1993 klar, bei dem diese über die grundsätzliche Bereitschaft der EU zu entscheiden hatten, neue Mitglieder aus Ostmitteleuropa aufzunehmen. Klaus, der sich als Ministerpräsident des neuen tschechischen Staats zu dieser Zeit vehement für eine kleine und rasche Erweiterung der EU aussprach, begründete sein Werben für die Aufnahme der Tschechischen Republik damit, daß diese ein wichtiges Signal für einen Staat sei, „der auf halbem Weg zwischen Maastricht und Sarajevo liegt."[73]
Was dies für die Gestalt der Europäischen Union bedeuteten sollte, gab Klaus, der das staatsnationale Programm im Prognoseinstitut der Akademie der Wissenschaften früher und konsequenter als die meisten tschechischen Politiker der 1990er Jahre durchdacht hatte, bereits öffentlich kund, als in der Tschechischen Republik gerade bei den „rechten" Kräften noch ein breiter Konsens über den Beitritt zur Europäischen Union herrschte und deren konkretes Ordnungssystem weitgehend unhinterfragt blieb. In einem so lyrischen wie deutlichen programmatischen Zeitungsartikel formulierte er es 1994, eine Woche vor dem 146. Jahrestag der Veröffentlichung des Briefes, in dem František Palacký der Frankfurter Nationalversammlung im Namen der Tschechen eine Absage erteilt hatte[74], mit seiner nach innen und außen gerichteten Komponente:

> „Anfang März ist in London der *Frühling* bereits in voller Blüte. Das Gras ist wahrhaft grün, nicht nur die Narzissen, auch die Stiefmütterchen blühen, es knospen die ersten Obstbäume. Bei diesem Anblick scheint Prag um einige Wochen hintan zu sein. *England* ist, wie immer übrigens, das wahre, das rechte [pravý] England. [. . .] Wieder er-

[73] V předvečer Kodaňské schůzky, in: Václav Klaus: Evropa pohledem politika, pohledem Ekonoma. Praha 2001, S. 31-33, hier S. 33. Naheliegend aber nicht nachweisbar ist, daß Klaus an eine Aufnahme der Tschechischen Republik in die Gruppe der Beitrittsstaaten Finnland, Schweden und vor allem Österreich dachte, die 1995 EU-Mitglieder wurden.

[74] Auch in dieser für das tschechische Publikum offen daliegenden Anspielung verbirgt sich ein gewisser Ahistorismus. Palacký, der der älteren Generation der tschechischen Nationalbewegung angehörte, war 1848 ein Anhänger der sprachnationalen Idee, auf das Staatsrecht pochte zu dieser Zeit Karel Havlíček Borovský. Es macht jedoch wenig Sinn, derartige Parallelen und Unterschiede auszuleuchten. Entscheidend ist alleine die symbolische Wirkung. Ein neuerer Abdruck von Palackýs Brief in: Milan Znoj, Jan Havranek, Martin Sekera (Hg.): Český liberalismus. Texty a osoby. Praha 1995, S. 34-40.

kennt man, daß England Europa ist und auch nicht Europa ist. Es ist das einzige europäische Land, das eine *Insel* ist. Es ist stolz darauf, daß es zwischen 1066 und 1945 *nie einem Angriff von außen unterlag* und nie auf seinem *Territorium* einen Krieg verloren hat. Es geht davon aus, daß es im 18. und 19. Jahrhundert die Ideen von Locke, Hume und Adam Smith in der ganzen Welt verbreitet hat, die Ideen des *Individualismus*, des *Privateigentums*, des Rechtsstaats und der Marktwirtschaft [. . .] Diese Ideen will es nicht veräußern, *seine Eigenart nicht verlieren*, und mit diesem wachsamen Blick schaut es auf das heutige Europa der Europäischen Gemeinschaft (oder Union). [. . .] Die Briten [. . .] *glauben an die europäische Integration, nicht aber an europäische Institutionen.* Sie wünschen sich *keinen föderalistischen Superstaat*, aber diese Haltung beruht auf etwas anderem, *viel tieferem als einem engen und kurzsichtigen Nationalismus.* [. . .] Neben der *Gefahr des Brüsseler Zentralismus*, den [England] wirklich fürchtet, sieht es die nicht geringere Gefahr der *Zerlegung einiger bestehender europäischer Staaten* (es sieht und hört Katalonien, die Lombardei und sein eigenes Schottland, die Flamen und Wallonen in Belgien aber auch *Bayern.* Anstelle des europäischen Dutzends könnten mehrere Dutzend kleiner Staaten entstehen, die mehr vom Konzept des 16. als des 20. Jahrhunderts ausgehen. Für uns ist das alles wichtig, sowohl hinsichtlich unserer *Eingliederung in Europa*, als auch hinsichtlich unserer *inneren Territorialordnung* [. . .] Der englische *Konservatismus* steht uns in vielem nahe, und ich bin der Ansicht, daß *dieses Gefühl auf Gegenseitigkeit beruht.*“[75]

Jenes „viel tiefere“ Gefühl, das Klaus nicht ausspricht, weil es selbstverständlich und unhinterfragt sein soll, ist die „Liebe“ zur *vlast*, zur Heimat, die ein Programm für das Territorium ist: das staatsnationale Programm.[76] Die Liebe zum eigenen *národ*, der Nation, hingegen, ist dem staatsnationalen Selbstverständnis so selbstverständlich, daß diejenigen, die daran erinnern, daß *vlast* und *národ*, Staat und Nation, einst nicht zusammenfielen oder in Europa nicht mehr zusammenfallen könnten, „engstirnige Nationalisten“ sind. Daher ist es England, das Klaus anspricht, weil Großbritannien kein Nationalstaat ist, sondern die walisische, schottische und irische Nationalbewegung Auto-

---

75 Václav Klaus: Jarní Anglie. Lidové Noviny 21.3.1994. Zitiert nach: ders.: Evropa pohledem politika, pohledem Ekonoma. Praha 2001, S. 49-51, hier S. 49.

76 Das Programm klingt im Wort *vlast* bereits an. Die altslawische *vlast'* ist das Territorium, die russische *vlast'* ist die Staatsmacht, die litauische *valstybė* der Staat.

nomie fordern und eine Autonomie erreicht haben, die nicht wegzudiskutieren ist. Aber es sind doch die Briten, die Klaus anspricht, weil das britische Programm das staatsnationale Programm der Engländer ist. Dieses Programm ist nach innen gemildert, die Autonomie Schottlands, Wales' und Nordirlands zeigt es, aber dies spricht Klaus nicht an, denn von den Briten spricht er in bezug auf das Äußere.
Daher ist es die „Insel", die Klaus erwähnt, weil die Insellage der geopolitische Status ist, den das europapolitische Programm der tschechischen staatsnationalen „Rechten" anstrebt. In seiner strategischen Konsequenz führt dies zu den USA. Was aber für Großbritannien ein „seegerichtetes" geopolitisches Konzept ist, kann für die Tschechische Republik, die in der Mitte des europäischen Kontinents doch zwangsläufig „landverankert" ist, nur ein „luftgerichtetes" „geo"-politisches Programm sein. Wenn die „Luft"-Macht USA aber den „Insel"-Status der Tschechischen Republik nicht garantieren kann oder will, so führt dies zur Isolation oder zur Rückkehr des „landgerichteten", nach Osten weisenden Programms der alten tschechischen staatsnationalen „Rechten" oder zur Abmilderung des staatsnationalen Programms.
Auf eine solche Abmilderung macht Klaus wenig Hoffnung, taucht doch das alte Bild der staatsnationalen „Rechten" vom „richtigen" und „falschen" Europa[77] wieder auf: Die „europäische Integration", an die Klaus und mit ihm heute die ganze ODS „glaubt", ist nicht die Europäische Union in ihrer Ordnung aus dem Jahr 1994 und nicht die EU in ihrer Gestalt aus dem Jahr ihrer Osterweiterung (2004) und vor allem nicht in der Gestalt, wie sie der von den Staats- und Regierungschefs der EU inklusive des tschechischen Premierministers Stanislav Gross (ČSSD) abgesegnete Verfassungsvertrag skizziert. „Europäische Integration" bedeutete daher für die staatsnationale „Rechte" immer mehr das Gegenteil von Europäischer Union. Während die Europäische Union nach Ansicht der ODS bereits Ende der 1990er Jahre kurz davor stand, zu einem „föderalistischen Superstaat" zu werden, sollte die „europäische Integration", wie sie die staatsnationale „Rechte" verstand, ein Nebeneinander souveräner Nationalstaaten bewirken.
Zwei Aspekte dessen, was für die ODS ein „föderalistischer Superstaat" ist, spricht Klaus bereits an: die Regionalisierung und die „europäischen Institutionen". In der Regionalisierung steckt für das staatsnationale Programm eine dreifache Gefahr. Zum einen „zerlegt" das „Europa der Regionen", also der

---

[77] Zur Tradition der Figur des „falschen Europa" im tschechischen staatsnationalen Denken siehe Martina Winkler: Karel Kramář (1860-1937). Selbstbild, Fremdwahrnehmungen und Modernisierungsverständnis eines tschechischen Politikers. München 2002, S. 146-166.

Regionen im Nationalstaat, diesen Nationalstaat, schwächt dessen Souveränität nach innen.[78] Viel bedrohlicher für das staatsnationale Programm sind die wenn auch in der europäischen Realität viel unbedeutenderen Euroregionen, denn sie überschreiten die Grenzen der Nationalstaaten. Welches das gefährlichste „Laboratorium der europäischen Integration" für das tschechische staatsnationale Programm darstellt, sollte es denn an Bedeutung gewinnen, klingt in Klaus' Verweis auf Bayern bereits an: die Euroregion *Egrensis*.[79] Am gefährlichsten ist in den Augen der tschechischen staatsnationalen „Rechten" aber die Kombination beider Elemente der Regionalisierung, die Schwächung des deutschen und des tschechischen Zentralstaats, die mit der Stärkung Bayerns einhergeht, wo der Einfluß sudetendeutscher Politiker größer ist als in Berlin, und das mittels der Euroregion *Egrensis* auf anderem Wege an der Grenzrevision arbeiten könnte.

Der andere Aspekt des „föderalistischen Superstaats" sind die europäischen Institutionen, die Europäische Kommission als verwaltungsrechtssetzende Exekutive, der Europäische Gerichtshof als Judikative und das Europäische Parlament - das symbolisch im Zeitpunkt der Veröffentlichung des Artikels und der ebenfalls auf das Frankfurter Parlament des Jahres 1848 verweisenden Frühlingsmetapher anklingt - als potentielle Legislative eines wenn auch schwachen europäischen Bundesstaats. Allen drei Institutionen stellt Klaus den Begriff des „Rechtsstaats" entgegen, der in der für das staatsnationalen Denken so wichtigen Wende vom Inneren ins Äußere vor allem eines bedeu-

---

78 Zum Konzept des „Europa der Regionen" siehe Undine Ruge: Eine konservative Vision –das „Europa der Regionen", in: Leviathan 4/2004, S. 495-513. Die Autorin schreibt aus staatsnational „linker" Perspektive und kommt in spiegelbildlicher Verkehrung der Wahrnehmung der tschechischen staatsnationalen „Rechten" zu dem Ergebnis, das Konzept sei ein „originär konservatives" (S. 497). Unisono kommen beide staatsnationale Positionen aber zu dem Schluß, das Konzept sei „antiliberal" (ebd.). Zur Praxis des „Europa der Regionen" siehe: Michael Bauer: Die Europäische Union der Regionen. Subpolity und Politiken der dritten Ebene. Opladen 1999; - Thomas Conzelmann, Michèle Knodt (Hg.): Regionales Europa – Europäisierte Regionen. Eine Bilanz von fünfzehn Jahren Regionenforschung. Frankfurt/Main, New York 2002 [=Mannheimer Jahrbuch für Europäische Sozialforschung. Bd. 6]; - Michael Bauer: Erweiterungsdynamik? Das Europa der Regionen, in: Osteuropa 5-6/2004, S. 160-179. Zur Euroregion *Egrensis* siehe Václav Houžvičká: Euroregiony jako nástroje příhraniční spolupráce, in: Mezinárodní vztahy 1/1994, S. 56-62.

79 J.W. Scott: Euroregions, Governance and Transborder Cooperation, in: Martin van der Velde, Henk van Houtum(Hg.): Border, Regions, and People. London 2000, S. 104-115, Zitat S. 106. Siehe auch Manfred Miosga: Europäische Regionalpolitik in Grenzregionen. Passau 1999.

tet: Souveränität. Das europäische und internationale Recht soll soweit als möglich ein bloßes Staatenrecht sein, es soll so wenig als möglich ein europäisches Bürgerrecht sein. Auf keinen Fall aber soll es ein Völker-Recht sein, also Rechte für nationale Gruppen in den Staaten beinhalten. Gerade diese Rechte sind es, die Klaus als „kleine befestigte Sozialismen" bezeichnet.
Zwei andere Aspekte des Widerstands der tschechischen staatsnationalen „Rechten" gegen einen „föderalistischen Superstaat" sprach Tomáš Ježek, Klaus' ehemaliger Kollege aus dem Prognoseinstitut und Minister für die Verwaltung des nationalen Eigentums unter Klaus, schon etwas früher in einem privaten Interview in ebenso lyrischer und ebenso deutlicher Weise an:

> Wenn ich Europa mit einem Beispiel aus der Musik beschreiben soll, so würde ich mir wünschen, daß es ein Ensemble brillanter *Solisten* wäre, *nicht eine Berliner Philharmonie*, die unter dem Taktstock von Herbert von Karajan Richard Wagner spielt, und im Orchester nur schweißgebadete Geiger sitzen, die vor Angst zittern, daß ihnen der Kaiser nicht mit dem Stock auf die Finger klopft. Europa sollte Vivaldi oder Händel, sein concerto grosso, spielen, dieser schöne Zusammenklang von Solisten, eigenständigen *Individuen* und brillanten Musikern, eine Harmonie - tausend Mal schöner als Wagner.[80]

In dem Hinweis auf Wagner klingt die Furcht an, daß das neue Europa ein deutsches Europa sein könnte. In der Europäischen Union soll nicht Karajan - Kohl oder Schröder – „den Taktstock schwingen". Die andere Garantie für die Bewahrung der Souveränität, die in den Solisten anklingt, ist die größtmögliche Entscheidungskompetenz der Nationalstaaten. In den Worten von Klaus:

> Europa ist in seiner Urgestalt ein Kontinent ‚*mehrerer Geschwindigkeiten*' [vícerychlostní kontinent] [. . .] Wir dürfen nicht vergessen, daß es Europa immer dann schlecht ging, wenn jemand versuchte – gleich ob dies *Napoleon, Stalin oder Hitler* war - es gewaltsam unter einer Regierung oder einem ideologischen Programm zu *vereinigen.* [. . .] Ich bin davon überzeugt, daß die gegenwärtige Debatte über ein Europa der zwei Geschwindigkeiten [Schäuble-Lamers-Papier 1994] etwas unermeßlich Positives bringt. [. . .] Da wir heute keine

[80] Bereits 1992 in einem erst 1997 veröffentlichten Interview mit Petr Husák, zitiert nach: Petr Husák: Budování kapitalismu v Čechách. Rozhovory s Tomášem Ježkem. Praha 1997, S. 263.

> Mitglieder der Europäischen Union sind, ist es nur logisch zuzugeben, daß wir besser auf einen Zug springen würden, der mit geringer Geschwindigkeit fährt als auf einen Superexpreß. In dem *Dilemma*, ob die *sogenannte Vertiefung* der Integrationsprozesse zwischen den heutigen Mitgliedstaaten oder die ‚Erweiterung' der Zahl der Mitglieder der Integrationsgruppierung zu bevorzugen sei, muß ich eindeutig erklären, daß eine Vertiefung der Europäischen Union *ohne uns, für uns* kein Sieg ist und kein Sieg sein kann, wie ungern auch der eine oder andere Vertreter eines Europa der einen Geschwindigkeit dies hört.[81]

Der Verweis auf Hitler, Napoleon und Stalin gehört zur Rhetorik, die Anspielung auf das Münchener Abkommen in der Formel „ohne uns, für uns" [o nás pro nás[82]] ebenso. Entscheidend aber ist das Erweiterungsmodell, das die tschechische staatsnationale „Rechte" in den 1990er Jahren forderte und als politisches Programm seit dem Beitritt der Tschechischen Republik im Mai 2004 mit in die Europäische Union gebracht hat. Vor das Dilemma gestellt, ob sie mehr Mitentscheidung in nicht auf Einstimmigkeit beruhenden Verfahren der Staatenrepräsentation im Ministerrat oder mehr nationalstaatliche Autonomie bevorzugt, tendiert die staatsnationale „Rechte" deutlich zugunsten der Autonomie. Der radikale West-Kurs war damit Ende 1994 schon deutlich gebremst, der neue Zug sollte nun eher eine Bummelbahn sein, hatte sich doch gezeigt, daß gerade in bezug auf die Europäische Union die Vorstellung einer sofortigen und bedingungslosen Aufnahme nicht den Realitäten entsprochen hatte.

Die Nennung Hitlers, Napoleons und Stalins hatte daher jenseits der Rhetorik gerade in den 1990er Jahren eine wichtige Bedeutung. Nimmt man den zitierten anglophilen Text hinzu, so sind die entscheidenden europäischen Großmächte angesprochen: Deutschland, um das sich die tschechische Europapolitik hauptsächlich dreht, Frankreich, Großbritannien und Rußland. Frankreich wird im Diskurs der staatsnationalen „Rechten" ohne Unterlaß für den Verrat von München gegeißelt. Dies kann aber nicht so wichtig sein, denn schließlich saß auch Chamberlain in München dabei, als der eigene Frieden gerettet

[81] Václav Klaus: Vícerychlostní Evropa, in: Lidové Noviny 19.9.1994. Zitiert nach: Zitiert nach: ders.: Evropa pohledem politika, pohledem Ekonoma. Praha 2001, S. 53-55, passim.

[82] Eigentlich o nás, bez nás, ohne uns, über uns, die wohl häufigste politische Formel in der Tschechischen Republik überhaupt.

werden sollte und Chamberlain war es, der sagte, in seinem Land wüßte nicht einmal jemand, wo die Tschechoslowakei liege.[83]
Entscheidend war daher vor allem die aktuelle politische Konstellation, auf die das staatsnationale Programm angewendet wurde. In der Situation der 1990er Jahre hatte Frankreich sich zunächst gegen die Veränderungen in Ostmittel- und Osteuropa gestemmt, weil es fürchtete, die deutsche Wiedervereinigung und die Erweiterung von NATO und EU würden Deutschlands Potential in Europa in unerwünschtem Maße stärken, den Schwerpunkt der EU nach Osten und weg vom Süden verlagern und das Potential der EU als Basis für französische Großmachtpolitik schwächen. Zudem konnte die Angst der ostmitteleuropäischen Staaten vor Deutschland nur die USA stärken, deren Rolle in Europa den französischen Ambitionen zuwiderlief.[84] Diese Politik, die sich in bezug auf die EU auf die Formel *Vertiefung statt Erweiterung* bringen läßt, lief den europapolitischen Vorstellungen der staatsnationalen und der nationalföderativen „Rechten" in der Tschechischen Republik zuwider. Mitte der 1990er Jahre setzte sich dann ein strategisches Umdenken in Frankreich durch. Nicht mehr die aussichtslos gewordene Verweigerung, sondern die Gestaltung der beiden Erweiterungen trat in den Vordergrund.[85] Damit näherte sich Frankreich substantiell der deutschen Position an, die von Beginn an in bezug auf die EU gelautete hatte: *Vertiefung und Erweiterung*. Dies lief nun gerade in der Frage der Osterweiterung der EU vor allem der Position der staatsnationalen „Rechten" zuwider.
Die britische Position hingegen war vor allem in der Frage der Osterweiterung der EU genau umgekehrt und sie entsprach jenem radikalen Westkurs der staatsnationalen „Rechten" in der Tschechischen Republik. Befürwortete Großbritannien die NATO-Osterweiterung wenn auch lauwarm, so lautete

---

83 Allerdings ist angesichts dessen, daß das tschechische staatsnationale nationalpolitische Programm historisch in seiner inneren und äußeren Komponente immer an Frankreich orientiert gewesen war, die Enttäuschung über Frankreich tatsächlich viel größer.

84 Exemplarisch: Etienne Sur: Les représentations de la Mitteleuropa: un enjeu politique en Allemagne, in: L'autre Europe, 34-35, S. 79-90 ; – Valérie Guérin-Sendelbach, Joachim Schild: French Perceptions of Germany's European Policy, in: Mathias Jopp et al.(Hg.): Germany's European policy: perceptions in key partner countries. Bonn 2002, S.33-55; Christian Deubner: Frankreich in der Osterweiterung der EU, 1989-1997, in: Politische Studien 1-2/1999, S. 89-121.

85 Exemplarisch zur NATO-Osterweiterungspolitik Frankreichs: Françoise Manfrass-Sirjacques: Frankreichs Position zur NATO-Osterweiterung, in: August Pradetto (Hg.): Ostmitteleuropa, Rußland und die Osterweiterung der NATO. Perzeptionen und Strategien im Spannungsfeld nationaler und europäischer Sicherheit. Opladen 1997, S. 182–209.

der Kern der britischen EU-Erweiterungspolitik *Erweiterung statt Vertiefung*, was sich im Kontext der aufgezeigten inneren und äußeren Dimension des nationalpolitischen Programms der staatsnationalen Rechten auch als *Beitritt statt Transformation* verstehen läßt. Entsprechend erklärte Klaus schon 1993:

> Mit dem Zerfall des kommunistischen Blocks hat sich Europa willentlich und unwillentlich dem Osten geöffnet. Europa hat sich de facto erweitert und muß auf diese neue Realität reagieren. Die Vorstellung, daß die postkommunistischen Länder sich schrittweise „europäisieren" werden [. . .] ist ungenügend und in ihrer Grundanlage falsch.[86]

Entstammt die Substanz des nationalpolitischen Programms der tschechischen staatsnationalen „Rechten" den klassischen französischen Souveränitätsvorstellungen, so waren es vor allem strategische Positionen, welche die staatsnationale „Rechte" europapolitisch auf Großbritannien verwiesen.
Da jedoch die britische Europapolitik weniger als gemeinhin unterstellt auf die Blockade der europäischen Integration setzt[87], und zudem seit Mitte der 1990er Jahre die lediglich gemäßigt integrationsskeptische Labourregierung unter Tony Blair die britische Europapolitik bestimmte, sah sich die auf *Beitritt statt Transformation* setzende tschechische staatsnationale „Rechte" ohne echten Verbündeten in der Europäischen Union. Schon Mitte der 1990er Jahre wurde klar, daß die auf Erweiterung und Vertiefung der EU setzende deutsche – und zunehmend auch französische Europapolitik sich durchsetzen würde und ein Beitritt ohne Transformation nicht zu haben sein würde. Als dann Polen unmittelbar nach Inkrafttreten der Assoziationsabkommen mit der EU 1994 einen Beitrittsantrag stellte, ging der tschechischen staatsnationalen „Rechten" auch dieser potentielle Kooperationspartner verloren. Hatte die ODS unter Klaus sich zunächst von den übrigen ostmitteleuropäischen Staaten distanziert, um möglichst rasch und bedingungslos der EU beitreten zu können, so sah sie sich nun in ihrer wachsenden Skepsis gegenüber der von der Europäischen Kommission überwachten, auf *Integration durch Transformation* zielenden Erweiterungspolitik der EU isoliert.[88] Nach einer Phase

---

[86] Překročili jsme rubikon. Projev u Siemense, Feldafing (Wir haben den Rubikon überschritten, Vortrag bei Siemens, Feldafing) 3.12.1993, ebd. S. 25-31, hier S. 31.

[87] Siehe dazu: Markus Jachtenfuchs: Die Konstruktion Europas. Verfassungsidee und institutionelle Entwicklung. Baden-Baden 2002.

[88] Das Mandat erhielt die Kommission im Dezember 1995 von dem in Madrid tagenden Europäischen Rat, mit einer ersten Prüfung der Anwärterstaaten auf die Kopenhagener Beitrittskriterien begann sie schon in der ersten Jahreshälfte 1996. Das

des Abwartens, in der das Ziel des EU-Beitritts offiziell unhinterfragt blieb, sah sich die von der ODS geführte tschechische Regierung unter Premierminister Klaus schließlich erst 1996 gezwungen, ein Beitrittsgesuch einzureichen. Wie 1989, als die Funktionselite der kommunistischen Tschechoslowakei erst umgeschwenkt war, als endgültig klar geworden war, daß sich die alten Positionen nicht mehr halten lassen würden, so zögerten die mittlerweile in die politischen Spitzenämter der Tschechischen Republik aufgestiegenen ehemaligen Funktionäre nun, bis alle anderen sieben von der Europäischen Union grundsätzlich als beitrittsberechtigt erklärten ostmitteleuropäischen Staaten sich für diesen Weg entschieden hatten, bevor sie ebenfalls diese Richtung einschlugen. Die Skepsis, mit der die staatsnationale „Rechte" sich zu diesem Schritt entschloß, offenbart das Memorandum, das die ODS-Regierung dem Beitrittsgesuch beifügte:

> Die Regierung der Tschechischen Republik ist *nach reifer Überlegung* zu dem Schluß gekommen den Organen der Europäischen Union ihren Antrag auf Aufnahme der Tschechischen Republik in die Europäische Union zu übergeben. [. . .] Mit ihrer Entscheidung tut die Regierung einen Schritt, der *gravierend wie kein anderer in der modernen Geschichte des Landes* ist [. . .] Mit diesem Schritt nimmt sie eine *große historische Verantwortung* auf sich [doch] gerade diese Verantwortung [habe] *keine andere Alternative* gelassen. Die Regierung der Tschechischen Republik ist sich der Nützlichkeit und der *Unumkehrbarkeit des Prozesses der europäischen Integration* bewußt, die ihren einmaligen *gegenwärtigen Ausdruck im Konzept der Institutionen der Europäischen Union* gefunden haben. [. . .] Sie schätzt den Mut und die Vision der Gründungsväter und ihrer Nachfolger, ihre *Geduld* und *Beharrlichkeit*, ihren *Realismus*. Die gleichen Eigenschaften will sie selbst angesichts dieser *historischen Herausforderung* zeigen. [. . .] Es war nicht leicht, nach der *gerade erst erlangten vollen Staatssouveränität* sich mit der Vorstellung ab-

---

Schlüsseldokument der Erweiterung, die *Agenda 2000*, das sowohl zu den Bedingungen für eine Erweiterung der Europäischen Union als auch zu den für einen Beitritt notwendigen Anpassung an den Rechtbestand der EU, den *acquis communautaire*, in den Bewerberstaaten Stellung nimmt, veröffentlichte sie im Juli 1997. Zum Beschluß des Rates: Europäischer Rat: Schlußfolgerungen des Vorsitzes, Madrid 16.12.1995 (00400/95). Zur Agenda 2000: Europäische Kommission. Agenda 2000. Eine stärkere und erweiterte Union. Kom (1997) 2000 endg. Siehe dazu auch: Barbara Lippert: Sternstunde oder Stolperstein? Erweiterung und Europäische Integration, in: Osteuropa 5-6/2004, S. 47-60.

> zufinden, daß es in Zukunft notwendig sein wird, diese Souveränität in einigen Bereichen wieder abzugeben. [. . .] Es war nicht leicht, die Funktionsprinzipien des *schwierigen und manchmal nicht ausreichend transparenten Mechanismus der Europäischen Union* zu verstehen - der liberalisierende Prinzipien umfaßt, welche die Freiheit vergrößern, aber auch unumgänglich *regulierende, disziplinierende und organisierende Elemente* – und sich *vom Mißtrauen gegenüber diesem schwierigen Gebilde zu befreien.*[89]

Dieses Memorandum vom Januar 1996 war das letzte offizielle Dokument, in dem der staatsnationale Flügel der ODS seine überaus skeptische Haltung gegenüber der Europäischen Union in ambivalente Formeln kleidete. Danach setzte eine Entwicklung ein, welche die ODS eine immer kritischere Haltung zur EU einnehmen ließ und sie bis nahe an den Rand der Rücknahme des europapolitischen Ziels eines EU-Beitritts brachte. Zwei Faktoren bedingten diese Radikalisierung. Auf der einen Seite verlangte der Mitte 1996 eingeleitete Anpassungsprozeß konkrete innerstaatliche Reformen, die das nationalpolitische Programm der staatsnationalen „Rechten" in wesentlichen Punkten – etwa der inneren Territorialordnung – in Frage stellten. Die sogenannte Beobachtung (monitoring) und Durchleuchtung (screening) der tschechischen Rechtsordnung auf konkrete Anpassungsvorgaben der Kommission ergaben ein Bild, das jenem, das die ODS in den frühen 1990er Jahren von der Tschechischen Republik gezeichnet hatte, diametral entgegenstand. Hatte gerade Premierminister Klaus' ODS bereits 1994 das nahe Ende der Transformation verkündet, stand nach den Vorstellungen der Europäischen Kommission die eigentliche Transformation, die Anpassung an den *acquis communautaire*, in der Tschechischen Republik erst ganz am Anfang.[90]

Zu den Forderungen der Europäischen Kommission und ihrer Kritik an der langsamen Rechtsangleichung in der Tschechischen Republik, welche die

---

89 ČR chce spoluvytvářet evropské dílo. Abgedruckt in Lidové Noviny, 24.1.1996. Hervorhebungen von mir.

90 Dargelegt in den sogenannten Fortschrittsberichten der Europäischen Kommission. Regelmäßiger Bericht der Europäischen Kommission über die Fortschritte der Tschechischen Republik auf dem Weg zu Beitritt, KOM (1998) 708 endg., KOM (1999) 503 endg., KOM (2000) 703 endg., KOM (2001) endg., KOM (2002) 700 endg. Einen Überblick bieten: Barbara Lippert, Peter Becker (eds.): Towards EU-Membership. Transformation and Integration in Poland and the Czech Republic. Bonn 1998. Ausführlich dazu: Anneke Hudalla: Außenpolitik in Zeiten der Transformation. Die Europapolitik der Tschechischen Republik 1993-2000. Münster, Hamburg, London 2002, insbesondere S. 267-288.

ODS scharf zurückwies, kam eine seit 1996 immer deutlicher zutage tretende ökonomische Krise, die offenbarte, daß ungeachtet der radikalen Reformrhetorik der ODS in den frühen 1990er Jahren kaum strukturelle Reformen eingeleitet worden waren. Die intransparente Privatisierung an tschechische Eigentümer hatte die Restrukturierung der Unternehmen eher verhindert als befördert und eine kriminelle Aushöhlung (vytunelování, asset stripping) ermöglicht, so daß zahlreiche Unternehmen in Konkurs gingen, die tschechische Außenhandelsbilanz sich verschlechterte und die Arbeitslosigkeit in kurzer Zeit hochschnellte.

Politisch hatten diese beiden Entwicklungen drei eng zusammenhängende Konsequenzen, welche die europapolitische Radikalisierung der ODS rasch vorantrieben. Zunächst verlangte der konkreter werdende EU-Beitritt den tschechischen politischen Kräften einen Offenbarungseid über ihre europapolitischen Vorstellungen ab, der den Spielraum zwischen einem offiziellen Bekenntnis zum Ziel des EU-Beitritts und der tatsächlichen Anpassung rapide verkleinerte. Dies führte zu einer Neustrukturierung des „rechten" tschechischen Parteienspektrums. Die nationalföderative KDU-ČSL, die sich eindeutig für einen EU-Beitritt einschließlich aller mit diesem einhergehenden innerstaatlichen Konsequenzen aussprach, löste Ende 1997 die Regierungskoalition mit der ODS auf. Kurze Zeit später spalteten sich die europapolitisch der KDU-ČSL nahestehenden nationalföderativen Kräfte in der ODS anläßlich eines Parteispendenskandals von der ODS ab und gründeten die *Unie Svobody* (Freiheitsunion, US).

Zu diesem im Zeichen der immer wichtiger werdenden Europapolitik stehenden Rekomposition des „rechten" Flügels des tschechischen Parteienspektrums kam der Aufstieg der tschechischen Sozialdemokraten. Wenngleich die ČSSD zu dieser Zeit von ihrem staatsnationalen Flügel unter Miloš Zeman dominiert wurde und ihr Sieg bei den Parlamentswahlen 1998 so knapp ausfiel, daß sie zur Bildung einer Regierung auf die Unterstützung der auf ihren staatsnationalen Kern reduzierten ODS angewiesen war, so bedeutete doch der Wechsel der ODS von der Regierung in die Opposition einen Statusverlust, den diese nur schwer verkraftete. Die mit der Eröffnung der technischen Verhandlungen mit der EU im März 1998 und der offiziellen Verhandlungen im November 1998 in allen Beitrittsstaaten eingetretene Verschiebung der horizontalen Gewaltenteilung zugunsten der Exekutive hat daher die ODS somit in einer Phase getroffen, in der sie die für sie ungewohnte Oppositionsrolle einnehmen mußte.

Drittens schließlich offenbarte der wirtschaftliche Einbruch, daß das Ziel der ODS, den tschechoslowakischen Sozialismus in einen tschechischen nationalen Kapitalismus zu verwandeln, gescheitert war. Zahlreiche Unternehmen waren nie wirklich privatisiert worden, weil die an die Bevölkerung ausgegebenen Privatisierungsscheine über Investitionsgesellschaften an die staatlichen Banken zurückflossen. Andere Unternehmen mußten rückverstaatlicht werden, um vor dem Konkurs gerettet zu werden. Nicht wenige Betriebe schließlich mußten endgültig die Produktion einstellen. Die Hoffnung, einen tschechischen Kapitalismus mit tschechischen Staats- und Wirtschaftsbürgern zu schaffen, brach damit in genau jenem Moment zusammen und verwandelte sich in einen unerfüllten Anspruch, als die sozialdemokratische Regierung die Anpassung des tschechischen Wirtschaftsrechts an den *acquis communautaire* der EU begann. Diese Anpassung bedeutete, daß die rückverstaatlichten Unternehmen erneut privatisiert werden mußten, eine Forderung, die mangels tschechischer Investoren zu einer raschen und sehr hohen Durchdringung der tschechischen Wirtschaft durch ausländisches, insbesondere deutsches Kapital führte. Wenngleich diese Öffnung den ökonomischen Zusammenbruch verhinderte, so hat sie doch die unerfüllten nationalen Ansprüche rapide vergrößert, die sich im europapolitischen Programm der staatsnationalen „Rechten" widerspiegeln.

Nun brach bei der staatsnationalen „Rechten" endgültig jener „Nationalstaatsfrühling" aus, den Václav Klaus bereits 1994 heraufbeschworen hatte. Bereits das außenpolitische Grundsatzdokument *Nationale Interessen in einer realen Welt* aus dem Jahre 1999 kündigte ihn an.[91] Ihr eigentliches europapolitisches Frühlingsmanifest aber, das frei von der Klausschen Lyrik der frühen Jahre ist, veröffentlichte die neue Generation der ODS unter ihrem europapolitischen Vordenker Jan Zahradil im Jahre 2001 unter dem Titel: *Manifest českého eurorealismu* – Manifest des tschechischen Eurorealismus.[92]

---

[91] Zahraniční politika. Národní zajmy v reálném světě (dokument stínové vlády ODS). Praha 1999, S. 2.

[92] Manifest českého eurorealismu (dokument k ideové konferenci ODS). Praha 2001. Autoren des Manifest waren neben den zu dieser Zeit als „Schattenaußenminister" der ODS auftretenden Zahradil der Sekretär für Außenpolitik der ODS Petr Plecitý, Petr Adrian (freier Dozent an der Prager Wirtschaftshochschule *Vysoká škola ekonomická*) sowie der langjährige Chefideologe der staatsnationalen Rechten, Miloslav Bednář (Dozent an der Karlsuniversität, Mitglied der Akademie der Wissenschaften der Tschechischen Republik). Kennzeichnet die staatsnationale „Rechte" ihre Europapolitik als „realistisch", so proklamiert sie damit nicht nur eine Nähe zur „realistischen" Schule der internationalen Beziehungen, deren Begriffe sie teils wie aus dem Lehrbuch zitiert. Damit einher geht selbstverständlich die Gegenüberstellung des positiv konnotierten Begriffspaars „realistisch = rechts" mit dem negativ konnotierten Paar „utopisch=links". Klaus etwa verkündete: „Ich bin in Europa recht bekannt dafür, daß ich sage, daß ich die Etiketten Eurooptimist und Europes-

Nun formulierte die staatsnationale „Rechte“ ihr nationalpolitisches Programm in aller Klarheit:

> Im Verständnis der ODS bedeuten Nationalstaat und nationale Interessen nicht einen ethnischen, geschlossenen Nationalismus, es handelt sich vielmehr um eine politische Kategorie, die von einem politischen, offenen Volk ausgeht, das aus individuellen, gleichberechtigten Bürgern besteht.[93]

Aus diesem staatsnationalen Nationsverständnis, leitet die staatsnationale „Rechte“ ihr europapolitisches Programm ab, das im Jahr 2001 weiter den Beitritt zur Europäischen Union auf der Agenda hatte:

> Die nationalen Interessen der Tschechischen Republik sind vor allem: die Erhaltung und Entwicklung einer klar abgegrenzten nationalen Identität, die Festigung einer internationalen Rechtsordnung und eines institutionellen Rahmens, in dem die gleichen Regeln für große und kleine Staaten gelten, die Gewährleistung der territorialen Integrität, der politischen Souveränität, der Unabhängigkeit, der Stabilität und der Sicherheit der Tschechischen Republik, die wechselseitige Öffnung und Durchdringung der Märkte ohne überflüssige Hindernisse. Aus all dem folgen zwei praktische Schlüsse: Erstens, daß es politisch unerläßlich ist, als vollwertiges Mitglied an den Entscheidungsprozessen der EU teilzuhaben; zweitens, daß es ökonomisch unerläßlich ist, vollwertiges Mitglied des gemeinsamen Markts der EU zu sein.[94]

---

simist nicht akzeptiere und die Bezeichnungen Euronaiver und Eurorealist für viel genauer halte, daß ich es ablehne, ein Euroskeptiker zu sein, mich dagegen zu den Eurorealisten zähle und keinen falschen Eurooptimismus vertrete.“ Záznam závěrečného projevu předsedy ODS Václava Klause. - <www.ods.cz/idkonpr/clanky/pr-ideo-zaver-klaus.htm>. - Zudem erheischt die staatsnationale „Rechte“ mit diesem Begriff historische Legitimität, gemahnt er doch an den „Gründervater“ Masaryk. Daß Masaryk den Begriff in den 1890er Jahren gerade in Abgrenzung zum staatsnationalen Programm, das ihm als unrealistisch erschien, einführte und auch nach der Radikalisierung im Ersten Weltkrieg nicht zum Gründungsvater eines tschechischen Nationalstaats sondern der Tschechoslowakei wurde, hat für den politischen Diskurs keine Bedeutung. Was zählt ist die positive Besetzung des Begriffes Realismus auch in der eigenen politischen Tradition.

93 Zahraniční politika. Národní zajmy v reálném světě (dokument stínové vlády ODS). Praha 1999, S. 2.

94 Ebd.

Gleichzeitig gab die ODS jedoch unmißverständlich zu verstehen, daß die Schwelle, an der sie die EU-Mitgliedschaft nicht mehr als Mittel zur Realisierung des staatsnationalen Programms ansieht, nicht mehr weit entfernt ist. Denn in der EU gebe es Versuche zur

> Schaffung einer ,supranationalen' Föderation, die von Theorien inspiriert [ist], die im Widerspruch zu den entscheidenden Elementen der Geschichte der Demokratie in Europa stehen. [. . .] Die nationale Identität wird auf den vernachlässigbaren kulturellen und folkloristischen Bereich reduziert. Ihr politischer und konstitutioneller Aspekt, der von dem politischen Verständnis des Volks als Quelle der Staatssouveränität und der konstitutionellen Legitimität ausgeht, wird vergessen.[95] Die Reduktion der Völker auf bloße Ethnien ohne die Möglichkeit einer politischen Selbstidentifizierung kann zu einer frustrierten Gegenreaktion in Gestalt einer destruktiven Welle des Ethnonationalismus führen.[96]

Wie nahe die realexistierende EU in der Vorstellung der staatsnationalen „Rechten“ schon einem „falschen Europa“ kam, in dem die Tschechische Republik als kleiner Staat nach Ansicht der ODS schon kein „vollwertige Mitglied“ mehr ist, zeigt sich an der Präsentation einer europapolitischen Zwei-Lager-Theorie:

> Eine frei und von unten entstandene demokratische europäische Einheit locker verbundener und kooperierender Staaten war immer in voller Übereinstimmung mit der tschechischen Staatsidee. Aus der tschechischen Staatsidee ging die wichtigste Strömung der modernen tschechischen Politik hervor, die [. . .] unübersehbar vor allem den angelsächsischen Traditionen des liberalen Konservatismus nahesteht. [. . .] Im Widerspruch zur tschechischen Staatsidee sind daher die problematischen Konzepte der europäischen Einigung, die von anderen als liberal-demokratischen Prinzipien ausgehen. Hierher gehören neben den früheren extremistischen faschistischen oder marxistischen Visionen einer gewaltsamen europäischen Unifizierung auch der heu-

---

[95] Ebd.

[96] Manifest českého eurorealismu (dokument k ideové konferenci ODS). Praha 2001. S. 8

tige zentraldistributive europäische Sozialdemokratismus und der christdemokratische politisch zentralisierende Katholizismus.[97]

Damit identifiziert die ODS einen Basiskonflikt, der nicht um die eine oder andere Sozialpolitik, die heute so und morgen so betrieben wird, ausgefochten wird, sondern um die Befähigung und Berechtigung zu Politik als solcher. Der in der Souveränität des tschechischen Staates verkörperten politischen Freiheit, als deren Repräsentant sich die „liberal-konservative" ODS betrachtet, stünden Abhängigkeit und Unfreiheit gegenüber, die historisch als nationalsozialistische und marxistische Unterdrückung aufgetreten seien. Deutschland und Rußland sind somit die Staaten, die auf eine europäische Ordnung zielen würden, welche die in der Souveränität des tschechischen Staates verkörperte politische Freiheit der Tschechen gefährde.
Bei der Übertragung dieses Programms auf die tschechische politische Bühne tritt allerdings ein charakteristischer Bruch auf, der Licht sowohl auf die europapolitischen Ordnungsvorstellungen der ODS seit Ende der 1990er Jahre wirft als auch auf die innertschechischen Koalitionsvorstellungen, die sich aus dem europapolitischen Programm ergeben. Mit dem Hinweis auf „marxistische Visionen" einer „europäischen Unifizierung" erheischt die ODS zwar noch die Legitimität, die sie sich in den 1990er Jahren mit ihrer antirussischen und antikommunistischen Rhetorik erworben hatte. Auch die Gleichsetzung der „kollektivistischen" Europäischen Union mit der „kollektivistischen" Sowjet-Union und ihrem Satellitensystem klingt deutlich an. Als

[97] Manifest českého eurorealismu (dokument k ideové konferenci ODS). Praha 2001. S. 8. Unverkennbar im gleichen Geiste, jedoch offener in den nicht als Parteidokument, sondern als private Meinung veröffentlichten Schriften äußert sich der Koautor des „Manifests", Miloslav Bednář: „Sowohl die sozialistische als auch die christ-demokratische bzw. christ-soziale Schicht der föderalistischen Ideologie der Europäischen Union stehen nachweisbar den die europäische Zivilisation zerstörenden, weiter wirkungsmächtigen extremistischen Strömungen genealogisch nahe: den totalitären und autoritären Ideologien des Kommunismus, des Faschismus bzw. des Korporatismus, aus dem der heutige regionalistische EU-Begriff „Subsidiarität" stammt, sowie nicht zuletzt des Nazismus." Auch die Vorstellung vom „richtigen" und „falschen" Europa formuliert Bednář in aller Deutlichkeit: „Das demokratische Europäertum auf der einen Seite und die Europäische Union auf der anderen Seite sind grundsätzlich gegensätzliche Richtungen der Politik und des zivilisatorischen Strebens. Miloslav Bednář: Evropa a Evropská Unie jako otázka budoucnosti demokracie, in: Mezinárodní politika 1/2001, S. 18-19. Siehe ausführlich: Miloslav Bednář: Evropská tyranie. Česká státní idea, Evropská unie a demokratická civilizace [Die europäische Tyrannei. Die tschechische Staatsidee, die Europäische Union und die demokratische Zivilisation]. Praha 2003.

innenpolitischen Gegner präsentiert die ODS allerdings nicht mehr wie im Jahrzehnt nach 1989 die Kommunistische Partei, die sich gegen die Loslösung von Rußland und gegen die Annäherung an die Europäische Union ausgesprochen hatte. Nicht von „kommunistischer Unifizierung“ ist die Rede, sondern von „marxistischer Unifizierung“. Nicht mehr in der staatsnationalen „Linken“ der Kommunistischen Partei, sondern in der nationalföderativen „Linken“ der ČSSD, der Partei des „sozialdistributiven Sozialdemokratismus“ sieht die ODS die größte Gefahr. Dieser „Linken“ gehört auch die christlichsoziale KDU-ČSL an, da auch deren „zentralisierender Katholizismus“ mit den supranationalen Institutionen der EU nicht in erster Linie den Verlust von Freiheit - also nationalstaatlicher Souveränität - sondern den Gewinn von Friede und Stabilität verbindet. Diese nationalföderative „Linke“ der Sozialdemokraten und Christlichsozialen ist zum eigentlichen Gegner der staatsnationalen ODS geworden, während die staatsnationalen Kommunisten sich zunehmend zu ihrem Verbündeten entwickelt haben.[98]
Die Kritik an der Europäischen Union als Verkörperung des „falschen Europas“ führte die ODS bis kurz vor die Schwelle einer Revision des von ihr über ein Jahrzehnt vertretenen europapolitischen Programms, das auf den Beitritt zur EU gezielt hatte. So definierte sie - vage gehaltene - Toleranzgrenzen und kündigte an, daß die Partei den Beitrittskurs abbrechen würde, sollten diese überschritten werden:

> Die Tschechische Republik kann ihren Antrag auf Mitgliedschaft in der EU auch neu bewerten, sollte die Entwicklung in der EU ihren außenpolitischen oder nationalen Interessen zuwiderlaufen. Dies betrifft vor allem die Gefahr einer langen oder sogar dauerhaften Ungleichstellung in der EU. Einen langfristigen Ausschluß von einigen Grundfreiheiten des gemeinsamen Markts (Freizügigkeit der Personen und der Waren) könnte die EU uns nicht kompensieren. [. . .] Ebenso unannehmbar wäre es, würde eine Revision der Ergebnisse des Zweiten Weltkriegs zur Bedingung für einen Beitritt gemacht werden.[99]

Diese beiden Bedingungen waren auf den Kontext der Beitrittsverhandlungen bezogen und sind mit dem Beitritt der Tschechischen Republik weitgehend

---

98 Diese Entwicklung fand bislang ihren Höhepunkt in der Wahl des neuen tschechischen Staatspräsidenten Václav Klaus, der gegen den für die nationalföderativen Kräfte angetretenen Jan Sokol mit den Stimmen von ODS, KSČM sowie des staatsnationalen Flügels der ČSSD in sein Amt kam.

99 Manifest, S. 7.

von der politischen Tagesordnung verschwunden. Mit der eher zweitrangigen Forderung nach einer vollen Teilnahme an den Vier Freiheiten des Gemeinsamen Markts der EU konnte sich die Tschechische Republik in den Verhandlungen mit der EU weitgehend durchsetzen. Die grundlegende, von allen politischen Kräften in der Tschechischen Republik einhellig geteilte Bedingung, daß weder die Enteignung der Deutschen in der Tschechoslowakei nach 1945 noch die Aberkennung ihrer Staatsbürgerschaft und die damit einhergehende Vertreibung und Aussiedlung der Deutschen und erst recht nicht die nach 1945 wiederhergestellte Vormünchner Territorialordnung revidiert werden dürfen, ist zwar ebenfalls erfüllt worden. Die von deutschen und österreichischen Abgeordneten des Europäischen Parlaments initiierte politische, rechtliche und moralische Debatte über diese Fragen hat allerdings das Vertrauen in die Europäische Union in der Tschechischen Republik stark beeinträchtigt, den staatsnationalen Kräften von ODS und KSČM erheblichen Auftrieb verschafft und die Integrationsskepsis ihres europapolitischen Programms verstärkt.

So knüpft die ODS in ihrem gegen die deutsche „Ostpolitik“ zielenden Programm, wenn auch verschleiert, wieder an die räumliche Abgrenzung des Ost-West-Konflikts an, und spricht von „zwei europäischen „Nord-Süd-Vertikalen“, die „traditionell Raum für Wohlstand und Prosperität“ gebracht hätten.[100] Ungeachtet dieser Rhetorik verblieb sie jedoch auch im Jahre 2001 auf Beitritts-Kurs und formulierte lediglich vage Alternativen, die auch für den Fall bereitstehen sollten, daß die EU ihre Aufnahmebereitschaft revidieren würde. Eine Gruppe um den damaligen stellvertretenden Vorsitzenden des auswärtigen Ausschusses des tschechischen Parlaments, Jiří Payne, spekulierte über die Möglichkeit, nach norwegischem, isländischem oder helvetischem Vorbild außerhalb der EU zu verbleiben und die Beziehungen mit dem Staatenverbund im Rahmen der Europäischen Freihandelszone (EFTA) oder in bilateralen Verhandlungen zu regeln. Schattenaußenminister Zahradil sprach hingegen eher von einem Beitritt zur Nordamerikanischen Freihandelszone (NAFTA) als Alternative zu einem EU-Beitritt. Eine wie auch immer geartete ostmitteleuropäische oder gar osteuropäische Kooperation gehörte hingegen trotz der Abgrenzungsrhetorik nicht zum veröffentlichten europapolitischen

---

[100] Modrá šance pro Evropu – stejné šance pro všechny. Program pro volby do evropského parlamentu. S. 2

Repertoire der ODS.[101] Auch in der EU strebt die ODS keine ostmitteleuropäischen Koalitionen an, sondern zielt auf eine Kooperation mit

> zwei Gruppen: diejenigen, mit denen uns gleiche Ansichten über die innere Ordnung der EU verbindet (der ‚nördliche Flügel' – Großbritannien, Skandinavien) und diejenigen, die klar atlantisch orientiert sind (Niederlande, Portugal). Im Falle der Tschechischen Republik geht es auch um die Notwendigkeit, mit diesen Allianzen den Einfluß unseres stärksten Nachbarn – Deutschland - auszubalancieren.[102]

Damit ist die ODS trotz der stärker gewordenen räumlichen Abgrenzungsrhetorik bislang weiter bei ihrer aktivistischen Politik geblieben. Entsprechend empfahl die ODS bei aller Zurückhaltung und Skepsis auch vor dem tschechischen Referendum über den Beitritt zur Europäischen Union Mitte Juni 2003 - das die ODS mit Nachdruck gefordert hatte - den Bürgern, den Beitritt zu befürworten.[103] Lediglich eine Minderheit, deren Repräsentanten keine hohen Partei- oder Staatsämter einnahmen, sprach sich offen gegen einen Beitritt aus. Die profiliertesten Kritiker der EU an der Parteispitze wie Jan Zahradil - und selbst Václav Klaus, der nach seiner Wahl zum tschechischen Staatspräsidenten als Ehrenpräsident weiter zu ihren profiliertesten europapolitischen Vordenkern gehört - riefen hingegen nicht zu einem Nein oder einem Boykott der Abstimmung auf, sondern beschränkten sich auf eine Kritik an der für den Beitritt werbenden Kampagne der christlichsozial-sozialdemokratischen Regierung, die sie als parteiisch und unausgewogen bezeichneten.

Das politische Gestaltungspotential, das die ODS sich damit bewahrt hat, wird sie nach Kräften nutzen, um ihre Vorstellungen in der Europäischen Union durchzusetzen.

In ihrem Programm für die Europawahlen 2004 formulierte sie diese Vorstellungen in bezug auf die Entscheidungsmechanismen sowie die wichtigsten Politiken der Europäischen Union sehr präzise. Bereits der programmatische Titel des Dokuments - *Stejné šance pro všechny* (Gleiche Chancen für alle),

---

[101] Manifest českého eurorealismu. Praha 2001. S. 7-8. Zur den beiden konkurrierenden Alternativen zu einem EU-Beitritt: ODS se připravuje na variantu, že Češi nevstoupí do Evropské unie. Lidové Noviny 24.3.2001

[102] Manifest, S. 10.

[103] Zur Forderung nach dem Referendum, dessen Notwendigkeit die ODS mit dem „Verlust nationalstaatlicher Souveränität" begründete: Prohlášení politického grémia ODS dne 19.3.1999. – <www.ods.cz/990319-grem.html>.

der mit einem „linken“ Slogan für das „rechte“ Ziel der Gleichheit der Staaten wirbt, verkündet die staatsnationale Stoßrichtung. So fordert die ODS denn auch, sie wolle

> eine solche institutionelle Ordnung und solche Entscheidungsprozesse der EU durchsetzen, welche die größtmögliche erreichbare Gleichheit unter allen Mitgliedstaaten der EU, ohne Rücksicht auf ihre Größe und ihre Einwohnerzahl gewährleistet.

Nochmals wird deutlich, daß die ODS bei aller Kritik an der Europäischen Union und bei allem Anspruch auf Gleichberechtigung sich weiter eine gewisse Selbstbeschränkung auferlegt und keine absoluten Grenzen definiert, bei deren Überschreitung sie von einer aktivistischen Politik der Mitgestaltung europäischer Politik zu einer negativistischen Blockadepolitik übergehen würde.[104]
Scheinbar ambivalent bleibt hingegen die Position der ODS in bezug auf die beiden entscheidenden institutionellen Fragen des Ordnungssystems der EU, den angestrebten Grad der Zentralisierung und die Repräsentationsvorstellungen: Offen bleibt zunächst, ob sich die Forderung nach Gleichberechtigung auf die Gleichheit der Staaten vor dem europäischen Recht bezieht, die durch starke und mit weitreichenden Kompetenzen ausgestattete supranationale Institutionen gewährleisten, oder auf die Gleichheit der Staaten bei der Setzung europäischen Rechts, das auf wenige Kernbereiche reduziert bleibt. Die ODS hatte jedoch eine klare Antwort bereit, die in der Logik des „rechten“ staatsnationalen Programms steht:

> Die Ansicht, daß ‚sich aus der Position eines kleinen Staats ein Interesse an der Stärkung der supranationalen Elemente der europäischen Ordnung ergibt‘ und ‚intergouvernementale Elemente den

---

[104] Allerdings ließen sich sowohl der ODS-Schattenaußenminister Jan Zahradil als auch Präsident Václav Klaus bereits in Einzelfällen dazu hinreißen, die aktivistische Politik aufzugeben. So verließ Zahradil, der als Mitglied der tschechischen Delegation im Europäischen Verfassungskonvent saß, diesen zum Zeichen des Protests, bevor Konventspräsident Valéry Giscard d’Estaing den Entwurf verlas, den der Konvent den Staats- und Regierungschefs später vorlegte. Klaus wiederum weigerte sich im Oktober 2004, den Verfassungsvertrag in seiner überarbeiteten Variante in Rom zu unterzeichnen, so daß der christlichsoziale Außenminister Cyril Svoboda an seine Stelle trat und gemeinsam mit dem sozialdemokratischen Ministerpräsidenten Stanislav Gross den Verfassungsvertrag unterzeichnete. Klaus kritizuje vládu kvůli euroústavě, Lidové noviny 29.10.2004.

> Spielraum für Großmachtpolitik vergrößern', muß abgelehnt werden. [. . .] Diese Analysen sind vollkommen falsch, es verhält sich genau umgekehrt.[105]

Vielmehr sei gerade das Konzept „eines institutionalisierten europäischen föderalen Superstaats" eine „Großmachtvorstellung", der eine „gleichberechtigte, integrierte Zusammenarbeit der Staaten auf der intergouvernementalen Ebene" entgegenzusetzen sei.[106] Daher dürfe es nicht zu einer

> mechanischen ,Vertiefung' des europäischen Integrationsprozesses, einer eindimensionalen ,Föderalisierung' Europas, zu weiteren ,Papierkonstruktionen' neuer Funktionen und Organe kommen, welche weiter in die immer gleiche Richtung einer Unifizierung der verschiedensten Politik strebt.[107]

Hatte die ODS mit diesem auf intergouvernementale Kooperation der europäischen Staaten zielenden Programm seit Ende der 1990er Jahre vor der Entstehung eines „föderalistischen Superstaats" gewarnt, so hat sie seit dem Verfassungskonvent ihre Argumentationsstrategie geändert. Nun beobachtet sie vielmehr, daß

> entgegen vielen Erklärungen die Europäische Union sich gegenwärtig nicht in Richtung eines übernationalen Staatsgebildes entwickelt. Im Gegenteil, wir sind Zeugen einer unter dem Deckmantel einer angeblichen ,Föderalisierung' Europas betriebenen Renationalisierung der Politik einiger (vor allem großer) Mitgliedstaaten, die bis zu dem Bestreben führt, sich in der zukünftigen Architektur der EU eine dominante Position zu sichern.[108]

Diese neue, gegen den vom europäischen Konvent entworfenen und in geänderter Fassung von den Staats- und Regierungschefs der EU im September 2004 in Rom unterzeichneten Verfassungsvertrag gerichtete Argumentation zielt - der Hinweis auf die „großen Staaten" zeigt es - vor allem gegen die von Frankreich und Deutschland betriebene Europapolitik. Diese Entwick-

---

105 Manifest českého eurorealismu (dokument k ideové konferenci ODS). Praha 2001, S. 9.

106 Jan Zahradil: EU – příbeh s otevřeným koncem. Mladá Fronta Dnes. 2.11.2000.

107 Modrá šance pro Evropu – stejné šance pro všechny. Program pro volby do evropského parlamentu. S. 1.

108 Ebd., S. 2.

lung der europäischen Politik, welche die ODS beobachtet, bewertet sie durchaus ambivalent. Auf der einen Seite hat sich die Skepsis gegenüber supranationalen Institutionen weiter verstärkt, würden diese doch nun nach Ansicht der ODS nicht nur als solche den Nationalstaat schwächen, sondern seien zudem ein Instrument deutscher und französischer Großmachtpolitik. Auf der anderen Seite ist aber die Renationalisierung der europäischen Politik gerade eine der zentralen Forderungen des „rechten" staatsnationalen Programms, lehnt doch die ODS alle Elemente supranationaler Politik ab und spricht sich gegen eine Ausweitung der Kompetenzen der Europäischen Kommission, gegen eine Ausweitung der Vollmachten des Europäischen Parlaments, gegen eine weitere Einschränkung des Rechts auf eine nationales Veto, gegen die Ausweitung der Bereiche, in denen mit qualifizierter Mehrheit abgestimmt wird und aus all diesen Gründen gegen die Annahme des europäischen Verfassungsvertrags aus.

Die Konsequenzen, welche die ODS aus der konstatierten Renationalisierung zieht, sind jedoch eindeutig: Der „falschen" Renationalisierung, welche die Institutionen der EU in ein Mittel der großen Staaten verwandle, setzt sie eine „echte" Renationalisierung entgegen, die ihrem Modell von einem Europa der Nationalstaaten mit niedrigem Zentralisierungsgrad und reiner Staatenrepräsentation entspricht. So fordert die ODS die „Annahme eines knappen Dokuments, das die Bereiche abgrenzt, die verbindlich auf europäischer Ebene geregelt werden können."[109] Dort solle festgelegt werden, daß

> alle Vollmachten den Mitgliedstaaten vorbehalten sind, mit Ausnahme derjenigen, die durch die Verfassung und die Verträge explizit der Europäischen Union anvertraut sind. An der Seite des Europäischen Rates wird ein neues Organ eingeführt, ein Rat der Völker, der von den Abgeordneten der nationalen Parlamente gebildet wird, die u.a. das Recht haben, die Entscheidungen des Europäischen Gerichtshofs zu überstimmen. Die Europäische Kommission wird in ein Sekretariat der EU umgewandelt. Die Zahl der Mitglieder des Europäischen Parlaments wird gegenüber dem heutigen Stand deutlich gesenkt. Der Europäischen Union wird verboten, eigene Steuern zu erheben. Neben dem bestehenden Vertrag über die Europäische Union können die Mitgliedstaaten untereinander weitere bilaterale und multilaterale Verträge abschließen.[110]

[109] Manifest českého eurorealismu, S. 9.

[110] Jan Zahradil: S euroelitami je možné bojovat. Hospodářské noviny 11.9.2001.

Wichtiger noch als diese in der Logik des staatsnationalen Programms liegende Forderung ist, daß die ODS in dem zentralen Dilemma der integrationsskeptischen Staaten, der „Kerneuropafrage“, immer mehr einer negativistischen Politik zuneigt. Vor die Frage gestellt, ob die Tschechische Republik sich auch nach dem Beitritt zur EU dem vor allem von Deutschland ausgeübten Integrationsdruck beugen und nolens volens an allen zukünftig auf die europäische Ebene verlagerten Politikfeldern beteiligen soll, um so Einfluß auf die dort getroffenen Entscheidungen zu haben, oder ihr Heil in einem nationalstaatlichen Weg suchen soll, spricht sie sich zunehmend gegen eine aktivistische Politik aus.

Noch im Jahre 2001 – vor dem EU-Beitritt und vor dem Verfassungskonvent - hatte sie das Dilemma formuliert, die Antwort aber offen gelassen:

> Wir begrüßen die Flexibilität und unterstützen sie in der Form, in der sie einigen Staaten erlaubt, nicht an gemeinsamen Politiken teilzunehmen, ohne daß dies andere an der von ihnen gewünschten engeren Integration hindern würde. [. . .] Das Risiko der Flexibilität besteht allerdings darin, daß anstelle eines Europas der mehreren Geschwindigkeiten, in dem alle Geschwindigkeiten gleichberechtigt sind, ein Europa ‚erster' und ein Europa ‚zweiter' Klasse entsteht, es also solche gibt, die gleicher als die Gleichen sind.[111]

Im Jahre 2004 aber lehnte sie bereits nicht nur einen Beitritt zur Eurozone[112] oder die Verlagerung einzelner Politiken auf die europäische Ebene ab, etwa eine Vereinheitlichung der Fiskal-, Steuer- und Sozialpolitik sowie eine stärker koordinierte europäische Außen- und Sicherheitspolitik. Sie optierte nicht

[111] Manifest českého eurorealismu, S. 9.

[112] Grundlegend zu den Argumenten der staatsnationalen Rechten gegen einen tschechischen Beitritt zur Eurozone: Václav Klaus: Evropská měnová unie a její systemové a fiskalní souvislosti – je nelegitimní zamlčovat problémy. Rede auf dem Europäischen Forum, Alpbach, 28.9.1996, abgedruckt in: ders.: Evropa pohledem politika. Evropa pohledem ekonoma. Praha 2001, S. 93-99; ders.: Evropa po zavedení Euro, Presseclub Forum, Bonn, 14.3.1998, in: ebd., S. 121-125; ders.: Dánské referendum řekl euru ne! Ebd., S. 189-191. Klaus argumentiert vor der Einführung des Euro noch in erster Linie wirtschaftlich: Die gemeinsame Währung könne nicht funktionieren, weil die unterschiedliche ökonomische Entwicklung der europäischen Staaten eine Fiskalpolitik erfordere, die in der EU nicht durchzusetzen sei. Nach dem Beginn der Währungsunion tritt dann der politische Kern der Ablehnung des Euro zutage: Die gemeinsame Währung führe über kurz oder lang zu einer gemeinsamen europäischen Fiskalpolitik, was die Staaten des „Kerns ihrer nationalen Souveränität“ beraube (Evropa po zavedení Euro, S. 124).

nur für die Renationalisierung einzelner Politiken, insbesondere der Struktur- und Agrarpolitik.[113] Vielmehr neigte sie zu einer systematischen Antwort, die einer Beteiligung der Tschechischen Republik an einer weiteren Integration grundsätzlich und unilateral eine Absage erteilt:

> Die sich rasch verändernde Welt verlangt Elastizität, Anpassungsfähigkeit und die Fähigkeit, rasch zu reagieren. [. . .] Diesen Anforderungen entspricht die Vorstellung von einem flexiblen Europa, also einem Europa, in dem einzelne Staatengruppen auf *verschiedenen Ebenen und mit verschiedenen Integrationsgeschwindigkeiten* gemäß den *eigenen Interessen und Prioritäten* miteinander verbunden sind. Ein solches Integrationsmodell müssen wir nicht fürchten, es bedeutet keinen Zusammenbruch der europäischen Integration als solcher.[114]

Ein solches Modell „verschiedener Integrationsgeschwindigkeiten" hat auch seine Anhänger unter den Befürwortern einer vertieften Integration. Diese erwarten, daß von einer Avantgarde integrationsoffener Staaten eine Signal- und Sogwirkung auf die übrigen Staaten der Europäischen Union ausgehen würde. Die Hoffnung, welche die ODS an ein solches Modell knüpft, ist jedoch umgekehrt, daß der Zwang zu Kompromissen im institutionalisierten Konfliktlösungssystem der EU durch ein solches Modell abgeschwächt werden würde. Was die ODS vorschlägt ist daher kein Integrationsmodell, sondern ein Desintegrationsmodell.

Das entscheidende strategische Mittel, mit dem die ODS eine solche Desintegration, von der sie sich mehr nationalstaatliche Handlungsfreiheit erhofft,

---

[113] Manifest českého eurorealismu, S. 10., Stejné šance, S. 2. Bereits 2001 erklärte Klaus: „Wir treten der Europäischen Union nicht bei, um fiscal transfers [Org. engl – V.W.] zu erhalten [. . .]. Wir treten der EU bei, um members of the European community of nations [. . .] zu werden. Bericht des Vorsitzenden des Abgeordnetenhauses über seinen Auftritt im Europäischen Parlament am 5.12.2001, Stenoprotokoll, <http://www.psp.cz/eknih/1998ps/stenprot/043schuz/s043267.htm>. - Zur Agrarpolitik bemerken die Autoren des „Manifests des Eurorealismus" in klassischer Terminologie der staatsnationalen „Rechten": „Die Anwendung der Regeln der Gemeinsamen Agrarpolitik (CAP) bedeutet für die Tschechische Republik einen paradoxen Export des europäischen Landwirtschaftssozialismus von West nach Ost." Jan Zahradil, Petr Plecitý, Miloslav Bednář, Petr Adrian: Odpoveď kritikům Manifestu českého eurorealismu. 4.10.2001, - <www.zahradil.cz/html/publikace/old/manifest_odpoved.htm.>

[114] Stejné šance pro všechny. Program pro volby do evropského parlamentu [Gleiche Chancen für alle. Programm für die Wahlen zum Europäischen Parlament]. Praha 2004, S. 1. Hervorhebung von mir.

erreichen will, ist die Erweiterungspolitik. Hatte die ODS in der ersten Hälfte der 1990er Jahre noch auf eine rasche Minimalerweiterung der EU ohne vorherige Vertiefung gesetzt, so plädiert sie seit der Erweiterung der EU um zehn Staaten im Jahre 2004, der eine Straffung der Entscheidungsprozeduren zulasten des Vetoprinzips der Nationalstaaten vorausgegangen war, für eine Fortsetzung der Erweiterungspolitik. Sollte einst die kleine Erweiterung Vertiefung und Erweiterung entkoppeln, so soll nun die Aufnahme immer neuer Staaten die Vertiefung rückgängig machen. Die größten Hoffnungen verknüpft sie dabei mit der Aufnahme der Türkei, deren Beitritt den staatsnationalen Kräften in der Europäischen Union unzweifelhaft einen gewaltigen Auftrieb verleihen würde.[115] So sperre sich nach den Worten des Vordenkers der tschechischen staatsnationalen „Rechten", Václav Klaus, gegen den Beitritt der Türkei auch eine

> wunderliche Koalition egozentrischer Nationalisten und europäischer Übermenschen [die eine] Delors-Maastrichtsche, mit einem ambitionösen Verfassungsvertrag ausgestattete ever closer union [Orig. englisch] wollen, was unzweifelhaft mit der Türkei nicht zu machen ist.[116]

[115] Man denke nur an die Kurdenpolitik oder die Reaktionen auf eine Erwähnung des Genozids an den Armeniern, hinter der die türkischen staatsnationalen Kräfte eben jene territoriale Revisionsabsichten zu entdecken glauben wie die tschechischen staatsnationalen Kräfte bei der Erwähnung der Vertreibung der Deutschen aus der Tschechoslowakei.

[116] Václav Klaus: Turecko, Evropa a Evropská unie. Právo 30.9.2004.

3 Europäischer Bundesstaat und transatlantische Gemeinschaft

Die nationalföderativen Christlichsozialen

Die christlichsoziale *Křesťanská a demokratická Unie – Československá strana lidová* (Christdemokratische Union – Tschechoslowakische Volkspartei KDU-ČSL) hat im tschechischen Parteiensystem eine Scharnierstellung inne. Ungeachtet ihres recht kleinen, konfessionell und regional vor allem im katholischen Südmähren gebundenen und daher aber auch sehr stabilen Wählerpotentials von rund zehn Prozent[1], sind die großen Parteien zur Regierungsbildung auf eine Kooperation mit der KDU-ČSL angewiesen. So bildete in den Jahren 1992-1997 die KDU-ČSL mit der ODS – sowie der kleineren ODA - eine „Mitte-Rechts"-Regierung, seit 2002 kooperieren die Christlichsozialen – sowie die von der ODS abgespaltene kleine *Unie Svobody* - mit der sozialdemokratischen ČSSD in einer „Mitte-Links"-Regierung. Allein in den Jahren 1998-2002 nahm die KDU-ČSL auf der Oppositionsbank Platz, da sich ČSSD und ODS in einem „Oppositionsvertrag" genannten „Links-Rechts"-Bündnis zusammentaten, das den Sozialdemokraten die Bildung einer Minderheitsregierung ermöglichte und der ODS Schlüsselposten im tschechischen Abgeordnetenhaus sicherte.

Diese Koalitionsfähigkeit der KDU-ČSL nach „rechts" und „links" scheint davon zu zeugen, daß sie eine Partei der „Mitte" in einem entlang einer sozioökonomischen Konfliktlinie geordneten Parteienspektrum ist. Geht man davon aus, daß die entscheidende, die Tiefenstrukturen der tschechischen Politik bestimmende Konfliktlinie jedoch die nationalpolitische ist, so präsentiert sich die KDU-ČSL auf dieser Achse als Kern des nationalföderativen Spektrums der tschechischen Politik. Zu diesem Spektrum zählen neben der KDU-ČSL ein Flügel der sozialdemokratischen Partei, der seit dem Jahr 2002

---

[1] In den stark industrialisierten, bis 1945-1946 mehrheitlich deutsch besiedelten nord- und westböhmischen Gebieten erhält die KDU-ČSL bei nationalen Wahlen mit unter fünf Prozent nur ein Drittel der Stimmen, die sie in den ländlichen und katholischen Gebieten Südmährens und Ostböhmens erhält. Mit landesweit knapp zehn Prozent konnte sie in das 200 Mitglieder zählende tschechische Abgeordnetenhaus 1992 [bis 1993: Tschechischer Nationalrat] 15 Abgeordnete, 1996 18 und 1998 20 Mandatsträger, 2002 schließlich in Wahlkoalition mit der *Unie Svobody* und der Demokratická Unie 31 Abgeordnete entsenden. - Nationale Wahlkommission: Volby do Poslanecké sněmovny Parlamentu České republiky – <www.volby.cz>.

die Oberhand in der Partei gewonnen hat, sowie die kleine liberale und konservative Strömung, die sich von der staatsnationalen ODS abgespalten und in der *Unie Svobody – Demokratická Unie* vereint haben. Ihm entgegen stehen die staatsnationalen Kräfte der tschechoslowakisch-staatsnationalen Kommunistischen Partei Böhmens und Mährens (KSČM), des in den 1990er Jahren die Partei dominierenden tschechisch-staatsnationalen Flügels der sozialdemokratischen ČSSD sowie der von den tschechisch-staatsnationalen Kräften dominierten ODS.

Konflikt und Kooperation dieser beiden Strömungen der tschechischen Politik, der staatsnationalen und der nationalföderativen, waren maßgeblich für die wichtigsten politischen Entscheidungen seit 1989, jenen über den mittel- und gesamteuropäischen Rahmen, in dem tschechische Politik als solche stattfindet. Die KDU-ČSL, die sich in einem Spannungsfeld der Vermittlung von konfessioneller Einheit der katholischen Christen und tschechischem nationalen Programm bewegt, hat sich dabei in der „tschechoslowakischen Frage“ gegen die von den staatsnationalen Kräften vertretene Alternative „Beibehaltung des Zentralstaats oder Auflösung des Staats“ gestemmt und für eine Föderalisierung der Tschechoslowakei ausgesprochen. Ebenso befürwortete sie ohne Einschränkungen den Beitritt der Tschechischen Republik zur Europäischen Union einschließlich der weitreichenden innergesellschaftlichen Umgestaltung, der mit diesem Schritt einherging. Schließlich befürworten die Christlichsozialen im Gegensatz zu den staatsnationalen Kräften eine gemäßigte Föderalisierung der Europäischen Union, in der starke europäische Institutionen die Nationalstaaten nicht auflösen, aber doch Konflikte zwischen ihnen eingehen, in dem sie die Staaten in ein verbindliches und durchsetzbares gemeinsames Regelwerk einbinden.

3.1 Die nationalföderativen Traditionen der KDU-ČSL

Dieses nationalföderative europapolitische Programm wurzelt in der Tradition der tschechischen Christlichsozialen. Zwar hat die tiefgreifende und gewaltsame Umgestaltung der mitteleuropäischen Gesellschafts- und Staatenwelt in der Mitte des 20. Jahrhunderts auch das nationalpolitische Programm der Christlichsozialen verändert. Dennoch prägen die Traditionen aus der Gründungszeit der Partei Ende des 19. Jahrhunderts ihre Europapolitik bis heute. Dieses Erbe ist von drei zentralen Elementen gekennzeichnet: ein politisches Programm, das auf die Vereinigung der tschechischen katholischen Christen mit anderen Katholiken unter einem gemeinsamen politischen Dach setzt; ein föderaler Aufbau der Partei selbst, der die Kooperation der Völker an der Schnittstelle von Gesellschaft und Politik ermöglicht; ein gemäßigtes sozioökonomisches Programm mit sozialreformerischen – christlichsozialen – Zügen.[2]

Im Verlaufe des 19. Jahrhunderts wurde der Konfessionsstreit in den böhmischen Ländern immer stärker in einem nationalen Kontext interpretiert. Die radikalen Strömungen der tschechischen Nationalbewegung begannen, die Niederlage der protestantischen Union gegen die katholische Liga des habsburgischen Kaisers in der Schlacht am Weißen Berg 1620 als nationale Niederlage der Tschechen gegen eine deutsche Reichsarmee zu verstehen. Vor dem Hintergrund einer antiklerikalen und bisweilen antikatholischen tschechischen Nationalbewegung, welche die Epoche der Gegenreformation nach 1620 als „dunkles Zeitalter" bezeichnete und für eine „Wiederherstellung" einer nun nicht mehr ständisch, sondern national interpretierten Autonomie in Österreich-Ungarn bzw. - seit dem Aufkommen der jungtschechischen Bewegung – zunehmend auch einer nationalen Staatlichkeit außerhalb des habsburgerischen Reichsverbands kämpfte, nahm der tschechische politische Katholizismus eine politisch-kulturelle Zwischenposition ein. Sprachlich im tschechischen Umfeld verortet, konfessionell dagegen im mehrheitlich deutschen katholischen Milieu, sahen die im Zuge der Ausdifferenzierung der tschechischen Gesellschaft und der tschechischen Politik Mitte der zweiten Hälfte des 19. Jahrhunderts entstandenen christlichen Vorläuferorganisationen der KDU-ČSL in Böhmen und Mähren als Parteien mit starker katho-

---

[2] Zur Geschichte des politischen Katholizismus in den böhmischen Ländern siehe: Otto Urban: Die tschechische Gesellschaft 1848-1918. Wien, Köln, Weimar 1994; - Jan Křen: Die Konfliktgemeinschaft: Tschechen und Deutsche 1780-1918. München 2000.

lisch-konfessioneller Verwurzelung im Habsburgerreich einen Schutz vor einer alldeutschen Vereinigung unter preußisch-protestantischem Vorzeichen sowie einen geeigneten politischen Rahmen für konfessionelle Einheit und sprachliche Vielfalt.

Nach dem Untergang des Habsburgerreichs und der Gründung der Tschechoslowakei, auf die sich der tschechische politische Katholizismus als letzte der tschechischen politischen Kräfte einstellte, kooperierte die Partei des tschechischen politischen Katholizismus, die *Československá strana lidová* (Tschechoslowakische Volkspartei) in der zweiten Hälfte der 1920er Jahre mit der *Deutschen christ-sozialen Volkspartei* und trug so wesentlich zur Akzeptanz des tschechoslowakischen Staates durch einen Teil der Deutschen bei.

Die Vermittlung von konfessioneller Einheit und sprachlich-kultureller Vielfalt ist nicht nur Teil des Programms des tschechischen politischen Katholizismus. Sie spiegelt sich auch im föderalen Aufbau der Partei wider. Da die gesellschaftlichen Vorläuferorganisationen der Partei im industriell geprägten Böhmen und im agrarischen Mähren in einem ganz anderen sozialstrukturellen und historisch-kulturellen Kontext entstanden und die katholische Bewegung aufgrund ihrer stärkeren Verankerung in Mähren dem Prager Zentralismus widerstand, hat die Partei eine starke föderale Tradition. Schlossen sich die Vertreter der mährischen und der böhmischen christlichen Parteien nach der Gründung der Tschechoslowakei 1918 im Parlament in einer gemeinsamen Fraktion zusammen, so dauerte es bis 1922, bis die mährische und die böhmische Partei, die sich jeweils *Československá strana lidová* nannten, ein gemeinsames Zentralkomitee schufen. Doch auch dessen Kompetenzen blieben beschränkt, der föderale Aufbau der Parteiorganisation weitgehend erhalten.

Das dritte, die Christlichsozialen bis heute prägende Strukturmerkmal des politischen Katholizismus in Böhmen und Mähren in seiner Gründungsphase ist sein Anspruch, verschiedene soziale Schichten zu repräsentieren. Bis Anfang der 1920er Jahre organisierten sich die christlichen Politiker entlang sozialer Trennlinien in unterschiedlichen Parteien. Zum einen rekrutierten sie sich aus den Reihen des konservativen Klerus, der oft über einen ausgedehnten Grundbesitz verfügte. Zum anderen hat der tschechische politische Katholizismus seine Wurzeln in der katholischen Arbeiterschaft, die im Zuge der raschen Industrialisierung in die Städte gekommen war. Als Gründungsdokument des tschechischen politischen Katholizismus kann das 1872 von Matěj Procházka ausgearbeitete Programm der tschechischen christlichen Arbeiter gelten. Somit standen sich konservative katholische Parteien wie die 1896

von Mořic Hruban im mährischen Přerov gegründete *Katolická strana národní* (Katholische Nationalpartei) und die 1899 von Jan Šrámek gegründete mährische *Křesťansko-sociální strana* (Christlichsoziale Partei) gegenüber. Ähnlich verhielt es sich auch in Böhmen, wo der politische Katholizismus allerdings deutlich schwächer war und der antiklerikale Druck der jungtschechischen liberalen *Strana svobodomyslná* (Freisinnige Partei) auf die konservative katholische Strömung sowie der atheistischen Sozialisten auf die christlichsoziale Strömung beide in die Defensive brachte.
Erst mit der Gründung der Tschechoslowakei gingen die verschiedene soziale Schichten repräsentierenden Parteien des tschechischen politischen Katholizismus zusammen: Im September 1918 vereinigten sich die *Moravská křesťansko-sociální strana* (Mährische christlichsoziale Partei) und die *Katolická strana národní* zur mährischen *Československá strana lidová* (Tschechoslowakische Volkspartei) unter dem Vorsitz von Jan Šrámek. Im Januar 1919 folgten ihnen die katholischen Parteien Böhmens, die *Křesťanskosociální strana* (Christlichsoziale Partei), die *Katolicko-národní konzervativní strana*, und die *Konzervativní lidová strana* (Konservative Volkspartei), die in der böhmischen *Československá strana lidová* unter dem Vorsitz von František Šabata aufgingen. Die Auflösung der Habsburgermonarchie und die Gründung der laizistischen Tschechoslowakischen Republik sowie die Bodenreform, die den Großgrundbesitz weitgehend auflöste, schwächten die Position des konservativen Flügels und stärkten im Gegenzug den christlichsozialen Flügel der ČSL. Der Name der einzig verbleibenden relevanten Kraft des politischen Katholizismus war somit nationalpolitisches und sozialpolitisches Programm: Sie war eine Partei des tschechoslowakischen Volks (národ) in der Tschechoslowakei, die sie als multinationalen Staat verstand, und eine Partei des „einfachen" Volks, des *lid.*
An diese drei Traditionen – an das Ziel der politischen Einheit der katholischen christianitas, an den Föderalismus als innerparteiliches Strukturprinzip und als Ordnungsvorstellung für ein Zusammenleben der europäischen Völker sowie an sozialreformerische ökonomische Ordnungskonzepte - knüpfen die Christlichsozialen seit 1989 explizit an.[3] Was als Kontinuitätslinie erscheint, ist jedoch keineswegs selbstverständlich und muß als Neuanfang verstanden werden, war doch die ČSL während der vierzigjährigen kommunistischen Herrschaft als Blockpartei in die Nationale Front integriert.

---

[3] Siehe dazu die kurze offizielle Parteigeschichte von Bohumil Lukeš: Stručná historie Československé strany lidové; <www.kdu-csl.cz/media/tisk.asp?page=510&IDC1=11602&IDR=10162>.

Als einzige der nichtsozialistischen Parteien der Zwischenkriegszeit war die ČSL nach der Befreiung der Tschechoslowakei von der nationalsozialistischen Besetzung 1945 wiedererstanden. Nach einem harten Richtungskampf, der 1948 mit dem Ausschluß der gegen eine Kooperation mit der KSČ kämpfenden Parteimitglieder, ihrer Verfolgung, Ermordung und Flucht ins Exil endete, wurde die zur Unkenntlichkeit entstellte ČSL zu einem Transmissionsriemen, der die Politik des kommunistischen Regimes den katholischen Bevölkerungsschichten vermitteln sollte. Ungeachtet der Linientreue der neuen Führung blieben aber an der gesellschaftlichen Basis der Partei die Traditionen des tschechischen politischen Katholizismus erhalten. Dies sollte sich zunächst 1968 zeigen, als im Zuge der politischen Liberalisierung alle Vorstandsmitglieder der ČSL zurücktraten und durch eine neue, auf einen demokratischen Umbau der Gesellschaft setzende Führung ersetzt wurden.
Nach der gewaltsamen Niederschlagung der Demokratiebewegung wurden diese reformorientierten Kräfte der ČSL ebenso verdrängt wie jene der KSČ. Als sich zwanzig Jahre später infolge des Gorbačevschen Neuen Denkens in der Sowjetunion erneut politische Spielräume in der Tschechoslowakei auftaten, bildete sich in der ČSL unter dem Namen *Křesťané pro přestavbu* (Christen für den Umbau) eine vor allem in Südmähren verankerte reformorientierte Strömung. Während in der KSČ die konservative Parteiführung die Oberhand behielt, gewann dieser Flügel in der ČSL, der sich seit 1988 *Obrodný proud* (Strömung Wiedergeburt) nannte, schnell an Stärke. Im November 1989 gelang es ihm, den in den vorhergegangenen Monaten immer lauter geforderten Rücktritt der alten Parteiführung zu erzwingen und Josef Bartončík zum neuen Vorsitzenden zu wählen. Damit war ein erster Schritt zur Wiedererstehung der Traditionen der ČSL getan. Noch im Laufe des Jahres 1990 vollzog die Partei einen weiteren Wechsel an ihrer Spitze, mit dem sie sich von ihrer Vergangenheit als tschechoslowakisch-staatsnationale Blockpartei löste und als tschechische nationalföderative Partei etablierte. Auf dem Parteitag im September 1990 in Žďár nad Sázavou trennte sich die ČSL von dem der Zusammenarbeit mit der Staatssicherheit (Státní bezpečnost, StB) beschuldigten Bartončík und wählte Josef Lux zu ihrem neuen Vorsitzenden.
Eine endgültige Niederlage erlitt der tschechoslowakisch-staatsnationale Flügel, der bis 1989 die Partei dominiert hatte, auf dem in Jihlava und Prostějov stattfindenden Parteitag im April 1992. Dort entzündete sich der Konflikt zwischen den tschechoslowakisch-staatsnationalen und den tschechisch-nationalföderativen Kräften an zwei Fragen: der Verschmelzung der ČSL mit zwei rein tschechischen, auf eine liberale Wirtschaftspolitik setzenden christ-

lichen Parteien, mit denen die ČSL seit 1990 in einer Wahlkoalition agiert hatte, der *Křesťanskodemokratická strana* (Christdemokratische Partei, KSS) und der *Svobodná rolnická strana* (Freie Bauernpartei, SRS) und der das nationalpolitische Programm offenbarenden symbolischen Frage des Parteinamens. Eine klare Mehrheit der Delegierten sprach sich für eine Verschmelzung der drei Parteien zu einer Partei aus, die den Namen der Wahlkoalition tragen sollte: KDU-ČSL, *Křesťanská a demokratická Unie – Československá strana lidová*. Damit behielt die Partei zwar die Benennung als *Tschechoslowakische Volkspartei* bei, die auf ihre Rolle als staatstragende Partei der Tschechoslowakei und ihre sozioökonomische Orientierung auf den *lid* verwies. An erster Stelle im Parteinamen und im Programm stand nun aber die *Christliche und demokratische Union*, die keine tschechoslowakische Partei, sondern eine Union tschechischer Parteien ist.

Nachdem sich somit jener Flügel der Partei durchgesetzt hatte, der sich explizit auf die Parteitraditionen im 19. und der ersten Hälfte des 20. Jahrhunderts berufen hatte, traten 60 Delegierte unter Protest aus der Partei aus. Diese Funktionäre und Mitglieder der ČSL, die den Umbruch des Jahres 1989 in seiner nationalpolitischen und sozioökonomischen Dimension ablehnten, organisierten sich daraufhin in der von Josef Bartončík gegründeten und später von Ogňan Tulešnikov geleiteten, politisch marginalisierten *Křesťanskosociální hnutí* (Christlichsoziale Bewegung), die der tschechoslowakisch-staatsnationalen KSČM nahesteht.[4]

Die KDU-ČSL unter Josef Lux aber distanzierte sich deutlich von der Politik der ČSL während ihrer Inkorporation in die Nationale Front sowie von der Kommunistischen Partei[5] und konnte sich somit ihr politisches Überleben sichern, obwohl die Christlichsozialen aufgrund ihrer Beteiligung an der kommunistischen Herrschaft erheblich diskreditiert waren.[6]

Ihre Scharnierstellung als staatstragende Partei der tschechischen Politik aber sicherte sie sich, in dem sie nach dem Abschied von der erzwungenen Zusammenarbeit mit den tschechoslowakisch-staatsnationalen Kommunisten in Kooperation mit den tschechisch-staatsnationalen Kräften trat, mit denen sie

---

4 Petr Fiala (Hg.): Politický extremismus a radikalismus v České republice. Brno 1998.

5 So unterstützte die KDU-ČSL unter Josef Lux eindeutig das sogenannte Lustrationsgesetz (lustrační zákon), das allen in den Akten der kommunistischen Staatssicherheit als „Mitarbeiter“ geführten Personen für zunächst fünf Jahre verbot, ein öffentliches Amt zu bekleiden.

6 Im Unterschied etwa zu der zweiten Blockpartei, der Československá strana socialistická (Tschechoslowakische sozialistische Partei, ČSS), die nach dem Umbruch 1989 rasch von der politischen Bühne verschwand.

vor allem das nach Westen gerichtete europapolitische Programm verband. So näherte sich die KDU-ČSL der ODS unter Václav Klaus an und trat nach den Wahlen 1992 mit ihr in eine Koalition ein. Damit fand die nationalföderative KDU-ČSL zumindest auf parlamentarischer Ebene mit dem tschechisch-staatsnationalen Flügel des tschechischen politischen Katholizismus zusammen, der sich in der von Václav Benda gegründeten *Křesťanskodemokratická strana* (Christdemokratische Partei, KDS) organisiert hatte. Auf eine außerparlamentarische Vereinigung von KDU-ČSL und KDS konnten sich die beiden Parteien jedoch nicht einigen. Zu sehr trennte das nationalpolitische Programm in den frühen 1990er Jahren, als die Zukunft der Tschechoslowakei auf der Tagesordnung stand, die beiden Parteien, so daß die KDS sich der ODS anschloß und später in ihr aufging.[7] Erst als der dominante Flügel der ODS unter Václav Klaus in der zweiten Hälfte der 1990er Jahre immer deutlicher zwischen einer souveränitätssichernden Westverankerung des tschechischen Staates und der souveränitätsbedrohenden Europäischen Union zu unterscheiden begann, spaltete sich ein Teil des katholischen Spektrums um den vormaligen Vorsitzenden der KDS, Ivan Pilip, wieder von der ODS ab und gründete mit den liberalen nationalföderativen Kräften die *Unie Svobody*. Als die „rechten“ und „linken“ tschechisch-staatsnationalen Kräfte, die ODS unter Klaus und die ČSSD, die in den Jahren 1998-2002 von dem Flügel um Ministerpräsident Miloš Zeman dominiert wurde, sich in der entscheidenden Phase des Beitritts zur Europäischen Union nach den Parlamentswahlen 1998 in einer explizit (ODS) bzw. implizit (ČSSD) integrationsskeptischen informellen Koalition zusammenschlossen, verband sich die KDU-ČSL anläßlich der Senatswahlen 1998 mit den von der ODS abgespaltenen Parteien *Unie Svobody* (Freiheitsunion, US) und *Demokratická Unie* (Demokratische Union, DEU) sowie der *Občanská Demokratická Aliance* (Demokratische Bürgerallianz, ODA) in einer auf Dauer angelegten Wahlkoalition. Damit hatte das nationalföderative Spektrum des tschechischen politischen Katholizismus sich wieder zusammengefunden. Diesen Kräften gelang es allerdings nicht, das gesamte katholische Spektrum in die integrationsoffene Koalition einzubinden: Die städtischen Eliten in Brno und Zlín, den industriellen Zentren des katholischen Mähren, neigen weiter der staatsnationalen ODS und ihrem integrationsskeptischen europapolitischen Programm zu.[8]

[7] Nekrolog za jednu malou křesťanskou stranu. Mladá fronta dnes, 3.6.1995.

[8] Name und Geschichte der seit 1990 in Brno herausgegebenen Zeitschrift *Proglas* dokumentieren exemplarisch das Verhältnis von Katholizismus, mährischer Identität und europapolitischer Ausrichtung der südmährischen städtischen politischen Elite. In der Jahren 1987-1990 wurde die Zeitschrift unter dem Titel *Střední Evro-*

Auch wenn die südmährischen katholischen Kräfte *nicht* die Basis für einen antieuropäischen Anti-Modernismus sind und in der staatsnationalen ODS als „konservativer" Flügel ein mäßigendes Element gegenüber dem „liberalen" Staatsnationalismus Prager Provenzienz darstellen,[9] so bedeutet doch diese Spaltung des tschechischen politischen Katholizismus in einen nationalföderativen und einen staatsnationalen Flügel eine empfindliche Schwächung der integrationsoffenen Kräfte der Tschechischen Republik.

---

pa – brněnská verse (Mitteleuropa – Brünner Version) im Samizdat in enger Zusammenarbeit mit dem ebenfalls inoffiziell erscheinenden Organ der nationalföderativen katholischen Kräfte, der Prager Zeitschrift *Střední Evropa* verlegt. Nach dem Umbruch 1989 wurde die Zeitschrift *Střední Evropa* schnell zum wichtigsten proeuropäischen katholischen Organ und arbeitete auf der Basis lange bestehender Kontakte eng mit der österreichischen Paneuropa-Bewegung zusammen. Die an der sozialwissenschaftlichen Fakultät der Brünner Masaryk-Universität herausgegebene Version hingegen erschien seit Anfang 1990 unter dem auf die kyrillomethodische mährische Tradition verweisenden Namen *Proglas* [Vorwort zum Evangelium]. Hatte die regionale mährische kulturelle Identität Anfang der 1990er Jahre noch eine gewisse politische Bedeutung, so wurde im Verlaufe der 1990er Jahre die tschechische Staatsidentität immer wichtiger. So stellte die Zeitschrift zunehmend dem Selbstbekenntnis zur Tradition des Großmährischen Reichs, dem ersten, durch byzantinische Vermittlung christianisierten Staatsgebilde im Raum zwischen Moldau und Theiß, einen „modernen, liberalen (Neo)Konservatismus angelsächsischen Typs" entgegen und distanzierte sich von den orthodox-südostslawischen Wurzeln der kyrillomethodischen Tradition. Diese Unterordnung der mährischen politischen Idee unter das tschechisch-staatsnationale Selbstverständnis ist in dem neuen Namen der Zeitschrift symbolisiert, den sie seit 2003 trägt. Sie erscheint nun unter dem Titel *Revue Politika*, den Namen *Proglas* trägt nunmehr lediglich die Kulturbeilage. Petr Fiala, František Mikš: Intelektuálové, novináří a česká politiká, in: Petr Fiala, František Mikš (Hg.): Česká konzervativní a liberální politika. Sbornik k desátému výročí založení revue Proglas. Brno 2000, S. 9-32, Zitat S. 11.

9 Auch diese Konstellation hat historische Wurzeln. Der mährische Flügel der *Československá národní demokracie* unter Jaroslav Stránský repräsentierte in der Tschechoslowakei der Zwischenkriegszeit bis zum Ausschluß Stránskýs aus der Partei in Fragen der Nationalitätenpolitik den gemäßigten Flügel der Partei. Hans Lemberg: Das Erbe des Liberalismus in der ČSR und die Nationaldemokratische Partei, in: Karl Bosl (Hg.): Die Erste Tschechoslowakische Republik als multinationaler Parteienstaat. München 1979.

3.2. Die gesamteuropäischen Ordnungsvorstellungen der KDU-ČSL – ein euroatlantischer Verbund

Als Koalitionspartner der ODS in den Jahren 1992-1997 war die KDU-ČSL wesentlich mitverantwortlich für die von allen tschechischen Parteien mit Ausnahme der isolierten Kommunistischen Partei beschworene „Rückkehr in das zivilisierte, prosperierende und zur Menschlichkeit strebende Europa".[10] Sie unterstützte geschlossen die deutsche Wiedervereinigung, die deutsch-tschechische Erklärung des Jahres 1992 und das 1996 von der Regierung Klaus für die der Tschechische Republik gestellte Beitrittsgesuch zur Europäischen Union. Und doch beinhaltete die scheinbar einende Formel „Zpět do Evropy" (Zurück nach Europa) schon in den Jahren der von ODS und KDU-ČSL – mit der kleinen ODA als drittem Koalitionspartner - gebildeten Regierung mehr Trennendes als Einendes. Gemeinsam war ihnen das europapolitische Ziel, die Tschechische Republik aus dem sowjetischen Machtbereich herauszulösen sowie das ordnungspolitische Ziel, Privateigentum gesellschaftlich genutzter Produktionsmittel einzuführen. Jenseits dieser allgemeinen Prioritäten, auf denen die Kooperation der beiden Parteien beruhte, dominierten die Unterschiede. Während die ODS unter einer „Rückkehr nach Europa" die sofortige, durch keine vorausgehende oder begleitende gesellschaftliche Transformation bedingte Anerkennung der Tschechischen Republik als souveräner und in allen westeuropäischen zwischenstaatlichen Kooperationsforen gleichberechtigter Staat verstand, begriff die KDU-ČSL die „Rückkehr nach Europa" als nicht voneinander zu trennende Einheit von gesellschaftlicher Transformation in der Tschechischen Republik und Integration der tschechischen Gesellschaft und des tschechischen Staates in eine europäische Staaten- und Völkergemeinschaft.[11]

Besonders deutlich zeigte sich dies an der nach der Überwindung der bipolaren Ordnung in Europa und der Wiedervereinigung Deutschlands wichtigsten

[10] Československá strana lidová. Volební program 1990.

[11] Während die ODS etwa die „Berichte der Europäischen Kommission über den Fortschritt der Tschechischen Republik bei den Vorbereitungen auf die Beitritt zur Europäischen Union" als nicht objektiv zurückwies, erklärten die Christlichsozialen: „Die KDU-ČSL ist der Ansicht, daß die Beitrittsanforderungen der EU grundsätzlich mit den Interessen unseres Staates am Aufbau einer modernen, effektiven und funktionierenden Gesellschaft mit einer transparenten Verwaltungs- und Justizsystem sowie an der Schaffung eines hochentwickelten politischen und rechtlich-wirtschaftlichen Umfelds übereinstimmen." Strategie přípravy KDU-ČSL na vstup ČR do EU. Česká republika před branami Evropské Unie. Praha 2001.

Veränderung des mitteleuropäischen Staatensystems, der Auflösung der Tschechoslowakei. Die Position der tschechischen Parteien und der sich zu solchen herauskristallisierenden Strömungen des Bürgerforums (*Občanské forum*, OH) zu der Frage des gemeinsamen tschechisch-slowakischen Staates waren ein Lackmustest für ihre europapolitischen Ordnungsvorstellungen, dessen Ergebnisse bis heute gültig sind. Die eigentlich relevante Frage zur Beurteilung der europapolitischen Positionen der tschechischen Parteien an der Schnittstelle von zwischenstaatlichen und innerstaatlichen Ordnungsvorstellungen lautet dabei nicht, welche politischen Kräfte die Erhaltung des tschechoslowakischen Staates befürworteten und welche nicht: Alle tschechischen Parteien sprachen sich grundsätzlich für die Bewahrung des gemeinsamen Staates aus.[12] Entscheidend war vielmehr die Bereitschaft zur Föderalisierung des Staates. Hier zeigte sich zum einen in aller Deutlichkeit, bei welchen politischen Kräften das Ordnungsmodell eines Staatenverbunds oder einer Föderation und die für diese notwendige Kompromißbereitschaft zum Handlungsrepertoire gehören. So pflegen die nationalföderativen Christlichsozialen auch in Zusammenhang mit der Europäischen Union einen positiv konnotierten Föderalismusbegriff, während die staatsnationalen Kräfte im tschechoslowakischen Kontext Föderalismus als abzulehnende Schwächung des Staates von unten und im europäischen Kontext – in Übertragung der eigenen innerstaatlichen Position – als unannehmbare Schwächung des Staates von oben betrachteten.[13]

Zudem ist die Bereitschaft zur Föderalisierung der Tschechoslowakei in den Jahren 1989-1992 sowie die Bereitschaft zur Dezentralisierung der Tschechi-

---

[12] Maya Hertig: Die Auflösung der Tschechoslowakei: Analyse einer friedlichen Staatsteilung. Basel, Genf, München 2001. Karel Vodička: Rozdělení Československa: Deset let poté. Praha 2003; - Otto Ulč: Czechoslovakia's Velvet Divorce, in: East European Quarterly, 3/1996, S. 331-352; - Rüdiger Kipke, Karel Vodička (Hg.): Abschied von der Tschechoslowakei. Köln 1993.

[13] Zum Föderalismusbegriff der KDU-ČSL siehe etwa: Dáme věci do pořádku. „Rovné šance pro každého". Programové prohlašení Koalice. Volby 2002. – <www.kdu-csl.cz/media/tisk.asp?page=510&IDC1=10946&IDR=10149>. - Begriffsgeschichtlich bezeichnete Föderalismus zunächst eine dezentrale Ordnung und war positiv konnotiert. Die Umkehr des Föderalismusbegriffs in der amerikanischen Sprache geht auf die *Federalist Papers* von Alexander Hamilton, James Madison und John Jay zurück, die sich den Begriff angeeignet hatten, um für die Verabschiedung der amerikanischen Verfassung werben, die allerdings eine Zentralisierung des Ordnungssystems der amerikanischen Staaten bedeutete. Clinton Rossiter (Hg.): The Federalist Papers. Alexander Hamilton, James Madison, John Jay. New York 1999. Siehe auch: Manfred G. Schmidt: Demokratietheorien. Opladen 2000, S. 110-127.

schen Republik in den 1990er Jahren - im historischen Kontext betrachtet - *das* Maß für tschechisches Vertrauen in den demokratischen Wandel in ein sich selbstbeschränkendes Deutschland und damit für eine integrationsoffene Europapolitik. Die staatsnationalen Kräfte befürchteten, eine Föderalisierung und Dezentralisierung würde einer deutschen Politik des *divide et impera*, betrieben nach dem Vorbild der Zerschlagung der Tschechoslowakei und der Unterteilung der „Resttschechei" in ein „Protektorat Böhmen und Mähren" Vorschub leisten.[14]

Schließlich war die Antwort des jeweiligen nationalpolitischen Programms auf die „tschechoslowakische Frage" unmittelbar mit der Antwort dieses Programms auf die „europäische Frage" verknüpft. Während das tschechoslowakisch-staatsnationale Programm der Kommunisten nach Osten wies und die Großmacht Rußland als sicherheitspolitischen Garanten der territorialen Integrität der Tschechoslowakei betrachtete, zeigte das tschechisch-staatsnationale Programm nach Westen, wo die USA die staatsrechtliche Kontinuität der zentralistischen Prager Republik – auch in ihrer um die Slowakei verkürzten Form – sichern sollten.

Die nationalföderative KDU-ČSL hingegen setzte auf eine föderale Neugründung der Tschechoslowakei, in der die Kooperation der beiden mitteleuropäischen Völker der Tschechen und der Slowaken ein Modell für die Kooperation aller europäischen Völker werden sollte. Dies zeigte sich schon daran, daß die Christlichsozialen 1990 als einzige tschechische Partei in einer Wahlkoalition mit einer slowakischen Partei antraten, der *Kresťansko-demokratické hnutie* (Christdemokratische Bewegung, KDH) um Jan Čarnogurský.

Zudem föderalisierte sich die christlichsoziale Partei im Gegensatz zur ODS, die über einen straff organisierten Parteiapparat verfügte - und auch ein

---

[14] Diesen Aspekt der tschechischen Haltung zur Frage der Teilung oder Erhaltung der Tschechoslowakei berücksichtigt bislang keine einzige Studie über die Auflösung des Staates in angemessenem Maße. Dies dürfte damit zusammenhängen, daß die slowakische Seite es aus naheliegenden Gründen als schädlich für ihr Interesse an einer substantiellen Föderalisierung oder an der Unabhängigkeit betrachtete, den historischen Kontext hervorzuheben. Die tschechische Seite wiederum betrieb - mit Ausnahme der wenig beachteten KSČM – bis Ende der 1990er Jahre eine Schlußstrichpolitik, setzte also eher auf die Verdrängung historischer Zusammenhänge als auf eine offene Verteidigung eigener Positionen. Deutlich klingt der deutsch-tschechische Kontext der tschechisch-slowakischen Verhandlungen über die Zukunft des gemeinsamen Staates aber in einem 1991-1992 entstandenen Sammelband zur tschechoslowakischen, tschechischen und slowakischen Außenpolitik an: Jiří Valenta et al. (Hg.): Máme národní zajmy? Praha 1992. Siehe dort insbesondere den Beitrag von Václav Kural: Německo a Němectví jako faktor české a československé národní a státní existence, S. 70-82.

streng zentralistisches Staatsorganisationsprinzip vertrat -, schon 1991 und gründete eine böhmische und eine mährische Landesorganisation. In diesem Sinne forderten die Christlichsozialen auch schon 1990 eine Föderalisierung der Tschechoslowakei:

> Wir unterstützen die Stärkung der tschechischen und der slowakischen Staatlichkeit, gerechte Beziehungen zwischen der Tschechischen und der Slowakischen Republik und eine gerechte territoriale Verwaltungsordnung für Böhmen, Mähren und Schlesien.[15]

Noch deutlicher wurde die Partei 1992, als sie erklärte:

> Der schicksalhafte Neujahrstag 1949 ist und bleibt im Gedächtnis als Tag, an dem entgegen aller Logik Mähren-Schlesien aufhörte, ein selbstverwalteter Teil der Tschechoslowakei zu sein. Schon vor den ersten freien Wahlen hatte die ČSL als erste und lange als einzige Partei die Wiederherstellung der Autonomie des Landes Mähren-Schlesien in ihrem Programm.[16]

Daher strebe die Partei

> eine föderale Einrichtung des Staates mit mindestens drei Subjekten an, in der Mähren und Schlesien Autonomie genießen [. . .] Das Ziel der KDU-ČSL ist es, eine Bundesrepublik Tschechoslowakei zu schaffen. Grundlage sind die einzelnen Bundesländer, mindestens drei Subjekte. Die vorgeschlagenen Varianten: a) Böhmen, Prag, Mähren und Schlesien, Slowakei; b) Böhmen, Mähren, Schlesien, Slowakei; c) Böhmen, Prag, Mähren, Schlesien, Slowakei; d) Mittelböhmen, Südböhmen, Westböhmen, Nordböhmen, Ostböhmen, Obermähren, Untermähren, Slowakei.[17]

Zwar fiel 1992 auch der Widerstand der Christlichsozialen gegen eine Auflösung der Tschechoslowakei nicht stark aus, nachdem die dominanten tschechisch- und slowakisch-staatsnationalen Kräfte im jeweiligen Landesteil – die tschechische ODS unter Václav Klaus und die slowakische *Hnutie za demo-*

---

[15] Československá strana lidová. Volební program 1990.

[16] Místo chaosu řád – místo řečí skutky. Stručný volební program KDU-ČSL 1992, S. 30.

[17] Ebd., S. 21.

kratické Slovensko (Bewegung für eine demokratische Slowakei, HZDS) unter Vladimír Mečiar - im Frühherbst 1992 die Teilung des Staates beschlossen hatten. Dennoch waren es neben Präsident Václav Havel und der sozialliberalen Strömung des zerfallenden Bürgerforums um den tschechischen Premierminister Petr Pithart – der seit dem politischen Niedergang seiner *Bürgerbewegung* (Občanské hnutí) den Christlichsozialen nahesteht - gerade die KDU-ČSL, die mit Kompromissen an die slowakische Seite die Föderation aufrechtzuerhalten suchte.[18]

So gelang es der KDU-ČSL auch gemeinsam mit der mährisch-schlesischen Autonomiebewegung *Hnutí za samosprávnou demokracii – Společnost pro Moravu a Sleszku* (Bewegung für eine selbstverwaltete Demokratie – Gesellschaft für Mähren und Schlesien, HSD-SMS) in der zweiten Jahreshälfte 1992, in den Verhandlungen über die Verfassung für die am 1.1.1993 zum souveränen Staat aufgestiegenen Tschechischen Republik in den Artikeln 99-105 die Einrichtung von territorialen Selbstverwaltungseinheiten auf einer mittleren Ebene oberhalb der lokalen *okresy* festzuschreiben.[19] Auch in den 1992 geschlossenen Koalitionsvertrag mit der ODS konnte sie einen entsprechenden Passus unterbringen. Diesen Verfassungsauftrag blockierten die dominanten staatsnationalen Kräfte in der ODS um Ministerpräsident Klaus allerdings mehrere Jahre. Erst deren Schwächung in der zweiten Hälfte der 1990er Jahre führte dazu, daß die Regierungskoalition 1996 ein Ministerium

---

[18] Siehe dazu: Maya Hertig: Die Auflösung der Tschechoslowakei. Analyse einer friedlichen Staatsteilung. Basel, Genf, München 2001. Pithart hat als einer der ganz wenigen tschechischen Politiker und Intellektuellen den tschechisch-ethnonationalen Kern des staatsnationalen Programms in seiner tschechischen und tschechoslowakischen Variante benannt und dem Verständnis der tschechischen Nation als reiner Staatsnation das Bekenntnis zum tschechischen Volk und seiner pluralen aber in dieser Pluralität doch spezifischen Kultur entgegengestellt. Siehe dazu die gesammelten Reden und Aufsätze: Petr Pithart: Po devětaosmdesátém: Kdo jsme? Bratislava, Brno 1998. Ähnlich auch der ehemalige stellvertretende Vorsitzende der ephemeren Liberal-Demokratischen Partei (LDS), Bohumil Doležal. Gesammelte Aufsätze unter dem Titel: Nesamožrejmá politika. Praha 1997.

[19] Anneke Hudalla: Außenpolitik in Zeiten der Transformation. Die Europapolitik der Tschechischen Republik 1993-2000. Münster, Hamburg, London 2002, S. 160. Zur mährischen Autonomiebewegung und ihrer Kooperation mit der KDU-ČSL siehe Ivo Bock: Die Wiedergeburt regionaler kultureller Traditionen in Mähren, in: Forschungsstelle Osteuropa an der Universität Bremen (Hg.): Kollektive Identitäten in Ostmitteleuropa – Polen und Tschechoslowakei. Bremen 1994, S. 134-184. – Stefan Troebst: Autonomiebewegungen im Osteuropa der Nach-„Wende"-Zeit. Mähren-Schlesien, Subkarpaten-Rus' und Gagausenland, in: Osteuropa 6/1999, S. 597-615.

für Regionalentwicklung einrichtete und die von der KDU-ČSL gestellte Justizministerin Vlasta Parkanová im Juni 1997 einen entsprechenden Gesetzesentwurf zur Einrichtung von vierzehn *kraje* vorlegen konnte, den das tschechische Abgeordnetenhaus in leicht revidierter Fassung im Oktober desselben Jahres mit den Stimmen der KDU-ČSL, der nationalföderativen Kräfte in der ODS, der weitgehend auf ihren nationalföderativen Kern reduzierten ODA sowie der sozialdemokratischen ČSSD verabschiedete.[20]
Damit hatten die Christlichsozialen zwar ihre ursprüngliche Maximalforderung nach einer böhmisch-mährisch-slowakischen Föderation, die auch in der Partei nicht unumstrittenen war und nach der Teilung der Tschechoslowakei an Bedeutung verloren hatte, nicht durchsetzen können. Auch konnten sich die staatsnationalen Kräfte der ODS soweit behaupten, daß keine größeren *kraje* entstanden, die den für die sogenannte Ziel-1 Förderung der europäischen Struktur- und Regionalpolitik geforderten NUTS-II Einheiten (Nomenclature des unités territoriales statistiques) mit mindestens einer Million Einwohnern entsprochen hätten.[21] Dennoch hat die KDU-ČSL mit ihrem Einsatz für die neue Territorialordnung und dem mit den nationalföderativen Kräften in der ČSSD, der ODS und der ODA ausgehandelten Kompromiß – der aus der Retrospektive gesehen ein erster Vorbote für die seit 2002 amtierende nationalföderative Regierungskoalition war - dafür gesorgt, daß eine der zentralen Anforderungen für einen EU-Beitritt der Tschechischen Republik erfüllt wurde, der

---

20 Nicht durchsetzen konnte sich die KDU-ČSL allerdings mit der Forderung, die Grenzen der kraje im böhmisch-mährischen Übergangsgebiet entlang der historischen Grenzen der Kronländer zu ziehen. So wurde mit dem *kraj* Jihlava eine territoriale Selbstverwaltungseinheit geschaffen, die ein Gebiet des historischen Böhmen mit einem Gebiet des historischen Mähren verklammert. Die alternativen Gesetzesentwürfe der Regierung, der ODA und der ČSSD finden sich in der virtuellen Bibliothek des tschechischen Parlaments unter: <www.psp.cz/eknih/1996ps/tisky/t021800> (Regierung); <www.psp.cz/eknih/1996ps/tisky/t019400> (ODA); <www.psp.cz/eknih/1996ps/tisky/t020100> (ČSSD).

21 Die 14 *kraje* haben eine durchschnittliche Bevölkerungsgröße von lediglich 737 000 Menschen. Zwischen den im Oktober 1998 geschaffenen sieben statistischen Einheiten zur Abwicklung der EU-Strukturpolitik und den kraje vermitteln daher sogenannte Regionale Lenkungs- und Kontrollausschüsse (Regionální řídící a monitorovací vybory). Jan Hřích, Kristina Larischová: Die Tschechische Republik. Der langwierige Weg zur Reform der öffentlichen Verwaltung, in: Föderalismus, Subsidiarität und Regionen in Europa. Baden-Baden 2000 [=Europäisches Zentrum für Föderalismus-Forschung Tübingen, Jahrbuch des Föderalismus 2000], S. 358-369; Michaela Břízová: Perspektivy zapojení regionů zemí první vlny rozšíření do evropských regionálních struktur, in: Michal Kubát: Východní rozšíření Evropské unie. Vychodiska – stav – perspektivy. Brno, Praha 2001, S. 148-172.

in den Europaverträgen zwischen der Europäischen Union und der Tschechischen Republik festgehalten war.[22] Auch wenn die Debatte über die Einführung der *kraje* nicht explizit im Zeichen der Europapolitik stand, so hatten doch die staatsnationalen Kräfte zu verstehen gegeben, daß sie sich des Zusammenhangs zwischen der Verlagerung von nationalstaatlichen Kompetenzen nach „oben“ und nach „unten“, auf die Ebene Europäische Union und auf die Ebene der kraje, durchaus bewußt waren und beides als Schwächung des Nationalstaats ablehnten.[23]

Die nationalföderativen Kräfte, insbesondere der damalige stellvertretende Vorsitzende der KDU-ČSL und Vorsitzende des Auswärtigen Ausschusses Vilém Holáň, verwiesen jedoch explizit auf diesen Zusammenhang. Der auf der Liste der KDU-ČSL gewählte Senatsvorsitzende Petr Pithart, der sich schon 1992 wie kein anderer für den Erhalt der Tschechoslowakei durch ihre Föderalisierung eingesetzt hatte, argumentierte denn auch 1999:

> Der ethnisch homogene tschechische Staat zeichnet sich [. . .] durch einen außergewöhnlich hohen Zentralisierungsgrad aus. Auch in dieser Hinsicht gehören wir nicht ins heutige Europa. [. . .] Gerade die Regionen werden anstelle der Nationalstaaten immer mehr zum Träger der europäischen Vielfalt. Mähren wäre eine klassische europäische Region, wenn es nicht mit der zukünftigen Struktur der Bezirke (kraj) im Grunde nach tausend Jahren aufgelöst werden würde.[24]

Viel deutlicher noch wurde der in der Frage der Staatssouveränität zusammenfallende Zusammenhang zwischen innerer Territorialordnung und der Eingliederung in das Ordnungssystem der EU an der symbolisch hoch aufgeladenen Debatte über die politisch viel bedeutungsloseren Euroregionen. Während die „linken“ und „rechten“ staatsnationalen Kräfte die grenzüberschreitenden deutsch-tschechischen Euroregionen als grenzrevisionistisches Projekt geißelten, betrachtete die KDU-ČSL diese als „praktische Grundlage für eine solidarisches Leben in einem vereinten Europa.“[25] Während somit den staatsnationalen Kräften die Vorstellung der Regionalisierung ein rotes

---

[22] Anneke Hudalla: Außenpolitik in Zeiten der Transformation. Die Europapolitik der Tschechischen Republik 1993-2000. Münster, Hamburg, London 2002, S. 216-221.

[23] Siehe dazu S. 65 dieser Arbeit.

[24] Petr Pithart: Česká politika a Evropa v dějinách a dnes, in: Teologické listy 5/1999. <www.pithart.cz/archiv_textu_tisk.pp?id=36>.

[25] Zahraniční politika KDU-ČSL. Verabschiedet auf dem Parteitag in Hradec Králové im September 1997. - <www.kdu-csl.cz/media/tisk.asp?page=510&IDC1=11662&IDR=10155>.

Tuch ist und ihnen der Nationalstaat als einzige legitime politische Einheit gilt, sind in den Ordnungsvorstellungen der KDU-ČSL kleinere territoriale Entitäten und auch die Völker als gesellschaftliche Großgruppe, die jenseits der Staatlichkeit existieren, akzeptable Subjekte. Europäische Vielfalt beschränkt sich für die KDU-ČSL nicht auf zwei Dutzend homogene Nationalstaaten, sondern beinhaltet die „charakteristischen Züge der einzelnen Länder, Völker und Regionen."[26]
Dieses nach Europa weisende nationalpolitische Programm vertraten die Christlichsozialen in dem Maße, in dem es die Koalition mit der ODS und ihrem nach „Westen" weisenden Programm erlaubte. Während im Inneren der Tschechischen Republik die nationalpolitischen Differenzen bereits früh überwogen, waren die außenpolitischen Instrumente für die so unterschiedlichen europapolitischen Ziele der staatsnationalen und nationalföderativen Kräfte in der Regierungskoalition der Jahre 1992-1997 durchaus kompatibel. Dies zeigte sich insbesondere an der Frage des NATO-Beitritts der Tschechischen Republik, den auch die KDU-ČSL einhellig unterstützte. Allerdings schwenkten die Christlichsozialen erst im Verlaufe des Jahres 1992 auf diese Position um. Zuvor hatten sie sich ähnlich wie der damalige Außenminister Jiří Dienstbier und Präsident Václav Havel dafür eingesetzt,

> bis zur Schaffung einer endgültigen europäischen Ordnung [. . .] das Ziel der militärischen Neutralität zu verfolgen und die Bedingungen für einen Austritt aus dem RGW und den Beitritt zur EWG zu schaffen.[27]

Noch 1992 hieß es im Wahlprogramm der KDU-ČSL sehr zurückhaltend:

> Angesichts unserer *geopolitischen Bedingungen* und unserer *historischen Erfahrungen mit den Sicherheitsgarantien der Großmächte* setzen wir auf ein Verteidigungssystem der Armee und der Zivilverteidigung, das ein integraler Bestandteil des *europäischen Sicherheitssystems der atlantischen Kooperation* ist und mit bilateralen Verträgen und Garantien kombiniert ist, die in der KSZE verankert sind. Wir streben einen Beitritt zur atlantischen Gemeinschaft als grundlegende Garantie unserer äußeren Sicherheit an.[28]

---

[26] Zahraniční politika KDU-ČSL. Verabschiedet auf dem Parteitag in Hradec Králové im September 1997. - <www.kdu-csl.cz/media/tisk.asp?page=510&IDC1=11662&IDR=10155>.

[27] Československá Křestanská a demokratická unie. Volební koalice. Volební program, červen 1990.

[28] Průvodce politikou KDU-ČSL. Vydáno v předvolební kampani 1992, S. 4. Hervorhebung von mir.

Ungeachtet der vorsichtigen Formulierung wird klar, daß die Christlichsozialen - ebenso wie auch Präsident Havel - im Verlaufe des Jahres 1991 ihre auf eine militärische Neutralität der Tschechoslowakei und eine schrittweise Auflösung der Militärblöcke des Ost-West-Konflikts zielenden europapolitischen Ordnungsvorstellungen überdacht hatten. Hatte die staatsnationale „Rechte" bereits 1990 eine Absicherung der territorialen Integrität des tschechoslowakischen Staates durch die USA, die an die Stelle der geschwächten Sowjetunion trat, zum primären sicherheitspolitischen Ziel erklärt, so rief das gewaltsame Auseinanderbrechen des jugoslawischen Staates auch bei den nationalföderativen Kräften die Befürchtung hervor, die Territorialordnung könnte auch in Mitteleuropa durch eine Veränderung der innenpolitischen Kräftekonstellation in Deutschland und wiederbelebte deutsche revisionistische Forderungen in Bewegung geraten. Die „historischen Erfahrungen" des Jahres 1938, als die „Großmächte" - Frankreich und Großbritannien - die „Sicherheitsgarantien", die sie der Tschechoslowakei gegeben hatten, vergaßen, verwies auch die KDU-ČSL nun auf die „atlantische Gemeinschaft", auf die durch die Fortexistenz und Erweiterung der NATO gewährleistete Präsenz der USA in Europa. Diese Ansicht, die sich mit Ausnahme der isolationistischen Republikaner und der Kommunistischen Partei, deren tschechoslowakisch-staatsnationales Programm weiter nach Osten wies, wo die Großmacht Rußland Sicherheitsgarantien geben sollte, das ganze im tschechischen Parlament vertretene politische Spektrum inklusive der Sozialdemokraten zu eigen machte, vertraten die Christlichsozialen nach ihrem Umdenken in den frühen 1990er Jahren konsequent. 1996 verkündeten sie denn auch anläßlich der Parlamentswahlen nunmehr unzweideutig:

> Die KDU-ČSL ist ein dauerhafter Verfechter der Ansicht, daß der einzige reale Weg zur Erhöhung der Sicherheit der Tschechischen Republik ihre Mitgliedschaft in der Nordatlantischen Allianz ist. Diese Organisation, die auf der Basis der europäisch-amerikanischen Kooperation gegründet ist, trug in entscheidender Weise zum Schutz der demokratischen Welt vor dem *Totalitarismus* bei. Unser Beitritt zur Allianz [. . .] drückt gleichzeitig unseren Willen aus, einen Teil der Verantwortung für die Sicherheit der *europäischen demokratischen Zivilisation* zu übernehmen.[29]

[29] Průvodce politikou KDU-ČSL. Klidná síla, jistota, bezpečnost. Praha 1996, S. 49. Hervorhebung von mir.

> Bei der Suche nach Bündnispartnern müssen wir von den *Werten* und *Interessen* ausgehen, die wir gemeinsam verteidigen wollen. In unser *geopolitischen Situation* ist das einzige Bündnis, das diese Kriterien erfüllt, die Nordatlantische Allianz.[30]

Es zeigt sich deutlich, daß auch die europapolitischen Ordnungsvorstellungen der nationalföderativen KDU-ČSL keineswegs nur von dem Interesse an der Schaffung eines gesellschaftlichen Freiraums für ihre überwiegend konfessionelle Wählerklientel im säkularen tschechischen Staat geprägt sind. Als staatstragende Partei der Tschechoslowakei und der Tschechischen Republik, die seit Gründung der Tschechoslowakischen Republik 1918 an nahezu allen Regierungen beteiligt gewesen war, gehört die Sicherung der tschechischen Nationalstaatlichkeit durchaus zum konzeptionellen europapolitischen Repertoire der KDU-ČSL. Im Unterschied zu den staatsnationalen Kräften, die nur den tschechischen Nationalstaat als höchste politische Handlungsmaxime kennen und deren Totalitarismusbegriff sich auf den Verlust staatlicher Souveränität bezieht, bewegen sich die Christlichsozialen in einem Spannungsverhältnis zwischen dem Ziel der konfessionellen Einheit der katholischen Christen und der politischen Einheit der Tschechen. Der einen, den staatsnationalen Kräften einzig gültigen, vom Staat hergeleiteten „tschechischen Identität“ stellen sie daher die Unterscheidung von Volk und Staat entgegen, die Spielraum für gesellschaftliche Pluralität eröffnet und die Vermittlung von tschechischem und katholischem Selbstverständnis ermöglicht. Die „demokratische Zivilisation“, welche die Christlichsozialen dem „Totalitarismus“ gegenüberstellen, ist daher nicht jene „euroamerikanische Zivilisation“ souveräner Nationalstaaten, auf die sich die staatsnationale „Rechte“ bezieht, sondern eine plurale „Zivilisation“ der Völker und Staaten – mit ihren „Werten“ und „Interessen“. So ist auch die Rolle, welche die Christlichsozialen den USA zuweisen, nicht die Verhinderung der europäischen Integration. Vielmehr sollen die USA diese durch eine sicherheitspolitische Garantie der europäischen Territorialordnung überhaupt erst ermöglichen.
Daher stellen die Christlichsozialen dem staatsnationalen Programm der „Linken“ und „Rechten“, das die Absicherung der Souveränität des tschechischen Nationalstaats im „Osten“ bzw. im „Westen“ sucht, ein „mitteleuropäisches“ nationalföderatives Programm entgegen:

[30] Zahraniční politika KDU-ČSL. Praha 1997, S. 9. Hervorhebung von mir

> Die *mitteleuropäische* Realität ist allergisch gegen jeglichen Reduktionismus. [. . .] Auch gegen einen *geopolitischen*. Es scheint, als würde die *atlantische* Perspektive die Bedeutung und die Verantwortung des vereinigten Deutschland ignorieren. In Mitteleuropa können – dürfen – wir uns dies nicht erlauben. [. . .] Die atlantische Perspektive kann durchaus sehr sympathisch sein. Das Problem ist, daß hier kein Atlantik ist. Das vielgliedrige, geistig bewegliche und imaginative Mitteleuropa ist das mare nostrum.[31]

Die Vermittlung zwischen der Sicherung tschechischer Staatlichkeit und der Einbindung in ein Europa, das sich nicht durch ein Nebeneinander souveräner Nationalstaaten, sondern durch ein plurales Miteinander der Völker und Staaten auszeichnet, zeigte sich in aller Deutlichkeit während des Luftkriegs der NATO gegen Jugoslawien 1999. Während die „linken" und „rechten" staatsnationalen Kräfte die Verletzung der Souveränität des jugoslawischen Staates kritisierten, da sie Folgewirkungen für die Integrität der Tschechischen Republik fürchteten, stellten die Christlichsozialen - sowie die kleinen liberalen und christlichliberalen Parteien US, ODA und DEU – den „Wert" der Menschenrechte über die „Interessen" des serbischen Staates und sprachen sich eindeutig für den Militäreinsatz zur Beendigung des Mordens serbischer Einheiten an der albanischen Zivilbevölkerung im Kosovo aus.[32]

---

[31] Petr Pithart: Od Bernarda Bolzana k Chartě 77 – kontinuita idejí. Vortrag anläßlich des zwanzigsten Jahrestags der Gründung der Charta 77, zitiert nach Petr Pithart: Po devětaosmdesátém: Kdo jsme? Bratislava, Brno 1998, S. 233-238, passim. Hervorhebung von mir.

[32] Miroslav Mareš: Česká Republika, in: Břetislav Dančák, Miroslav Mareš (Hg.): Zahraniční politika politických stran v České republice, Maďarsku Polsku a na Slovensku. Brno 2000, S. 12-39, hier S. 26.

3.3 Das EU-Konzept der KDU-ČSL – europäischer Bundesstaat

Noch deutlicher zeigt sich das nationalpolitische Programm der Christlichsozialen in ihrer Haltung zur Europäischen Union. Während die ODS im Namen der nationalen Besitzstandswahrung die supranationale Integration als Souveränitätsverlust geißelt – ganz gleich ob an einen anationalen „Superstaat“ oder an eine Föderation, deren wahres Machtzentrum aus Sicht der tschechischen staatsnationalen Kräfte nicht in Brüssel, sondern in Berlin ist – setzen die Christlichsozialen auf eine institutionelle Stabilisierung der asymmetrischen Kräfteverhältnisse zwischen den europäischen Staaten im allgemeinen und der Tschechischen Republik und Deutschland im besonderen. Starke europäische Institutionen, in die auch Deutschland eingebunden ist, sollen verhindern, daß die kleineren Staaten in einem freien Wettbewerb der nationalstaatlichen Kräfte gegenüber den Großmächten ins Hintertreffen geraten.

Dieses europapolitische Programm vertrat die KDU-ČSL nach der im Zeichen der nationalpolitischen Differenzen stehenden Auflösung der Regierungskoalition mit der ODS Ende 1997 und der Bildung einer informellen staatsnationalen Koalition zwischen der regierenden ČSSD und der diese Regierung tolerierenden ODS in den Jahren 1998-2002 aus der parlamentarischen Opposition. Gemeinsam mit ihren nationalföderativen Kooperationspartnern, der *Unie Svobody,* der DEU und der ODA, mit denen sie im September 1999 einen Vertrag zur Gründung einer *Čtyřkoalice* (Viererkoalition, 4K) abschloß, der bereits mit seiner von den vier Parteien gewählten Bezeichnung als *svatováclavská dohoda* (Vertrag des Heiligen Wenzel) auf das nationalföderative europapolitische Programm verweist,[33] kritisierte sie heftig den Widerstand, den ČSSD und ODS ungeachtet ihres Bekenntnisses zu einem EU-Beitritt gegen die Anpassung der tschechischen Rechtsordnung an die Vorgaben der Europäischen Kommission leisteten.[34] Bei der Parlaments-

---

[33] Die „Tradition des Heiligen Wenzel“ bezieht sich auf die westkirchliche Christianisierung der Tschechen und die Eingliederung Böhmens in das Heilige Römische Reich unter Fürst Václav im 10. Jahrhundert und steht im tschechischen politischen Diskurs für die Übernahme westeuropäischer Normen und die Kooperation mit den Deutschen.

[34] Siehe dazu insbesondere die von der Viererkoalition veröffentlichten, den Berichten über den Stand der Vorbereitung auf den Beitritt der Europäischen Kommission nachempfundenen Bulletins „Zpráva o stavu příprav České republiky na přistoupení

wahl des Jahres 2002, bei der die ODS sich bereits als „eurorealistische" Partei mit klaren Vorbehalten gegen die Entwicklungstendenzen der Europäischen Union profilierte, trat die Wahlkoalition der Christlichsozialen und der - mittlerweile zu einer Partei, der *Unie Svobody-Demokratická Unie* (US-DEU), verschmolzenen - liberalen nationalföderativen Kräfte dann auch als „Koalition für eine europäische Zukunft" an.[35]
Seit diesen Wahlen stellt die Koalition der Christlichsozialen und der US-DEU gemeinsam mit dem nationalföderativen Flügel der sozialdemokratischen ČSSD die im Namen eines integrationsoffenen europapolitischen Programms gebildete Regierung, welche die Tschechische Republik im Mai 2004 in die Europäische Union führte. Diese Kooperation hatte sich bereits seit Mitte der 1990er Jahre abgezeichnet, als mit der zunehmenden Bedeutung der Europapolitik die Spannungen zwischen den Christlichsozialen und der ODS gewachsen waren. Jedoch scheiterten 1996 und 1998 die Verhandlungen zwischen der KDU-ČSL und der ČSSD, die von dem staatsnationalen Flügel unter Miloš Zeman dominiert wurde. Zu starken Anklang in der tschechischen Gesellschaft fand zu dieser Zeit noch die vor allem von der ODS forcierte Interpretation einer Spaltung der tschechischen Politik entlang einer Rechts-Links-Achse, auf der die ČSSD mit der KSČM das nationalpolitische Lager einen nach Osten gerichteten totalitären Kommunismus, die ODS hingegen einen nach Westen gerichteten freiheitlichen Kapitalismus vertreten würde, als daß sich die KDU-ČSL unter Josef Lux auf eine Koalition mit der ČSSD unter Miloš Zeman eingelassen hätte. Erst als die Bedeutung der Europapolitik weiter wuchs, in der ČSSD die nationalföderativen Kräfte die Oberhand gewannen und im Jahre 2001 mit Cyril Svoboda ein Politiker jenes Flügels der Christlichsozialen den 1999 verstorbenen Lux und seinen in den Jahren 1999-2001 amtierenden Nachfolger Jan Kasal ablöste, der die Annä-

k Evropské unii". Praha 1999, 2000. Im gleichen Sinne ist der Reformaufruf der Viererkoalition aus dem Jahre 2000 abgefaßt: Společně pro změnu. Praha 2000.

35 Dáme věci do pořádku. „Rovné šance pro každého. Programové prohlašení Koalice. Volby 2002. - <www.kdu-csl.cz/media/tisk.asp?page=510&IDC1=10946&IDR=10149>. Die ODA versank im Jahre 2002 nach einem Spendenskandal in der politischen Bedeutungslosigkeit, nachdem sie bereits in der zweiten Hälfte der 1990er Jahre auf ihren nationalföderativen Kern reduziert und dabei erheblich geschwächt worden war. Bei den Parlamentswahlen 2002, bei denen die Wahlkoalition der Christlichsozialen und der US-DEU eine Kooperation mit der diskreditierten Partei verweigerte, erreichte sie ein halbes Prozent der gültigen Stimmen. Nationale Wahlkommission: <www.volby.cz>.

herung an die Sozialdemokraten nicht scheute, konnten das nationalföderative Spektrum der tschechischen Politik zusammenfinden.
In der von ihnen gebildeten Regierungskoalition begann Cyril Svoboda als Außenminister gemeinsam mit dem sozialdemokratischen Ministerpräsidenten Vladimír Špidla das nationalföderative europapolitische Programm der Christlichsozialen umzusetzen. Der wichtigste politische Imperativ dieses Programms war das klare Bekenntnis zum Beitritt der Tschechischen Republik zur Europäischen Union, das die Christlichsozialen ungeachtet aller Detailkritik an der zum Teil als kleinlich empfundenen Verhandlungsführung der großen europäischen Staaten abgaben. Die „Aufklärungskampagne" der Regierung vor dem Referendum über den Beitritt ließ keinen Zweifel, daß sie die im ostmitteleuropäischen Vergleich sehr skeptischen tschechischen Bürger davon zu überzeugen gedachte, daß der EU-Beitritt der richtige Weg für die Tschechische Republik sei. Mit 80,47 bzw. 78,31 Prozent der Stimmen sprachen sich denn auch die Bürger in den südmährischen Hochburgen der Christlichsozialen, im Zlinský kraj bzw. im Jihomoravský kraj, etwas deutlicher als im Landesdurchschnitt (77,33 Prozent) für einen Beitritt aus.[36]
Wichtiger aber noch als das klare Votum der Christlichsozialen für den Beitritt, den abzulehnen auch die staatsnationale ODS scheute und dem sich selbst die staatsnationale KSČM seit Ende der 1990er Jahre nicht mehr vehement widersetzte, ist die Haltung der KDU-ČSL zu dem für die Zukunft der Europäischen Union so wichtigen Verfassungsvertrag. In ihr spiegelt sich das nationalföderative Programm der Christlichsozialen in bezug auf die beiden entscheidenden institutionellen Fragen des Ordnungssystems der EU wider, den angestrebten Grad der Zentralisierung und die Repräsentationsvorstellungen. Sie setzen auf starke europäische Institutionen, welche die Gleichheit aller Staaten vor dem europäischen Recht durchsetzen, auf eine Selbstbeschränkung der kleinen Staaten, die eine Einbindung der großen Staaten ermöglicht, und eine klare Kompetenzabgrenzung zwischen der europäischen und der staatlichen Ebene, bei der vor allem das Kulturelle in den ausschließlichen Hoheitsbereich der Staaten fällt.[37]

---

[36] Leicht unterdurchschnittlich fiel die Zustimmung dagegen in den an Deutschland grenzenden nord- und westböhmischen Regionen Ústecký kraj und Plzeňský kraj aus, wo sie bei 75,65 bzw. 76,89 lag. Nationale Wahlkommission: Referendum o přistoupení České republiky do Evropské unii konané ve dnech 13.-14.06.2003. Výsledky za Českou republiku. – <www.volby.cz/pls/ref2003/re12>.

[37] Die ODS-nahe Brünner Politikwissenschaft verweist gerne darauf, daß das europapolitische Programm der Christlichsozialen - vermittelt durch die Europäische Volkspartei (EVP) - jenem der deutschen CDU sehr ähnlich ist. Dies ist nicht falsch, ist doch die KDU-ČSL seit 1996 assoziiertes Mitglied und seit 2004 Voll-

So fordern die Christlichsozialen, daß

> auf der einen Seite die Vertiefung der Integration fortgesetzt und ein Höchstmaß an Handlungsfähigkeit und Effektivität bewahrt werden; auf der anderen Seite ist es notwendig, die Transparenz und die demokratische Legitimität im erweiterten Europa zu erhalten und zu stärken."[38]

Daher sollen bei der

> institutionellen Reform der Europäischen Union zwei Quellen der Legitimität berücksichtigt werden: die der Bürger und die der Staaten. Von diesen soll sich die institutionelle Struktur der Europäischen Union ableiten mit dem Europäischen Parlament als gesetzgebender Versammlung, welche die Bürger vertritt, dem Rat als legislatives Organ, das die Staaten repräsentiert und der Kommission als Exekutivorgan der Union.[39]

---

mitglied der EVP, die vor ihrer „Osterweiterung" die ostmitteleuropäischen Anwärter ebenso „durchleuchtete" wie dies die Europäische Kommission mit den Staaten tat. Allerdings sind die europäischen Parteienföderationen und insbesondere ihre Fraktionen im europäischen Parlament sehr heterogen und lassen für verschiedene nationalpolitische Programme Platz. So bildet die ODS, deren Programm ihrerseits jenem der britischen Konservativen in vielerlei Hinsicht ähnelt, gemeinsam mit den Tories den explizit staatsnationalen Flügel (European Democrats) der EVP-Fraktion im Europäischen Parlament. Entscheidend für die Annäherung des europapolitischen Programms der KDU-ČSL an jenes des nationalföderativen Flügels der EVP sind daher doch die nationalpolitischen Traditionen der Christlichsozialen. Für die Brünner Politikwissenschaft siehe exemplarisch: Miroslav Mareš: Česká Republika, in: Břetislav Dančák, Miroslav Mareš (Hg.): Zahraniční politika politických stran v České republice, Maďarsku Polsku a na Slovensku. Brno 2000, S. 12-39. Zu den tschechischen Parteien in den europäischen Parteienföderationen Petr Sokol: Rozšiřování Evropské unie a politický strany, in: Michal Kubát: Východní rozšíření Evropské unie. Vychodiska – stav – perspektivy. Brno, Praha 2001, S. 112-147. Zur „Osterweiterungspolitik" der europäischen Parteienföderationen Steven Day: Die Osterweiterung der Europarteien. Ambivalenzen eines Familienzuwachses, in: Osteuropa 5-6/2004, S. 223-235. Zu den europäischen Parteienföderationen im allgemeinen Thomas Poguntke, Christine Pütz: Parteien in der Europäischen Union: Zu den Entwicklungschancen der Europarteien. Unveröffentlichtes Manuskript. Mannheim 2004.

[38] Na cestě k rozšířené Evropě. Postoje KDU-ČSL v debatě o budoucnosti Evropy. Verabschiedet vom Zentralausschuß der KDU-ČSL am 29.4.2003.
<www.kdu.cz/default.asp?page=510&idr=10155&IDCl=11659>.

[39] Ebd.

Konkret plädierte die KDU-ČSL für eine starke Europäische Kommission:

> Die Europäische Kommission muß zum einzigen Exekutivorgan der Europäischen Union mit einem Recht auf alleinige Gesetzesinitiativen werden. Im Einklang mit der Monnet-Methode [. . .] müssen die Bereiche der Gemeinschaftsentscheidung ausgeweitet werden, bei der der Kommission eine zentrale Rolle als Exekutivkomitee und gleichzeitig als Hüterin der Verträge zukommt.[40]

Dies entspricht einem Leitbild von der Europäischen Kommission als einem unparteiischen Fachorgan eines Staatenverbundes, das die Konflikte zwischen den Mitgliedsstaaten durch Sachexpertise in einzelnen Politikfeldern in eine Kooperation überzuleiten vermag.[41] Allerdings sind die Christlichsozialen darauf bedacht, daß in einer gestärkten Kommission das Prinzip der Gleichheit der Staaten nicht verletzt wird:

> Voraussetzung für die Ausweitung der Gemeinschaftsentscheidungen ist die Verankerung des Prinzips der gleichen Vertretung der einzelnen Staaten in der Kommission.[42]

Die KDU-ČSL geht gleichzeitig einen - wenn auch vorsichtigen Schritt - weiter in Richtung europäischer Bundesstaat:

> Zur Stärkung der Europäischen Kommission trägt unserer Ansicht nach auch die Änderung des Besetzungsverfahrens bei, in dem sich die notwendige stärkere Beteiligung des Europäischen Parlaments widerspiegeln sollte. Diese sollte jedoch nicht zu ihrer Politisierung führen.[43]

---

[40] Ebd. Ähnlich auch: Strategie přípravy KDU-ČSL na vstup ČR do EU. Česká republika před branami Evropské Unie, – <www.kdu.cz/default.asp?page=510&idr=10155&IDCl=11664>.

[41] Vgl. dazu Geoffrey Edwards, David Spence (Hg.): The European Commission. Harlow 1994; Dietrich Rometsch: Europäische Kommission, in: Werner Weidenfeld, Wolfgang Wessels (Hg.): Europa A-Z. Taschenbuch der Europäischen Integration. Bonn 1995, S. 160-167.

[42] Na cestě k rozšířené Evropě. Postoje KDU-ČSL v debatě o budoucnosti Evropy. – <www.kdu-csl.cz/media/tisk.asp?page=510&IDC1=11659&IDR=10155>.

[43] Ebd.

Die Christlichsozialen akzeptieren somit eine maßvolle Aufwertung des Europäischen Parlaments in den Entscheidungsverfahren der Europäischen Union. Sie verwahren sich aber dann gegen diese Aufwertung, wenn die im Europäischen Parlament geltende Gewichtung der nationalen Stimmen, die wie in keinem anderen der Organe der Europäischen Union dem Prinzip der Bevölkerungsproportionalität nahekommt, sich auch in der Besetzung der Kommission widerspiegeln sollte. Die Kommission soll daher weiter nach dem Prinzip „Ein Staat – ein Kommissar" und nicht nach dem „politischen" Prinzip besetzt werden:

> Wir sind für eine Kommission mit 25 Mitgliedern, in der jeder Staat seinen Vertreter hat und wollen dieses Prinzip auch nach 2009 erhalten. Sollte die Zahl der Kommissare gesenkt werden, muß das Rotationsprinzip vor allem die politische und geographische Proportionalität berücksichtigen. Die Zusammensetzung der Kommission darf nicht nur eine politische Richtung widerspiegeln. Wir sind nicht mit der Unterteilung der Kommission in Mitglieder mit und solche ohne Stimmrecht ab 2009 einverstanden.[44]

Im Sinne dieser Politik, die auf die vorsichtige Stärkung der europäischen Institutionen zielt, dabei aber darauf bedacht ist, daß diese nicht von den großen Staaten dominiert werden, befürworten die Christlichsozialen auch eine Ausweitung der Rolle des europäischen Parlaments. Dieses müsse

> ein Vertretungsorgan der Bürger der Europäischen Union werden, ein wirklicher Akteur im Entscheidungsprozeß, [. . .] der das Recht besitzt, den Gemeinschaftshaushalt zu kontrollieren, und sich an der Wahl des Vorsitzenden der Europäischen Kommission beteiligt.[45]

Während den Christlichsozialen somit im Gegensatz zu den staatsnationalen tschechischen Kräften die Vorstellung einer europäischen politischen Bürgerschaft nicht fremd ist, stellen sie gleichzeitig dieser Stärkung der supranationalen Ebene die Forderung nach einer Aufwertung der nationalstaatlichen Ebene zur Seite und fordern, daß die

---

[44] Stanovisko KDU-ČSL k návrhu evropské ústavní smlouvy předloženému Konventem o budoucnosti Evropy. Vom Zentralausschuß der KDU-ČSL im Juni 2003 verabschiedet. –
<www.kdu-csl.cz/media/tisk.asp?page=510&IDC1=11658&IDR=10155>.

[45] Ebd.

> Konferenz der Europaausschüsse der nationalen Parlamente der Mitgliedstaaten der EU und des Europäischen Parlaments (COSAC) in ein echtes Organ der Vertreter der nationalen Parlamente umgewandelt wird.[46]

Zugleich hofft die KDU-ČSL, daß mit einem Verzicht auf nationale Maximalforderungen, insbesondere auf das von den staatsnationalen Kräften verfolgte Ansinnen, die Gewichtung der Bevölkerungsgröße bei den Abstimmungen im Ministerrat der EU zu reduzieren und auch dort auf dem Prinzip „Ein Staat eine Stimme" zu beharren, eine institutionelle Einbindung der Großmächte erreichen läßt, die diese zu einer auf Dauer angelegten Selbstbeschränkung bringt. Das Modell, nach dem eine Mehrheit bei einer Zustimmung von 50 Prozent der Staaten und mindestens 60 Prozent der Bevölkerung erreicht ist, sei nach Ansicht der KDU-ČSL

> eindeutig zum Nachteil der kleineren Staaten mit einer geringen Bevölkerung. [. . .] Wir schlagen vor, beide Grenzen bei zwei Dritteln festzulegen.[47]

Eine klare Grenze aber zieht die KDU-ČSL den Versuchen der großen Staaten, insbesondere Deutschlands und Frankreichs, ihren Einfluß im Europäischen Rat zu erhöhen:

> Wir sind gegen das vorgeschlagene Amt eines Vorsitzenden des Europäischen Rates, dessen Entstehung die Rolle der kleinen Staaten schwächen könnte. Für den Fall, daß auf der Basis einer Mehrheit dieses Amt geschaffen wird, sollte der Vorsitzende des Europäischen Rates aus einem der Länder kommen, die gerade die Teampräsidentschaft innehaben.[48]

Die europapolitischen Ordnungsvorstellungen der Christlichsozialen zielen somit in Einklang mit ihrem nationalföderativen Programm und in klarem Gegensatz zum staatsnationalen Programm der ODS auf eine Stärkung der supranationalen europäischen Institutionen, in denen ein doppeltes Repräsentationsprinzip, das der europäischen Bürger und das der Staaten, zur Geltung

---

[46] Ebd.
[47] Ebd.
[48] Ebd.

kommt. Gleichzeitig lehnt die KDU-ČSL aber eine solche Veränderung des Ordnungssystems der Europäischen Union ab, wenn sich hinter ihr eine Stärkung der großen Staaten verbirgt. Auch in der Frage des Zentralisierungsgrads der Europäischen Union unterscheiden sich die Vorstellungen der Christlichsozialen deutlich von jenen der ODS. Während diese möglichst viele Kompetenzen auf nationalstaatlicher Ebene angesiedelt sehen möchte und insbesondere auch die Wirtschaftspolitik als Kern nationalstaatlicher Souveränität betrachtet, fordern die Christlichsozialen lediglich eine klarere Trennung der europäischen und der staatlichen Ebene. Als Partei, der auch die Völker und nicht nur die Staaten als politische Handlungseinheit gelten, betonen sie weniger die Gleichheit der Staaten als vor allem die kulturelle Differenz der Völker. Daher fordern sie, daß

> in Bereichen mit besonderer Bedeutung für die Erhaltung regionaler und nationaler Identitäten und Besonderheiten [. . .] mit besonderer Bedeutung für die kulturelle, ethische und soziale Integrität der einzelnen Länder keinerlei Harmonisierungs- oder Ergänzungsmaßnahmen der EU zugelassen werden. Es handelt sich vor allem um den kulturell-ethischen Bereich und die Familienpolitik.[49]

In jenen Politikfeldern, die sich im Grenzbereich von Nations- und Staatspolitik befinden, wie etwa die Asyl- und Migrationspolitik, stemmen sich die Christlichsozialen daher nicht gegen eine Regelung auf europäischer Ebene, wohl aber gegen eine Vergemeinschaftung:

> Angesichts der Sensibilität der Frage der Regulation der Immigration [. . .] halten wir die Einführung der Mehrheitsabstimmung für nicht wünschenswert. Zudem hängt die Asylpolitik mit der Familienpolitik zusammen (beispielsweise in der Frage der Definition der Familie zum Zwecke der Zusammenführung der Familie), und in dieser Frage muß ein einstimmiger Konsens unter allen beteiligten Staaten gefunden werden.[50]

---

[49] Na cestě k rozšířené Evropě. Postoje KDU-ČSL v debatě o budoucnosti Evropy. <www.kdu-csl.cz/media/tisk.asp?page=510&IDC1=11659&IDR=10155>.

[50] Stanovisko KDU-ČSL k návrhu evropské ústavní smlouvy předloženému Konventem o budoucnosti Evropy. – <www.kdu-csl.cz/media/tisk.asp?page=510&IDC1=11658&IDR=10155>.

Insgesamt akzeptiert die KDU-ČSL als nationalföderative politische Kraft eines kleinen Volkes, daß bei den Bemühungen um die „Demokratisierung" der Europäischen Union in den Repräsentationsorganen des Volkes in vorsichtigen Schritten ein europäischer demos zugrundegelegt wird, obgleich sich dies zuungunsten der Tschechen auswirkt, solange die europäische Politik im Zeichen des Nationalen steht. Auch akzeptiert sie, daß sich in den Repräsentationsorganen der Staaten in gewissem Ausmaße die asymmetrischen Größenverhältnisse zwischen den Völkern widerspiegelt. Andererseits widersetzt die KDU-ČSL sich einer übermäßigen Zentralisierung der Europäischen Union und votiert für eine klare Trennung der Kompetenzen zwischen den Staaten und der Union.

Die tschechischen Christlichsozialen setzen sich somit dafür ein, daß sich der in den 1990er Jahren zunehmend zentralisierte Staatenverbund der Europäischen Union in Richtung eines europäischen Bundesstaates mit hoher Autonomie der Gliedstaaten entwickelt. Der vom Europäischen Konvent entworfene und von den Staats- und Regierungschefs – einschließlich des christlichsozialen tschechischen Außenministers Cyril Svoboda - in veränderter Fassung im September 2004 in Rom unterzeichnete Verfassungsvertrag für die Europäische Union erfülle daher „in vielerlei Hinsicht die Forderungen der tschechischen Christdemokraten".[51]

Diese europapolitischen Ordnungskonzepte wurzeln in dem für die tschechischen Christlichsozialen konstitutiven Spannungsverhältnis zwischen ihrer Vorstellung von einer konfessionellen Einheit der katholischen Christen, die Raum schafft für ein europäisches Bürgerverständnis, und einem nationalen Programm, das bislang kein Zurück hinter die tschechische Nationalstaatlichkeit kennt.

Ebenso wie bei der Haltung zur konkreten inneren Ordnung der Europäischen Union äußert sich dieses, in der Tradition der tschechischen Christlichsozialen verankerte Spannungsverhältnis auch an den vier großen europäischen Fragen: der Kerneuropafrage und der Frage nach dem Ursprung der „Staats"-Gewalt im Inneren sowie den das Innere so stark beeinflussenden Bündnis- und Erweiterungsfragen im Äußeren.

So nimmt die nationalföderative KDU-ČSL im Gegensatz zu den auf Abgrenzung setzenden staatsnationalen Kräften eine klare aktivistische Haltung in der „Kerneuropafrage" ein:

---

[51] Ebd. Enttäuscht zeigten sich die Christlichsozialen, daß ihre Forderung nach einem Gottesverweis in der Verfassung nicht erfüllt wurde. Die KDU-ČSL maß dieser Forderung aber nie soviel Bedeutung zu, wie es die meisten polnischen Parteien taten.

> Von Beginn unserer Mitgliedschaft werden wir anstreben, daß sich die Tschechische Republik in vollem Ausmaß auch an jenen Projekten beteiligt, bei denen sich der europäische Integrationsprozeß mit verschiedenen Geschwindigkeiten entwickelt. Gewicht und Einfluß der einzelnen Mitgliedstaaten hängen wesentlich von dem Maß ihrer aktiven Solidarität und ihrer Integrationsbereitschaft ab. [. . .] Es wäre im Widerspruch zu unserer geographischen Lage, zu unserer Geschichte und unseren Traditionen, wenn wir uns mit einem Platz in einem möglichen „äußeren Kreis" der Union zufriedengeben würden. Unser Ziel ist es, ein gemeinsames Europa mitzugestalten, nicht passiv zuzuschauen.[52]

Diese aktivistische Europapolitik der Christlichsozialen äußert sich etwa darin, daß sie einen tschechischen Beitritt zur europäischen Währungsunion klar befürworten. Gleichzeitig beharrt die KDU-ČSL vehement darauf, daß der sich in Umrissen abzeichnende europäische Bundesstaat von unten aufgebaut ist und die Nationalstaaten seine konstitutiven Elemente bleiben. In den einzelnen Politiken akzeptiert sie eine Vergemeinschaftung der Entscheidungen, über die politische Ordnung als solche aber müssen die Staaten als „Herren der Verträge" verfügen:

> Wir halten es für erforderlich, daß jede Veränderung des Verfassungsvertrags nach dem traditionellen Mechanismus vollzogen wird, der eine Ratifikation durch die einzelnen nationalen Parlamente verlangt. Wir sind also nicht damit einverstanden, daß eine Modifikation der Abstimmungsverfahren in einzelnen Bereichen (Übergang von der einstimmigen Entscheidung zur qualifizierten Mehrheit) nur auf der Ebene des Europäischen Rates verhandelt wird, vor allem aufgrund der Sensibilität einiger Bereiche für die Interessen der Tschechischen Republik.[53]

Diese zentrale Forderung untermauern die Christlichsozialen durch ihre Haltung zum europäisch-amerikanischen Verhältnis. Eine enge Abstimmung zwischen der Europäischen Union und den USA sowie die Präsenz der USA

---

[52] Zahraniční politika KDU-ČSL. Verabschiedet auf dem Parteitag in Hradec Králové im September 1997. <www.kdu-csl.cz/media/tisk.asp?page=510&IDC1=11662&IDR=10155>.

[53] Stanovisko KDU-ČSL k návrhu evropské ústavní smlouvy předloženému Konventem o budoucnosti Evropy. <www.kdu-csl.cz/media/tisk.asp?page=510&IDC1=11658&IDR=10155>.

in Europa gehören - wie für alle politischen Kräfte der Tschechischen Republik mit Ausnahme der Kommunistischen Partei - auch zu den Kernforderungen der KDU-ČSL. Wenngleich sie im Gegensatz zur ODS der USA nicht die Rolle zuweisen, die europäische Integration zu verhindern, so sehen sie doch in der Einbettung der Europäischen Union in ein transatlantisches Bündnis eine nicht hintergehbare Voraussetzung dafür, daß die Territorialordnung in Europa und die bestehenden Machtverhältnisse zwischen den europäischen Staaten erhalten bleiben:

> Der europäische Kontinent [. . .] ist Teil eines breiteren Kultur- und Zivilisationskreises [. . .] zu dem auch die nordamerikanischen Staaten gehören. Die Erhaltung der transatlantischen Sicherheitskooperation, die sich in dem letzten fünfzig Jahren als effektiver Rahmen für die kollektive Verteidigung und eine sichere Entwicklung in der euroamerikanischen Region erwiesen hat, muß daher oberste Priorität genießen. Dieser Aspekt darf auch bei der Debatte über die zukünftige Gestalt der gemeinsamen Außen- und Sicherheitspolitik nicht vergessen werden, die dem Rahmen der transatlantischen Kooperation in Sicherheits- und Verteidigungsfragen nicht schaden darf.[54]

Das Zerwürfnis zwischen Deutschland und Frankreich auf der einen und den USA auf der anderen Seite, das im Vorfeld des Krieges gegen den Irak 2003 Europa zu spalten drohte, hat daher bei den Christlichsozialen einen Schock ausgelöst.[55] Im Gegensatz zur ODS aber, die sich in ihren Befürchtungen bloß bestätigt sah und die Spaltung Europas in transatlantisch orientierte „gute“ und nach Machtzuwachs strebende „schlechte“ europäische Staaten eher verbal vorantrieb, suchten die Christlichsozialen den Riß zu kitten und stehen weiter auf dem festen Boden einer Vermittlung zwischen der EU und den USA. So erklärte etwa der für die KDU-ČSL gewählte Senatsvorsitzende Petr Pithart:

> Ich beharre auf der euroatlantischen Solidarität. Ich will daher das Konzept eines „alten“ und somit auch eines „neuen“ Europa in Zweifel ziehen. Der Populismus hat nicht obsiegt, es haben sich keine populistischen Positionen durchgesetzt, wie sie der französische Präsident Chirac oder der deutsche Kanzler Schröder vertreten haben. [Die Mitteleuropäer] grenzen sich nicht gegenüber dem europäischen We-

---

[54] Zahraniční politika KDU-ČSL. Verabschiedet auf dem Parteitag in Hradec Králové im September 1997.
<www.kdu-csl.cz/media/tisk.asp?page=510&IDC1=11662&IDR=10155>.

[55] David Král, Lukáš, Pachta: Česká republika a irácká krize: Formování české pozice. Praha 2004 [= Institut pro evropskou politiku EUROPEUM].

> sten auf der einen Seite und Amerika auf der anderen Seite ab. Wir grenzen uns von den großen Staaten ab, egal wo sie liegen. Und dies nicht, weil sie groß sind, sondern deshalb, weil wir bei einigen von ihnen bis heute auf Residuen eines Großmachtgebarens stoßen.[56]

Diese Haltung nehmen die Christlichsozialen auch in der Frage der Erweiterung der Europäischen Union ein. Wie die staatsnationalen Anhänger eines lockeren europäischen Staatenbundes sind sie sich des instrumentellen Aspekts der Debatte über die Fortsetzung der Erweiterung für die innere Ordnung der Europäischen Union bewußt. Doch sind die Antworten, welche die KDU-ČSL mit ihrem nationalföderativen europapolitischen Programm auf die Erweiterungsfrage gibt, ganz andere. So sprechen sie sich im Gegensatz zur ODS gegen einen Beitritt der Türkei aus, der zweifellos die staatsnationalen Kräfte in der Europäischen Union stärken und die nationalföderativen schwächen würde.[57] Andererseits bemühen sich die Christlichsozialen mit Nachdruck um die Aufnahme der kleineren slawischen Staaten im Südosten Europas. Doch auch den ostslawischen Staaten stehen sie weitaus weniger skeptisch gegenüber als der Türkei. Die KDU-ČSL bemüht sich zwar weitaus weniger um die An- und Einbindung der Ukraine und Belarus' als viele polnische Kräfte.[58] Dennoch werden sich auch die tschechischen Christlichsozialen für eine Anbindung oder sogar Einbindung der Ukraine und Belarus' an bzw. in die Europäische Union einsetzen, statt auf einen Einklang mit der Großmacht Rußland zu spekulieren, welche die Annäherung der Ukraine an die EU argwöhnisch beobachtet:

> Wie können wir in der Mitte Europas dessen Westen beeinflussen? Zum Beispiel durch eine höhere Wachsamkeit gegenüber den Entwicklungen in den Gegenden des nahen Auslands („near abroad"): [. . .] Wir haben ein authentisches Interesse an dem Schicksal der postsowjetischen Staaten zwischen Rußland und der EU, vor allem an den Ukrainern und den Belarussen.[59]

---

[56] Petr Pithart: Evropa „stará" a „nová"? „Evropský střed". 22.4.2004. Rede in der Georgetown University, Washington. <www.pithart.cz/archiv_textu_tisk.pp?id=241>.

[57] Turecko není pro Evropu zralé. Lidiové Noviny 19.12.2002.

[58] Siehe dazu: Markus Bieniek: Polens Westintegration und Ostpolitik: Vorstellungen unterschiedlicher politischer Kräfte im Vergleich. Münster 2005.

[59] Petr Pithart: Evropa „stará" a „nová"? „Evropský střed". 22.4.2004. Rede in der Georgetown University, Washington; – <www.pithart.cz/archiv_textu_tisk.pp?id=241>.

4. Europäischer Bundesstaat und transatlantische Gemeinschaft oder euroasiatischer Staatenverbund?

Die Sozialdemokraten zwischen nationalföderativen und staatsnationalen Kräften

Das Problem unserer modernen Nation war in der Wurzel und von Beginn an ein soziales Problem[1]

Jan Patočka

Die *Česká strana sociálně demokratická* (Tschechische Sozialdemokratische Partei, ČSSD) ist die einzige sozialdemokratische Partei in Ostmitteleuropa, der es seit 1989 gelungen ist, an historische Traditionen der nationalen Arbeiterbewegungen anzuknüpfen. Sie hat sich im Laufe der 1990er Jahre im „linken“ Spektrum des tschechischen Parteiensystems neben der Kommunistischen Partei etabliert. Nach einem Scheitern bei den ersten freien Wahlen 1990, einem schwachen Ergebnis knapp über der Fünf-Prozent-Hürde 1992, das sie mit der Kommunistischen Partei in die parlamentarische Opposition verwies, wäre sie schon 1996 in der Lage gewesen, eine Koalitionsregierung mit den Christlichsozialen und den kleineren liberalen Parteien zu bilden. Erst ein Erfolg bei den Parlamentswahlen 1998 führte sie auf die Regierungsbank, allerdings nicht in einer Koalition mit den nationalföderativen Parteien. Vielmehr verständigte sich die ČSSD mit der staatsnationalen ODS, welche eine Minderheitsregierung duldete und im Gegenzug mit Unterstützung der Sozialdemokraten im Parlament sowie in anderen wichtigen staatlichen Gremien Schlüsselposten besetzen konnte. Obgleich die ČSSD und die als Wahlkoalition auftretenden kleineren Parteien bei den Wahlen 2002 insgesamt schlechter abschnitten als vier Jahre zuvor, bilden sie seit 2002 gemeinsam die Regierung.

Die Geschichte der ČSSD in diesen anderthalb Jahrzehnten war - in den unterschiedlichen Koalitionspartnern der ČSSD spiegelt es sich wieder - eine

[1] Jan Patočka: O smysl dneška. Rozmluvy. London 1987, zitiert nach: Ivan Blecha: Jan Patočka, Praha 1997, S. 148.

Geschichte der Flügelkämpfe. Geführt wurden diese zumeist unter den Etiketten „links“ und „rechts“, außenstehende Beobachter sprachen bisweilen von einem „sozialistischen“ und einem „sozialdemokratischen“ Flügel. Im Selbstverständnis der Partei und vor allem in der Fremdwahrnehmung drehte es sich in den Flügelkämpfen daher auch zumeist um die gesellschaftspolitische Frage des Verhältnisses von „Staat“ und „Markt“ und um das Verhältnis zur *Kommunistischen Partei Böhmens und Mährens*. Eine genauere Betrachtung offenbart jedoch, daß sich hinter diesen Konflikten unterschiedliche nationalpolitische Konzepte und europapolitische Ordnungsvorstellungen verbergen. Anders gesagt: Die Antworten der Sozialdemokratie zur Lösung der für sie so wichtigen sozialen Frage sind in ihren Antworten auf die nationale Frage zu suchen.

Während sich das „rechte“ Spektrum der tschechischen Politik seit Anfang der 1990er Jahre im innertschechischen „West-Ost-Konflikt“ einhellig für eine sicherheitspolitische Verankerung in der NATO aussprach, in der zweiten Hälfte der 1990er Jahre aber über der „europäischen Frage“ zerfiel in eine starke staatsnationale Partei (ODS), die sich unter dem unausgesprochenen Motto „NATO statt EU“ für einen losen europäischen Staatenbund einsetzt, und zwei kleinere nationalföderative Parteien (KDU-ČSL, *Unie Svobody*), die sich unter dem Motto „NATO und EU“ für eine Europäische Union mit bundesstaatlichen Zügen ausspricht, war die ČSSD entlang einer anderen europapolitischen Konfliktlinie gespalten. In der ersten Hälfte der 1990er Jahre focht der „linke“ Parteiflügel gegen den NATO-Beitritt der Tschechischen Republik und plädierte für ein gesamteuropäisches Sicherheitssystem, während der „rechte“ Flügel der ČSSD sich für eine doppelte Westbindung des Staates in EU und NATO aussprach. Obwohl die führenden „linken“ Kräfte an der Parteispitze die NATO-Mitgliedschaft in der zweiten Hälfte der 1990er Jahre grundsätzlich akzeptierten, bleibt dieser Konflikt virulent. Gegenüber der Europäischen Union nahm die Partei hingegen eine im Verlaufe der vergangenen Dekade scheinbar durchweg positive und sehr geschlossene Position ein, so daß die sozialdemokratische „Linke“ im Gegensatz zur „Rechten“ nicht entlang einer Konfliktlinie zwischen staatsnationalen und nationalföderativen Kräften gespalten zu sein scheint. Allerdings besteht auch in der ČSSD ein latenter europapolitischer Konflikt zwischen einer Strömung, der supranationale Integration und politische Zentralisierung im Rahmen der EU bei gleichzeitiger Erhaltung nationaler kultureller und administrativer Differenz als ein zentrales ordnungspolitisches Prinzip gilt, so daß ihre positive Haltung zur EU recht krisenresistent ist, und einer Strömung, die in der EU einen Zweckverband von Nationalstaaten sieht, den sie solange

unterstützt, solange er die Staatssouveränität der Tschechischen Republik stärkt und kurzfristigen ökonomischen Interessen dienlich ist.
Dieser Konflikt der tschechischen „Linken“ zwischen staatsnationalen und nationalföderativen Kräften reicht zurück in die Frühphase der tschechischen Arbeiterbewegung, die in ihren Anfängen ein nationalföderatives Programm vertrat, sich jedoch noch vor der Abspaltung eines kommunistischen Flügels mit einem tschechoslowakisch-staatsnationalen Programm in den frühen 1920er Jahren mit der Abspaltung eines tschechisch-staatsnationalen sozialistischen Flügels Ende des 19. Jahrhunderts konfrontiert gesehen hatte. Diese beiden Traditionen, die nationalföderative und die staatsnationale, prägen bis heute die seit 1989 – unter Ausschluß der Kommunisten - wiedervereinte tschechische „Linke“. Die europapolitischen Ordnungsvorstellungen der ČSSD sind nur vor dem Hintergrund dieser nationalpolitischen Traditionen zu verstehen.

4.1 Nationalföderative und staatsnationale Traditionen der tschechischen Arbeiterbewegung

Am Anfang der tschechischen Arbeiterbewegung stand der Gedanke, daß der Weg zur Lösung der sozialen Frage über die Lösung der nationalen Frage führe, daß nur die Kooperation von tschechischen und deutschen Arbeitern den ersehnten Fortschritt bringe, daß Gewaltmittel eines nationalen Staatsapparates hingegen die soziale Situation der tschechischen wie der deutschen Arbeiter nur verschlimmern könne. Die Geschichte der tschechischen Sozialdemokratie im 20. Jahrhundert ist eine Geschichte der Zerstörung dieser Idee. Erst seit 1989 erfährt sie eine vorsichtige Wiederbelebung.
Was die deutschen Austromarxisten Ende des 19. Jahrhunderts in der Theorie formulierten[2], hatten die tschechischen Sozialdemokraten, die sich 1878 zur *Českoslovanská sociálně demokratická strana dělnická* (Tschechoslawische sozialdemokratische Arbeiterpartei) formierten, bereits in der Praxis verwirk-

---

[2] Synopticus (Karl Renner): Staat und Nation. Zur österreichischen Nationalitätenfrage . Staatsrechtliche Untersuchungen über die möglichen Principien einer Lösung und die juristischen Voraussetzungen eines Nationalitätengesetzes. Wien 1899. – Rudolf Springer (Karl Renner): Der Kampf der österreichischen Nationen um den Staat. Wien 1902; - Otto Bauer: Die Nationalitätenfrage und die Sozialdemokratie. Wien 1907. Überblickend, insbesondere die Bedeutung Karl Kautskys berücksichtigend: Raimund Löw: Der Zerfall der „Kleinen Internationale“. Nationalitätenkonflikte in der Arbeiterbewegung des alten Österreich 1889-1914. Wien 1984.

licht. Als erste nationale Kraft der Arbeiterbewegung im Habsburgerreich gründete die tschechische Sozialdemokratie, die sich zuvor der gesamtösterreichischen Sozialdemokratie angeschlossen hatte, 1891 eine Organisation für alle tschechischen Arbeiter der cisleithanischen Reichshälfte. Sie gab damit das von den tschechischen bürgerlichen Kräften zu dieser Zeit mit Nachdruck geforderte territorial-staatsrechtliche Prinzip auf, das diese mit unterschiedlicher Radikalität vertraten - von der Forderungen nach einem Bundesstaat „Böhmen und Mähren“ in einer Österreichischen Föderation bis zur Schaffung eines souveränen tschechischen Staates. Diesen Forderungen stellten die Sozialdemokraten ein personal-autonomistisches Prinzip entgegen. Sie reduzierten die nationalen Ansprüche auf tschechische Vorherrschaft im gemischtnationalen Böhmen und Mähren und forderten als Kompensation eine rechtliche – vor allem sprachrechtliche - Gleichstellung aller tschechischen Arbeiter in ganz Österreich, die von den gesamtstaatlichen Institutionen garantiert werden sollte.[3] Obwohl der Mehrheitsflügel der deutschen Sozialdemokratie in Österreich sich skeptisch zeigte, beschloß die gesamtösterreichische Sozialdemokratie auf dem Brünner Parteitag 1899, das auf die Staatsordnung zielende personalautonomistische Prinzip zur Lösung der nationalen Frage zunächst innerparteilich umzusetzen und die Föderalisierung der Partei nach dem nationalen Prinzip zu akzeptieren.

Diese nationalföderative Idee als Prinzip der inneren Parteiorganisation und der äußeren Staatsordnung geriet jedoch in der tschechischen Arbeiterbewegung von zwei Seiten unter Druck. Zum einen sah ein anationaler Flügel der Arbeiterbewegung, der auch unter den Tschechen Anhänger hatte, in der nationalen Föderalisierung ein Hindernis für seine revolutionären Ziele und beharrte auf einer zentralistischen gesamtösterreichischen Partei. Zum anderen spaltete sich 1897 mit der Gründung der *Česká strana národně sociální* (Tschechische national-soziale Partei, ČSNS) ein Flügel von den tschechischen Sozialdemokraten ab, der – programmatisch bereits im Namen - der inter-nationalen Sozialdemokratie einen nationalen Sozialismus entgegenstellte.

Diese Spaltung überwand die tschechische Arbeiterbewegung auch nach der Gründung der Tschechoslowakei nicht mehr. Aus dem anational-zentralistischen Flügel ging die nun nicht mehr auf das untergegangene Österreich, sondern auf den neuen Staat bezogene Kommunistische Partei hervor, die *Česká národně sociální strana* wandelte sich in die zwischen

---

[3] Jan Křen: Die Konfliktgemeinschaft. Tschechen und Deutsche 1780-1918. München ^{2}2000, S. 195ff, S. 246ff. Eine wichtige Rolle spielte für diese nationalpolitischen Vorstellungen das Anliegen, sich für die zahlreichen tschechischen Arbeiter in Wien einzusetzen.

tschechoslowakisch-staatsnationalem und tschechisch-slowakisch-deutsch-nationalföderativem Prinzip schwankende *Československá národně socialistická strana* (Tschechoslowakische national-sozialistische Partei) Edvard Benešs.[4] Auch die *Českoslovanská sociálně demokratická strana dělnická*, die sich noch auf dem letzten Vorkriegsparteitag, dem 11. Parteitag im Dezember 1913 in Prag, für die Erhaltung Österreich-Ungarns als gemeinsamem Staat in seinen bestehenden Grenzen ausgesprochen hatte, der alleine das tschechische Volk schützen könne,[5] gab ihr gesamtösterreichisches Konzept rasch auf, erkennbar in der Umbenennung von *Tschechoslawischer* zu *Tschechoslowakischer sozialdemokratischer Arbeiterpartei* (*Československá sociálně demokratická strana dělnická*).

Doch blieb dieser Teil der tschechischen Arbeiterbewegung den nationalföderativen Traditionen treu, was sich in der engen Kooperation mit den deutschen Sozialdemokraten in der Tschechoslowakei seit Mitte der 1920er Jahre äußerte, die in einem Grundlagenvertrag über die Vereinigung der Gewerkschaftsorganisationen der tschechischen Sozialdemokraten und der *Deutschen Sozialdemokratischen Arbeiterpartei in der Tschechoslowakei* (DSAP) 1925 sowie Verhandlungen über eine Vereinigung der Parteien gipfelte. Als die Deutschen in der Tschechoslowakei nach dem Aufstieg des Nationalsozialismus im Deutschen Reich ihre nationalpolitischen Ansprüche immer lauter zu erheben begannen und der Nationalitätenkonflikt in der Tschechoslowakei sich verschärfte, waren es die tschechischen und deutschen Sozialdemokraten, die bis zur Zerschlagung des Staates auf Selbstbeschränkung und Kooperation setzten, um die Tschechoslowakei vor dem inneren Zerfall und der Aufteilung von außen zu bewahren.

Die Geschichte der Zerstörung dieser Tradition der tschechischen Sozialdemokratie ist kaum besser zu verstehen als am exemplarischen und tragischen Lebenslauf des tschechischen Sozialdemokraten Jaromír Nečas.[6] 1888 im mährischen Nové Město geboren, erfuhr Nečas seine politische Sozialisation vor dem Ausbruch des Ersten Weltkriegs, dem eigentlichen Beginn des 20. Jahrhunderts, das in Europa ein Jahrhundert der Kriege der totalisierenden Großstaaten

---

4 Exemplarisch am Namen zu erkennen: In der aufgeladenen Phase nach der Gründung der Tschechoslowakei überwog das staatsnationale Prinzip, die Partei nannte sich *Československá strana socialistická.* Auf die Entspannung des Nationalitätenkonflikts reagierte die Partei 1926 mit der Umbenennung in *Československá strana národně socialistická.*

5 Ladislav Cabada: Intelektualové a idea komunismus v českých zemích 1900-1939. Praha 2000, S. 18.

6 In Kürze: Kdo je kdo v našich dějinach ve 20. století. Praha 1994; - Josef Tomeš et al. (Hg.): Český biografický slovník XX. století. II. díl. Praha 1999.

und der spiegelbildlich auf sie reagierenden Kleinstaaten war. Im Habsburger Galizien, der später rumänischen Bukowina und der später tschechoslowakischen Podkarpatská Rus versuchte er als Bauingenieur, den revolutionären Losungen mit konkreter gesellschaftlicher „Kleinarbeit" zur Verbesserung der sozialen Situation zu begegnen. Noch bevor er Berater Masaryks wurde (1920-1924), hatte er 1918 und 1919 zwei Aufrufe zur Kooperation zwischen den Tschechen und der ukrainischen Nationalbewegung geschrieben. Der erste trug den symbolischen Titel die „Ukrainische Frage" und begann das erste Kapitel mit den wahren Worten der Überschrift „Neznáme se", „Wir kennen uns nicht".[7] Als die Bol'ševiki unter revolutionärem sozialen Vorzeichen die staatsnationale Kontinuität des Zarenreiches mit Zuckerbrot und Peitsche, mit nationalföderativen Versprechungen und militärischer Gewalt, so weit als möglich bewahrt und die Ukraine wieder in den nun sowjetischen Staat eingegliedert hatten, schrieb Nečas ein Plädoyer für die Rusinen in der Podkarpatská Rus, der Karpatho-Ukraine, die dem tschechoslowakischen Staat aus der Restmasse des Habsburgerreiches zugefallen war.[8]
Als Abgeordneter der tschechoslowakischen Nationalversammlung und Mitglied der tschechischen Sektion der Coudenhove-Kallergischen Paneuropa-Bewegung hat Nečas ein Manifest über die Vereinigten Staaten Europas geschrieben.[9] Als Minister für Soziale Fürsorge und Vertreter der Tschechoslowakei bei der Internationalen Arbeitsorganisation (ILO) in Genf (1935-1938) leistete er wieder gesellschaftliche „Kleinarbeit", bis zum Schluß, bis die deutschen Nationalsozialisten die Tschechoslowakei zerstörten. Er harrte in der „Rest-Tschechei" aus, wo er nach der Auflösung der sozialdemokratischen Partei im Dezember 1938 einer der wichtigsten Vertreter ihrer Nachfolgeorganisation war, der nun nicht mehr ohne das Attribut „národní" auskommenden *Národní strane práce* (Nationale Partei der Arbeit). Nachdem die Nationalsozialisten auch den letzten Rest von Autonomie vernichtet und das Reichsprotektorat Böhmen und Mähren errichtet hatten, ging er in den sozialdemokratischen Widerstand. 1940 begab er sich dann ins britische Exil und schloß sich dort Edvard Beneš an. Er wurde dessen Kontaktmann zum Führer der sudetendeutschen Sozialdemokraten, Wenzel

[7] Jaromír Nečas: Ukrajinská otázka. Brno 1918; - Jaromír Nečas: Upřímně slovo o stycích česko-ukrajinských. Sbírka informačních a časových pojednání o ukrajinské otázce. Kyjiv-Praha 1919.

[8] Jaromír Nečas: Politická situace na Podkarpatské Rusi. Praha 1997 [Brno 1921].

[9] Spojené státy evropské. Praha 1926. Hinweise zu Nečas' Tätigkeit in der Paneuropäischen Bewegung bei Dagmar Moravcová: Československo, Německo a Evropská hnutí 1929-1932. Praha 2001.

Jaksch. Als der sudetendeutsch-nationalsozialistische Staatssekretär beim Reichsprotektor, Karl Hermann Frank, im Dezember 1943 einen Bericht an die Exilregierung schicken ließ, in dem er mitteilte, was mit den seit September 1942 als Geiseln genommenen Familien der Exilpolitiker geschehen war, hieß es von den meisten, daß sie in Lager- oder Gefängnishaft seien. Nečas' Frau und Tochter aber waren in Auschwitz ermordet worden.[10] Nečas zog sich daraufhin aus der Politik zurück, Benešs Verhandlungen mit Jaksch scheiterten. Die Folge dieses Scheiterns nach 1945, die Flucht, Vertreibung und Aussiedlung der Deutschen aus der Tschechoslowakei, hat Nečas nicht mehr erlebt. Er starb im Januar 1945 im walisischen Marston Mawr.

Nicht alle tschechischen Sozialdemokraten zahlten für ihre Überzeugung einen derart hohen Preis. Doch war der Gedanke, daß die Kooperation von Tschechen und Deutschen in Mitteleuropa die Voraussetzung zur Lösung der sozialen Frage sei, so diskreditiert, daß die tschechische Sozialdemokratische Partei nach 1945 nur noch ein Schattendasein fristete. Ein Teil der ehemaligen Sozialdemokraten schloß sich den Parteien an, die auf eine nationale und soziale Revolution setzten, Benešs *Československá strana národně-socialistická* oder der noch radikaleren Kommunistischen Partei. Andere gingen spätestens nach der erzwungenen Verschmelzung der Sozialdemokratischen Partei mit der Kommunistischen Partei und der Installierung der Alleinherrschaft der KSČ 1948 ins Exil. Während Benešs National-Sozialisten als Blockpartei unter dem Namen *Československá socialistická strana* (Tschechoslowakische Sozialistische Partei, ČSS) in die Nationale Front gepreßt wurden, hielten die an die Traditionen der Sozialdemokraten aus der ersten Hälfte des Jahrhunderts anknüpfenden Exilanten die Parteitraditionen im nichtkommunistischen Ausland am Leben.

Die Versuche, von dort gemeinsam mit den im Land verbliebenen Sozialdemokraten und Überläufern aus der ČSS wie der KSČ im kurzen Tauwetter des Jahres 1968 die Sozialdemokratische Partei als vereinigte nichtkommunistische Linke wiederzubeleben, wurden schon nach wenigen Monaten von den sowjetischen Truppen niedergewalzt. Dennoch löste die Episode des Prager Frühlings einen Konflikt aus, der die Entwicklung der ČSSD in den frühen 1990er Jahren prägen sollte. Sie brachte eine zweite Welle sozialdemokratischer Emigranten in den Westen, die sich dort zwar der Exil-ČSSD anschlossen, deren politische Vorstellungen sich in den zwanzig Jahren zwischen 1948 und 1968

---

[10] Hinweise zu Nečas' Rolle bei den Verhandlungen in London bei Detlef Brandes: Der Weg zur Vertreibung. Pläne und Entscheidungen zum „Transfer" der Deutschen aus der Tschechoslowakei und Polen. München 2001. Der Bericht Franks in Ausschnitten S. 185.

und im Angesicht der Panzer in Prag verändert hatten. Die Emigranten der ersten Welle, deren politische Primärsozialisation in die Zeit des Zweiten Weltkriegs gefallen war, die erste politische Erfahrung in der von der Abgrenzung gegenüber dem Westen und der Annäherung an die Sowjetunion geprägten Nachkriegszeit gesammelt und die gewaltsame Beendigung des Prager Frühling nicht selbst erlebt hatten, glaubten auch nach 1968 an eine Versöhnung der tschechoslowakischen Linken: an einen innertschechoslowakischen Wandel durch Annäherung. Radomír Luža etwa erarbeitete eine Theorie des historischen Kompromisses mit den Kommunisten.[11] Die Emigranten der zweiten Welle hatten hingegen nach der gewaltsamen Niederschlagung der Reformansätze und der Wiedererrichtung der kommunistischen Diktatur jede Hoffnung auf eine auch die Kommunisten umfassende vereinigte Linke aufgegeben.

Dieser Konflikt war vor allem – wenn auch unterschwellig – von der Auseinandersetzung über die zentrale nationalpolitische Frage geprägt, die während der politischen Liberalisierung 1968 vorsichtig diskutiert und 1989 dann die tschechische Politik wie kein anderes Thema bestimmen sollte. Beiden gemeinsam war, daß ihnen der Erhalt der Tschechoslowakei auch nach der fundamentalen Veränderung der Nationalitätenverhältnisse durch Flucht und Vertreibung der Deutschen als *der* nationalpolitische Imperativ galt. Durchaus unterschiedlich waren allerdings die Vorstellungen, wie dies zu erreichen sei und wie sich dieser Imperativ mit der Forderung nach mehr Demokratie vertragen würde. Die Exilanten der ersten Welle hielten zumeist an dem tschechoslowakisch-staatsnationalen Programm fest und sahen eine Demokratisierung der Tschechoslowakei als Voraussetzung für ihre Föderalisierung. Präziser ausgedrückt: Mehr Autonomierechte sollten den Slowaken nur zugestanden werden, wenn der Erhalt der Tschechoslowakei staatsrechtlich durch die Vorrangigkeit des Bundesstaates vor den Gliedstaaten und politisch durch eine „demokratische" Mehrheitsherrschaft der Tschechen gewährleistet sein würde. Die Exilanten der zweiten Welle hingegen hatten spätestens aus den Ereignissen im August 1968 den Schluß gezogen, daß eine Demokratisierung der Tschechoslowakei vor allem ihre Föderalisierung bedeuten müsse, da nur eine Lösung des tschechisch-slowakischen Konflikts in einem gemeinsamen Staat es erlauben würde, auf die polizieistaatliche – und im Notfall von der Sowjetunion gewährleistete militärische - Bestandsgarantie der Tschechoslowakei zu verzichten.

---

[11] Siehe dazu Karel Hrubý (Hg.): Léta mimo domov. K historii Československé sociální demokracie v exilu. Praha 1996.

Dieser Konflikt brach 1978 offen aus, als die Führungsgruppe der ersten Emigrationswelle um die in den USA lebenden Jiří Horák und Radomír Luža sowie der erst 1968 emigrierte Přemysl Janýr aus der Exil-ČSSD ausgeschlossen wurden.[12] Diese wurden nun von den Emigranten des Jahres 1968 um den Vorsitzenden Karel Hrubý und den Herausgeber der traditionsreichen sozialdemokratischen Zeitung *Právo Lidu*, Jiří Loewy, dominiert, die nach Kräften gegen eine „Normalisierung" der West-Ost-Beziehungen arbeiteten, von der sie fürchteten, sie führe zu einer Koexistenz zweier „Lager" in Europa, die das nationalpolitische Konglomerat aus tschechoslowakisch-staatsnationalem Programm, kommunistischer Gesellschaftsordnung, autoritärer Staatsordnung und auf die einseitige Anlehnung an die Sowjetunion zielender Europapolitik in der Tschechoslowakei stabilisiert und die Spaltung Europas perpetuiert hätte.[13] Mit dem XXII. Parteitag der Sozialdemokraten, dem ersten seit der Verschmelzung mit der KSČ 1948, den die offizielle Führung der Exilpartei am 21. August 1983 zum 15. Jahrestag der Niederschlagung des Prager Frühlings nach Zürich einberief, signalisierten sie ihren endgültigen Bruch mit der KSČ.

Der nationalpolitische Konflikt, den die Sozialdemokraten im Exil austrugen, spaltete – wie sich spätestens seit der gesellschaftlichen Öffnung Ende der 1980er Jahre zeigt - auch den kleinen Kreis derjenigen, die sich der sozialdemokratischen Wurzeln bewußt blieben, aber die Tschechoslowakei nach 1968 nicht verlassen hatten. Nachdem der Umbruch des Jahres 1989 die Wiederbelebung der Sozialdemokratischen Partei in der Tschechoslowakei möglich gemacht hatte, entspann sich aus ihr ein nationalpolitischer Richtungskampf. Die offizielle Parteiführung im Exil um Karel Hrubý hielt die Verbindung in die Tschechoslowakei über den Dissidenten Rudolf Battěk, den die Exil-ČSSD als Ehrenmitglied symbolisch in ihr Zentralkomitee aufgenommen hatte. Der Flügel um Janýr und Horák hingegen setzte auf eine Gruppe um Slavomír Klaban, die sich nach 1968 mit der erneut installierten

[12] Am Beispiel Janýrs zeigt sich, daß die Unterteilung in ungebrochen reformkommunistische Exilanten der ersten Welle und enttäuschte Exilanten der zweiten Welle nicht schematisch zu betrachten ist. Janýr hatte als Mitglied der ČSSD 1948 die Verschmelzung mit der KSČ durchgemacht, wurde dann als „antisozialistisches Element" zu Zwangsarbeit verurteilt, ging aber erst 1968 ins Exil, wo er ungeachtet der Erfahrung mit dem kommunistischen Regime an einer vorsichtigen Veränderung der nationalpolitischen Grundlagen des Tschechoslowakei arbeitete.

[13] Historiographische Untersuchungen über die Kontakte der tschechischen Exil-Sozialdemokraten zur SPD, die Etappen der Auseinandersetzung mit der Brandtschen Ostpolitik und deren Einfluß auf das europapolitische Denken der tschechischen Sozialdemokraten sind meines Wissens ein Desiderat.

Alleinherrschaft der KSČ arrangiert hatte. Während der nationalföderative Flügel um Hrubý und Battěk auf eine strenge Abgrenzung zu allen ehemaligen Kommunisten - einschließlich der Reformkommunisten des Jahres 1968 - setzte, versuchte der gemäßigt tschechoslowakisch-staatsnationale Flügel um Horák, Janýr und Klaban durch die Öffnung gegenüber dieser Gruppe, die gesellschaftliche Basis der wiedererstehenden ČSSD zu verbreitern. Mit diesem Konzept konnte sie sich in der Partei durchsetzen, so daß Horák 1990 zum Vorsitzenden der wiederbegründeten ČSSD gewählt wurde.
Es erwies sich jedoch, daß die sozialdemokratische Tradition in der Gewaltexplosion Mitte des 20. Jahrhunderts und den vierzig Jahren kommunistischer Alleinherrschaft so weit zerstört worden war, daß auch dieser Flügel nur eine sehr kleine gesellschaftliche Basis hatte. Bei den Wahlen zu den beiden Kammern der Föderalversammlung sowie zum Tschechischen Nationalrat 1990 scheiterte die ČSSD unter Horák an der Fünf-Prozent-Hürde und konnte in keines der drei parlamentarischen Vertretungsorgane einziehen.
Daraus zog die Führungsgruppe der ČSSD den Schluß, daß die tschechischen Interessen stärker zu akzentuieren seien, was eine Verschärfung des tschechoslowakisch-staatsnationalen Programms bedeutete. So begann Horák, die ČSSD weiter für Reformkommunisten des Jahres 1968 zu öffnen. Die Partei nahm Mitglieder der Ende der 1980er entstandenen neoreformkommunistischen Bewegung *Obroda* auf, etwa den späteren Innenminister Václav Grulich, der bis zur Unterdrückung der liberalen Strömungen Anfang der 1970er Mitglied der KSČ gewesen war, oder den späteren Vorsitzenden des Haushaltsausschusses des tschechischen Abgeordnetenhauses, Jozef Wagner, der 1968 zur Führungsspitze des *Komunistický svaz mládeže* (Kommunistischer Jugendbund) gehört hatte. Zudem öffnete sich die ČSSD für ehemalige KSČ-Mitglieder, die sich 1989 dem *Občanský Forum* (Bürgerforum) angeschlossen hatten, und nahm etwa den langjährigen Leiter des Prognoseinstituts der Akademie der Wissenschaften (Prognostický Ústav Československé akademie věd, PU ČSAV), Valtr Komárek, auf, der noch für die KSČ in die Föderalversammlung gewählt worden war. Wagner und Komárek gründeten daraufhin mit Ivan Fišera und Zdeněk Jičinský in der Föderalversammlung die Fraktion *Sociálnědemokratická orientace* (Sozialdemokratische Richtung, SDO), womit die ČSSD nach dem Scheitern bei den Wahlen doch noch eine parlamentarische Vertretung erlangte.
Im Zuge dieser Öffnung knüpften Přemysl Janýr und Jozef Wagner auch Kontakte zu dem späteren Parteivorsitzenden und Ministerpräsidenten Miloš Zeman, der wie so viele andere Politiker, welche die Tschechische Republik in den 1990er Jahren prägten, bis 1989 in dem von Komárek geleiteten Pro-

gnoseinstitut der Akademie der Wissenschaften gearbeitet hatte. Zudem verhandelte die ČSSD mit den kleineren Linksparteien, dem *Levý blok* (Linker Block, LB) und der *Demokratická strana prace* (Demokratische Partei der Arbeit, DSP), die von jenen Reformern in der Kommunistischen Partei gegründet worden waren, die die KSČ Anfang der 1990er Jahre verlassen hatten, als sich zeigte, daß dort der konservative Flügel eine kaum zu brechende Machtposition hatte. Gleichzeitig schloß die Parteiführung der ČSSD unter Horák jene Mitglieder aus der Partei aus, die sich wie etwa der ebenfalls für das *Bürgerforum* gewählte Rudolf Battěk dieser Öffnung wiedersetzten.[14]
Auf der anderen Seite berief sich der nationalföderative Flügel der ČSSD jedoch explizit auf die sozialdemokratischen Traditionen der Vorkriegszeit.[15] Zur Symbolfigur für die Verjüngung der Partei und das Anknüpfen an die alte ČSSD wurde die zur stellvertretenden Vorsitzenden gewählte Petra Buzková, die später den Vorsitz der Prager Sektion der ČSSD übernahm und zur stellvertretenden Vorsitzenden des tschechischen Abgeordnetenhauses aufstieg. Buzková ist die Urenkelin von František Modráček, einem exponierten tschechischen Vertreter des Austromarxismus, der sich von 1907-1918 im Österreichischen Reichsrat für eine Selbstverwaltung der Arbeiter, für Klassen- und Völkersolidarität in einer föderalen Ordnung anstelle von Klassenkampf und einer Ignorierung der nationalen Frage eingesetzte und in der ersten Hälfte der 1920er Jahre gegen eine Bolschewisierung der tschechischen Sozialdemokratie gekämpft hatte.[16]

---

14 Alexandr Mitrofanov: Za fasádou lidového domů. Česká sociální demokracie 1989-1998. Praha 1998. Mitrofanov gibt sich als Anhänger der staatsnationalen „Linken" zu erkennen. Seine nützliche Faktensammlung geht aber über eine Interpretation von Politik als Kampf zwischen starken Männern kaum hinaus.

15 Der staatsnationale Flügel hingegen distanziert sich von der nationalföderativen Politik der tschechischen Sozialdemokraten vor dem Untergang des Habsburgerreichs. Die Haltung zur nationalen Frage sei „eine der grundlegenden Schwächen der tschechischen (und gesamtösterreichischen) Sozialdemokratie in Österreich-Ungarn" gewesen. Das austromarxistische Konzept der nationalkulturellen Autonomie habe direkt oder indirekt den Zusammenhang zwischen der Nation (národ) und dem nationalen Territorium (národní území) und die Verbindung der Begriffe Volk (národ) und Heimat (vlast)" vernachlässigt. Josef Tomeš: Průkopníci a pokračovatelé. Osobností v dějinách české sociálnídemokracie 1878-2003. Praha 2004. In Ausschnitten als Beitrag zur Programmdiskussion der ČSSD aus dem Jahre 2005: Josef Tomeš, Jiří Malínský: Z historie české sociální demokracie. Doplněk khistorické části programu ČSSD. <www.cssd.cz/soubory/422010/stru%E8d%Ecj%E8ssd.doc>.

16 Zu Modráček: Český biografický slovník XX. století. II. dil. Herausgegeben von Josef Tomeš et al., Praha, Lytomyšl 1999.

4.2 Die gesamteuropäischen Ordnungsvorstellungen der ČSSD: Ein dritter Weg zwischen West und Ost?

Der Versuch der ČSSD, durch eine Öffnung der Partei gegenüber ehemaligen kommunistischen und reformkommunistischen Politikern ihre gesellschaftliche Basis zu verbreitern, blieb zunächst ohne großen Erfolg. Die ODS konnte sich mit ihrem nach Westen weisenden tschechisch-staatsnationalen Programm zur entscheidenden politischen Kraft der frühen 1990er Jahre aufschwingen und die KSČM absorbierte mit ihrem nach Osten weisenden tschechoslowakisch-staatsnationalen Programm über das Wendejahr 1989 hinaus einen relevanten Anteil der Wähler im linken Spektrum der tschechischen Gesellschaft. Die ČSSD hingegen suchte, nicht zuletzt aufgrund ihrer inneren Zerrissenheit, einen nationalpolitischen Mittelweg, einen Weg der Kooperation der ostmitteleuropäischen Staaten, der in der polarisierten tschechischen Gesellschaft weder in seiner tschechisch-slowakischen noch seiner europäischen Dimension auf Verständnis stieß.

Während die im *Bürgerforum* versammelten Kräfte 1990 unter der vieldeutigen Formel „Zurück nach Europa“ zusammenfanden, die sowohl für die Interpretation des Mehrheitsflügels der ODS unter Václav Klaus (Wiedereingliederung der Tschechischen Republik in ein Europa souveräner Nationalstaaten) als auch für die nationalföderativen Vorstellungen der Christlichsozialen offen war, trat die ČSSD bei den Wahlen 1990 mit der Losung „S námi do sjednocené Evropy“ an.[17] Auch diese Formel war doppeldeutig. Auf der einen Seite sprach die Partei damit zwar explizit von einem „vereinten Europa“ und schien damit konkreter zu sein als die „rechten“ Kräfte, deren Leitsatz lediglich von einer „Rückkehr nach Europa“ sprach. Auf der anderen Seite aber ließ die ČSSD offen, ob sie die Vereinigung Europas bereits im Westen des Kontinents verwirklicht sah, das Ziel ihrer Europapolitik also in einer Eingliederung der Tschechischen Republik in ein bereits bestehendes vereintes Europa erblickte, oder ob sie von einer in der Zukunft zu erreichenden Vereinigung sprach. Wollte die Partei die Tschechische Republik in *ein* vereintes Europa führen oder in *das* vereinte Europa? Und was konkret bedeutete Vereinigung?

Zu einem Lackmustest für das nationalpolitische Programm sollte in diesen Jahren die Haltung zur Zukunft des tschechoslowakischen Staates werden. Auch in dieser Frage zeigte sich die ČSSD jedoch gespalten und suchte nach verschiedenen Wegen. Machte die ODS die sofortige Entstehung eines „west-

---

[17] Volební program československé sociální demokracie: „S námi do sjednocené Evropy“. Praha 1990.

lichen Standardstaats" - eines homogenen Nationalstaats ohne nationalpolitische Konflikte – zum obersten Ziel ihrer Politik, was angesichts der nationalen Aspirationen der Slowaken auf eine Auflösung der Tschechoslowakei hinauslief, so setzten die beiden dominanten Strömungen der ČSSD auf eine Erhaltung der Tschechoslowakei als wichtigstes nationalpolitisches Ziel. Lediglich eine kleine Minderheit, die von dem ehemaligen Vorgesetzten des ODS-Vorsitzenden Klaus im Prognoseinstitut der ČSAV, Valtr Komárek, sowie dem den nordböhmischen Flügel der ČSSD repräsentierenden Josef Žanda[18] angeführt wurde, schloß sich der Haltung der ODS an, nach der die Föderation entweder „funktionstüchtig" – also zentralistisch – sein müsse, oder rasch und geräuschlos entlang der historischen staatsrechtlichen Sollbruchlinie geteilt werden müsse, bevor eine tschechisch-slowakische Auseinandersetzung internationale - vor allem deutsche - Vermittler auf den Plan rufen würde, die nicht nur die tschecho-slowakische Staatsordnung, sondern die gesamte Territorialordnung des Staates in Frage stellen könnten. Žanda und Komárek stimmten dementsprechend in der Föderalversammlung mit der ODS, die ein Referendum über den Erhalt des Staates ablehnte.[19]
Doch auch die beiden anderen Flügel der ČSSD, die sich nicht nur pro forma gegen die Teilung des Staates aussprachen, sondern ein Referendum über die Zukunft des gemeinsamen Staates forderten und eine größere Bereitschaft signalisierten, den slowakischen Forderungen nach einer gleichberechtigten, von unten aufgebauten Föderation entgegenzukommen, verbanden mit dieser Politik unterschiedliche nationalpolitische Ziele. Auf der einen Seite standen jene neuen Mitglieder der ČSSD, die der ökonomischen Transformation, die durch die Loslösung des von der ODS dominierten tschechischen Landesteils von der Slowakei eine Beschleunigung erfahren sollte, skeptisch gegenüberstanden und vor allem den NATO-Beitritt als sicherheitspolitische Garantie der territorialen Integrität des Staates ablehnten. Diese Strömung spielte jedoch im Jahr 1992 noch keine bedeutende Rolle in der ČSSD. Auf der anderen Seite stand der zu dieser Zeit dominante nationalföderative Flügel um die alte Generation der ehemaligen sozialdemokratischen Emigration und die junge Generation um Petra Buzková, welche die Einführung der Marktwirtschaft begrüßte und in einer engen mitteleuropäischen Zusammenarbeit – für

[18] Dessen vor allem im ehemals deutsch besiedelten Nordböhmen verankerte Anhängerschaft wurden in der ersten Hälfte der 1990er Jahre als „rakovnický proud" (Rakovníker Strömung) bezeichnet. Sie ging später in den staatsnationalen Flügel unter Miloš Zeman ein.

[19] Alexandr Mitrofanov: Za fasádou lidového domů. Česká Sociální demokracie 1989-1998. Praha 1998.

die der Erhalt der tschechoslowakischen Föderation der Testfall darstellte - eine Voraussetzung für die Integration beider Völker und des gemeinsamen Staates in eine europäische Völker- und Staatengemeinschaft sah. Argumentierte die ODS mit der Funktionsfähigkeit des tschechoslowakischen Staaten gegen einen „slowakischen Nationalismus", so bekannte sich der nationalföderative Flügel zur tschechischen Nation und zu tschechischen Interessen, womit er überhaupt erst die slowakische Nation anerkannte und deren Interessen als legitim und mit einem gemeinsamen tschechisch-slowakischen Staat vereinbar begreifen konnte.

Schon 1990 hatte die Partei bei ihrer Wiederbegründung unter dem Namen *Československá sociální demokracie* Wert darauf gelegt, daß die Majuskel in der Abkürzung Č*S*SD anstelle der seit der Gründung der Tschechoslowakei gängigen Kleinschreibung Č*s*, die für das tschechoslowakisch-staatsnationale Programm stand, „die staatsrechtliche Ordnung der Republik und die Stellung der Slowakei in ihr zum Ausdruck bringen" solle.[20] Als zwei Jahre später die Zukunft des gemeinsamen Staats der Tschechen und Slowaken auf der politischen Tagesordnung stand, erklärte die ČSSD entsprechend in ihrem Programm für die Wahlen des Jahres 1992:

> Der moderne tschechoslowakische Staat entstand aus dem freien Willen der *Tschechen und Slowaken* in einem gemeinsamen Verband zu leben. Das ist ein Erbe, mit dem wir heute nicht leichtfertig umgehen dürfen. Das wechselseitige Verhältnis der *beiden Völker* war eine der bestimmenden Faktoren für die Stabilität des tschechoslowakischen Staates *und seine demokratische Gestalt*; Der *Zerfall der Föderation erhöht die Gefahr der politischen Totalisierung in beiden Landesteilen.* In der gegenwärtigen Krise müssen ein Höchstmaß an Toleranz aufgebracht und bei den Verhandlungen die *historischen Besonderheiten beider Länder*, ihre unterschiedlichen ökonomischen Probleme sowie die anderen Positionen der politischen Parteien und die dementsprechend anderen politischen Interessen berücksichtigt werden. [. . .] Die Verhandlungen sollten [. . .] auf die *inhaltliche Seite* der Föderation konzentriert werden.[21]

---

[20] Usnesení XXIV. sjezdu ČSSD ze dne 24. až 25. 3. 1990. <www.cssd.cz/vismo/dokumenty2.asp?u=422010&id_org=422010&id=310113&p1=4981&p2=&p3=>

[21] Československá sociální demokracie. Volební program 1992, S. 6. Hervorhebung von mir.

Somit machte die ČSSD nicht nur die Anerkennung der beiden Völker und ihrer Interessen zur Grundlage der staatsrechtlichen Ordnung der Tschechoslowakei. Deutlich zeigt sich vor allem, daß der Demokratiebegriff des nationalföderativen Flügels der ČSSD jenem der ODS fundamental entgegenstand. Erklärte die staatsnationale „Rechte" das individualistische „Bürgerprinzip" – das de facto auf eine Mehrheitsherrschaft der Tschechen hinausgelaufen wäre - zur Essenz einer demokratischen Ordnung, so stand für die ČSSD das „Verhältnis der beiden Völker" im Zentrum ihrer demokratiepraktischen Überlegungen. Entsprechend erblickte sie auch in den einander zuwiderlaufenden tschechischen und slowakischen Interessen keinen Hemmschuh für die gesellschaftliche Umgestaltung, sondern ein mäßigendes Element, das der „politischen Totalisierung" durch die dominanten Kräfte in beiden Landesteilen – der tschechisch-staatsnationalen ODS und der slowakisch-staatsnationalen HZDS unter Vladimír Mečiar – entgegenstand. Schließlich zielten auch die Ordnungsvorstellungen zur Lösung des tschechisch-slowakischen Konflikts in eine andere Richtung als jene der ODS. Konzentrierten sich die staatsnationalen Kräfte in den Verhandlungen auf die Machtverhältnisse auf der Ebene des Gesamtstaats, so suchte der nationalföderative Mehrheitsflügel der ČSSD die Lösung auf der „inhaltlichen Seite", zielte also auf starke Autonomierechte, was der Entfaltung der „historischen Besonderheiten beider Länder" soviel Raum geben sollte, daß eine Teilung des Staates vermieden werden könnte.

Dieses nationalföderative Programm für die innere Ordnung der Tschechoslowakei spiegelt sich in den ordnungspolitischen Vorstellungen, welche die ČSSD 1992 für die Verankerung des Staates in Europa entwickelte. Setzten die tschechisch-staatsnationalen Kräfte der ODS auf eine einseitige und radikale Westpolitik, die eine militärische Absicherung der territorialen Integrität durch die USA gewährleisten sollte, so sprach die ČSSD davon, daß die

> Stabilität des tschechoslowakischen Staates nicht nur von innenpolitischen Faktoren, sondern auch von der außenpolitischen Position des Staates [abhänge]. Diese wird durch eine *gute Außenpolitik und kaum durch militärische Stärke* bestimmt. [. . .] Ebenso wie die *sozialdemokratischen Regierungen der meisten westeuropäischen Länder* werden wir unsere Außenpolitik auf das in Zukunft *vereinte Europa* richten - *im Namen des Wohlstands, der Solidarität, der Teilhabe, der sozialen Ausrichtung und der gesunden Umwelt für alle.* [. . .] In diesem Sinne ist es notwendig, aktiv mit der BRD zu kooperieren – natürlich bei *voller Gleichberechtigung* – zudem aber

> auch mit den *einzelnen Bundesländern der Nachbarstaaten*. Gleichzeitig ist es aber notwendig, unsere wirksame Eingliederung in das *europäische und atlantische Sicherheitssystem* zu gewährleisten und einen Raum für die *ökonomische und militärische Kooperation mit den Nachbarn im Osten* zu schaffen.[22]

Dieses Rahmenprogramm aus dem Jahr 1992 skizziert das Spannungsverhältnis, in dem sich die europapolitischen Ordnungsvorstellungen der ČSSD bis heute bewegen. Auf der einen Seite setzte die ČSSD der Fixierung der staatsnationalen „Rechten" auf die militärische Absicherung durch die NATO-Mitgliedschaft ein Konzept der kollektiven Sicherheit entgegen. Auf der anderen Seite wollte auch die ČSSD sich nicht alleine auf eine „gute Außenpolitik" verlassen und strebte nicht Neutralität, sondern die Teilhabe am „europäischen und atlantischen Sicherheitssystem" an. Damit deutete sie – in aller Vorsicht – bereits die Möglichkeit einer NATO-Mitgliedschaft an, wollte diese jedoch im gleichen Atemzug und ebenso zurückhaltend durch eine „militärische Kooperation mit den Nachbarn im Osten" ergänzt sehen, hinter denen sich das zu dieser Zeit im offiziellen Diskurs so unpopuläre Rußland verbarg. Die ČSSD erkannte die Bedeutung der Kooperation mit Deutschland als zentralem europäischen Akteur an, verwies jedoch gleichzeitig darauf, daß diese Kooperation nicht zu einer Hegemonialstellung Deutschlands führen dürfe, sondern auf dem Prinzip der „vollen Gleichberechtigung" beruhen müsse. Sowohl die doppelte sicherheitspolitische Orientierung nach West und Ost als auch die von Vertrauen und Mißtrauen geprägte Deutschlandpolitik fanden ihre Synthese in einem eindeutigen Bekenntnis zu einem „vereinten Europa" – einem zu dieser Zeit durchaus uneindeutigen Begriff.

Schon 1992 zeichnete sich ab, daß die ČSSD wie keine andere tschechische Partei wirtschaftlich und vor allem auch sicherheitspolitisch einen „dritten Weg" zu beschreiten suchte. Dieser sollte die Polarisierung des Ost-West-Konflikts, der in Mitteleuropa eine Verlängerung der tschechisch-deutschen Polarisierung gewesen war, aufheben und durch eine bilaterale Kooperation mit Deutschland ersetzen. Gleichzeitig sollte die Einbindung Deutschlands in die NATO garantieren, daß das große Nachbarland keine hegemonialen Ambitionen in Ostmitteleuropa entwickeln würde. Dieses Ziel stand aber mit der nicht allzu laut geäußerten Absicht, die Hegemonialstellung der USA durch ein starkes „vereintes Europa" zu schwächen, in potentiellem Widerspruch.

---

[22] Volební program československé sociální demokracie. Praha 1992, S. 7. Hervorhebung von mir.

Neben der Einbindung Deutschlands in die NATO stand daher die Vorstellung einer Eindämmung Deutschlands durch Rußland. Zudem sollte die tschechisch-deutsche Asymmetrie gemildert werden, in dem sie durch eine wirtschaftliche Kooperation mit den osteuropäischen Staaten – insbesondere mit Rußland - ergänzt werden würde. Ein solches Projekt barg jedoch die Gefahr einer deutsch-russischen Verständigung über tschechische Köpfe hinweg, was wiederum die USA unersetzbar machte.
Wenngleich die ČSSD sich von dem reformkommunistischen Begriff des „dritten Weges" explizit distanzierte,[23] so wird doch deutlich, daß ihr nationalpolitisches Programm sowohl in seiner inneren als auch in seiner äußeren Dimension auf eine Vermittlung zwischen den staatsnationalen Programmen von ODS und KSČM zielte. Die ČSSD setzte weder auf die „Gründung" der Tschechischen Republik als souveränen „westlichen Standardstaat", noch auf die Erhaltung der europapolitisch nach Osten ausgerichteten „normalisierten" Tschechoslowakei. Mit diesem nationalpolitischen Programm, das auch die unterschiedlichen Ordnungsvorstellungen in der Partei zum Ausgleich brachte, hatte sie jedoch wie schon 1990, so auch bei den Wahlen 1992, die beide in der tschechischen Gesellschaft als grundsätzliche nationalpolitische Richtungsentscheidung aufgefaßt wurden, keinen Erfolg. Mit schwachen Ergebnissen bei den Wahlen zur tschechoslowakischen Volkskammer (7,7 Prozent), zur tschechoslowakischen Nationenkammer (6,8 Prozent) und zum tschechischen Nationalrat (6,5 Prozent) blieb sie 1992 deutlich hinter der Kommunistischen Partei zurück, die doppelt so viele Wählerstimmen erhielt, sowie vor allem hinter der ODS, die mit 30 Prozent als stärkste Kraft aus den Wahlen hervorging. Damit zeigte sich in aller Deutlichkeit, wie stark die bipolare Alternative des Ost-West-Konflikts die tschechische Gesellschaft im Jahr 1992 noch prägte.
Als dann die tschechisch-staatsnationale ODS gemeinsam mit der slowakisch-staatsnationalen HZDS 1992 in wenigen Monaten den gemeinsamen Staat der Tschechen und Slowaken abwickelte, ohne daß die ČSSD dem außer Mißfallensbekundungen viel entgegenzusetzen gehabt hätte, schien der nationalpolitische Mittelweg, der eine mitteleuropäische Kooperation mit

[23] „Der Reformkommunismus war lediglich der Versuch einer kosmetischen Berichtigung, dessen Begrenztheit aber unter den gegebenen historischen Bedingungen nicht von Beginn an zu erkennen war. Dennoch darf man ihn nicht für einen Weg zu einer vollwertigen Demokratie betrachten. [. . .] Wie lehnen daher das Argument ab, daß der ‚Prager Frühling' lediglich aufgrund des ungünstigen internationalen Klimas gescheitert ist, dessen Ausdruck die sowjetische Intervention im August war." Klíčová Slova k programu Československé sociální demokracie. Praha 1992, S. 12.

einer sicherheitspolitschen Verankerung in Ost und West zu verknüpfen suchte, in Trümmern zu liegen. Der Staat, auf den sich dieses Programm bezogen hatte, war aufgelöst. Darüber hinaus war bereits ein Jahr zuvor die Sowjetunion zusammengebrochen und Rußland durchlebte eine tiefe politische, ökonomische und soziale Krise. Aber auch der gesamte ostmitteleuropäische und südosteuropäische Raum war von nationalen Konflikten und wirtschaftlichem Niedergang geprägt, so daß sich die Vorstellung von einer wie auch immer gearteten Kooperationsgemeinschaft in diesem Raum als mittelfristig unrealisierbar darstellte. Zudem war die ČSSD ja soeben mit einem solchen nationalpolitischen Konzept für die Tschechoslowakei bei den Wahlen gescheitert.

All dies gab den Anstoß für ein nationalpolitisches Revirement in der ČSSD, das seinen Anfang auf dem XXVI. Parteitag der tschechischen Sozialdemokraten in Hradec Králové im Februar 1993 nahm. Die entscheidende Komponente dieses Revirements war die rasche Akzeptanz der Tschechischen Republik, die sich symbolisch in der Änderung des Parteinamens äußerte. Die Partei behielt zwar das Akroynm ČSSD bei, benannte sich aber in *Česká strana sociálně demokratická* (Tschechische Sozialdemokratische Partei) um und erkannte damit im Gegensatz zur KSČM den Zerfall der Tschechoslowakei symbolisch an.[24] Gleichzeitig betonten die Sozialdemokraten mit dieser Selbstbezeichnung ihre nationalföderativen Traditionen. So nimmt der Parteiname nicht auf den Staat Tschechische Republik Bezug, sondern auf einen nationalen Sozialverband, der sich als tschechischer Teil einer internationalen Sozialdemokratie sieht, während die ODS sich als (Staats-)Bürgerpartei – bzw. Staats(bürger)partei - und die KSČM als Staatspartei eines nicht mehr bestehenden Staates sahen.

Gleichzeitig änderten sich jedoch auf dem Parteitag die innerparteilichen Kräfteverhältnisse. Mit Miloš Zeman wurde ein Mann an die Spitze der Partei gewählt, der bis 1989 der kommunistischen Funktionselite angehört hatte und ebenso wie der Führer der staatsnationalen Rechten, Václav Klaus, im Prognoseinstitut der Akademie der Wissenschaften gearbeitet hatte. Die größte Schwächung erlitt auf diesem Parteitag jener mehrheitlich von ehemaligen Mitgliedern der Kommunistischen Partei gestellte Flügel der ČSSD, der sich zwar mit den nach dem Umbruch 1989 entstandenen innenpolitischen Kräfteverhältnissen abgefunden hatte, dessen nationalpolitisches Programm allerdings auf eine Stabilisierung der europapolitischen Konstellation der frühen 1990er

[24] Zur Verweigerung der symbolischen Anerkennung der Tschechischen Republik im Parteinamen der KSČM siehe S. 188.

Jahre zielte. Der Zusammenbruch der Sowjetunion und die Auflösung der Tschechoslowakei hatten dem nationalpolitischen Programm dieses in den Jahren 1991-1993 von Jozef Wagner angeführten Flügels die Basis entzogen. Doch auch der von Jiří Horák und Petra Buzková repräsentierte nationalföderative Flügel, dessen europapolitischen Ordnungsvorstellungen jenen der Christlichsozialen nahestanden und der daher wie die KDU-ČSL in der ersten Hälfte der 1990er Jahre die zumindest rhetorisch verfolgte doppelte Westintegrationspolitik der Regierung Klaus im wesentlichen befürwortete, erlitt auf dem Parteitag in Hradec Králové eine Schwächung. Horák verzichtete bereits vor dem Parteitag auf eine weitere Kandidatur auf das Amt des Parteivorsitzenden und der von diesem Flügel unterstützte Pavel Novák mußte sich mit dem Posten eines stellvertretenden Vorsitzenden begnügen.[25] Horák zog sich daraufhin aus der operativen Politik zurück und einige Vertreter dieses Flügels verließen die ČSSD, nachdem Zeman den Vorsitz übernommen hatte.[26] Dennoch blieb diese Strömung in der ČSSD mit vier der fünf an Zemans Seite gewählten stellvertretenden Vorsitzenden präsent: Neben Buzková und Novák waren dies Jaromír Kuča sowie der damals in der ČSSD für tschechisch-deutsche und tschechisch-österreichische Regionalkooperation in Westböhmen zuständige Petr Morávek.[27] Vor allem aber gelang es diesem Flügel in den folgenden Jahren, aus der bei den Wahlen 1992 gescheiterten *Občanské hnutí* (Bürgerbewegung, später umbenannt in: *Svobodné demokraté,* Freie Demokraten) von Jiří Dienstbier eine Reihe wichtiger Politiker zum Eintritt in die ČSSD zu bewegen, etwa den Unterzeichner der *Charta 77* Ladislav Lis, die ehemalige Ministerin für Regierungskontrolle Květoslava Kořínková, den ehemaligen Arbeits- und Sozialminister Petr Miller, sowie insbesondere Pavel Rychetský und Lubomír Zaorálek, die als Justizminister

---

[25] Protokol XXVI sjezdu ČSSD. Siehe auch Alexandr Mitrofanov: Za fasádou lidového domů. Česká Sociální demokracie 1989-1998. Praha 1998, S. 72.

[26] Etwa Ivan Fišera, der 1997 Zeman heftig angriff, weil dieser den NATO-Beitritt der Tschechischen Republik nicht eindeutig befürwortete. Alexandr Mitrofanov: Za fasádou lidového domů. Česká Sociální demokracie 1989-1998. Praha 1998, S. 48.

[27] Zudem wurden fünf Vertreter der Exilpartei der ersten Emigrationswelle in das ZK der ČSSD aufgenommen und der Ausschluß von Battěk rückgängig gemacht. Battěk kehrte jedoch nicht in die ČSSD zurück und die zurückgekehrten Emigranten verloren rasch an Einfluß. Die Emigranten der ersten Welle arbeiteten hingegen im gesellschaftlichen Umfeld der ČSSD weiter. Janýr gründete etwa 1993 die *Společnost Willyho Brandta a Bruna Kreiského* (Willy-Brandt-und-Bruno-Kreisky-Gesellschaft) und die Zeitschrift *Trend.*

(Rychetský)[28] bzw. als Vorsitzender des Auswärtigen Ausschusses (1998-2002) und des Abgeordnetenhauses (Zaorálek, seit 2002) so wichtig für die sozialdemokratische Europapolitik werden sollten.
Als dominante Kraft in der tschechischen Sozialdemokratie konnte sich aber der zwischen diesen beiden Strömungen vermittelnde Flügel unter dem neuen Vorsitzenden Miloš Zeman etablieren, der in Hradec Králové mit 217 von 407 Delegiertenstimmen zum Vorsitzenden der Partei gewählt wurde, nachdem die *Jungen Sozialdemokraten*, die unter der Führung des späteren sozialdemokratischen Ministerpräsidenten der Tschechischen Republik, Stanislav Gross, zunächst den Kandidaten des nationalföderativen Flügels Novák unterstützt hatten, im Laufe des Parteitags umgeschwenkt waren.[29]
Mit dem Sieg Zemans war noch nicht über die nationalpolitische Ausrichtung der ČSSD in den kommenden Jahren entschieden, doch zeichnete sich mit der auf dem Parteitag im Februar 1993 beschlossenen Positionierung der ČSSD im tschechischen Parteienspektrum eine Vorentscheidung ab. Das Zentralexekutivkomitee der Sozialdemokraten hatte bereits zwei Monate zuvor Wahlkoalitionen und jegliche andere Form der Kooperation mit der KSČM, ihren möglichen Nachfolgeorganisationen, den kleinen neoreformkommunistischen und postkommunistischen Splitterparteien *Levý Blok* (Linker Block) und *Strana demokratické levice* (Partei der demokratischen Linken), die sich von der KSČM abgespalten hatten, sowie selbstredend mit der orthodoxkommunistischen *Strana československých komunistů* (Partei der tschechoslowakischen Kommunisten) in einer Resolution ausgeschlossen, die der Parteitag in Hradec Králové bestätigte:

> Die ČSSD lehnt den *linken wie den rechten Extremismus* ab. Unsere Erfahrung mit vierzig Jahren kommunistischer Herrschaft führen uns zu der Entscheidung, nicht mit der Kommunistischen Partei Böhmens und Mährens (bzw. ihren Nachfolgeorganisationen) zusammenzuarbeiten und mit dieser Partei in keinerlei Koalition zu einzutreten. Unsere Erfahrung mit der Arroganz der Macht, die sich vor allem bei der ODS zeigt, und die Unvereinbarkeit des Programms dieser Partei mit unserem Programm führt uns zu der Entscheidung, eine Opposition

---

[28] Rychetský, der bereits als stellvertretender Justizminister für die Ausarbeitung der tschechischen Verfassung verantwortlich gewesen war, zeichnete als Justizminister verantwortlich für die Öffnung der tschechischen Verfassung für das europäische Recht.

[29] Alexandr Mitrofanov: Za fasádou lidového domů. Česká Sociální demokracie 1989-1998. Praha 1998.

> gegenüber dem rechten Neokonservatismus zu bilden, und uns daher auch einer solchen Kooperation zu verweigern, die zu einem *Gesichtsverlust* und zur Öffnung eines Raums im linken Teil des politischen Spektrums für die Kommunistische Partei führen könnte.[30]

Vor dem Hintergrund der aufgezeigten nationalpolitischen Aufladung der zentralen gesellschaftspolitischen Begriffe wird deutlich, daß die Formel vom „linken und rechten Extremismus", von denen sich die ČSSD abgrenzen wollte, sich nicht in erster Linie auf die Alternativen Markt oder Staat bezog, sondern vor allem auf die europapolitischen Ordnungsvorstellungen. Die ČSSD versuchte somit ungeachtet der Auflösung der Tschechoslowakei auch die Tschechische Republik auf einen dritten Weg zwischen West und Ost zu bringen.
Diese dem europapolitischen Programm der Partei eingeschriebene Ordnungsvorstellung beruhte jedoch keineswegs auf einem innerparteilichen Konsens, sondern vielmehr auf einem zu dieser Zeit noch durchaus brüchigen Kompromiß. Ob dieser Kompromiß stabil war, sollte sich erst zeigen, als Zeman in den folgenden Jahren versuchte, die ČSSD zur einzigen relevanten tschechischen Linkspartei zu machen. Dazu öffnete er die ČSSD für erfahrene und einflußreiche Überläufer aus den kleinen Linksparteien und der KSČM.[31] Zu diesen zählten etwa Michal Kraus, der bis 1991 der KSČ ange-

---

[30] Usnesení XXVII sjezdu ČSSD, in: Protokol XXVII sjezdu ČSSD, S. 170. <www.cssd.cz/vismo/dokumenty2.asp?u=422010&id_org=422010&id=310334&p1=4981&p2=&p3=>. Hervorhebung von mir. Am gleichen Wochenende Mitte Dezember, an dem das Zentralexekutivkomitee der ČSSD tagte, unterlagen auf dem II. Parteitag der KSČM auch die Anhänger einer Öffnung gegenüber der ČSSD. Siehe dazu S. 186.

[31] Zu diesem Zwecke trieb Zeman die Gründung eines „Realistischen Blocks" (Realistický blok) voran, einer Wahlkoalition zwischen der ČSSD und der *Liberálněsociální Unie* (Liberal-Soziale Union, LSU) unter František Trnka, der mährischen Autonomiebewegung *Hnutí za samosprávnou demokracii – Společnost pro Moravu a Slezsko* (Bewegung für Demokratie durch Selbstverwaltung – Gesellschaft für Mähren und Schlesien, HSD-SMS) unter Jan Kryčer, der *Křesťanskosociální unie* (Christlichsoziale Union), der *Demokratická strana práce* (Demokratische Partei der Arbeit, DSP) unter Petr Wurm sowie der ehemaligen Blockpartei ČSS unter Pavel Hirš, die seit 1993 auch im Namen wieder an Benešs National-Sozialisten anknüpfte und sich in *Liberální strana národněsociální* (Liberale National-Soziale Partei) umbenannte. Die Führung des als Schattenkabinett ausgegebenen *Realistický blok* übernahm Václav Grulich, als Schattenaußenminister fungierte der ehemalige Botschafter der kommunistischen Tschechoslowakei in Italien, Jiří Holub (ČSS), der durch eine starke germanophobe Rhetorik auf sich aufmerksam machte. Nachdem die HSD-SMS den Beitritt zu dem Block rasch verweigert hatte,

hörte, sowie der ehemalige Prager Parteifunktionär der KSČM Miroslav Šlouf, den Zeman später als Parlamentsvorsitzender zum Leiter seiner Kanzlei und als Ministerpräsident zum Leiter des Úřad vlády (dem deutschen Kanzleramt entsprechend) machte.[32] Diese Personalpolitik schwächte den nationalföderativen Flügel in der ČSSD und wurde entsprechend von Petra Buzková und ihren Anhängern heftig bekämpft.

Die entscheidende politische Frage, um die sich diese Auseinandersetzung drehte, war dann auch das nationalpolitische Programm, mit dem die ČSSD gegen die ODS auf der einen Seite und die KSČM auf der anderen Seite nach der Teilung der Tschechoslowakei antreten sollte. Während die ODS mit ihrem „rechten" tschechisch-staatsnationalen Programm, das nach „Westen" wies, und die KSČM mit ihrem „kommunistischen" tschechoslowakisch-staatsnationalen Programm, das weiter nach „Osten" gerichtet war, ihre Position bereits gefunden und diese bei den Wahlen bestätigt gesehen hatten, war das nationalpolitische Programm der ČSSD ungeachtet ihrer symbolischen Anerkennung der Tschechischen Republik noch heftig umstritten. Die Frage, die sich der ČSSD stellte, war keine geringere als die, ob eine „linke" Partei in der tschechischen Gesellschaft, in der seit Ende der 1920er Jahre „links" mit „Osten" verknüpft war, ein nach „Westen" gerichtetes Programm vertreten konnte, ohne dabei ihren „linken" Charakter zu verlieren und mithin keine Alternative zur „rechten" ODS mehr darzustellen. In dieser innerparteilichen Auseinandersetzung sollte sich erweisen, ob der sozialpolitische Ost-West-Gegensatz, der die tschechische Gesellschaft über 60 Jahre geprägt hatte und der sich für die Sozialdemokraten in der kommunistischen Stigmatisierung als „Sozialfaschisten" konkretisiert hatte, überwunden werden konnte.

Ungeachtet des Parteitagsbeschlusses, in dem sich die ČSSD von der KSČM distanzierte, deutete zunächst vieles daraufhin, daß die ČSSD der gesellschaftlichen Polarisierung erliegen würde. Nach seinem Aufstieg an die Parteispitze begann Zeman die Parole „Jít vládě po krku" (Der Regierung an die Gurgel gehen) zu propagieren. Mit diesem der Sprache der Kommunisten des Jahres 1948 entnommenen Kampfaufruf wollte der neue Parteichef die ČSSD

---

scheiterte dieser nach wenigen Monaten mit dem Austritt der LSU, ohne daß viele Mitglieder der kleinen Parteien in die ČSSD übertraten. Der mit seinem Reformprogramm in der Kommunistischen Partei gescheiterte ehemalige Parteichef der KSČM (1990-1993) Jiří Svoboda etwa trat der ČSSD 1995 bei, verließ diese jedoch nach kurzer Zeit wieder. Alexandr Mitrofanov: Za fasádou lidového domů. Česká Sociální demokracie 1989-1998. Praha 1998, S. 83-85.

[32] Alexandr Mitrofanov: Za fasádou lidového domů. Česká Sociální demokracie 1989-1998. Praha 1998, S. 21.

in eine Fundamentalopposition zur ODS bringen, und der KSČM mit einem inhaltlich sehr ähnlichen Programm das Wasser abgraben. Was sich hier abzeichnete war ein tschechisch-staatsnationales Programm, das zwar die Auflösung der Tschechoslowakei als Gegebenheit hinnahm, sich jedoch sowohl der einseitigen sicherheitspolitischen Anlehnung an die USA mittels eines NATO-Beitritts verschloß, wie es die staatsnationale „Rechte" verfocht, als auch einer Kombination aus einem bilateralen tschechisch-deutschem Ausgleich und einer multilateralen europäischen und transatlantischen Einbindung beider Staaten, wie es die nationalföderativen Kräfte verfolgten. Ein solches Programm hätte eine stark auf Rußland orientierte Europapolitik impliziert, die jener Politik sehr nahe gekommen wäre, welche die slowakische *Hnutie za demokratické Slovensko* unter dem Ministerpräsidenten Vladimír Mečiar verfolgte.[33] So unwahrscheinlich eine solche tschechische europapolitische Option aus der Rückschau und mit Blick auf das asymmetrische militärische und ökonomische Kräfteverhältnis zwischen der EU und der NATO auf der einen Seite und Rußland auf der anderen Seite erscheinen mag, so zeigt doch der Seitenblick auf die Slowakei, daß diese Möglichkeit durchaus gegeben war.

Dieser Perspektive widersetzte sich jedoch die nationalföderative Strömung in der ČSSD nach Kräften. In der für die Zukunft der Sozialdemokraten und der Tschechischen Republik entscheidenden Phase der Jahre 1993-1994 präsentierte der an die Parteitraditionen anknüpfende nationalföderative Flügel 1994 ein Strategiekonzept mit dem Titel „Pragmatický posun aneb k volební a politické strategii ČSSD" (Pragmatische Verschiebung oder zu Politik und Wahlstrategie der ČSSD), das der Soziologe Oto Novotný erarbeitetet hatte. Das Papier Novotnýs, der zu dieser Zeit als persönlicher Berater des Parteichefs Zeman agierte, zielte darauf, die bisherige konstruktive Oppositionspolitik der ČSSD fortzusetzen, die von der ODS-geführten Regierung vertretene europapolitische Grundlinie der Westintegration beizubehalten, deren Gewichtung und konkrete Ausführung – Priorität des NATO-Beitritts, von ersten kritischen Tönen begleitetes, lediglich verbales Bekenntnis zum EU-Beitritt – jedoch zu kritisieren. So hieß es in dem Papier, die ČSSD solle „wie eine klassische Sozialdemokrati-

[33] Siehe dazu Alexander Duleba: Slepý pragmatizmus slovenskej východnej politiky: Aktuálna agenda slovensko-ruských bilaterálnych vzťahov. Bratislava 1996 [= Výskumné centrum Slovenskej spoločnosti pre zahraničnú politiku: Študie k mezinárodním otázkam 1/1996]; - ders.: Nerovné partnerstvo – Rusko a Slovensko, in: Mezinárodní vztahy 4/1997, S. 25-33; - ders.: Slovenská zahraniční politika – bilancia šiestich rokov a perspektivy zmeny, in: Mezinárodní vztahy 1/1999, S. 36-54.

sche Partei im Westen“ auftreten, die Orientierung auf die NATO nicht aufgeben und lediglich selektive Kritik an der Regierung üben für

> ihre immer wieder geäußerten Vorbehalte gegenüber der Erfüllung aller Kriterien für einen EU-Beitritt (etwa die Weigerung der derzeitigen Regierung, die Sozialcharta der EU zu ratifizieren), für ihren kaum verschleierten Thatcher-Euroskeptizismus, der eine Folge der Angst vor einem allzu ‚sozialisierten Europa' ist.[34]

Zudem solle die ČSSD von der Regierung verlangen, daß sie

> die Forderung, daß die westeuropäischen Regierungen der Sicherheit der postkommunistischen Länder Mitteleuropas größere Aufmerksamkeit widmen und sich in dieser Frage nicht vor allem von den Großmachtinteressen der gegenwärtigen russischen Regierung beeinflussen lassen, mit mehr Konsequenz vertritt.[35]

Damit waren die entscheidenden Programmpunkte formuliert, welche die Europapolitik der ČSSD in den folgenden Jahren prägen sollten: Die ČSSD sollte sich nicht von der ODS absetzen, in dem sie den EU-Beitritt wie die KSČM ablehnte, sondern in dem sie ihn vielmehr eindeutig befürwortete. Darüber hinaus sollte die Mitgliedschaft in der EU nicht als nationalpolitische Bedrohung, sondern vor allem als sozialpolitische Chance verstanden werden. In der Außen- und Sicherheitspolitik sollte die ČSSD nicht wie die KSČM Rußland als Garanten von Sicherheit, sondern als Großmacht verstehen, deren Interessen in Ostmitteleuropa als illegitim zu betrachten seien. Im Gegensatz zu den Vorstellungen der ODS sollte sich das sicherheitspolitische Konzept der ČSSD jedoch nicht alleine auf die USA stützen, sondern vielmehr sollten die westeuropäischen Staaten von dieser Problemwahrnehmung überzeugt werden. Der innerparteiliche Gegensatz zwischen jenen Kräften, die sich nationalpolitisch eher gen „Osten“ orientierten, und Kräften, die sich

---

[34] Pragmatický posun aneb k volební a politické strategii ČSSD (diskusní materiál). Internes Dokument der ČSSD. S. 43. Mareš weist zu Recht darauf hin, daß es sich hier um eine Verwechselung von EG und Europarat handeln muß. Gemeint sein kann nur Ratifizierung der Europäischen Sozialcharta des Europarats, in den die Tschechische Republik im Juni 1993 aufgenommen wurde. Miroslav Mareš: Česká republika, in: Břetislav Dančák, Miroslav Mareš (Hg.): Zahraniční politika politických stran v České republice, Maďarsku, Polsku a na Slovensku. Brno 2000, S. 12-39, hier S. 22.

[35] Pragmatický posun aneb k volební a politické strategii ČSSD (diskusní materiál). Internes Dokument der ČSSD. S. 43-44.

nach „Westen“ orientierten, hob sich damit in einer von beiden Strömungen geteilten Orientierung auf die Europäische Union auf.

Während dieses innerparteilich vor allem von Petra Buzková, Ivan Fišera, Petr Kučera und Karel Machovec unterstützte Programm weitgehend den Vorstellungen entsprach, die der nationalföderative Flügel der ČSSD schon lange gehegt hatte[36], forderte es den staatsnationalen Flügel unter Miloš Zeman dazu auf, das Ansinnen auf eine nationalpolitische Fundamentalopposition gegen die ODS aufzugeben und die von Novotný angedeutete „pragmatische Verschiebung“ zu vollziehen.[37] Bei dieser Verschiebung ging es um nicht weniger, als einen Abschied der tschechischen Linken von dem nach Osten weisenden tschechoslowakisch-staatsnationalen Programm.

Der entscheidende Schritt der ČSSD betraf ihre Vorstellungen zur sicherheitspolitischen Abstützung des auf eine integrierte und erweiterte EU fokussierten und von der Visegrád-Kooperation ergänzten west-ostmitteleuropäischen Ordnungskonzepts: In den Jahren 1994-1995 gab die ČSSD ihren Widerstand gegen einen Beitritt der Tschechischen Republik zur NATO auf und trat im Jahr 1996 erstmals mit der von Novotný bereits in dem Strategiepapier „Pragmatický posun ...“ aus dem Jahr 1994 geforderten Zustimmung zu einer NATO-Mitgliedschaft zu Parlamentswahlen an.[38] Diese von einer Programmkonferenz der ČSSD im Januar 1996 beschlossene Entscheidung wurde keineswegs von der ganzen Partei geteilt und beruhte auf ganz unterschiedlichen Interpretationen der Funktion des NATO-Beitritts.

Für den in der nationalföderativen Tradition der tschechischen Sozialdemokraten stehenden, von der zurückgekehrten Emigration wiederbelebten und um einige wichtige Politiker aus dem friedlichen Widerstand gegen die kommunistische Macht- und Gedankenherrschaft bereicherten Flügel bedeu-

---

[36] Zu Fišera siehe Vladimír Mlynář: Čěkání na Godesberg, in Respekt 7/1993, S. 3. -

[37] Mareš und ihm folgend Hudalla interpretieren Novotnýs Papier hingegen als „Verwestlichung“ der ČSSD. Insofern sich die europapolitischen Vorstellungen der Partei in dieser Zeit konkretisierten und sie nun offen von dem Ziel eines NATO- und EU-Beitritts sprach, ist dies richtig. Diese Deutung ist jedoch sicherheitspolitisch verengt und entspricht jedoch nicht der Entwicklungsrichtung der Partei in den Jahren 1990-1994, die eher als Phase eines – erfolgreichen – Abwehrkampfs der nationalföderativen Kräfte gedeutet werden muß. – Miroslav Mareš (Hg.): Zahraniční politika politických stran v České republice, Maďarsku, Polsku a na Slovensku. Brno 2000, S. 12-39, hier S. 22; – Anneke Hudalla: Außenpolitik in Zeiten der Transformation: Die Europapolitik der Tschechischen Republik 1993-2001. Münster, Hamburg, London 2003, S. 126.

[38] Lidskost proti sobectví. Volební program České strany sociálně demokratické. Praha 1996.

tete dieser Schritt, daß er sich endgültig von der Vorstellung eines blockfreien Europa verabschiedete, in dem sich Westeuropa und Ostmitteleuropa nach dem Rückzug der Supermächte USA und Sowjetunion zusammenfinden. An die Stelle dieses Konzepts trat die Vorstellung, daß einer Eskalation des deutsch-tschechischen Konflikts, der eine innergesellschaftliche Polarisierung in der Tschechischen Republik und mit großer Wahrscheinlichkeit auch eine erneute Verschärfung des Ost-West-Konflikts nach sich ziehen würde, am wirksamsten durch eine sicherheitspolitische Verankerung des gesamten europäischen Staatensystems in einem Sicherheitssystem zu verhindern sei, das von einer handlungsfähigen Hegemonialmacht geführt wird. Außer Frage stand für diesen Flügel, daß dies nur die NATO und die USA sein konnten. Der nationalföderative Flügel der ČSSD vollzog damit jene Konkretisierung und Anpassung seines europapolitischen Konzepts, die sich bereits 1994 in dem Novotný-Papier angedeutet und die Václav Havel und die KDU-ČSL bereits im Laufe des Jahres 1991 bewerkstelligt hatten.

Die gleiche Grunddiagnose hatte der staatsnationale Flügel der ČSSD unter Miloš Zeman schon längst gestellt. Doch um die USA als Hegemonialmacht eines europäischen Sicherheitssystems anzuerkennen, mußte dieser Parteiflügel viel weiter umdenken, stand er doch in der Tradition der National-Sozialistischen Partei Edvard Benešs, die sich auf die Sowjetunion orientiert hatte. Die Vertreter dieses Flügels, die sich größtenteils aus parteilosen Funktionseliten der kommunistischen Zeit rekrutierten, waren einem Denken verpflichtet, das nach dem Rückzug der USA aus Europa 1918, der Zuspitzung des tschechisch-sudetendeutschen Konflikts in den 1930er Jahren und dem Versagen des europäischen Bündnissystems der Tschechoslowakei 1938 zunehmend auf die Sowjetunion als Bündnispartner gesetzt hatte. Zudem stellte die Zustimmung zur Eingliederung der Tschechischen Republik in den euroatlantischen Raum für den staatsnationalen Flügel, der im Unterschied zum nationalföderativ-sozialdemokratischen Flügel der ČSSD eher staatssozialistischen Vorstellungen anhing, in gesellschaftspolitischer Hinsicht eine größere Herausforderung dar, mußte er doch fürchten, daß dieses europapolitische Programm mit einer Einengung des innergesellschaftlichen Handlungsspielraums einhergehen würde.

Dies legt den Schluß nahe, daß die Bereitschaft zur Anerkennung der NATO auf einem gewachsenen Vertrauen in die bilaterale Regelung des tschechisch-deutschen Konflikts und in das europäische Staatensystem beruhte. Tatsächlich aber verhielt es sich wohl genau umgekehrt. Es war vielmehr das anhaltende Mißtrauen in das europäische Staatensystem sowie die Schwäche des traditionellen Bündnispartners Rußland Mitte der 1990er Jahre, die den Zeman-Flügel dazu brachten, eine sicherheitspolitische Absicherung der Tschechischen Republik nun in einer Eingliederung in die NATO zu suchen. Während die Aufgabe der Vorstellung eines blockfreien Europas durch den nationalföderativen Flügel als Annäherung an die europapolitischen Vorstellungen der KDU-ČSL sowie Havels zu verstehen ist, muß der Schritt von einem auf Rußland als Sicherheitsanker beruhenden Konzept zur Anerkennung eines von der USA dominierten Systems daher als Annäherung an das Konzept der ODS interpretiert werden: Den Strategiewechsel, den Klaus schon 1990 vollzogen hatte, nahm nun auch sein ehemaliger Kollege aus dem Prognoseinstitut Zeman vor.

Freilich vertraten Zeman und seine Gefolgsleute diesen Strategiewechsel nicht mit jener rhetorischen Radikalität, wie dies die ODS seit Anfang der 1990er Jahre tat. Wollte diese in den 1990er Jahren einem vor allem von Deutschland vorangetriebenen kooperativen Internationalismus der europäischen Völker unter dem Dach einer staatsähnliche Züge annehmenden EU begegnen, in dem sie einseitig auf die USA als Garanten eines Systems souveräner Nationalstaaten setzte, gab der Zeman-Flügel der ČSSD die Einbeziehung Rußlands in das europäische Staatensystem als Garantiemacht für tschechische Sicherheitsinteressen gegen Deutschland nicht völlig auf. Dies äußerte sich in Vorbehalten und Bedingungen zum NATO-Beitritt, welche die ČSSD auch nach ihrer grundsätzlichen Zustimmung zu einer zukünftigen Mitgliedschaft noch äußerte. So hieß es etwa in dem 1996 ausgegebenen Wahlprogramm der Partei:

> Die ČSSD setzt sich dafür ein, daß die Tschechische Republik in der NATO eine Stellung einnimmt, die mit der Stellung Norwegens, Dänemarks und Spaniens vergleichbar ist, was vollkommen mit der gegenwärtigen Politik der Allianz übereinstimmt, die in Friedenszeiten nicht mit der Stationierung von Kernwaffen und weiterer Militärbasen auf dem Territorium neuer Mitgliedstaaten rechnet.[39]

Diese Forderung nach einer besonderen Position der Tschechischen Republik begründete Zeman dann auch explizit mit der Rücksicht auf Rußland:

---

[39] Lidskost proti sobectví. Volební program České strany sociálně demokratické. Praha 1996. Siehe zur Begründung Jan Kavan: Do NATO bez jaderných zbraní. Listy 3/1995, S. 35-43.

> Es ist angebracht, die russischen Sicherheitsinteressen zu respektieren und wir denken, daß diese Form der Mitgliedschaft ein Ausdruck dieser Berücksichtigung wäre.[40]

Zudem begrüßte die ČSSD unter Zeman die Verhandlungen zwischen der NATO und Rußland, die den rußländischen Widerstand gegen die Osterweiterung des Militärbündnisses durch eine intensivierte Konsultation und Kooperation erwirken sollte:

> Wir unterstützten den Vorschlag, daß die NATO und Rußland eine Charta unterzeichnen, sowie alle weiteren Schritte, welche die Gefahr der Entstehung von Spannungen und einer konfrontativen Politik mindern.[41]

In diesen konzeptionellen Erwägungen klingt die Vorstellung der Blockfreiheit nach, welche große Teile der ČSSD in der ersten Hälfte der 1990er Jahre gehegt hatten. Nachdem sich der Vorschlag einer Abschaffung der NATO weder innertschechisch noch international als mehrheitsfähig erwiesen hatte, setzte der Zeman-Flügel der ČSSD nun auf eine Transformation der NATO von einem Verteidigungsbündnis in ein System kollektiver Sicherheit durch eine schrittweise Einbeziehung Rußlands. Dieser Vorstellung widersetzte sich auch der nationalföderative Flügel der ČSSD nicht, stellte sie jedoch unter den entscheidenden Vorbehalt, daß es sich dabei um eine langfristige Perspektive handeln müsse. So erklärte der damals noch am Anfang seiner politischen Karriere stehende spätere Ministerpräsident Stanislav Gross:

> Es müßte eine kollektive Verteidigung des ganzen europäischen Raums errichtet werden. Ich kann mir nicht vorstellen, wie das ohne einen so bedeutenden Staat wie die Rußländische Föderation geschehen sollte. Selbstverständlich ist dies eine langfristige Frage, aber das Ziel sollte sein, daß alle europäische Staaten in einer Reihe stehen sollten, in einer militärischen Allianz. Anders kann man keinen sicheren europäischen Raum errichten.[42]

---

[40] Tisková konference ČSSD 21.2.1997. Zitiert nach: Miroslav Mareš: Česká republika, in: Břetislav Dančák, Miroslav Mareš (Hg.): Zahraniční politika politických stran v České republice, Maďarsku, Polsku a na Slovensku. Brno 2000, S. 12-39, hier S. 33.

[41] Alternativa pro naši zemi. Program schváleny XXVIII. sjezdem ČSSD dne 15.3.1997. – <www.socdem.cz/dokumenty/program_start.htm.>

[42] Stanislav Gross: Jak Rusko o nás, tak my o Rusku. Anketa Lidových novin. Lidové noviny 29.4.1995. Wenn Gross hier von gesamteuropäischer „kollektiver Verteidi-

Die innerparteilichen Differenzen um die sicherheitspolitische Zukunft der Tschechischen Republik spiegelten sich in der Frage wider, ob die ČSSD den NATO-Beitritt unter Referendumsvorbehalt stellen sollte. Diese Forderung, die der staatsnationale Flügel der ČSSD bis in die zweite Hälfte der 1990er Jahre erhob, zeigt, wie langsam sich das sicherheitspolitische Umdenken in der Partei vollzog. Noch immer gab es in der ČSSD starke Kräfte, die sich der Orientierung auf die USA widersetzten. Des weiteren stand die vorbehaltlose Befürwortung des NATO-Beitritts dem Ziel entgegen, eine vereinigte Linke unter Ausschluß der KSČM zu schaffen.[43] Hinzu kam, daß noch im Herbst 1997 nach Umfragen des Meinungsforschungsinstituts *Institut výzkumu veřejného minění* (IVVM) nur 28 Prozent jener Befragten, die angaben, bei den nächsten Wahlen für die ČSSD stimmen zu wollen, sich auch für einen NATO-Beitritt, 31 Prozent der ČSSD Anhänger sich hingegen ablehnend äußerten.[44]

So gab die ČSSD zwar eine Zustimmung zu dem Beitritt als Parteiposition aus, hielt aber offiziell bis 1998 an der Referendumsforderung fest, obwohl der nationalföderative Flügel um die stellvertretenden Parteivorsitzenden Petra Buzková und Karel Machovec sowie den stellvertretenden Vorsitzenden des Ausschusses für Verteidigung und Sicherheit des Abgeordnetenhauses, Jaroslav Bašta (1996-1998), bereits für eine Ratifizierung der Beitrittsurkunde im

---

gung" spricht, so ist dies kein Mißverständnis, sondern der Versuch, der Polarisierung der damaligen Debatte zu entgehen und einen Mittelweg zwischen kollektiver Verteidigung ohne – oder gegen – Rußland auf der einen Seite und kollektiver Sicherheit mit Rußland zu finden.

43 Diese Position teilten sie etwa mit dem reformkommunistischen *Levý blok*, den Zeman nach seinem Aufstieg 1993 nicht in die ČSSD hatte integrieren können. Gerade die NATO-Frage war es, die beide Parteien am meisten schied. So bestätigte auf der einen Seite der Parteitag der ČSSD in Bohumín 1995 die Abgrenzung zur KSČM, zur SDL, zur *Strana Československých komunistů*, zur *Moravská národní strana* und zum *Levý blok*. Auf der anderen Seite ließ die NATO-Frage eine der Symbolfiguren des Reformkommunismus des Jahres 1968, Zdeněk Mlynář, noch einmal einen Versuch wagen, einen Dritten Weg zwischen der Orientierung auf die USA und jener auf Rußland, zwischen ČSSD und KSČM, zu finden. Im Mai 1995 trat Mlynář dem *Levý blok* bei und setzte sich als Ehrenvorsitzender vor allem gegen den NATO-Beitritt und für die „Schaffung einer Zone neutraler Staaten in Europa" ein, da die „Zugehörigkeit [der Tschechischen Republik] zum Westen im Sinne der Kultur, der Zivilisation und der politischen Tradition unzweifelhaft" sei, gegen das „gefährliche Chaos" in Rußland aber internationale Sicherheitsstrukturen geschaffen werden müßten, die Rußland nicht ausschließen. Interview mit Zdeněk Mlynář, Mlynář: Pluralita na levici je nutná, Rudé Právo 2.5.1995. Der *Levý blok* scheiterte bei den Wahlen 1996 und Mlynář zog sich daraufhin zurück.

44 Názory na možné členství ČR v NATO před madridským summitem. Tisková správa IVVM, 21.7.1997.

tschechischen Parlament eintrat.[45] Im Februar 1998 fiel dann jedoch die Entscheidung. Eine große Mehrheit der ČSSD-Fraktion im tschechischen Abgeordnetenhaus enthielt sich der Stimme, als die Kommunistische Partei die von der damaligen Übergangsregierung zur Ratifizierung vorgelegte Beitrittsurkunde zur NATO in erster Lesung unter einen Referendumsvorbehalt stellen und beantragen wollte, die Entscheidung zu vertagen, bis das tschechische Verfassungsgericht über eine Klage gegen die beabsichtigte Eingliederung des Staates in die Nordatlantische Vertragsorganisation befunden haben und die Beitrittsurkunde in allen NATO-Staaten ratifiziert sein würde. Diese Enthaltung ermöglichte es, daß die Vorlage mit den Stimmen von ODS, KDU-ČSL, ODA sowie der *Unie Svobody* an die entsprechenden Ausschüsse zur Vorbereitung der zweiten Lesung weitergeleitet werden konnte.[46] In zweiter Lesung stimmten schließlich alle anwesenden Abgeordneten der sozialdemokratischen Fraktion der Ratifikation zu, so daß das Parlament in offener Abstimmung mit 154 der 192 anwesenden Abgeordneten den NATO-Beitritt guthieß.[47]

Wie gespalten das Verhältnis der ČSSD zur NATO aber weiter war, sollte sich unmittelbar nach dem Beitritt 1999 zeigen, als die NATO sich dazu entschloß, in den Bürgerkrieg im ehemaligen Jugoslawien militärisch einzugreifen und dem Morden an der kosovarischen Zivilbevölkerung mit Luftangriffen Einhalt zu gebieten. Zwar hatte die von der ČSSD gestellte Regie-

---

[45] Noch Anfang 1998 hatte die ČSSD in die Übergangsregierung unter Josef Tošovský in einem Brief dazu aufgefordert, ein Referendum auszuschreiben. Andrew Stroehlein et al: The Czech Republic 1992 to 1999: From unintentional political birth to prolonged political crisis. Central European Review 12/1999; <www.cer.org>. Welch grundlegende Bedeutung diese Frage für den Richtungsstreit in der ČSSD hatte, zeigt sich etwa daran, daß eben jene Parteimitglieder sich 1997 zu einer "radikaldemokratischen Faktion" zusammenschlossen, die gegen die mit dem Referendumsvorbehalt wachgehaltene NATO-Skepsis opponierte. V ČSSD vzniká nová platforma Lidové Noviny 11.4.1997.

[46] Vládní návrh, kterým se předkládá Parlamentu České republiky k vyslovení souhlasu přístup České republiky k Severoatlantické smlouvě, sjednané ve Washingtonu dne 4. dubna 1949 /sněmovní tisk 384/ - prvé čtení; - <www.psp.cz/eknih/1996ps/stenprot/020schuz/s020258.htm>. Lediglich zwei Abgeordnete schlossen sich der Forderung nach einer Vertagung bis zur Ratifikation in allen anderen NATO-Staaten an, an dem Referendumsvorbehalt hielten zehn ČSSD-Abgeordnete fest.

[47] Vládní návrh, kterým se předkládá Parlamentu České republiky k vyslovení souhlasu přístup České republiky k Severoatlantické smlouvě, sjednané ve Washingtonu dne 4. dubna 1949 /sněmovní tisk 384/ - druhé čtení; - <www.psp.cz/eknih/1996ps/stenprot/024schuz/s024041.htm>. Dabei stimmten selbst jene Abgeordneten, die zwei Monate zuvor mit der KSČM gegen den NATO-Beitritt gestimmt hatten, nun für die Vorlage.

rung im NATO-Rat den Beschluß mitgetragen, doch versuchte sie dies zunächst vor dem heimischen Publikum zu leugnen und behauptete, die Entscheidung über die Angriffe sei noch vor der Aufnahme der Tschechischen Republik getroffen worden.[48] Als sich herausstellte, daß diese Schutzbehauptung nicht den Tatsachen entsprach, führte dies zu einem Aufstand in der ČSSD. Auf dem XXIX. Parteitag im April 1999 in Prag unterzeichneten 41 Delegierte einen Brief an den jugoslawischen Botschafter, in dem sie die Angriffe als ungerechtfertigte Aggression bezeichneten. Zudem reiste eine Gruppe von ČSSD-Angehörigen nach Belgrad, um dort ihre „Solidarität mit dem serbischen Volk" und ihre Ablehnung der Angriffe auszudrücken.[49] Bei der Abstimmung über die Gewährung von Überflugsrechten für bewaffnete Militärflugzeuge der NATO durch den Luftraum der Tschechischen Republik stimmten am 2.4.1999 zwölf der 16 Regierungsmitglieder bei vier Enthaltungen für die Öffnung des Luftraums.[50]

Doch lassen sich die Konflikte in der ČSSD über die Haltung zu den Luftangriffen nicht allein als Fortsetzung der Auseinandersetzung über die NATO in den 1990er Jahren verstehen, warf dieser Staatenkrieg zur Durchsetzung des Völkerrechts doch zahlreiche tschechische Interpretationsschemata der europäischen Politik über den Haufen. Im „rechten" Spektrum der tschechischen Politik sprachen sich einige der glühendsten staatsnationalen Anhänger der NATO als einer Organisation zur Sicherung der Souveränität von Staaten nun im Namen des Souveränitätsprinzips gegen den Krieg der NATO aus, andere hielten im Namen der staatsnationalen Bündnisräson daran fest, daß das, was der Sicherheitsgarant USA tut, unbedingt zu befürworten ist. Die nationalföderative „Rechte" schließlich sah in den Luftangriffen den Präzedenzfall für ihr erwünschtes euroamerikanisches Ordnungssystem, in dem das internationale Recht nicht nur ein Staatenrecht sondern auch ein Völkerrecht ist. Im

---

48 Ebd.

49 Miroslav Mareš: Česká republika, in: Zahraniční politika politických stran v České republice, Maďarsku, Polsku a na Slovensku, S.12-39, Fußnote 37, S. 38. Schließlich trat einer Reihe von Parteimitgliedern aus der ČSSD und gründete die *České sociálně demokratické hnutí* (Tschechische sozialdemokratische Bewegung, ČSDH), die sich mit der Forderung nach einem Austritt aus der NATO sowie einer gegen den geplanten EU-Beitritt und gegen Deutschland gerichteten Rhetorik hervortat. Ebd., Fußnote 42, S. 38. Diese Gruppierung blieb jedoch bedeutungslos, da sie mit diesem Programm kaum mehr von der KSČM unterscheiden war.

50 Záznam rozhovoru místopředsedy vlády ČR Egona T. Lánského s redaktorem Danielem Takáčemna téma Jednání vlády, vysílánéh v přímém přenosu rozhlasové stanice Český rozhlas, 2.4.1999.
<http://wtd.vlada.cz/scripts/detail.php?id=2716>.

„linken“ Spektrum sahen die staatsnationalen Kräfte ihr altes Bild von der NATO als Instrument des amerikanischen Imperialismus bestätigt, der die Souveränität der kleinen Staaten mißachtet. Diese Konfliktinterpretation, die an die bis 1989 dominante tschechische Deutung des Ost-West-Konflikts anknüpfte, machte sich nicht nur die Kommunistische Partei zu eigen; ihr schloß sich auch eine Strömung an der Parteibasis der ČSSD an. Zu dieser Argumentationslinie gehörte selbstverständlich auch der Verweis auf die „slawische Verbundenheit“ (slovanská vzájemnost), der jedoch durchaus doppeldeutig war. Während die staatsnationale „Linke“, allen voran die KSČM, dieses ursprünglich nationalföderative Konzept einer Kooperation der kleinen slawischen Völker der Tschechen und der Serben beschwor, um die slawische Schutzmacht Rußland anzurufen, versuchte die nationalföderative „Linke“ zwischen dem serbischen Volk und der serbischen Staatsmacht unter dem Diktator Milošević zu unterscheiden und den Krieg der NATO als Befreiung des serbischen Volks auszulegen. Die staatsnationalen Kräfte um den Parteichef der Sozialdemokraten Miloš Zeman, der als Ministerpräsident in der Regierungsverantwortung eines NATO-Mitgliedstaats stand, versuchte nach all diesen Seiten zu sprechen. So erklärte Zeman etwa:

> Ich habe große Sympathien für Jugoslawien. Sie waren 1938 auf unserer Seite und 1968. Ich habe aber keine Sympathien für das Regime von Milošević, und wir müssen versuchen, zwei Extremvarianten zu vermeiden: zum einen, die Angriffe auf Jugoslawien gutzuheißen, zum anderen, die Angriffe auf Milošević abzulehnen. [. . .] Man muß sich bewußt machen, daß im Kosovo gemordet wird, daß dort auch Mord an der Zivilbevölkerung begangen wird, und daß die, die morden, nicht das serbische Volk sind, das sind nicht unsere jugoslawischen Freunde. Das sind Leute, die ein Instrument des Regimes von Milošević sind und ich denke, daß es notwendig ist, das serbische Volk von diesem Regime zu unterscheiden.[51]

Auf der einen Seite erklärte Zeman, daß

> autokratische Politiker durch äußeren Druck leider nicht geschwächt werden, sondern im Gegenteil gestärkt, sie brauchen einen äußeren Feind, um nationale Helden oder nationale Märtyrer zu werden.[52]

---

[51] Miloš Zeman: Kosovo. Pražský večerník 4.5.1999. Hervorhebung von mir.

[52] Rozhovor předsedy vlády ČR Miloše Zemana s redaktorem Václavem Moravcem. Frekence 1. 25.3.1999. <http://wtd.vlada.cz/scripts/detail.php?id=1818>

Daher müsse

> Rußland in die Lösung der Kosovo-Krise einbezogen [werden]. Es ist ein offenes Geheimnis, daß gerade die Rußländische Föderation am leichtesten Milošević dazu zwingen kann, daß er seine Einheiten abzieht und daß umgekehrt russische Einheiten im Kosovo mit wesentlich weniger Widerstand empfangen werden als die Einheiten jedes anderen Staates.[53]

Auf der anderen Seite suchte die Zeman-Regierung Anlehnung an jene Mitgliedsstaaten der NATO, die den Luftangriffen ebenfalls sehr skeptisch gegenüberstanden. Dieses Bestreben mündete in eine von Außenminister Jan Kavan verantwortete tschechisch-griechische Vermittlungsinitiative, die eine Unterbrechung der Luftangriffe zum Zwecke weiterer Verhandlungen unter Einschluß Rußlands erreichen wollte. Zwar stieß dieses Ansinnen auf keine große internationale Resonanz. Dieser europapolitische Vermittlungsversuch offenbart jedoch exemplarisch das Bestreben der ČSSD, konkurrierende innerparteiliche europapolitische Konzepte zum Ausgleich zu bringen und steht gleichzeitig idealtypisch für die Ordnungsvorstellung der Gesamtpartei. Die Initiative versuchte mit der Betonung der Rolle Rußlands, die von der ODS vertretene einseitige Westorientierung zu mildern, ohne in das von der KSČM vertretene Extrem einer einseitigen Ostausrichtung zu verfallen. In ihm spiegelt sich die Sorge der staatsnationalen Kräfte wider, das militärische Eingreifen der NATO in einen nationalpolitischen Konflikt zugunsten eines staatenlosen Volks könnte einen gefährlichen Präzedenzfall für den Umgang mit der Staatssouveränität und der territorialen Integrität der kleineren Staaten bedeuten. Gleichzeitig setzte dieser Versuch der kompromißlosen Kritik an der Verletzung der Staatssouveränität sowie der Anlehnung an eine Garantiemacht eine von den kleineren Staaten vermittelte Konfliktlösung entgegen. Schließlich wählte die ČSSD mit Griechenland einen Partner, der auf der einen Seite Mitglied der NATO - der die Tschechische Republik mit Unterstützung der ČSSD gerade beigetreten war - sowie der EU ist - in welche die ČSSD die Tschechische Republik führen wollte.

Dieses in der innerparteilichen Konstellation wurzelnde europapolitische „Sowohl-als-Auch" – sowohl USA als auch Rußland, sowohl kollektive Verteidigung als auch kollektive Sicherheit, sowohl NATO als auch OSZE, sowohl staatsnationale als auch nationalföderative Ansätze – prägt denn auch die euro-

---

[53] Miloš Zeman: Kosovo. Pražský večerník 4.5.1999. Hervorhebung von mir.

papolitischen Grundsatzpapiere, welche die ČSSD in ihrer Funktion als alleinige Regierungspartei der Jahre 1998-2002 verabschiedete. So heißt es etwa in der im Jahr des Kosovo-Kriegs verabschiedeten Sicherheitsstrategie:

> Die grundlegenden Pfeiler des europäischen Sicherheitssystems sind die Nordatlantische Vertragsorganisation (NATO), eine Allianz zur kollektiven Verteidigung, die Europäische Union, eine Gruppierung der ökonomischen und politischen Integration, die Westeuropäische Union, die ursprünglich als Verteidigungsallianz fungierte und jetzt dem Krisenmanagement und der Vermittlung zwischen NATO und EU dient, sowie die Organisation für Sicherheit und Zusammenarbeit in Europa (OSZE), eine Institution der kollektiven Sicherheit [. . .] Die Beziehung zwischen diesen Institutionen ist nicht hierarchisch. [. . .] Die Grundlage für die Gewährleistung der Sicherheit der Tschechischen Republik ist die Mitgliedschaft in der Allianz. Gleichzeitig ist auch ein aktives Wirken bei der Stärkung der kollektiven und kooperativen Sicherheit und ihrer Institutionen ein wesentlicher Teil der tschechischen Politik. [. . .] Die Sicherheit des internationalen Umfelds kann nur durch eine Kombination der Prinzipien und Methoden der kollektiven wie der kooperativen Sicherheit und der kollektiven Verteidigung erreicht werden.[54]

Die Erfahrung des Kosovo-Kriegs reflektierend heißt es in der vier Jahre später unter der Ägide der Sozialdemokraten von der tschechischen Regierung verabschiedeten Sicherheitsdoktrin:

> Die Tschechische Republik ist bereit, sich an möglichen Zwangsaktionen der internationalen Gemeinschaft zu beteiligen, deren Ziel es ist, eine massive Verletzung der Menschenrechte und vor allem einen Genozid zu verhindern. Solche Zwangsaktionen sollten eine möglichst breite internationale Unterstützung genießen, inklusive eines Mandats des UN-Sicherheitsrats.[55]

Und weiter:

---

[54] Bezpečnostní strategie České republiky 1999, S. 4.
[55] Bezpečnostní strategie České republiky 2003, S. 10.

> Die Tschechische Republik strebt eine Festigung der transatlantischen Beziehungen an und unterstützt in diesem Zusammenhang eine komplementäre Entwicklung der Kapazitäten von NATO und EU. Gleichzeitig legt sie Wert auf eine Stärkung der strategischen Partnerschaft zwischen NATO und EU, die das Rückgrat der Sicherheitsarchitektur im euroatlantischen Raum ist.[56]

Noch einmal zeigt sich in aller Deutlichkeit, daß die ČSSD nicht auf eine reine Machtpolitik setzte, die für einen Staat wie die Tschechische Republik nur die Anlehnung an eine Großmacht als Sicherheitsgaranten bedeuten kann, sondern auch auf eine Institutionalisieung inter-nationaler Konflikte in Europa; daß sie nicht nur eine Politik zu unterstützen gedachte, welche die Souveränität der bestehenden Staaten garantiert, sondern auch auf eine solche, welche die existentiellen Lebensrechte der Völker zu schützen gedenkt – im Notfall auch mit militärischen Mitteln; daß sie versuchte, der Alternative zwischen NATO und EU, wie sie die staatsnationale Rechte formulierte, ebenso zu entgehen versuchte, wie der Totalverweigerung der Kommunistischen Partei, die in ihrer Ablehnung des „Westens“ in den 1990er Jahren nicht nur eine Einbindung der Tschechischen Republik in die NATO, sondern auch in die EU eine Absage erteilte. Diese vermittelnde Position spiegelt sich auch in den Ordnungsvorstellungen wider, welche die ČSSD in bezug auf die Europäische Union hegt.

4.3 Das EU-Konzept der ČSSD: Auf dem Weg in einen europäischen Bundesstaat?

Die sicherheitspolitische Neuorientierung der ČSSD Mitte der 1990er Jahre ging einher mit dem politischen Aufstieg der Partei. Hatte sie 1992 bei den Wahlen zum tschechischen Nationalrat nur knapp die Fünf-Prozent-Hürde überwunden, so wurde sie schon bei den Wahlen zum tschechischen Abgeordnetenhaus 1996 mit 26,5 Prozent hinter der ODS zweitstärkste Partei, um 1998 mit 32,3 Prozent die ODS (27,7 Prozent) deutlich zu überflügeln.[57] Obwohl Umfragen immer wieder gezeigt hatten, daß die Wähler der ČSSD einem NATO-Beitritt skeptisch bis ablehnend gegenüberstehen, muß man

[56] Ebd. 2003, S. 9.

[57] Český statistický úřád. <www.volby.cz/pls/ps1996-win/u0>; <www.volby.cz/pls/ps1998-win/u0>.

wohl gerade die europapolitische Umorientierung der ČSSD als entscheidenden Grund für diesen Erfolg betrachten, machte er sie doch innen- wie außenpolitisch zu einer handlungsfähigen Partei. So trug die Annäherung der ČSSD an die NATO auf der tschechischen Bühne erheblich dazu bei, daß die Position der ODS unter Václav Klaus als umstrittene aber alternativlose Führungskraft der tschechischen Politik erodierte. Sowohl die nationalföderativen Kräfte in der ODS als auch die christlichsoziale KDU-ČSL begannen, die ČSSD als möglichen Kooperationspartner ins Auge zu fassen.[58] Diese Annäherung fand auch die aktive Unterstützung von Präsident Václav Havel, der seit 1996 auf die Ablösung der von den staatsnationalen Kräften in der ODS dominierten „Mitte-Rechts-Koalition“ durch eine stärker nationalföderativ ausgerichtete „Mitte-Links-Koalition“ hinarbeitete.[59] War die NATO-Politik der wunde Punkt dieses Projekts, so war es die Haltung zur Europäischen Union, welche diese Kräfte vereinte und gegenüber der staatsnationalen ODS-Mehrheit abgrenzte. So begann etwa Miloš Zeman ganz im Sinne seines in Ungnade gefallenen ehemaligen Beraters Oto Novotný, 1996 die ČSSD unter dem Schlagwort „Eurooptimismus“ als jene Partei zu präsentieren, welche sich im Gegensatz zu der als „europessimistisch“ gekennzeichneten ODS nicht nur verbal und theoretisch, sondern mit Blick auf die realen Beitrittsbedingungen für den Beitritt zur Europäischen Union einsetze.[60] Mit einem entsprechenden europapolitischen Programm trat die ČSSD dann auch bei den Parlamentswahlen des Jahres 1996 auf:

> Wir lehnen eine negativistische Haltung zur Europäischen Union, nationalistische Positionen und einen großmannssüchtigen Hang zur Belehrung ab. Diese können nur zur Isolation der Tschechischen Republik führen.[61]

Berücksichtigt man die nationalpolitische Konnotation der gesellschaftspolitischen Begriffe, so läßt sich schon der Titel des Wahlmanifests als europapolitisches Programm verstehen. Trat die ODS unter dem Schlagwort „Svoboda

[58] Erste Verhandlungen zwischen Zeman und Vertretern der ODA (Jan Kalvoda), der KDU-ČSL (Josef Lux) und den nationalföderativen Kräften in der ODS (Außenminister Josef Zieleniec) begannen bereits im Herbst 1994, Alexandr Mitrofanov: Za fasádou lidového domů. Česká sociální demokracie 1989-1998. Praha 1998, S. 94.

[59] Von großer symbolischer Bedeutung war etwa Havels Einladung an Zeman und Buzková zu einem Arbeitstreffen im Hotel Europa auf dem Václavské naměstí 1996. Siehe dazu Mitrofanov, Za fasádou, S. 124.

[60] Prázdný pojem eurooptimismu. Lidové Noviny 16.7.1996.

[61] Lidskost proti sobectví. Praha 1996.

a prosperita" – Freiheit und Prosperität – an, was sich als „Wohlstand durch nationale Souveränität" dekodieren läßt, so lautete die Losung der ČSSD: „Lidskost proti sobectví" – „Soziale Humanität statt Egoismus". Damit rekurrierte die ČSSD auf den sozialen Volksbegriff – den *lid* – und stellte die Wohlfahrt des Volks dem nationalen Egoismus entgegen, was sich als europapolitisches Programm wie „Integration statt Isolation" liest.
Während der nationalpolitische Fokus der ODS damit alleine auf der europäischen Ordnung als solcher lag und die Partei auf einer uneingeschränkten Staatssouveränität beharrte, konzentrierte sich die ČSSD stärker auf die materielle Politik. Es würde zu weit gehen, die EU-Politik der ČSSD auf die Ökonomie zu reduzieren, wie dies ein Großteil der Stellungnahmen in der EU-Debatte über Agrarsubventionen, Gelder aus den Struktur- und Kohäsionsfonds, Marktzugangsbedingungen und Freizügigkeitsbeschränkungen nicht nur in bezug auf die tschechischen Sozialdemokraten oder die gesamte tschechische Politik, sondern auf die komplette Osterweiterung der EU getan hat. Doch ist deutlich, daß die ČSSD die EU nicht nur von der nationalen Frage bzw. der Staatsfrage, sondern auch von der sozialen Frage her dachte. So legte die ČSSD seit Mitte der 1990er Jahre immer wieder besonderen Wert auf die „soziale Komponente" Europas und betonte etwa, daß sie die EU

> nicht nur als Freihandelszone betrachtet, sondern als mehrdimensionale europäische Gemeinschaft, die durch eine gemeinsame Sozial-, Umwelt-, Landwirtschafts-, Verkehrs-, Regional-, Außen- und Sicherheitspolitik vereint wird.[62]

Die Mitgliedschaft in der EU gewährleiste

> die Bedingungen für wirtschaftliche Entwicklung, Sicherheit und Stabilität sowie eine Stärkung der gesellschaftlichen Stellung der Tschechischen Republik. Den Bürgern der Tschechischen Republik eröffnet sie den Zugang zu Bildungs- und Arbeitsmöglichkeiten auf dem Gebiet aller Staaten der Europäischen Union. Die Tschechische Republik wird die Möglichkeit haben, die Politik eine der größten Gruppierungen der Welt mitzubestimmen und mit einem eigenen Beitrag die Europäische Union des 21. Jahrhunderts mitzugestalten.[63]

Hatte die ODS in Anlehnung an den tschechischen Topos vom „kleinen Volk" immer wieder von der Tschechischen Republik als „kleinem Staat" gesprochen und aus dieser Gegebenheit abgeleitet, daß die Tschechische

---

[62] Lidskost proti sobectví. Praha 1996. Abschnitt III.11. Zahraniční politika, S. 22.
[63] Ebd.

Republik in der Europäischen Union keine Einflußmöglichkeiten habe, so bezeichnete die ČSSD die Tschechische Republik nun in expliziter Abgrenzung von der ODS als „mittelgroßen Staat“ (stát střední velkikosti) und zog aus dieser Größenbestimmung den Schluß, daß die Tschechische Republik sehr wohl die europäische Politik mitbestimmen könne.[64]
Diese europapolitische Positionierung auf der tschechischen Bühne konnte natürlich nur gelingen, wenn sie zugleich auf der europäischen Ebene auf Rückendeckung stieß. Hier gelang es der ČSSD, deren Exilorganisation Mitglied der *Sozialistischen Internationale* gewesen war, und die seit 1995 Beobachter, seit 1999 dann assoziiertes Mitglied der *Sozialdemokratischen Partei Europas* (SPE) war, erhebliche Unterstützung zu finden. Die Gleichberechtigung für die Tschechische Republik, die Klaus als Ministerpräsident verbal eingefordert hatte, konnte Zeman als Oppositionsführer in der Praxis demonstrieren. Die Beziehungen zwischen der deutschen CDU/CSU und der ODS waren aufgrund unterschiedlicher Auffassungen über die Anerkennung moralischer, finanzieller und politischer sudetendeutscher Forderungen sowie unterschiedlicher europapolitischer Vorstellungen kalt geblieben – Bundeskanzler Helmut Kohl war etwa nie zu einem offiziellen Besuch bei Václav Klaus nach Prag gereist. Die ČSSD hingegen konnte – obwohl sich die Positionen des staatsnationalen Flügels von jenen der ODS kaum unterschieden, ja unter Zeman häufig mit weitaus größerer verbaler Radikalität hervorgebracht wurden – mit der SPD auf einen Partner verweisen, der das sudetendeutsche Thema nicht auf die europapolitische Agenda setze. Zwar hatte die ODS mit der britischen *Conservative Party* einen Partner gefunden, dessen europapolitische Ordnungsvorstellungen jenen der ODS entsprach. Doch war dies ein Partner, für den die von der ODS ersehnte Inselposition mit einseitiger Orientierung auf die USA eine reale Option war, so daß dessen Engagement für europäische Partner mit einem ähnlichen europapolitischen Programm sich in Grenzen hielt. Die ČSSD hingegen konnte mit der *Labour Party* auf einen Verbündeten verweisen, der sich *in* Europa für eine der ČSSD genehme Ordnung einsetzte, was der Besuch des britischen Ministerpräsidenten Tony Blair beim tschechischen Oppositionsführer Miloš Zeman im Januar 1997 eindrucksvoll bestätigte. Hatte die ODS mit ihrer Forderung, die Tschechische Republik – und nur die Tschechische Republik – rasch und ohne Bedingungen als gleichberechtigtes Mitglied in die Europäische Union

[64] Die Definition der Tschechischen Republik als „mittelgroßen Staat“ machte die ČSSD zur Grundlage des zentralen außenpolitischen Dokuments, das sie als Regierungspartei 1999 verabschiedete. Koncepce zahraniční politiky České republiky. Příloha k časopisu Mezinárodní Politika. Mezinárodní Politika 4/1999, S. 2.

aufzunehmen, die polnische „Rechte" verstimmt, so war sich die ČSSD bewußt, daß es keine EU-Osterweiterung ohne Polen geben würde. Sie betrachtete die polnische „Linke" daher als Partner, der das gleiche Ziel des EU-Beitritts verfolgte, was Zeman und der Vorsitzende der polnischen „Linken" Alexander Kwaśniewski bei dessen Besuch in Prag 1997 auch verkündeten. Schließlich konnte Zeman die ČSSD bei einer Brüsselreise Anfang Juli 1996 die ČSSD als Alternative zur ODS präsentieren und bei einer Zusammenkunft mit dem damaligen Präsidenten des Europäischen Parlaments José Maria Gil-Robles im März 1997 dessen Sympathie gewinnen. Der größte Erfolg dieser demonstrativ proeuropäischen Politik und der demonstrierten Gleichberechtigung der Tschechischen Republik war das Treffen der *Sozialdemokratischen Partei Europas* in Prag 1998. Damit war auch auf europäischer Ebene bestätigt, was sich in dem Wahlsieg der Sozialdemokraten 1998 ausdrückte: Die ČSSD hatte die Polarisierung der tschechischen politischen Landschaft entlang einer Rechts-Links-Achse, welche die ODS als West-Ost-Achse darzustellen versuchte, überwunden und konnte sich glaubhaft als „europäische sozialdemokratische Partei" präsentieren, welche die Tschechische Republik entgegen der Behauptung der ODS nicht zurück in den „östlichen" Kommunismus führen würde.[65]
So wichtig dieses nationalpolitische Revirement war, in dessen Verlauf die ČSSD sich zur entscheidenden proeuropäischen Kraft der Tschechischen Republik aufschwingen konnte, die ODS hingegen ihre Kritik an den seit 1996 immer konkreter werdenden Erweiterungsvorbereitungen der Europäischen Union verschärfte, aber keine in der tschechischen Gesellschaft mehrheitsfähigen Alternativen präsentieren konnte, so darf doch seine Bedeutung nicht überschätzt werden, blieb doch die innerparteiliche Spaltung der ČSSD in einen nationalföderativen und einen staatsnationalen Flügel erhalten. Zwar hatte der nationalföderative Flügel der Partei entscheidend zur Formulierung der europapolitischen Agenda der ČSSD beigetragen, doch an der Parteispitze stand mit Miloš Zeman weiter ein Vertreter des staatsnationalen Flügels. Welche Bedeutung dies hatte, zeigte sich an der Regierungsbildung nach den Wahlen 1998, als die Vorbereitung der ostmitteleuropäischen Staaten auf den Beitritt zur Europäischen Union in ihre entscheidende Phase überging. So hatten sich Zeman und sein Opponent Klaus während des deutlich im Zeichen der europapolitischen Grundausrichtung stehenden Wahlkampfs zwar heftig bekämpft. Nach den Wahlen entstand jedoch nicht eine rechnerisch durchaus mögliche Koaliti-

[65] Zu dieser Stigmatisierung exemplarisch Václav Klaus: Naše třetí volby. Lidové noviny 22.5.1996.

on der ČSSD mit den kleineren nationalföderativen Parteien, der KDU-ČSL und der *Unie Svobody*, sondern eine von der ODS geduldete ČSSD-Minderheitsregierung.[66] Der zwischen Zeman und Klaus geschlossene „Oppositionsvertrag“[67], der später durch ein „Toleranzpatent“[68] ergänzt wurde, läßt sich denn auch als Abkommen der staatsnationalen Kräfte deuten, dessen Kern darin bestand, daß der Kurs auf die EU zwar nolens volens beibehalten werden sollte, dem Anpassungsdruck der EU aber mit vereinten staatsnationalen Kräften soviel als möglich entgegengesetzt werden sollte.[69]
So ging zwar die Regierungsverantwortung an die deutlich proeuropäischer auftretende ČSSD über, die Adaption des Rechtsbestands der Europäischen Union betrieb jedoch auch die von dem staatsnationalen Flügel dominierte ČSSD zunächst recht zurückhaltend.[70] Dabei war die Rechtsangleichung und

---

[66] Dabei war es vor allem die *Unie Svobody*, die sich gerade erst von der staatsnationalen ODS unter Václav Klaus abgespalten hatte, die sich einer Koalition mit der ČSSD unter Zeman verweigerte, drohte diese „Mittel-Links-Koalition“ doch in nationalpolitischer, d.h. vor allem in europapolitischer Hinsicht zu einer Neuauflage der von den staatsnationalen Kräften dominierten „Mitte-Rechts-Koalition“ der Jahre 1992-1997 zu geraten. Ausführlicher dazu Anneke Hudalla: Außenpolitik in Zeiten der Transformation: Die Europapolitik der Tschechischen Republik 1993-2001. Münster u.a. 2001, S. 244-255. Hudalla interpretiert allerdings das Scheitern dieser Koalition als Folge „persönlicher Konflikte innerhalb der politischen Elite“ (S. 247).

[67] Smlouva o vytvoření stabilního politického prostředí v České republice uzavřená mezi Českou stranou sociálně demokratickou a Občanskou demokratickou stranou. Näheres bei Radim Marada: The 1998 Czech elections, in: East European Constitutional Review 3/1998, S. 51-58; sowie insbesondere auch Andrew Roberts: Demythologising the Czech Opposition agreement, in: Europe-Asia-Studies 8/2003, S. 1273-1304.

[68] Společné prohlášení delegací ODS a ČSSD ze dne 14.1.2000. <www.vlada.cz/1250/vlada/dokumenty/opozsml_dodatek.htm>.

[69] Entsprechend kritisierte auch der nationalföderative Flügel der ČSSD den Oppositionsvertrag und das ihn ergänzende Toleranzpatent von Beginn an heftig. Petra Buzková trat aus Protest gegen die „unheilige“ staatsnationale Allianz zwischen Zeman und Klaus sogar von ihrem Posten als stellvertretende Parteivorsitzende zurück. Petr Holub, Erik Tabers: Liberálové, vzbuď'te se, in: Respekt 32/2000, S. 9.

[70] Dies dokumentieren die „Regelmäßigen Berichte der Kommission über den Fortschritt der Tschechischen Republik auf dem Weg zum Beitritt“ aus den Jahren 1999 und 2000. KOM (1999) 503 endg.; KOM (2000) 703 endg. – Detailliert dazu: Anneke Hudalla: Außenpolitik in Zeiten der Transformation: Die Europapolitik der Tschechischen Republik 1993-2001. Münster u.a. 2001, S. 236-243. Diese auf die Spaltung der ČSSD und das innerparteiliche Kräfteverhältnis zielende Interpretation widerspricht teilweise der Deutung von Hudalla, die sich an die tschechische politische Debatte der Zeit anlehnt. Ihr zufolge habe die ODS in dem Oppositionsvertrag, der das politische Programm für die Legislaturperiode vorgab, ihre Interes-

die Erfüllung weiterer Vorgaben der EU gar nicht einmal der entscheidende Punkt. Viel wichtiger ist, daß die ČSSD-Regierung unter Zeman unter erheblichem Anpassungsdruck stand, dem sich auch eine ODS-geführte Regierung kaum hätte entziehen können, hatte doch die Europäische Kommission ein engmaschiges Kontrollnetz installiert, das ein Auseinanderklaffen zwischen dem rhetorischen Bekenntnis zur EU und einer faktischen Verweigerung der Einpassung in ihre konkrete Ordnung in den verschiedenen vergemeinschafteten Politikfeldern unmöglich machte. Hinzu kam, daß Alternativen nicht in Sicht waren, hatten doch die Befürworter der Osterweiterung der EU in West- und Ostmitteleuropa trotz aller Widerstände die Oberhand behalten. Konnte die ODS aus der Opposition in ihrem „Manifest des tschechischen Eurorealismus“ über eine „splendid isolation“ der Tschechischen Republik spekulieren, so wäre eine Fortsetzung der Politik des nationalen Wegs, welche die ODS in den 1990er Jahren betrieben hatte, ohne europapolitische Partner kaum möglich gewesen. Stand in den 1990er Jahren das von der ODS angestrebte Modell „NATO statt EU“, das territoriale Integrität bei voller Staatssouveränität nach innen garantieren sollte, noch als Möglichkeit im Raum, so hatte sich der Handlungsspielraum Ende der 1990er Jahre erheblich verengt. Die von der ODS erhoffte Minderung des Integrationsdrucks, die sie im Rahmen ihrer Möglichkeiten auf der westeuropäischen und transatlantischen Bühne zu erreichen suchte, war nicht eingetreten. Die ČSSD hatte sich bereits Mitte der 1990er Jahre von einer Orientierung auf Rußland verabschiedet, die dem staatsnationalen Flügel zuvor durchaus noch vor Augen gestanden hatte. Eine Rückkehr zu dieser Ostorientierung wäre – selbst wenn einige Kräfte in der ČSSD sie angestrebt hätten, spätestens dann mittelfristig außerhalb der politischen Reichweite geraten, als mit der Finanzkrise im August 1998 Rußland weiter erheblich an europapolitischer Gestaltungskraft eingebüßt hatte und nach der politischen Wende in der Slowakei im gleichen Jahr die neue slowakische Regierung die Orientierung auf Rußland aufgab.

So stand dem staatsnationalen Flügel der ČSSD unter Zeman, als dieser zum Ministerpräsidenten der Tschechischen Republik aufgestiegen war, kein an-

---

sen durchsetzen können, so daß die dort beschriebenen Gesetzesvorhaben „in erster Linie den politischen Zielen Václav Klaus’ entsprachen“ (S. 248). – Daß sich die hier als „staatsnational“ gekennzeichnete Politikvorstellung von Zeman und Klaus glichen wie ein Ei dem anderen deuten hingegen an: Jan Machaček, Petr Holub: Země dvou Mečiaru, in: Respekt 29/1998, S. 2; Michal Klíma: Kvalita demokracie v České republice a volební inženýrství. Praha 2001; Jiří Pehe: Česká politika v zajetí opoziční smlouvy, in: ders.: Vytunelovaná demokracie. Praha 2002, S.278. Diese Beiträge kreisen um den Gedanken, daß der Oppositionsvertrag nach dem Modell der kommunistischen „nationalen Front“ geschmiedet worden sei.

derer Weg als der EU-Beitritt offen, um aus der EU heraus auf das europäische Ordnungssystem einzuwirken. Dies bedeutete jedoch angesichts der asymmetrischen Machtverteilung zwischen der in Gestalt der Europäischen Kommission und ihres Kommissars für Erweiterung sehr geschlossenen auftretenden EU und den einzelnen Beitrittsstaaten, daß die Vorgaben, welche die EU zu Beitrittsvoraussetzungen gemacht hatte, erfüllt werden mußten. Zur Debatte stand nicht mehr, ob die Tschechische Republik der EU beitreten sollte, und auch nicht mehr, ob sie dazu die Rechtsangleichung als eine der entscheidenden Beitrittsbedingungen erfüllen sollte, sondern lediglich, welches Ordnungsmodell für die EU sie als Mitgliedsstaat vertreten wollte.
Über dieses Modell entbrannte ein innerparteilicher Streit zwischen dem staatsnationalen und dem nationalföderativen Flügel, der sich allerdings weder um die zu dieser Zeit im Zentrum der tschechischen Europadebatte stehenden Beitrittsverhandlungen drehte, noch in die europapolitischen Grundsatzdokumente der Partei Eingang fand. War das durch die Beitrittsbedingungen der EU geschnürte Korsett zu eng, als daß wirkliche Alternativen zu der Übernahme des *acquis communautaire* offengestanden hätten, so stand in den Jahren nach 1998 die institutionelle Ordnung der Europäischen Union in der Tschechischen Republik wie in den übrigen Beitrittsstaaten nicht auf der Agenda.
Die innerparteilichen Konflikte über die europapolitischen Ordnungsvorstellungen äußerten sich daher vielmehr jenseits dessen, was in den Jahren 1998 zur EU-Politik im engeren Sinne gerechnet werden konnte. Am Beispiel des Kosovo-Krieges ist bereits deutlich geworden, daß die staatsnationalen Kräfte um Zeman erhebliche Vorbehalte gegen eine europäische Ordnung hegten, welche die nationalpolitische Ordnung in Europa verändern könnte. Zwar erklärten die staatsnationalen Kräfte an der Spitze der ČSSD das militärische Eingreifen der europäischen Großmächte unter Führung der USA in den serbisch-kosovarischen Konflikt nicht derart explizit zu einem Präzendenzfall, wie dies Václav Klaus stellvertretend für die staatsnationale „Rechte" und noch eindeutiger die Kommunistische Partei Böhmens und Mährens getan hatte. Doch ihre Vorbehalte waren deutlich zu spüren. In aller Deutlichkeit sollte sich dies in dem tschechisch-deutschen Konflikt um die Dekrete des tschechoslowakischen Präsidenten Edvard Beneš äußern, welche die Grundlage für die Enteignung sowie die anschließende Flucht und Vertreibung der Deutschen aus der Tschechoslowakei gelegt hatten. Als Abgeordnete des europäischen Parlaments aus den Reihen der CDU/CSU versuchten, die Aufhebung der Dekrete in der Europäischen Volkspartei (EVP) und mittels dieser im Europäischen Parlament zur Voraussetzung für die Aufnahme der Tschechischen Republik in die Europäische Union zu machen, interpretierten dies die staatsnationalen Kräfte der ČSSD als Angriff auf die tschechi-

sche Staatlichkeit und mobilisierten unter tatkräftiger Unterstützung der staatsnationalen Kräfte aus den Reihen der ODS und der KSČM innertschechischen und internationalen Widerstand. Wie nirgends sonst wurde hierbei deutlich, welche Funktion die staatsnationalen Kräfte der ČSSD der Europäischen Union zuweisen und wofür sie die Grenzen des Projekts Europäische Integration liegen. Zeman erklärte etwa:

> Eine klerikale ‚schwarze Internationale', deren Kern die deutschen und österreichischen Christdemokraten bzw. Volksparteiler sind, unterstützen den Versuch, die Ergebnisse des Zweiten Weltkriegs zu revidieren, während die europäischen Sozialdemokraten Widerstand gegen diesen Versuch leisten. [. . .] Ich habe Tony Blair und Günther Verheugen in die Tschechische Republik eingeladen und mit Vladimir Putin in Moskau unter anderem über diese Frage gesprochen.[71]

Nur allzu deutlich gemahnen diese Worte in spiegelbildlicher Parallele an das von der ODS verabschiedete „Manifest des tschechischen Eurorealismus". War dort davon die Rede, daß eine „demokratische europäische Einheit", die „in Einklang mit der tschechischen Staatsidee" stünde, den „angelsächsischen Traditionen des liberalen Konservatismus" nahestünde[72], so berief sich Zeman auf den britischen Premierminister aus den Reihen der *Labour Party*. Sah die ODS den Garanten für die Integrität und Souveränität des tschechischen Staates in den USA, so suchte Zeman Unterstützung beim rußländischen Präsidenten Vladimir Putin. Polemisierte das Manifest der ODS gegen den „christdemokratischen politisch zentralisierenden Katholizismus", so identifizierte Zeman eine „klerikale, schwarze Internationale'". Einigkeit herrschte somit, daß die tschechischen Christlichsozialen, die wichtigste nationalföderative Kraft, als innen- und außenpolitischer Gegner, als national- und europapolitischer Opponent zu betrachten sind.

Einen entscheidenden Unterschied jedoch, in dem das andere Verhältnis der staatsnationalen Kräfte der ČSSD zur Europäischen Union gegenüber jenem der ODS beruht, gibt es jedoch. Während die ODS auch die deutschen Sozialdemokraten als europapolitischen Gegner betrachtete und die Europäische Kommission als Wurzel europäischer Übel identifizierte, was sich in der Invektive des „Manifests" gegen den „zentraldistributiven europäischen Sozialdemo-

---

[71] Miloš Zeman: Co je za kampaní k Benešovým dekretům, in: Večerník Praha, 26.4.2002.

[72] Manifest českého eurorealismu (dokument k ideové konferenci ODS). Praha 2001. S. 8. Siehe dazu in dieser Arbeit S. 79.

kratismus“[73] widerspiegelt, ist mit Zemans Referenz auf den SPD-Politiker und damaligen Erweiterungskommissar der Europäischen Union Günther Verheugen die Möglichkeit angedeutet, daß eine deutsch-tschechische Verständigung im Rahmen der Europäischen Union möglich ist. Ganz gleich wie weit die parteipolitische Stilisierung einer innenpolitischen Instrumentalisierung dienen mochte und wie weit sie von der Realität der europäischen Staatenwelt entfernt war, so ist doch ein entscheidender europapolitischer Punkt getroffen, dessen Bedeutung weitaus grundsätzlicher einzuschätzen ist, als die technischen und juristischen Details bei der Übernahme des acquis communautaire der EU: In der nationalpolitischen Verständigung der tschechischen und deutschen Sozialdemokraten – in der BRD und in Österreich - liegt der entscheidende Schlüssel dafür, ob ein relevanter Teil des tschechischen politischen Spektrums Vertrauen in das Ordnungssystem Europäische Union hat. Die christlichsozialen Kräfte in der Tschechischen Republik sind zwar mit ihren Partnern, der CDU und der *Österreichischen Volkspartei* (ÖVP), fest in das nationalföderative Netzwerk, die „schwarze Internationale“, der Europäischen Volkspartei eingebunden, doch ist ihre soziale Basis in der Tschechischen Republik nicht groß. Die *Kommunistische Partei Böhmens und Mährens* hat, wie zu zeigen sein wird, mit der *Partei des Demokratischen Sozialismus* (PDS) einen möglichen Partner, dessen Existenz bis heute ebenso wie jene der KSČM selbst mit der wie auch immer rhetorisch gemilderten Ablehnung der nach 1989 entstandenen europäischen Ordnung steht und fällt. Die gesellschaftliche Basis der nationalföderativen liberalen Kräfte in der Tschechischen Republik ist noch weitaus geringer als jene der deutschen und österreichischen Grünen. Die „linken“ Wurzeln der deutschen und österreichischen Grünen und die „rechten“ Wurzeln der tschechischen *Unie Svobody* – die gegenläufige Position im Ost-West-Konflikt also – machten ebenso wie die viel schwächere ökologische Dimension bei den tschechischen Liberalen ein geschlossenes europapolitisches Auftreten schwieriger. Der Liberalismus der sich als „liberal-konservativ“ verstehenden ODS schließlich läuft dem „Liberalismus“ der FDP über weite Strecken entgegen, zielt das staatsnationale Programm der ODS doch auf einen tschechischen Kapitalismus und nicht auf eine transnationale Freiheit des Kapitals. Nicht zufällig ist die ODS nicht Mitglied der *Europäischen Liberalen Partei (ELDR)*. Noch klarer wird der Konflikt, wenn sich der Blick auf die österreichischen „Liberalen“, die FPÖ richtet, die kein europapolitischer Partner der ODS, sondern ihr nationalpolitischer Antipode ist.

Die tschechischen Sozialdemokraten hingegen haben mit den deutschen und österreichischen Sozialdemokraten nicht nur mögliche Partner für ein ge-

[73] Ebd.

meinsames europapolitisches Projekt, sondern auch eine relevante soziale Basis. Deren politische Mobilisierung für die ČSSD – und nicht für die *Kommunistische Partei Böhmens und Mährens* – steht und fällt allerdings mit der Verständigung mit den deutschen Sozialdemokraten. Aus diesem Grund wurde die Auseinandersetzung um die Beneš-Dekrete gerade für die tschechischen Sozialdemokraten zur europapolitischen Zerreißprobe. Als Miloš Zeman die Sudetendeutschen in einem Interview pauschal als „fünfte Kolonne Hitlers" bezeichnete und in der Folge der deutsche Bundeskanzler Gerhard Schröder einen geplanten Besuch bei Zeman absagte, schien das sozialdemokratische tschechisch-deutsche Einvernehmen am Ende.

Als dann unter dem Druck der Gewerkschaften in Deutschland auf dem Höhepunkt der Verhandlungen über den EU-Beitritt die SPD – wenn auch vielmehr mit Blick auf Polen und nicht auf die Tschechische Republik – durchsetzte, daß Arbeitskräfte aus den ostmitteleuropäischen Staaten auch nach deren Beitritt zur EU nicht sofort in den Genuß der vollen Freizügigkeit kommen sollten, war ein weiterer zentraler europapolitischer Programmpunkt der tschechischen Sozialdemokraten – die vollberechtigte Mitgliedschaft in der EU – vorübergehend am Widerstand gerade ihres deutschen Kooperationspartners gescheitert.

Die Folgen dieser europapolitischen Rückschläge für die ČSSD waren jedoch überaus ambivalent. Sie lassen sich an den Wahlen zum tschechischen Abgeordnetenhaus im Jahr 2002 und der anschließenden Koalitionsbildung ablesen. So ging auf der einen Seite die Unterstützung für die ČSSD auf 30 Prozent (minus zwei Prozent) zurück, während die Kommunistische Partei mit 18,5 Prozent den größten Erfolg seit dem Umbruch 1989 feiern konnte. Auf der anderen Seite aber hat der europapolitische Konflikt mit Deutschland den staatsnationalen Flügel in der ČSSD geschwächt, hatte doch mit der KSČM jene Partei einen Aufschwung erlebt, die ein ähnliches, wenn auch weitaus radikaleres staatsnationale Programm gerade in bezug auf den tschechisch-deutschen Konflikt vertrat. Diese Schwächung des staatsnationalen Flügels der ČSSD zeigte sich in aller Deutlichkeit in der Regierungsbildung. Wäre bereits 1998 eine Koalition der nationalföderativen Kräfte der Tschechischen Republik möglich gewesen, die jedoch daran scheiterte, daß die staatsnationale Stoßrichtung des damaligen Mehrheitsflügels der ČSSD unter Zeman gerade für die kleineren nationalföderativen Parteien (US, DEU) inakzeptabel war, so entstand 2002 auf der Basis einer äußerst knappen Mehrheit von 101:99 Stimmen im tschechischen Abgeordnetenhaus eben jene nationalföderative Koalition aus ČSSD, KDU-ČSL und US-DEU.[74]

---

[74] Welche Bedeutung der gemeinsame nationalpolitische Standpunkt und das in ihm wurzelnde europapolitische Programm für diese Koalition hatte, zeigte sich bereits

Mit dem aus Südböhmen stammenden Vladimír Špidla, der bereits im Zuge der sukzessiven Schwächung des Zeman-Flügels im Jahre 2001 in das Amt des Parteivorsitzenden der ČSSD gelangt war, übernahm erstmals seit 1989 ein Mann das Amt des Ministerpräsidenten, der nicht der kommunistischen Funktionselite aus dem Prognoseinstitut der Akademie der Wissenschaften entstammte, welche die tschechische Politik in den 1990er Jahren so stark geprägt hatte. Špidlas Nachfolger an Partei- und Regierungsspitze, der 1969 geborene Stanislav Gross, gehörte bereits einer Generation an, deren politische Sozialisation in die Zeit des Umbruchs von 1989 fiel.[75] Wenngleich Špidla und auch Gross eher als Vermittler zwischen den beiden Flügeln der ČSSD auftraten denn als exponiertere Vertreter nationalföderativer Ideen, so standen sie doch beide ohne Zweifel für die Verlagerung des nationalpolitischen Schwerpunkts in der ČSSD.

Während die ODS in ihrer seit Ende der 1990er Jahre immer stärker wachsenden Ablehnung der Europäischen Union im Jahre 2003 anläßlich des Referendums über den Beitritt der Tschechischen Republik sich nur mit großer Zurückhaltung zu einer befürwortenden Empfehlung durchringen konnte und die KSČM sich ähnlich reserviert äußerte, gab die ČSSD gemeinsam mit ihren Koalitionspartnern eine klares Ja als ihre Position aus.

Viel deutlicher als in der Beitrittsdebatte, die sehr stark von ökonomischen Detailfragen geprägt war, - wenngleich diese von hoher symbolischer Bedeutung sein konnten, wie etwa die Frage der Übergangsfristen bei der Freizügigkeit der Arbeitskräfte – zeigten sich jedoch die europapolitischen Ordnungsvorstellungen der ČSSD in der Debatte über den Europäischen Verfassungsvertrag, den die tschechischen Sozialdemokraten im Gegensatz

in dem Koalitionsvertrag, der den Beitritt zur Europäischen Union zum wichtigsten Ziel erklärt und sich mit einem klaren Bekenntnis zu einer vertieften Integration explizit gegen den Souveränismus der „linken“ und „rechten“ staatsnationalen Kräfte abgrenzt. <http://wtd.vlada.cz/vlada/vlada_dokumenty.htm>. – Noch expliziter fiel die Neufassung des Koalitionsvertrags aus, die im Frühjahr 2005 nach einer schweren innenpolitischen Krise der Koalition verabschiedet wurde. Bereits der Titel des Dokuments bringt zum Ausdruck, was alleine die drei Parteien zusammenhält: „Vertrag über die Kooperation der demokratischen proeuropäischen Parteien.“ Smlouva o spolupráci demokratických proevropských stran ČSSD, KDU-ČSL a US-DEU. <www.socdem.cz/vismo/dokumenty2.asp?u=422010&id_org=422010&id=513452&p1=10290&p2=&p3=>

[75] Bezeichnend ist auch, daß mit Oto Novotný, der bereits Mitte der 1990er Jahre mit seinem Programmvorschlag „Pragmatický posun ...“ als Berater Zemans erheblich zur Orientierung der ČSSD auf die EU beigetragen hatte, dann aber von Zeman entlassen und aus der Partei gedrängt wurde, als Berater von Gross zurückkehrte.

zu der staatsnationalen „Linken“ aus den Reihen der KSČM und der staatsnationalen „Rechten“ aus den Reihen der ODS klar befürworteten.[76]
Hier entwickelte die nunmehr von ihrem nationalföderativen Flügel angeführte ČSSD das Leitbild eines sozialdemokratischen Europa, eines Europa, in welchem die sozialen Anliegen des Volks (lid) mit den kulturellen Anliegen der Völker (národy) in Einklang gebracht werden sollen, in denen der Nationalstaat zwar als Rahmen für die demokratische Willensbildung der Nation unersetzlich bleibt, der nationalstaatliche Souveränitätsanspruch jedoch mittels Selbstbeschränkung so gedrosselt werden soll, daß er nicht den sozialen Interessen entgegensteht. So erklärte Stanislav Gross etwa im Jahre 2004 in einer Vorlage für das Zentralkomitee und den Programmrat der ČSSD:

> Die Tschechische Republik befindet sich in einem Europäisierungs- und Globalisierungsprozeß, der die Stellung und die Funktionen des Nationalstaats grundlegend verändert. Aus Sicht der Sozialdemokratie ist dabei entscheidend, daß der Europäisierungs- und Globalisierungsprozeß in der Form, in der er gegenwärtig abläuft und die man allgemein als „Vorauspreschen der Ökonomie vor der Politik“ und „Vorauspreschen der Ökonomie vor sozialen Sicherheiten“ bezeichnen kann, die Institution des demokratischen Sozialstaats zerstören. Diese Institution ist im Rahmen des demokratischen Nationalstaats entstanden und war Grundlage für das europäische Sozialmodell, das auf den Menschenrechten, der sozialen Kohäsion und der Solidarität beruht und sich nach dem Zweiten Weltkrieg entwickelte. [. . .] Das Problem, vor dem die Sozialdemokratie steht, besteht darin, daß der *Sozialstaat nicht im engen nationalstaatlichen, sondern nur in einem europäischen Rahmen erhalten werden kann.* Diese Ausgangssituation bietet aber die Chance auf eine Erneuerung und Rekonstruktion des Sozialstaats mittels einer *wechselseitigen Anerkennung der Bürger und der Völker* im Rahmen der Europäischen Union. Dies ist allerdings ein schwieriger Prozeß, der nicht nur eine engere *politische Integration* Europas auf der Basis der EU erfordert, sondern auch eine *soziale und multikulturelle Integration.*[77]

---

[76] 7 důvodů PRO Smlouvu o Ústavě pro Evropu. Praha 2005. - Ústava – proč říct ANO, in: Euro Zprávy. Informatiční bulletin pro členy a sympatizanty České strany sociálně demokratické vydávaný delegací poslančů za ČSSD v Evropském parlament 2/2005, S. 6-7. – <www-cssd.cz/soubory/4220110/euro%20zpr%E1vy-2ur%E8eno%20k % distribuci.pdf>.

[77] Stanislav Gross: Česká republika v procesu evropeizace a globalizace a úkoly ČSSD. Podklad pro ÚV ČSSD a pro programovou radu ČSSD. Hervorhebung von mir. <http://cssd.cz/soubory/422010/p%F8%EDsp%ECvek-gross_04.12.04.rtf>.

Es wird deutlich, daß die Ordnungsvorstellungen der ČSSD in bezug auf die beiden entscheidenden institutionellen Fragen des Ordnungssystems der EU - den angestrebten Grad der Zentralisierung und die Repräsentationsvorstellungen - dem Leitbild der ODS fundamental entgegenstehen. Entwickelte die staatsnationale „Rechte" ihre europapolitischen Ordnungsvorstellungen ausschließlich vom Standpunkt des Nationalstaats, dessen umfassende Souveränität ihr als Voraussetzung und einzig denkbare Verwirklichung demokratischer Repräsentation der Staatsbürger galt, und geißelte jede Form der supranationalen Integration als undemokratischen „sozialistischen Zentralismus", so blickte die nationalföderative „Linke" vom Standpunkt der sozialen und nationalen Anliegen des Volks auf die europäische Politik. In einer Institutionalisierung europäischer Politik sah sie nicht die Zerstörung der Souveränität des Nationalstaats, sondern die einzige Möglichkeit zur Wiederherstellung der von der ökonomischen Entgrenzung im Zuge der Globalisierung bedrohten (sozial)politischen Handlungsfähigkeit. Forderte die ČSSD damit eine europäische Ordnung, in der zur Lösung der sozialen Frage auch Kompetenzen von der nationalen auf die europäische Ebene verlagert sind, was eine deutliche Steigerung der politischen Zentralisierung in Europa bedeuten würde, so ließ sie doch die nationale Frage keineswegs außer acht. So ist die eigentliche Grundlage der Bereitschaft der ČSSD, nationalstaatliche Kompetenzen auf die europäische Ebene zu verlagern auch nicht in dem bloßen Streben zu sehen, ein bestimmtes Sozialmodell zu erhalten. Entscheidend ist vielmehr das in ihrer nationalföderativen Tradition verankerte Modell zur Lösung nationaler Konkurrenz. Das europapolitische Denken der ČSSD kennt nicht wie jenes der ODS alleine die Konkurrenz der Nationalstaaten, sondern auch die Möglichkeit einer wechselseitigen Anerkennung der Völker:

> Die europäische Einigung ist ein singuläres politisches Konzept der Beziehungen und der Kooperation zwischen den europäischen *Staaten und Völkern* [. . .] Die Integration stellt eine radikale Abkehr vom Konzept des Machtgleichgewichts und der Dominanz der Großmächte dar, das für lange Zeit die Entwicklung in Europa bestimmte und zu einer Marginalisierung der kleinen und mittleren Staaten, zu Konflikten und zwei zerstörerischen Kriegen geführt hat. Erstmals in der Geschichte sind die kleinen Staaten gleichberechtigte Teilnehmer an Entscheidungen, ihre Stimme und ihre Ansichten können in den Institutionen der Europäischen Union nicht vergessen und übergangen werden.[78]

[78] Rezoluce XXXI. Sjezdu ČSSD ke Konventu o budoucnosti Evropy. Praha 28-30-3.2003.

Erst das kulturelle Nationsverständnis, das in der Unterscheidung von Staaten und Völkern zum Ausdruck kommt, macht es möglich, daß die ČSSD die politische Loyalität der Bürger nicht alleine auf den Staat bezieht, sondern auch die Möglichkeit einer wechselseitigen Anerkennung europäischer Bürger in Betracht zieht. Gestärkt wird diese Vorstellung einer europäischen Bürgerschaft durch das soziale Volkskonzept der tschechischen Sozialdemokraten, das die Vorstellung eines die Staats- und Nationsgrenzen transzendierende gemeinsamen Interesses des „einfachen" Volks (*lid*) ermöglicht. Der sozialen Integration – der Angleichung der Lebensverhältnisse – stellt die ČSSD daher das Ziel einer „multikulturellen Integration" zur Seite, die gerade nicht auf kulturelle Vereinheitlichung, sondern auf Anerkennung der Vielfalt zielt.

Dieses Nebeneinander zweier unterschiedlicher Integrationsbegriffe führte die ČSSD dann auch zu der Forderung, daß es wichtig sei, daß

> die Europäische Union ihren demokratischen Charakter stärkt und den Bürgern näher ist, wobei die Prinzipien der *Solidarität* und der *Subsidiarität* erhalten bleiben.[79]

Weder sollte also der im Rahmen der Debatte über eine Verfassung für die Europäische Union diskutierte Umbau der EU dazu führen, daß die „Solidarität" – die sozialpolitischen Umverteilungsmechanismen der EU wie die Gemeinsame Agrarpolitik oder die Struktur- und Kohäsionspolitik - abgebaut werden, noch daß eine übermäßige Zentralisierung die „Subsidiarität" – die Absicherung kultureller und administrativer Vielfalt auf nationalstaatlicher Ebene – aufgegeben werden.

Diese sozialen und kulturellen Integrationsvorstellungen spiegeln sich unmittelbar in den politischen Integrationskonzepten der ČSSD wider. So erklärte die ČSSD, sie unterstütze

> die Vereinigung Europas im Rahmen der Europäischen Union, die bei einer schrittweisen *Stärkung der Demokratie und der föderalen Elemente* die *nationalen und kulturellen Besonderheiten* der einzelnen Staaten erhält.[80]

<www.cssd.cz/vismo/dokumenty2.asp?u=422010&id_org=422010&id=299065&p1=4981&p2=&p3=34>.

[79] Ebd. Hervorhebung von mir.

[80] Ebd.

Dieses Ordnungskonzept hatte unmittelbare Folgen für die Vorstellungen der ČSSD von der institutionellen Umgestaltung der Europäischen Union. Ähnlich wie die KDU-ČSL plädierte die ČSSD für starke europäische Institutionen, die dafür sorgen sollen, daß alle Staaten vor dem europäischen Recht gleich sind. Die Europäische Kommission betrachteten die Sozialdemokraten als ein unparteiisches Fachorgan, das die Konflikte zwischen den Mitgliedsstaaten des Staatenverbunds Europäische Union durch Sachexpertise in einzelnen Politikfeldern in eine Kooperation überzuleiten vermag und dafür sorgt, daß alle Staaten und Bürger vor dem europäischen Recht gleich sind:

> Die ČSSD setzt sich dafür ein, daß die Europäische Union die gemeinschaftlichen Elemente in der institutionellen Struktur stärkt und weiterentwickelt. Sie unterstützt eine Stärkung der Rolle der Europäischen Kommission und des Europäischen Parlaments in der Struktur der europäischen Institutionen. Die zukünftige Gestalt der europäischen Institutionen muß von dem Prinzip der Erhaltung des *Gleichgewichts zwischen den einzelnen europäischen Institutionen* ausgehen und gleichzeitig die *Gleichheit* der Mitgliedstaaten und das *Gleichgewicht* zwischen ihnen berücksichtigen.[81]

In dieser Forderung klingt ein weiteres zentrales Element der nationalföderativen Ordnungsvorstellungen der ČSSD an. Während die „linken" und „rechten" staatsnationalen Kräfte immer auf der Gleichberechtigung (rovnoprávnost) aller Staaten in der Europäischen Union beharrten, der Stimmgewichtung nach Bevölkerungsgröße skeptisch gegenüberstanden und

---

[81] Ebd. Hervorhebung von mir. Siehe auch die Rede des vormaligen Ministerpräsidenten Vladimír Špidla: Projev předsedy vlády České republiky Vladimíra Špidla na téma: „Evropa: hodnota a výzva" přednesený dne 10.12.2003 v Královském institutu mezinárodních vztahů v Bruselu. – <http://wtd.vlada.cz/scripts/detail.php?id=5201>. – In diesem Sinne schloß sich auch der Vertreter der sozialdemokratischen tschechischen Regierung im Europäischen Konvent, Jan Kohout, einer Gruppe von Staaten an, die eine Schwächung der Europäischen Kommission als Hüterin der rechtlichen Gleichheit aller Mitgliedstaaten im anvisierten Institutionengefüge der EU zu verhindern suchten. Diese Gruppe, der vor allem kleine und mittlere Staaten wie Belgien, Griechenland, die Niederlande, Österreich, Portugal, die Slowakei und Ungarn angehörten, trat unter dem Namen „Freunde der Gemeinschaftsmethode" auf und forderte, daß die Kommission das alleinige Initiativrecht im europäischen Gesetzgebungsverfahren behalten solle. Siehe dazu: David Král: Profile of the Visegrad Countries in the Future of Europe Debate. Prague 2003 [=Europeum Institute for European Policy. Working Paper September 2003].

eine Ausweitung von Mehrheitsentscheiden vehement ablehnten, setzte die ČSSD den Akzent auf die Vollberechtigung (plnoprávnost) der Tschechischen Republik und ihrer Bürger in der Europäischen Union. Während sie also die Gleichheit aller Staaten vor dem europäischen Recht zu einer ihrer Kernforderungen machte, hielt sie bei der Stimmgewichtung im Ministerrat ein asymmetrisches „Gleichgewicht" zwischen den Staaten, in dem sich bis zu einem gewissen Maße die unterschiedliche Größe der Völker widerspiegelt, für akzeptabel. In dieser Selbstbeschränkung – sowie in der in Ansätzen entwickelten Vorstellung einer europäischen Bürgerschaft - ruht auch die positive Einstellung der ČSSD zum Europäischen Parlament, dem die staatsnationalen Kräfte so skeptisch gegenüberstehen und es in ein Vertretungsorgan der nationalen Parlamente umwandeln wollen.
Vergleicht man die Vorstellungen der ČSSD in bezug auf die zwei zentralen Fragen des Ordnungssystems der Europäischen Union, die Frage der Repräsentation und die Frage der Zentralisierung politischer Entscheidungen auf europäischer Ebene, mit jenen der übrigen tschechischen Parteien, so wird deutlich, daß die Sozialdemokraten ähnlich wie die Christlichsozialen und im Gegensatz zur ODS und zur KSČM offen für eine doppelte Repräsentation der Nationalstaaten und der europäischen Bürger sind:

> Die institutionelle Struktur der Europäischen Union muß unzweifelhaft die beiden Quellen ihrer Legitimität widerspiegeln, die *auf der einen Seite von den Nationalstaaten* und *auf der anderen Seite von den europäischen Bürgern* abgeleitet ist.[82]

Gleichzeitig setzen die Sozialdemokraten in linker Tradition - im Gegensatz zur ODS, aber auch stärker als die KDU-ČSL - insbesondere im Bereich der Wirtschafts- und Sozialpolitik auf eine Verlagerung politischer Entscheidungskompetenzen auf die europäische Ebene. Im Gegensatz zur *Kommunistischen Partei Böhmens und Mährens*, die, wie zu zeigen sein wird, grundsätzlich eine noch stärkere Zentralisierung wirtschaftspolitischer Kompetenzen in Europa einfordert, diese Forderung jedoch im Namen ihres staatsnationalen Programms sogleich widerruft, hat der nationalföderative Mehrheitsflügel der ČSSD ein konsistentes Programm zur Vermittlung von politischer Einheit und kultureller Vielfalt in der EU entwickelt.

---

82 Rezoluce XXXI. Sjezdu ČSSD ke Konventu o budoucnosti Evropy. Praha 28-30-3.2003. <www.cssd.cz/vismo/dokumenty2.asp?u=422010&id_org=422010&id=299065&p1=4981&p2=&p3=34>.

5 Nationalstaat in der Isolation oder Aufbruch in einen euroasiatischen Staatenverbund?

Die Kommunisten zwischen tschechoslowakischem und tschechischem Staatsnationalismus

Die *Komunistická strana Čech a Moravy* (Kommunistische Partei Böhmens und Mährens, KSČM), ist ein Exot in Ostmitteleuropa. Sie ist die einzige kommunistische Partei in diesem Raum, die nahezu ungebrochen an die 1989 um die Alleinherrschaft gebrachte kommunistische Staatspartei anknüpft – und dies nicht ohne Erfolg. Bei allen freien Wahlen seit 1990 zog sie nicht nur in die kommunalen, sondern auch in die gesamtstaatlichen Parlamente - bis 1993 in die tschechoslowakische Volks- und in die Nationenkammer - sowie seit 1993 in das Abgeordnetenhaus und den Senat der Tschechischen Republik ein. Seit Ende der 1990er Jahre hat die KSČM ihre Position sogar ausbauen und ihre Sperrminorität, die eine Regierungsbildung in der Tschechischen Republik erschwert, in der seit 2002 laufenden Legislaturperiode mit 41 von 200 Mandaten gegenüber den vorhergehenden Legislaturperioden fast verdoppeln können.

In Polen und Ungarn durchliefen die ehemaligen Staatsparteien, die sich niemals das Attribut „kommunistisch“ zugelegt hatten, einen tiefgreifenden programmatischen Wandel und etablierten sich als sozialdemokratische Parteien, so daß sie schon Mitte der 1990er Jahre als Sieger aus freien Wahlen hervorgehen konnten. Auch in der Slowakei sind Parteien, die sich schon im Namen zur kommunistischen Tradition bekennen, nicht über ein Dasein als Splittergruppe hinausgekommen. Lediglich die Stellung der *Partei des Demokratischen Sozialismus* (PDS) in Deutschland ähnelt jener der KSČM in der Tschechischen Republik. Woran liegt das?

Die Umschau in Ostmitteleuropa legt nahe, daß es nicht das gesellschaftspolitische kommunistische Programm sein kann, das die KSČM mit der PDS verbindet und beide von den programmatisch zu sozialdemokratischen Parteien gewandelten ehemaligen Staatsparteien in Polen und Ungarn unterscheidet. Vielmehr ist es ein bestimmtes nationalpolitisches Programm, das sich hinter den Chiffren „Kommunismus“ bzw. „Sozialismus“ verbirgt, auf denen KSČM und PDS beharren: Es handelt sich in beiden Fällen um Nachfolgeorganisationen staatsnationaler Parteien nicht mehr existierender Staaten. Während die polnische und ungarische Arbeiterpartei weiter im Rahmen jenes Staates agieren konnten, auf denen sich ihr staatsnationales Status-quo-

Programm seit 1945 bezog, und so ohne größere Widerstände einen Wandel zu sozialdemokratischen Parteien durchliefen, sind die Tschechoslowakei und die DDR von der europäischen Landkarte verschwunden. Die PDS hat von der SED das auf die DDR bezogene staatsnationale Programm geerbt, das diese vertrat, nachdem sie Anfang der 1970er Jahre den Anspruch auf eine deutsche Wiedervereinigung unter sozialistischem Vorzeichen aufgegeben hatte und das Leitbild einer „sozialistischen Nation" zum Primat ihrer Deutschlandpolitik machte.[1] Die PDS konnte daher im wiedervereinten Deutschland weder in den Ländern der alten Bundesrepublik nennenswerte Erfolge bei Wahlen erzielen, noch gelang es ihr bis ins Jahr 2005, sich mit den westdeutschen Linksparteien zu einer gesamtdeutschen Partei links der SPD zu vereinen. Fremd- und Eigenwahrnehmung der PDS als DDR-Partei haben dazu geführt, daß sie eine ostdeutsche Regionalpartei geblieben ist, die in den neuen Bundesländern als politische Kraft akzeptiert war, auf gesamtstaatlicher Ebene, wo es um nationalpolitische Fragen geht, aber isoliert blieb.

Ähnliches gilt für die tschechische KSČM. Sie ist eine Partei des tschechoslowakischen Staatsnationalismus, die dieses nationalpolitische Programm auch nach dem Untergang der Tschechoslowakei verficht. Die zentralen ideologischen Elemente ihres nationalpolitischen Programms sind der Antifaschismus und der Pazifismus. Nationalpolitisch verbirgt sich hinter diesem „kommunistischen" Programm ein kaum verhohlener Antigermanismus sowie ein Festhalten an dem von ihr als europäische „Friedensordnung" verstandenen Ordnungssystem, das nach dem Zweiten Weltkrieg entstanden und durch die Präsenz der Sowjetunion in Ostmitteleuropa garantiert worden war. Mit diesem blockkommunistischen nationalpolitischen Programm sah die KSČM sich während der 1990er Jahre in der Tschechischen Republik auf der gesamtstaatlichen Ebene in die Isolation verbannt. Wie im Falle der PDS hoben die tschechischen Sozialdemokraten die Isolation zuerst auf der lokalen und regionalen Ebene auf, wo das nationalpolitische Programm von geringer Bedeutung ist.

Erst seit Ende der 1990er Jahre versucht ein kleiner Flügel in der KSČM, die europapolitischen Gegebenheiten, die nach dem Ende der bipolaren Ordnung in Europa entstanden sind, anzuerkennen, das nach Osten weisende und in den 1990er Jahren in die europapolitische Isolation führende tschechoslowakisch-staatsnationale Programm zu mildern und der Partei aus der innenpolitischen Isolation zu verhelfen. Diese Ansätze einer neoeurokommunistischen

[1] Hermann Weber: Geschichte der DDR. München 2000. Peter Graf Kielmannsegg: Nach der Katastrophe. Eine Geschichte des geteilten Deutschland. Berlin 2000.

aktivistischen Europapolitik nähern diesen Flügel der KSČM programmatisch den tschechisch-staatsnationalen Kräften an - der ODS und dem staatsnationalen Flügel der ČSSD. Der staatsnationale Flügel der ČSSD ist seit dem Abtritt Miloš Zemans von der Parteispitze allerdings in der Defensive, und die staatsnationale ODS hat sich ungeachtet der unübersehbaren nationalpolitischen Parallelen mit dem tschechisch-staatsnationalen Flügel der KSČM noch nicht von ihrer antikommunistischen Rhetorik gelöst. Vor allem aber sind die tschechisch-staatsnationalen Kräfte in der KSČM bislang schwach geblieben. Diese Schwäche verweist auf einen Unterschied zwischen der KSČM und der PDS. Während das auf die DDR bezogene staatsnationale Programm der SED ausschließlich auf die aus dem Zweiten Weltkrieg hervorgegangene europapolitische Konstellation gründete und erst seit den 1970er Jahren Wurzeln schlagen konnte, die PDS sich daher seit 1989 in Maßen reformfähig gezeigt hat, sind die tschechoslowakisch-staatsnationalen Traditionen der KSČM älter und damit auch beständiger.

5.1 Die tschechoslowakisch-staatsnationalen Traditionen der KSČM

Die Alleinherrschaft der ostmitteleuropäischen kommunistischen Staatsparteien hat ihre Wurzeln in der politischen Konstellation des Ost-West-Konflikts, in der die militärischen Ergebnisse des Zweiten Weltkriegs über vierzig Jahre in territoriale und sozialsystemare Gegensätze eingefroren wurden. Kommunistische Parteien gelangten überall dort an die alleinige Macht, wo die sowjetische Armee ihnen dazu verhalf. Doch schon zu dieser Zeit nahmen die tschechischen Kommunisten eine Ausnahmestellung in Ostmitteleuropa ein. Als einzige kommunistische Partei im Gebiet des später gegründeten Warschauer Pakts siegten sie 1946 in relativ freien Wahlen. Die Wurzeln der starken kommunistischen Bewegung in den böhmischen Ländern liegen daher tiefer, ihre Affinität zur Kommunistischen Partei in Moskau ist nicht erst dem Sieg der Roten Armee im Zweiten Weltkrieg entwachsen.
Die nationale und soziale Struktur der im regionalen Vergleich im 19. Jahrhundert früh industrialisierten böhmischen Länder ließ eine starke, gemäßigt national denkende tschechische Arbeiterbewegung entstehen. Solange im Osten Europas der reaktionäre Zarismus herrschte und im Norden und Westen der böhmischen Länder sich ein deutscher Nationalstaat zu formieren begann, schien ein Verbleib der Tschechen im österreichischen Reichsverband nicht nur als beste zur Verfügung stehende Antwort auf die nationale

Frage, sondern versprach auch den größten sozialen Gestaltungsspielraum. Die tschechische Arbeiterbewegung hatte lange Zeit ein proösterreichisches Programm. Die Gründung der Tschechoslowakei und die Oktoberrevolution in Rußland veränderten die Rahmenbedingungen für das Denken über die Verknüpfung von sozialer und nationaler Frage in der tschechischen Arbeiterbewegung substantiell. Ihre Spaltung durch die Gründung der Kommunistischen Partei der Tschechoslowakei (KSČ) 1921 war beredter Ausdruck der neuen Verhältnisse.

Die Kommunistische Partei der Tschechoslowakei unterschied sich von den sozialdemokratischen Parteien der Tschechoslowakei in drei zentralen Punkten: In der *sozialen* Frage war sie radikaler. In der *nationalen* Frage begann sie, sich von dem traditionellen föderalistischen Organisationsprinzip der österreichischen sozialdemokratischen Parteien zu verabschieden. Die politische Radikalisierung der linken und rechten tschechischen Nationalbewegung infolge des Ersten Weltkriegs, die diese mit Erfolg einen eigenen Staat fordern ließ - führte somit dazu, daß aus der tschechischen nationalföderativen Arbeiterbewegung ein tschechoslowakisch-staatsnationaler Flügel erwuchs, der sich mit der Gründung der KSČ in einer eigenen Partei organisierte. In der ersten Hälfte der 1920er Jahre war das Programm der KSČ jedoch noch revolutionär-internationalistisch, den tschechoslowakischen Nationalitätenstaat lehnte sie als bürgerliches Gebilde ab.

So verblieb der prosowjetische Flügel der KSČ, der aus der von Alois Muna angeführten *Československá komunistická strana na Rusi* (Tschechoslowakische Kommunistische Partei in Rußland) hervorgegangen war, eine Minderheitsströmung in der KSČ. Zwar gelang es diesem Flügel unter seinem neuen Führer, Bohumil Jílek, mit der Unterstützung der *Kommunistischen Internationalen* und der sowjetischen Füherung, die linken und staatsnationalen Abspaltungen der *Sozialdemokratischen Arbeiterpartei* in der Tschechoslowakei zu einer zentralistisch aufgebauten, nach dem Territorialprinzip gesamttschechoslowakisch organisierten Partei zu vereinen.[2] Doch behielt der Flügel um Bohumil Šmeral, der sich widerspenstig gegenüber den Direktiven der Kommunistischen Internationale zeigte und auf eine stetig wachsende kommunistische Massenbewegung setzte, die einen gemäßigt revolutionären, „tschechischen“ Weg zum Kommunismus beschreiten sollte, in der ersten Hälfte der 1920er Jahre die Oberhand. So radikalisierte sich die kommunistische Massenbewegung, an deren Spitze sich zahlreiche tschechische Intellek-

---

2 Siehe ausführlicher Petr Fiala, Jan Holzer, Miroslav Mareš, Pavel Pšeja: Komunismus c české republice. Brno 1999; - Heinrich Kuhn: Der Kommunismus in der Tschechoslowakei. Köln 1965.

tuelle sahen[3], weder sozial noch national so stark, als daß sie eine Verbindung mit der Sowjetunion auf ihre Fahnen geschrieben hätte.[4] Die europapolitische Umpolung der tschechischen politischen Landschaft, in der seit der zweiten Hälfte des 19. Jahrhunderts die mit nationalpolitischen Maximalforderungen auftretenden „rechten" Nationaldemokraten eine enge Verbindung zu Rußland gesucht hatten, vollzog sich sehr langsam. Als breite gesellschaftliche Bewegung ist sie in den 1920er Jahren ganz ausgeblieben.

Erst die im Zusammenspiel des radikalen Parteiflügels der KSČ mit der *Kommunistischen Internationalen* von oben durchgesetzte Verwandlung der KSČ von einer Massenpartei in eine straff geführte Kaderpartei, die in mehreren Wellen von Parteiausschlüssen Ende der 1920er Jahre gipfelte, ließen die Bande zwischen der KSČ und Moskau enger werden. Nun verwandelte sich die KSČ endgültig von einer tschechisch-slowakisch-deutschen nationalföderativen Massenpartei in eine von Berufsrevolutionären gelenkte staatsnationale Organisation mit internationalistischer Rhetorik. Der Preis für diese Mutation war eine Einbuße an Wählerstimmen und intellektuellem Potential. Die Verbindung von Prag und Moskau unter kommunistischem Banner, die sich wie eine Wahlverwandtschaft ausnimmt[5], war unter demokratischen Verhältnissen nicht mehrheitsfähig und in der tschechoslowakischen linken Intelligencija nicht salonfähig.

Erst als die imperiale Außenpolitik und schließlich die exterministische Lebensraumpolitik des nationalsozialistischen Deutschlands die tschechischen Antworten auf die nationale Frage radikalisiert hatten, festigten sich die Bande zwischen der Tschechoslowakischen Kommunistischen Partei und Moskau. Ein mitteleuropäisches Zusammenleben von Deutschen und Tschechen in der Tschechoslowakei schien 1945 nicht mehr vorstellbar, eine Vertreibung und Abschiebung der in der Tschechoslowakei lebenden Deutschen und Ungarn erschien als legitime und „endgültige Lösung" der staats- und friedensbedrohenden nationalen Konflikte in der Tschechoslowakei. Diese Zerstörung der multinationalen Tschechoslowakei, die ihren Anfang im nationalsozialistischen Rassenwahn genommen hatte, vernichtete auch die letzten

---

[3] Vgl. dazu Ladislav Cabada: Intelektualové a idea komunismu v českých zemích 1900-1939. Praha 2000.

[4] Ein übriges tat die deutsch-sowjetische Kooperation, die gegen die mit den Pariser Vorortverträgen geschaffenen Nachkriegsordnung arbeitete.

[5] So etwa mit ahistorisch-deterministischer Argumentation Karl-Peter Schwarz: Mit der Vertreibung vollendet, in Arnold Suppan, Elisabeth Vyslonzil (Hg.): Edvard Beneš und die tschechoslowakische Außenpolitik 1918-1948. Frankfurt/Main 2002, S. 189-194.

nationalföderativen Elemente des nationalpolitischen Programms der KSČ. Waren die tschechischen Kommunisten zuvor auf eine Kooperation mit den slowakischen Kommunisten angewiesen und daher zu nationalen Zugeständnissen bereit, so entfaltete sich das tschechoslowakisch-staatsnationale Programm der tschechisch dominierten KSČ nun mit voller Kraft.

Gleichzeitig war auch die bündnispolitische Absicherung des tschechoslowakischen Staates der Zwischenkriegzeit gegen deutsche und ungarische Revisionsbestrebungen delegitimiert, die mit der Kooperation der kleinen ostmitteleuropäischen Staaten und der Orientierung auf die Großmacht Frankreich Elemente sowohl eines nationalföderativen als auch eines staatsnationalen Programms enthalten hatte. Alternativen hatten die aus dem Moskauer Exil zurückkehrenden kommunistischen Politiker anzubieten. Die rasch zum bipolaren Konflikt antagonistischer Gesellschaftssysteme eskalierende Konkurrenz der vormalig gegen das nationalsozialistische Deutschland Alliierten band die nationalpolitische und gesellschaftspolitische Ordnung in der Tschechoslowakei scheinbar unhintergehbar an die europapolitische Orientierung auf die Sowjetunion.

Nun wurde die traditionell von der staatsnationalen „Rechten" gepflegte Russophilie vollends in eine „linke" Sowjetophilie umgegossen und mit einem auf Endgültigkeit angelegten nationalpolitischen Programm sowie einem von ihr als progressiv deklarierten Gesellschaftsmodell zu einem schwer aufzulösenden Amalgam verschmolzen:

> Die neue Realität, die der Zweite Weltkrieg für uns geschaffen hat, ist, daß wir in der Außenpolitik auf Leben und Tod mit der Sowjetunion verbunden sind. Nicht nur, weil wir eine gemeinsame Ostgrenze mit unserem größten Verbündeten haben, sondern noch viel mehr, weil an unserer Westgrenze unser größter Feind steht. Die Garantie der größten Errungenschaft unserer ganzen Geschichte, der Abschiebung der Deutschen, ist die Stärke der Sowjetunion, deren Verdienst es auch ist, daß die Abschiebung in vollem Maße durchgeführt wurde. Auf der Abschiebung der Deutschen ist unsere ganze Zukunft aufgebaut, jede Änderung dieser Richtung wäre unser Untergang.[6]

---

[6] Antonín Klatovský: Naše politické strany a demokracie, in: Dnešek, 38/1946, S. 601-602, zitiert nach: Christiane Brennerová: Ex oriente lux? Obraz východní Evropy v poválečném Československu, in: Eva Hahnová: Evropa očima Čechů. Sborník ze sympozia konaného v Centru Franze Kafky ve dnech 22.-23. října 1996, S. 131-143, hier S. 133.

Antifaschismus - bzw. Antigermanismus - und Antikapitalismus verschmelzende Losungen verhalfen der Kommunistischen Partei bei den halbfreien Parlamentswahlen im Mai 1946 zu einem Anteil von 40 Prozent der Stimmen. Nachdem die KSČ im Februar 1948 die eingeschränkt pluralistische Ordnung der Nachkriegstschechoslowakei beseitigt und alle Machtpositionen im Staat besetzt hatte, bestimmte diese Doktrin die kommunistische tschechoslowakische Außenpolitik fast zwei Jahrzehnte. Erst Mitte der 1960er Jahre versuchte eine neue Generation reformkommunistischer Politiker, diesen national- und gesellschaftspolitischen Komplex aufzulösen, der die Tschechoslowakei unwiderruflich an die Sowjetunion band. Der anvisierte Dritte Weg sollte nicht nur aus der vollverstaatlichten Kommandowirtschaft führen, ohne in den Kapitalismus zu münden. Er sollte vor allem auch der Tschechoslowakei erlauben, Abstand von der Sowjetunion zu nehmen, ohne eine Dynamik auszulösen, in deren Folge die Tschechoslowakei ins Fahrwasser der Bundesrepublik Deutschland geraten würde. Das entscheidende Moment des Prager Frühlings, das erst den Anstoß für ökonomische Reformen im Inneren und Entspannungspolitik im Äußeren gab, war allerdings das demokratische und damit das nationalpolitische. Möglich geworden war das neue Denken erst, weil sich die nationalpolitischen Gegebenheiten mit der Flucht, Vertreibung und Aussiedlung der Deutschen so gravierend geändert hatten. Die Generation der reformkommunistischen Politiker zeichnete sich vor allem dadurch aus, daß sie das tschechoslowakisch-staatsnationale Programm weniger rigide verfolgte und eine Demokratisierung zuließ, die in der nun vorwiegend binationalen Tschechoslowakei angesichts der nationalen Ambitionen der Slowaken auch eine Föderalisierung bedeuten mußte.
Die Niederschlagung der reformkommunistischen Bewegung des Prager Frühlings durch sowjetische Panzer 1968 und der in drei Wellen folgende zweite Massenausschluß aus der KSČ im 20. Jahrhundert, der ca. 500 000 Mitglieder - d.h. knapp ein Drittel der Parteiangehörigen – betraf[7], hat die tschechoslowakische Kommunistische Partei auf lange Zeit auf ein staatssozialistisches ökonomisches Modell und insbesondere auf das tschechoslowakisch-staatsnationale Programm sowie die enge Bindung an die Sowjetunion festgelegt. Als sich in den 1980er Jahren in Polen eine breite antikommunistische Bewegung bildete, in Ungarn die Arbeiterpartei eine gesellschaftliche Liberalisierung einleitete und schließlich mit dem Antritt von Michail Gorba-

---

[7] Petr Fiala, Jan Holzer, Miroslav Mareš, Pavel Pšeja: Komunismus v České republice. Brno 1999, S. 63. Die Autoren stehen ideologisch der staatsnationalen „Rechten" nahe. Das nationalpolitische Element ist daher in der Publikation nahezu unbeleuchtet.

čev als Generalsekretär der KPdSU der außenpolitische Druck durch die Sowjetunion nachließ, zeigte sich, daß die Reformkräfte in der Tschechoslowakischen Kommunistischen Partei erschöpft waren.
Die mit dem Stigma der Kollaboration mit den Invasionstruppen im Jahre 1968 belasteten Führungskader der KSČ waren sich bewußt, daß ihre Machtstellung existentiell von der Aufrechterhaltung des tschechoslowakisch-staatsnationalen Programms im Inneren und der Frontstellung des Ost-West-Konflikts im Äußeren abhängig war. Darüber hinaus war nach der Niederschlagung des Prager Frühlings und der Errichtung eines Polizeistaates unter kommunistischem Banner auch der reformkommunistischen Bewegung das Rückgrat gebrochen. So wie in der DDR die SED-Kader davon ausgingen, daß eine Abschwächung oder gar eine Überwindung der Blockkonfrontation die Eigenstaatlichkeit der DDR und damit die Machtposition der SED existentiell gefährde, so stellte auch für die tschechischen Kommunisten der durch die Präsenz sowjetischer Truppen garantierte *status quo* der Teilung Europas die Bestandsgarantie des Tschechoslowakischen Staates gegenüber potentiellen deutschen revisionistischen Bestrebungen und somit die *raison d'être* ihrer Herrschaft dar. So begriffen der überwiegende Teil der Führung der KSČ und erhebliche Teile der Basis das „neue Denken" in der sowjetischen Außenpolitik, das einen langsamen ideologischen Rückzug der Sowjetunion aus Ostmitteleuropa bedeutete, nicht als Chance, sondern als Bedrohung.[8] Daher versuchten die Führungsspitze der KSČ und die kommunistischen Funktionseliten noch im Herbst 1989, das alte System aufrechtzuerhalten. Erst im allerletzten Moment sprang die Funktionselite von dem sinkenden Schiff des tschechoslowakisch-staatsnationalen „Kommunismus" und setzte auf einen „rechten" tschechisch-staatsnationalen „Antikommunismus". Damit implodierte die Machtstruktur der KSČ, der Versuch von Ministerpräsident Ladislav Adamec, sich als Reformator zu etablieren, scheiterte innerparteilich und in der Öffentlichkeit: Knapp eine Million Menschen verließ die Partei zwischen Januar 1989 und Juni 1990, die aufstiegsorientierten Parteimitglieder in Führungspositionen der Wirtschaft verließen die Partei ebenso wie die wenigen reformorientierten kommunistischen Politiker wie Valtr Komárek oder Vladimír Dlouhy. Zurückblieben die Parteikader der zweiten Reihe sowie eine Parteibasis, die vereint auf den Komplex aus tschechoslowakisch-staatsnationalem Programm, sozialistischer Wirtschaftsordnung und europapolitischer Orientierung nach Osten schworen.

---

[8] Siehe dazu mit Fokus auf die sowjetische Wahrnehmung Marianna Hausleitner: Die sowjetische Osteuropapolitik in den Jahren der Perestrojka. Frankfurt/Main [u.a.] 1994.

5.2 Die gesamteuropäischen Vorstellungen der KSČM: Vom Blockkommunismus zum Nationalkommunismus

Hatte sich die KSČ in den Jahren und Monaten vor dem Umbruch 1989 nicht in der Lage gezeigt, sich an die Spitze des sich bahn brechenden gesellschaftlichen Wandels zu stellen oder ihn zumindest so rasch durch programmatische Reformen nachzuvollziehen, daß sie sich als eine der Reformkräfte hätte etablieren können, so erhöhte sich der Druck zur Formulierung eines neuen nationalpolitischen und europapolitischen Programms mit dem inneren und äußeren Umbruch von 1989 um so mehr. Da zu dieser Zeit nur „rechte" Parteien bei Wahlen Erfolg hatten und in Parlament und Regierung alle politischen Schlüsselpositionen besetzten, drehten sich die entscheidenden Konflikte, welche die Kommunistische Partei in der ersten Hälfte der 1990er Jahre austrug, um den Zusammenhalt der Partei und ihre Vorherrschaft auf dem „linken" Flügel. Da die Partei so weit von konkreten politischen Entscheidungen entfernt war, fand diese Auseinandersetzung in erster Linie auf der symbolischen Ebene statt.

Innerparteilich unumstritten war, daß der „Sozialismus" als sozioökonomisches Ordnungsmodell nicht ausgedient hatte. Ebenso einig waren sich die Kommunisten über den „Pazifismus", den sie als Lehre von der Souveränität des eigenen und der befreundeten Staaten verstanden. So widersetzten sie sich der Privatisierung des Staatseigentums und protestierten gegen den Krieg am Golf, den aus Sicht der tschechischen Kommunisten die „imperialistische" USA gegen den souveränen Irak – und nicht die Vereinten Nationen gegen den Aggressor Irak, der die Souveränität Kuweits verletzt hatte – führten. Auch in der entscheidenden nationalpolitischen Frage, der Zukunft der Tschechoslowakei, ließ die Partei in ihrem offiziellen Programm nicht den geringsten Zweifel daran, daß der Staat erhalten werden sollte.

Heftige Konflikte brachen jedoch über den Namen der Partei aus. Die Partei sah sich vor die Alternative gestellt, ob sie – im Namen symbolisiert - die Kernelemente ihres Programms beibehalten sollten, oder ob es besser sei

> radikale Veränderungen durchzuführen, die mehr oder weniger den Vorstellungen der Machthaber entsprochen hätten, also vor allem eine grundlegende *Änderung des Namens*, eine Senkung der Mitgliederzahl, die Verkündung eines *linken* Programms und die explizite *Ablehnung aller Ideen des Kommunismus* [. . .] In einer bestimmten Modifikation, die zweifellos auch Ergebnis eines Konsenses der Außenwelt und der KSČM hätte sein können, war diese Alternative un-

> ter den Bedingungen einer konsequenten Realisierung einer Politik der nationalen Verständigung möglich. Aber die bloße Möglichkeit dieser Alternative wurde durch die *Aufgabe der Politik der nationalen Verständigung* und der *Eskalation des Antikommunismus* ausgeschlossen.[9]

Es wird nicht nur deutlich, welche Bedeutung die Partei ihrem Namen zumaß, der ihr gesamtes Programm symbolisieren sollte. Vor allem stand dieses Programm in der Wahrnehmung der Partei vor der ungewöhnlich erscheinenden Alternative, ein „linkes" oder ein „kommunistisches" zu sein. Der Sinn dieser Alternative erschließt sich aus der Gegenüberstellung von „nationaler Verständigung" (národní porozumnění) und Antikommunismus, der auf die nationalpolitische Aufladung der Begriffe „links" und „kommunistisch" verweist. Ähnlich wie in der Sprache der staatsnationalen „Rechten", die auf tschechischer Seite dafür gesorgt hatte, daß die Politik der „nationalen Verständigung", die auf die Erhaltung der Tschechoslowakei zielte, von einer „antikommunistischen" Politik, welche auf die Auflösung der Tschechoslowakei hinauslief, abgelöst wurde, bezog sich auch in der Sprache der Kommunisten „links" nicht so sehr auf sozioökonomische, sondern in erster Linie auf nationalpolitische Ordnungsvorstellungen. Während die staatsnationale „Rechte" allerdings zu dieser Zeit zwischen „links" und „kommunistisch" kaum unterschied und mit diesen Begriffen sowohl eine nationalföderative Politik als auch das tschechoslowakisch-staatsnationale Programm bezeichnete, unterschieden die Kommunisten zwischen einer „linken" tschechisch-nationalföderativen Politik und ihrer eigenen „kommunistischen" tschechoslowakisch-staatsnationalen Politik.
In der Debatte über das Attribut „kommunistisch" im Parteinamen spiegelt sich somit der ganze nationalpolitische Komplex. In ihr fallen die Fragen der inneren Ordnung der Tschechoslowakei und ihrer äußeren Verankerung in Europa zusammen, war die Bezeichnung „kommunistisch" doch sowohl mit der inneren Geschlossenheit der Tschechoslowakei als auch mit der Verteidigungsbereitschaft im Ost-West-Konflikt verbunden, der für die tschechischen Kommunisten vor allem eine Fortsetzung der Frontstellung gegenüber Deutschland im Zweiten Weltkrieg bedeutete, die des Bündnisses mit der Sowjetunion bedurfte.

---

9 Zpráva ÚV KSČM o činnosti strany od 1. sjezdu KSČM, in: Dokumenty II. sjezdu KSČM. Interní materiál KSČM. Praha 1991, S. 8. Hervorhebung von mir.

Nachdem die Funktionseliten des kommunistisch-tschechoslowakischen Regimes im November 1989 der Partei und ihrem auf die Sowjetunion orientierten europapolitischen Programm den Rücken gekehrt hatten, um auf eine „rechte", tschechisch-staatsnationale Politik und die USA als Bündnispartner zu setzen, wendeten sich ab 1990 auch zahlreiche kleinere „linke" Strömungen von der „kommunistischen Partei" ab. Ein erstes Signal setzte der Übertritt der in den späten 1980er Jahren entstandenen reform-„kommunistischen" Bewegung *Obroda* (Wiedergeburt) zu den wiedererstandenen Sozialdemokraten.[10] Die Bewegung knüpfte personell und programmatisch an die sozioökonomischen, vor allem aber an die nationalföderativen Ideen der Reform-„Kommunisten" des Jahres 1968 an. Auf die nationalpolitische Komponente verwies bereits ihr an die „tschechische nationale Wiedergeburt" des 19. Jahrhunderts (obrození) gemahnender Name.

Der nationalpolitische Konflikt in der Partei setzte sich 1990 fort, als sich ein kleiner nationalföderativer Flügel um Vasil Mohorita, Michal Kraus und Ladislav Žák bildete, der sich als *Demokratische Linke* (Demokratická levice) bezeichnete und gegen die Hauptströmung um den späteren langjährigen Parteivorsitzenden Miroslav Grebeníček opponierte.[11] Dieser Konflikt eskalierte auf der 6. Sitzung des ZK der KSČM im September 1991 in Nymburk, woraufhin die Partei ein innerparteiliches Referendum über Namen und Programm der Partei ausrief. Bei diesem sprachen sich zwischen Oktober und Dezember 1991 221 575 Mitglieder der KSČM, d.h. 75 Prozent, für eine Beibehaltung des tschechoslowakisch-staatsnationalen Attributs „kommunistisch" im Parteinamen aus.[12] Diese Mehrheitsverhältnisse an der Parteibasis blieben während der gesamten 1990er Jahre und über sie hinaus recht stabil, was es dem tschechoslowakisch-staatsnationalen Flügel immer wieder erlaubte, Initiativen zur Anpassung des nationalpolitischen Programms in sei-

---

[10] Alexandr Mitrofanov: Za fasádou lidového domu. Česká sociální demokracie 1989-1998: Lidé a události. Praha 1998, S. 21.

[11] Nach dem Austritt dieser Gruppe aus der KSČM versuchte Kraus, diese den Sozialdemokraten anzunähern, scheiterte aber am Widerstand des ČSSD-Vorsitzenden Jiří Horák. Gemeinsam mit anderen linken Gruppierungen gründete sie die *Demokratická strana práce* (Demokratische Partei der Arbeit), 1997 dann die *Strana demokratického socialismu* (Partei des demokratischen Sozialismus, SDS). Kraus hingegen trat nach der Wahl Miloš Zemans zum Vorsitzenden der ČSSD zu den Sozialdemokraten über. Alexandr Mitrofanov: Za fasádou lidového domů. Česká Sociální demokracie 1989-1998. Praha 1998, S. 21.

[12] Zpráva ÚV KSČM o činnosti strany od 1. sjezdu KSČM, in: Dokumenty II. sjezdu KSČM. Interní materiál KSČM. Praha 1991.

ner inneren und äußeren Dimension an die innertschechischen und europäischen Gegebenheiten abzuwehren.
Zunächst aber zog der Sieg des tschechoslowakisch-staatsnationalen Flügels einen Zerfall der gesamtschechoslowakischen Kommunistischen Partei nach sich. Zwar hatte die KSČ schon im Dezember 1989 eine tschechische territoriale Organisation geschaffen, die am 31.3.1990 ihren Gründungsparteitag als *Komunistická Strana Čech a Moravy* (Kommunistische Partei Böhmens und Mährens, KSČM) abhielt. Damit war der asymmetrische, rein formale innerparteiliche Föderalismus der Zeit vor 1989 aufgehoben, als die slowakischen Kommunisten eine Territorialorganisation besaßen, die tschechischen Kommunisten sich aber in der gesamtstaatlichen Partei repräsentiert sahen. Doch blieben die tschechischen Kommunisten bei ihrem staatsnationalen Programm, das nicht mit dem nationalpolitischen Programm der slowakischen Kommunisten vereinbar war – nicht mit einem slowakisch-nationalföderativen und erst recht nicht mit einem slowakisch-staatsnationalen. Obgleich sich auf dem 11. Parteitag im November 1990 die gesamttschechoslowakische Kommunistische Partei formal in eine Parteienföderation – die unter dem die Bedeutung der slowakischen Partei leicht aufwertenden Akronym KSČS auftrat – umgewandelt hatte, trennte sich im September 1991 die tschechisch-slowakische Fraktion der KSČS in der Föderalersammlung (Federální shromáždění).[13] Zwei Monate später verließ die slowakische Basisorganisation die Gesamtpartei, trennte sich von dem auf das tschechoslowakisch-staatsnationale Programm verweisenden Attribut „kommunistisch" in ihrem Namen und benannte sich um in *Strana demokratickéj ľavice* (Partei der Demokratischen Linken). Im April 1992 wurde dann die Parteienföderation endgültig aufgelöst.
Der Austritt der slowakischen Mitglieder aus der gesamtstaatlichen Partei entzog dem tschechoslowakisch-staatsnationalen Programm des Mehrheitsflügels der nunmehr nur noch tschechischen „kommunistischen" Partei den realpolitischen Boden . Innerparteilich zog der Austritt der Slowaken jedoch eine Stärkung des tschechoslowakisch-staatsnationalen Flügels nach sich, da die schwachen nationalföderativen Kräfte ihre Kooperationspartner verloren hatten. Dies zeigte sich, als der innerparteiliche Konflikt der tschechischen Kommunisten nach der Staatsauflösung eskalierte, welche die dominanten tschechischen und slowakischen staatsnationalen Kräfte unter Václav Klaus und Vladimír Mečiar 1992 beschlossen hatten. Auf dem für den 12.-13.12 1992 nach Kladno einberufenen II. Parteitag der KSČM hatte die Partei ihr

[13] František Ciganek et al.: Kronika demokratického parlamentu. Praha 1992, S. 147.

erstes Grundsatzprogramm nach 1989 verabschiedet, das bis heute gültig ist. Über dessen Auslegung brach der schwelende Richtungsstreit bald nach dem Parteitag in aller Heftigkeit aus. Angeheizt wurde er von dem Parteitagsbeschluß der sozialdemokratischen ČSSD im Februar 1993, mit der KSČM oder einer unreformierten Nachfolgepartei keinerlei Zusammenarbeit einzugehen.[14] Während der Parteivorsitzende der KSČM, Jiří Svoboda, der nach 1989 als Symbolfigur der Wandlungsfähigkeit an die Parteispitze gewählt worden war,[15] ohne jedoch allzu große innerparteiliche Unterstützung zu genießen, einen zweiten Anlauf zur Änderung des Parteinamens nahm[16], formierten sich Teile der orthodoxen Führungsgarde des alten Regimes um die nach ihrem Ausschluß erneut in die Partei aufgenommenen Miroslav Štěpán und Jaromír Obzina in der Gruppe *Za socialismus* (Für den Sozialismus).[17] Obwohl Svoboda in Kladno in Abwesenheit[18] als Parteivorsitzender bestätigt worden war, zeigte sich bald, daß sein Einfluß in der Partei beschränkt war und die stärkste Strömung sich hinter einer Gruppe um Miroslav Grebeníček formierte, die keine unmittelbare persönliche Verantwortung für die Verbrechen des alten Regimes trug, programmatisch und symbolisch aber Kontinuität gewährleistete. Im März 1993 lehnte das ZK der KSČM Svobodas mit einer Rücktrittsdrohung verbundene Forderung nach einer Namensänderung ab und berief für Ende Juni 1993 erneut einen Parteitag ein, auf dem über die Zukunft der Partei entschieden werden sollte.[19] Die Weichen für diesen Parteitag wurden jedoch schon vorher gestellt: Das ZK beauftragte die Parteikonferenzen auf Kreisebene (okresy), über den Namen der Partei abzustimmen. Bei diesen nichtbindenden Referenden im Frühjahr 1993 antworteten 42 der 75 Kreiskonferenzen der Partei bei 29 Gegenstimmen und vier uneindeutigen Voten mit „Ja" auf die Frage: „Sind sie für eine Änderung des Namens der Partei?"[20]

---

14 Protokol XXVI sjezdu ČSSD, S. 184.

15 Svoboda hatte als Filmregisseur vor 1989 einige nicht auf Parteilinie liegende Filme gedreht.

16 Siehe Svobodas Aufruf: Strana na rozcestí, Naše pravda 9/1993, S. 2.

17 Deklarace názorového proudu KSČM „Za socialismus", Naše Pravda 4/1993. Die Zeitung *Naše Pravda* (Unsere Wahrheit) ist bis heute das Organ des orthodoxen Flügels der KSČM.

18 Svoboda wurde kurz vor dem Parteitag bei einem bis heute nicht aufgeklärten, häufig den orthodoxen Kräften in der KSČM zugeschriebenen Attentat verletzt.

19 Petr Fiala, Jan Holzer, Miroslav Mareš, Pavel Pšeja: Komunismus v České republice. Brno 1999, S. 63.

20 Zpráva Komise o vyhodnocení výsledků vnitrostranické diskuse, in: Dokumenty III. sjezdu KSČM, S. 19.

Nochmals von der Basis gestärkt, setzte sich der „böhmisch-mährisch“-staatsnationale Flügel um Grebeníček durch, der auf dem Parteitag in Prostějov am 25.6.1993 zum neuen Vorsitzenden der KSČM gewählt wurde. Die Reformer um Svoboda, der nicht mehr kandidierte, verließen daraufhin die Partei, während Štěpán und Obzina erneut aus der Partei ausgeschlossen wurden, so daß auch der tschechoslowakisch-staatsnationale Flügel, der das alte nationalpolitische Programm ohne wenn und aber verteidigte, geschwächt wurde.[21] Beide Strömungen, die gemäßigt tschechisch-staatsnationale und die orthodoxe tschechoslowakisch-staatsnationale, versuchten ohne Erfolg, sich jenseits der KSČM mit eigenen Parteien zu etablieren. Sowohl die von aus der KSČM ausgetretenen und ausgeschlossenen Mitgliedern gegründeten tschechisch-staatsnationalen Parteien *Strana demokratické levice* (Partei des demokratischen Sozialismus) und *Levý Blok*[22] (Linker Block), die später zu der *Strana demokratického socialismu* (Partei des Demokratischen Sozialismus) fusionierten, als auch die von hohen Repräsentanten des alten Regimes gegründete tschechoslowakisch-staatsnationale *Strana československých komunistů* (Partei der tschechoslowakischen Kommunisten) versanken rasch in der politischen Bedeutungslosigkeit.[23] Die Parteibasis für das tschechische kommunistische Spektrum blieb daher die KSČM, die allerdings auch nach dem Sieg des dominanten Flügels um Grebeníček und den Abspaltungen nicht zu einer homogenen Partei geworden war. Dies äußerte sich etwa darin, daß mit Václav Exner und Miloslav Ransdorf zwei stellvertretende Vorsitzende an die Seite Grebeníčeks gewählt wurden, die etwas stärker als der Vorsitzende auf die symbolische Bewahrung des ganzen Erbes der KSČ (Exner) bzw. auf mehr reale politische Einflußmöglichkeiten durch eine flexible Haltung (Ransdorf) setzen.

Der nationalpolitische Spielraum, den die Partei in den 1990er Jahren zuließ, kommt in aller Deutlichkeit in dem ambivalenten Parteinamen zum Ausdruck, mit dem sich die Mehrheitsströmung unter Grebeníček durchsetzte. Die *Kommunistische Partei Böhmens und Mährens* beansprucht nicht mehr, eine Partei in und für die Tschechoslowakei zu sein. Und doch verweigert sie

---

21 Dokumenty III sjezdu KSČM. Interní materiál KSČM. Praha 1993. Svoboda trat schließlich 1996 der ČSSD bei.

22 Gegründet von den vormaligen KSČM-Mitgliedern Jiří Ordman und Marie Stiborová, die 1992 für die Wahlallianz *Levý Blok* in den tschechischen Nationalrat eingezogen waren. Die zweite Partei der Wahlallianz neben der KSČM, die Demokratická Levice ČSFR um Lotar Indruch, stellte sich jedoch an die Seite der KSČM, so daß die Wahlallianz *Levý Blok* bald zerfiel und Indruchs Partei sich auflöste.

23 Die Partei *Levý Blok* erhielt bei den Parlamentswahlen 1996 1,4 Prozent, die SDL 0,13 Prozent gegenüber 10,3 für die KSČM.

mit ihrem Namen, der aus der Bezeichnung für die Territorialorganisation der gesamttschechoslowakischen Kommunistischen Partei hervorgegangen ist, der Tschechischen Republik ihre Anerkennung. Er ist beredter Ausdruck des nationalpolitischen Programms, das die neuen Verhältnisse des mitteleuropäischen Staatensystems nicht anerkennt. Dennoch steht eine Revision der ehemals inneren, nun äußeren tschecho-slowakischen Ordnung nicht auf dem Programm der KSČM. Zu sehr ist sie dafür in ihrer „pazifistischen" Tradition der Verteidigung des status quo verwurzelt. So drückt die Vorläufigkeit der Selbstbezeichnung als Partei Böhmens und Mährens keine Revisionsabsicht, sondern eine Warnung vor einer drohenden Revision aus. Unverkennbar spiegelt sich in dem Namen der Partei die Bezeichnung des nationalsozialistischen Reichsprotektorats Böhmen und Mähren wider. Die KSČM führt symbolisch den alten staatsnationalen Kampf gegen *so* nicht mehr anwesende Sudetendeutsche in der *so* nicht mehr existierenden Tschechoslowakei weiter. In ihrem europapolitischen Programm verteidigt sie sich gegen ein - nationalsozialistisches - Deutschland, das es *so* nicht mehr gibt und sie sucht einen Bündnispartner, der *so* – als Sowjetunion – nicht mehr besteht. Die Kontinuität der Selbstbezeichnung als „kommunistische" Partei versteckt die Diskontinuität der äußeren Verhältnisse und bringt gleichzeitig den ungebrochenen Anspruch zum Ausdruck, die alten Verhältnisse zu verteidigen.

Diesen nationalen Kampf galt es in den frühen 1990er Jahren vor allem im Inneren auszutragen, bevor die gleichen Fragen mit dem näherrückenden Beitritt der Tschechischen Republik zur Europäischen Union wieder auf der europäischen Ebene auftauchen. Hatte die staatsnationale „Rechte" diese Zusammenhänge so lange als möglich zu leugnen gesucht, weil sie hoffte, mit der Verankerung eines nach innen und außen souveränen Staates im „Westen" der „Europäisierung" entgehen zu können, so formulierte die staatsnationale „Linke" der KSČM seit 1989 mit Nachdruck ihren Widerstand gegen die innere und äußere Europäisierung, die sie als Germanisierung und Amerikanisierung begriff.

War dies schon am Widerstand gegen die Teilung der Tschechoslowakei deutlich geworden, so galt dies um so mehr für eine innere Föderalisierung der Tschechischen Republik – insbesondere auf Basis der historischen Entitäten Böhmen und Mähren. In gleichem Maße wie sie die Eingliederung der Tschechischen Republik in eine föderale europäische Ordnung als großdeutschen und amerikanischen Imperialismus betrachtet, galten ihr die Staatstei-

lung wie die Föderalisierung als eine Strategie des *divide et impera,* hinter der „großdeutsche Absichten" und das „internationale Kapital" stünden.[24]
Die offiziellen Parteiprogramme der Zeit vor und nach der Teilung der Tschechoslowakei formulierten zwar scheinbar anderes, bei genauerer Betrachtung aber signalisierten sie das, was auch der Parteiname zum Ausdruck brachte:

> Wir wollen zusammenbleiben – Böhmen, Mährer, Slowaken *und weitere Völker* (národy) *und Völkerschaften* (národností) in einem *einzigen*, prosperierenden und gemeinsam aufgebauten Staat. In einem Staat, in dem das Prinzip der *Gleichberechtigung der Völker* und der vollständigen Respektierung der *nationalen Interessen* herrscht und der auf dem Prinzip der *Selbstverwaltung der Territorialeinheiten* aufgebaut ist.

Scheinbar erkennt die KSČM im Gegensatz zur staatsnationalen „Rechten", die nur Bürger der Tschechoslowakei kannte und nur Bürger der Tschechischen Republik kennt, die Existenz von Völkern an. Doch mit der Erwähnung weiterer „Völker und Völkerschaften" macht sie sogleich klar, wie gering die politische Bedeutung ist, die sie auch den Böhmen, Slowaken und Mährern als Völkern – oder Völkerschaften – beimißt und wie wenige politische Rechte sie ihnen zugestehen will. Was wie eine Anerkennung der politischen Forderungen der kurz vor einem eigenen Nationalstaat stehenden Slowaken wirkt, reduziert in Wirklichkeit deren politische Bedeutung auf die der Roma in der Tschechoslowakei. Dementsprechend kann die „Gleichberechtigung der Völker" nur dann zur Geltung kommen, wenn die „nationalen Interessen" – die Interessen des tschechoslowakischen Staates – vollständig respektiert werden. Die KSČM sprach sich für eine „territoriale" Selbstverwaltung aus, das heißt gegen eine nationale Selbstverwaltung, vor allem wenn diese hätte territorial verankert werden sollen.
Ähnlich zweideutig-eindeutig war auch das Programm zur sozialen Ordnung, das die KSČM viel offener als die anderen Parteien mit der nationalen Ordnung in Verbindung brachte. So formulierte sie im Wahlprogramm des Jahres 1992 *Co chtějí komunisté?* (Was wollen die Kommunisten?) unter dem Titel „Kein Ausverkauf des nationalen Eigentums!":

---

[24] Siehe exemplarisch: Stanislav Kráčmar: Jsme národy Čechů, Moravanů a Slezanů? Haló Noviny 13.11.2000.

> Wir sind nicht gegen privates Unternehmertum im kleinen und auch nicht im großen Maßstab, auch nicht gegen die Beteiligung ausländischen Kapitals in *unserer* Wirtschaft, wenn sie sich im Rahmen der Pluralität und der *Gleichberechtigung aller Eigentumsformen* bewegen wird. Wir sind aber dagegen, daß das *nationale Eigentum* (národní majetek) weit unter Wert an jene verhökert wird, die sich um sein Entstehen in keiner Weise verdient gemacht haben, daß es an *Personen* zurückgegeben wird, *die darauf nicht den geringsten moralischen Anspruch haben*, daß es auf den verschiedensten Wegen ins Ausland verschwindet. Mit dem *nationalen Eigentum* müssen vor allem diejenigen wirtschaften können, die mit ihm arbeiten.[25]

Damit lag die KSČM nicht weit von ihrem scheinbaren ideologischen Antipoden, der ODS. Wenngleich diese sich rhetorisch für eine radikale Privatisierung einsetzte, so verband doch beide die Ansicht, daß es sich bei dem Eigentum um *nationales* Eigentum handele und daß - unabhängig von den Eigentumsformen - der Kapitalismus oder der Sozialismus ein nationaler sein müsse. Betonte die ODS mit ihrer ahistorischen Schlußstrichpolitik, daß nur „kommunistisches Unrecht" rückgängig zu machen sei und meinte damit, daß an der Restitutionsgrenze des 28. Februar 1948 festzuhalten sei, so erklärte die KSČM, die diese Grenze noch eiserner verteidigte, noch nicht so offen wie seit Ende der 1990er Jahre aber doch unmißverständlich und unter Angabe ihrer Gründe, daß Eigentum nicht an – deutsche – „Personen" restituiert werden dürfe. Im Grunde lag das Programm der KSČM selbst von der Couponprivatisierung nicht weit entfernt, die unter Federführung der staatsnationalen „Rechten" abgewickelt wurde und das die KSČM so heftig bekämpfte: Ob das Eigentum den „shareholdern" oder den „stakeholdern", den „Bürgern" (občan) oder dem „arbeitenden Volk" (pracujicí lid) gehören sollte, beide, ODS und KSČM, strebten tschechische Besitzer für das nationale Eigentum an.

Von wo Gefahr für dieses nationalpolitische Programm drohte, brachte die KSČM im gleichen Wahlprogramm des Jahres 1992 bereits deutlich zum Ausdruck. Im Abschnitt „In Europa selbständig bleiben" löste die KSČM sich zwar von den blockkommunistischen Losungen vom „sozialistischen Friedenslager" und dem „aggressiven Imperialismus" und erhob den Anspruch, Teil der breiten gesellschaftlichen Reformströmung zu sein, die ihre

[25] Co chtějí komunisté? Volební program KSČM. Praha 1992. Hervorhebung von mir.

innerstaatlichen und zwischenstaatlichen Ordnungsvorstellungen unter dem Schlagwort „Europa“ präsentierten. Auf der anderen Seite warfen die Kommunisten damit schon 1992 die Frage der nationalen Souveränität *in* Europa auf. Auf der einen Seite sollte sich

> unsere Heimat an der Seite der anderen wirtschaftlich, politisch und kulturell entwickelten Länder in ein sich vereinigendes Europa einreihen.[26]

Auf der anderen Seite schürte die KSČM Ängste vor dem Verlust nicht nur politischer, sondern sogar kultureller Eigenständigkeit:

> Wir sind ein Land mit reichen nationalen Traditionen. Wir wollen diese nicht aufgeben. Wir halten sie hoch, werden sie entwickeln und uns auch in Zukunft auf sie stützen.

Noch klarer formulierte es das Programm des *Levý Blok*, der Wahlallianz der KSČM mit der *Demokratická Levice ČSFR*:

> Wir wollen nicht, daß unsere Republik erneut eine Kolonie oder ein Satellit irgendeines mächtigen Nachbarn wird. Die Garantie dafür ist, daß wir außerhalb jeglichen Militärblocks verbleiben.[27]

Dieses auf Abgrenzung von Deutschland und auf nationale Souveränität zielende Programm wies symbolisch nach Osten und unter den gegebenen innertschechischen und europapolitischen Bedingungen in die Isolation. Da die nationalföderativen Kräfte in der „Rückkehr nach Europa“ und die staatsnationale „Rechte“ in der Verankerung im Westen eine Garantie und nicht wie die KSČM eine Gefahr für die Unabhängigkeit des Staates sahen, betrachteten sie die KSČM gerade europapolitisch als „Anti-System-Partei“.[28]
Die europapolitische Auseinandersetzung, die von allen „rechts“ der KSČM stehenden politischen Kräften einschließlich der Sozialdemokraten - unter umgekehrtem Vorzeichen aber auch von der KSČM - als Systemkonflikt verstanden wurde, konzentrierte sich Mitte der 1990er Jahre zunehmend auf

---

[26] Ebd.

[27] Lepší budoucnost pro naši zemi. Programové minimum volební koalice Levý Blok (KSČM – DL ČSFR). Praha 1992.

[28] Petr Fiala, Jan Holzer, Miroslav Mareš, Pavel Pšeja: Komunismus v České republice. Brno 1999.

die Frage des Beitritts der Tschechischen Republik zur Nordatlantischen Vertragsorganisation. Die in Westeuropa bisweilen mit Verwunderung oder Befremden zur Kenntnis genommene Vehemenz, mit der die dominanten politischen Kräfte in Ostmitteleuropa den NATO-Beitritt ihrer Staaten forderten, ist vor allem auf diese Interpretation der Frage nach der NATO-Mitgliedschaft als solch weitreichende nationalpolitische Grundsatzentscheidung zurückzuführen. Daß die „kommunistische" KSČM den Beitritt mit dem gleichen Nachdruck ablehnte, wie ihn die anderen Parlamentsparteien – mit Ausnahme der „rechten" tschechoslowakisch-staatsnationalen Republikaner – forderten, zeugt davon, daß es um mehr ging, als um militärische Garantien im Falle eines Angriffs von außen. Während vor allem die staatsnationale „Rechte" als vehementer Verfechter des Beitritts sich von ihm eine Festigung der seit 1989 herrschenden nationalen und sozialen Gesellschaftsordnung versprach, lehnte die KSČM ihn ab, weil sie - ungeachtet der augenfälligen Kontinuitätselemente - im wesentlichen an der vor 1989 herrschenden nationalpolitischen Ordnung festhielt.
Daher war die europapolitische Auseinandersetzung um den NATO-Beitritt von entgegengesetzten Argumentationsstrategien gekennzeichnet. Die staatsnationale „Rechte" betonte zu dieser Zeit noch, daß ein Wandel der äußeren Ordnung, in welche die Tschechische Republik eingebettet ist, notwendig sei, um die entstandene „innere Ordnung" zu stabilisieren. Die staatsnationale „Linke" der KSČM hingegen stellte den Ost-West-Konflikt als endgültig überwunden dar und forderte die Auflösung der NATO sowie ihre Ersetzung durch ein gesamteuropäisches kollektives Sicherheitssystem, um so die innere Ordnung offen zu halten. Damit verhalten sich die auf die europäische Ordnung gerichteten programmatischen Ziele der KSČM zu den auf die innere Ordnung gerichteten Zielen ebenso wie ihre für die gesamte tschechische Gesellschaft formulierte „äußeren" Vorstellungen zu dem an die Parteimitglieder gerichteten „inneren" Programm: In beiden Fällen zielt das „äußere" Programm bereits auf eine Stabilisierung des nach 1989 entstandenen status quo, während das „innere" Programm eine Revision anstrebt. Dieses Spannungsverhältnis, das die heftigen innerparteilichen Konflikte Anfang der 1990er Jahre geprägt hatte, wurde mit dem Sieg des „böhmisch-mährisch"-staatsnationalen Flügels unter Grebeníček für fast ein Jahrzehnt konserviert.
Während der tschechisch-staatsnationale Flügel der ČSSD unter Miloš Zeman nach der Auflösung der Tschechoslowakei 1994 auf das europapolitische Westprogramm der staatsnationalen „Rechten" eingeschwenkt war, hielten die um ihren Staat gebrachten staatsnationalen Kommunisten an ihrem Ostprogramm fest. Sowohl in dem zu den tschechischen Unterhauswah-

len 1996 präsentierten Programm[29] als auch in dem im gleichen Jahr veröffentlichten Vierjahresprogramm *Socialismus – šance pro budoucnost* (Sozialismus – Chance für die Zukunft) lehnte die Partei den NATO-Beitritt mit unmißverständlichen Worten ab und forderte deren

> Auflösung und Ersetzung durch ein gesamteuropäisches System kollektiver Sicherheit auf der Basis des Helsinki-Prozesses, der die Grundlage für die Sicherheit unseres Staates ist.[30]

Damit erhob sie eine Forderung, die in den Jahren 1990-1991 die ideologischen Antipoden der KSČM, Präsident Václav Havel und Außenminister Jiří Dienstbier, als offizielle tschechoslowakische Außenpolitik verfolgt hatten. Nun aber stand die KSČM im Konflikt um die NATO-Osterweiterung an der Seite Rußlands, das ebenfalls die OSZE als gesamteuropäisches Sicherheitsforum propagierte und die Abschaffung der NATO forderte. Obgleich also die innere Ordnung Rußlands keineswegs mehr den sozialsystemaren Ordnungsvorstellungen der KSČM entsprach, herrschte eine Interessenkonvergenz zwischen der KSČM und der rußländischen Staatsführung. Zu stark hielt jedoch die KSČM an dem internationalen und innergesellschaftlichen Ordnungsmodell der Jahre vor 1989 fest, als daß Rußland der Partei offene Unterstützung hätte zukommen lassen.[31] Selbst die rußländische Nachfolgepartei der KPdSU, die *Kommunističeskaja Partija Rossijskoj Federacii* (KPRF), beschränkte nach dem Zusammenbruch der Sowjetunion ihre internationalen Aktivitäten und ihren nationalpolitischen Anspruch auf den postsowjetischen Raum.

Dennoch beeinflußte die Interessenkonvergenz zwischen der KSČM und der rußländischen Außenpolitik in der Frage der NATO-Osterweiterung die innertschechische Konfliktwahrnehmung und die Argumentationsstrategien erheblich. Die KSČM betrachtete die Renationalisierung der westlichen Sicherheitspolitik als Mittel, die so eng zusammenhängenden Fragen der inneren Ordnung der Tschechischen Republik und ihrer äußeren Einbindung offen zu lassen. Durch das Prisma dieses inneren Systemkonflikts betrachtet, mußte den übrigen Parteien die rußländische Außenpolitik um so gefährlicher erscheinen. Daher mag es von außen so ausgesehen haben, als betrieben die

---

[29] Za občanskou a sociální spravedlnost. Volební program KSČM 1996.

[30] Socialismus – šance pro budoucnost. Volební program Komunistické Strany Čech a Moravy 1996-2000, Abschnitt: Mír a spolupráci.

[31] Auch wurde nie ernsthaft der Vorwurf erhoben, die KSČM werde heimlich von Rußland unterstützt. Umgekehrt hielt sich die Partei selbst von der Machtelite des El'cinschen und Putinschen Rußland fern und pflegte lediglich Kontakte mit der KPRF.

tschechischen Befürworter der NATO-Osterweiterung eine neue Teilung Europas mit verschobenen Grenzen. Aus der tschechischen Perspektive aber konnte es keinen Zweifel geben, daß es die KSČM war, die das Ende der Teilung Europas nicht verwunden hatte, der die europäische Welt vor 1989 stabiler und sicherer erschienen war, und die alle von ihr diagnostizierten negativen Entwicklungen auf die neue europäische Ordnung zurückführte. So hätten nach Ansicht der KSČM die politischen Kräfte, welche die tschechische Politik nach dem Umbruch 1989 bestimmten, die Unabhängigkeit des Staates versprochen, tatsächlich aber sei es zu einer

> Vertiefung der Abhängigkeit der Tschechischen Republik vom übernationalen [nadnárodní] Kapital und den westlichen Großmächten gekommen.[32]

Die „herrschenden Kreise" betrieben eine Politik des Nachgebens „gegenüber dem Streben Deutschlands, unser Land erneut zu beherrschen und die Ergebnisse des Zweiten Weltkriegs zu revidieren." Die KSČM fordere hingegen

> eine ausgeglichene Außenpolitik", [die] eine Stärkung der Grundlagen unserer Staatssouveränität und der nationalen Existenz gegen die immer größere Abhängigkeit von Deutschland und den USA gewährleistet.[33]

Daher spreche die Partei sich gegen die Rolle, welche die NATO in Europa spiele, aus, denn

> [d]ieser Pakt ist ein Überbleibsel des Kalten Krieges, das vor allem für die Interessen der USA und in Europa auch Deutschlands genutzt wird. [. . .] Die Mitgliedschaft in diesem Pakt bedeutet auch eine erhebliche Einschränkung der Staatssouveränität [. . .].[34]

Damit setzte die KSČM weiter auf die Legitimitätsressourcen des als Antifaschismus und Antikapitalismus etikettierten Antigermanismus und Antiamerikanismus. Wie stark diese beiden Elemente zum Selbstverständnis der Partei gehörten, zeigt sich an den Strategiepapieren, die der inneren

---

[32] Ebd.

[33] Ebd.

[34] Jiní o lidech, my s lidmi. Volební program KSČM pro predčasné volby do Poslanecké sněmovny Parlamentu České republiky v roce 1998.

Selbstverständigung der Partei dienten. In ihren werden die herrschenden Verhältnisse noch viel bedrohlicher geschildert und konkrete Überlegungen zu ihrer Überwindung spielen eine noch geringere Rolle. So ist etwa in dem Grundlagendokument *K bezpečnostní politiky KSČM* (Zur Sicherheitspolitik der KSČM)[35] der Ansatz der Gesellschaftskritik grundsätzlicher, die Lagebeurteilung negativer, die formulierten innergesellschaftlichen Ziele weitreichender und die Sprache schärfer als in den für eine breitere Öffentlichkeit bestimmten Wahlprogrammen.[36]

Die KSČM fordert in dem Dokument nicht nur, die einzelnen von ihr kritisierten Folgen des Umbruchs von 1989 wie die Arbeitslosigkeit, das Auseinanderklaffen der Schere von Arm und Reich sowie die erhöhte Kriminalität zu beseitigen. Vielmehr erklärt sie unmißverständlich, daß es Ziel der Partei sei, „einen grundlegenden Wechsel des gesellschaftlichen Systems hin zum Sozialismus" zu erreichen. Während die nach außen gerichteten Dokumente betonen, die Partei wolle nicht zurück zu dem vor 1989 existierenden System, wird hier der Umbruch von 1989 als „Umsturz" (převrat) begriffen und die eigentumsrechtlichen Veränderungen der ersten Hälfte der 1990er Jahre in Frage gestellt.[37]

Dieses sicherheitspolitische Grundlagenpapier des tschechischen Nationalkommunismus lokalisiert die Ursache der Bedrohungen zwar in der Außenwelt, zu ihrer Beseitigung werden jedoch nahezu ausschließlich Veränderungen im Inneren des tschechischen Staates gefordert. Die Vorstellungen über die Beziehungen zur Außenwelt bleiben vage, europapolitische Alternativen zu dem vehement abgelehnten Beitritt zur NATO fehlen. Zwar deutet das Papier das nach Osten weisende nationalpolitische Programm an, wenn es kritisiert, daß in der Tschechischen Republik „Haß vor allem gegen die Völker, die östlich von uns liegen [sic!]" geschürt werde, der so weit reiche, daß „jegliche Beziehungen, selbst ökonomisch einträgliche" abgelehnt würden.[38]

---

35 K bezpečnostní politiky KSČM; - <www.kscm.cz/dokument/bpkscm.htm>.

36 Forderte etwa das Wahlprogramm für die Jahre 1996-2000 „Socialismus – Šance pro budoucnost", in der Verfassung solle verankert werden, daß eine doppelte Staatsbürgerschaft für Ausländer nicht möglich ist, und daß das Tschechische Staatssprache in der Tschechischen Republik sei, so gibt das sicherheitspolitische Grundlagendokument die Erklärung: Es sei eine „Germanisierung und Amerikanisierung des Bewußtseins der jungen Generation und ein Schwinden des Nationalstolzes sowie der Vaterlandsliebe" zu beobachten. - K bezpečností politiky KSČM, S. 3.

37 „Stück für Stück kommt die kriminelle Tätigkeit an die Oberfläche, die Gruppen moderner Emporkömmlinge im Prozeß der kapitalistischen ‚Transformation', vor allem im Verlauf der Couponprivatisierung, begangen haben." Ebd., S. 1.

38 Ebd., S. 3.

Andererseits kam die Partei auch in diesem speziell der Sicherheitspolitik gewidmeten Dokument nicht über die seit Anfang der 1990er unverändert erhobene allgemeine Forderung nach einer „gleichwertigen und gleichberechtigten Kooperation aller Staaten Europas, inklusive Rußlands, ohne Hegemonie der USA“ nicht hinaus. Die Kritik an der gewachsenen „Abhängigkeit von strategischen Rohstoffen und Energiequellen“ weist zudem darauf hin, daß die KSČM auch das kapitalistische Rußland nicht unbesehen als Partner betrachtete. Hier erscheint somit der isolationistische Nationalkommunismus in Reinform.

Eine um so deutlichere Sprache sprechen daher Forderungen an die nationale Verteidigungspolitik, die dem Lexikon des militarisierten Sozialismus entnommen sind.[39] Hatte es schon in dem 1996 verabschiedeten Programm *Socialismus – Šance pro budoucnost* geheißen, „die Qualität der Wehrvorbereitung der Bürger muß gesichert werden, ebenso die Übung der Reserven und eine funktionierende Zivilverteidigung“,[40] so war in dem sicherheitspolitischen Strategiepapier direkt von der „Erziehung der Bevölkerung zur Verteidigung des Staates“ die Rede.[41] Zudem sprach sich die KSČM für die Stärkung der Sicherheitsdienste aus, deren Desavouierung nach 1989 eine der Ursachen für die diagnostizierte düstere Sicherheitslage sei. Desgleichen beruhten die militärpolitischen Vorstellungen der KSČM auf dem Konzept der Territorialverteidigung durch eine nationale Wehrpflichtarmee, die alle Waffengattungen umfaßt.[42] Damit hielt sie an einem Sicherheitsverständnis fest, das eine Bedrohung vor allem in einer Invasion feindlicher – deutscher - Armeen ausmacht und dieser durch eine Territorialverteidigung begegnen will. Die Integration in den zunehmend funktional differenzierten Verteidigungsverband der NATO, in dem zumindest die Armeen kleinerer Staaten in den 1990er Jahren schrittweise von Wehrpflicht- in Berufsarmeen umgebaut wurden, die vor allem der Erfüllung militärischer Spezialaufgaben des integrierten Gesamtverbandes jenseits des Bündnisgebiets dienen, mußte vor diesem Hintergrund der KSČM als bedrohlicher Verlust der Verteidigungsfähigkeit erscheinen.

---

[39] Nebst einer Aufarbeitung der Debatte über den „roten Militarismus“ am Beispiel der DDR: Heribert Seubert: Zum Legitimitätsverfall des militarisierten Sozialismus in der DDR. Münster, Hamburg 1995, S. 19-166.

[40] Socialismus – šance pro budoucnost. Volební program Komunistické Strany Čech a Moravy 1996-2000, Abschnitt: Mír a spolupráci.

[41] K bezpečností politiky KSČM, S. 5.

[42] Ebd.

5.3 Das EU-Konzept der KSČM: Auf dem Weg in einen zentralistischen Staatenverbund?

Vertrat die KSČM dieses Programm in den 1990er Jahre nahezu ungebrochen, so wurde das Spannungsverhältnis zwischen der Stabilisierung des inneren „kommunistischen" Milieus und der Unrealisierbarkeit der programmatischen Forderungen der KSČM mit den fortschreitenden gesellschaftlichen und europapolitischen Veränderungen in diesen Jahren immer offensichtlicher. Erst der von den übrigen politischen Kräften mit unterschiedlichen Zielen und unterschiedlicher Energie betriebene Beitritt zur Europäischen Union ließ den latenten Konflikt in der Partei wieder – wenn auch sehr langsam – akuter werden. Ausbrechen konnte er aber nur, da er von einem sozialstrukturellen Wandel im „kommunistischen" Spektrum begleitet wurde.

Während der 1990er Jahre hatte der Mehrheitsflügel um den Parteivorsitzenden Grebeníček alles getan, um das „kommunistische" Milieu zu festigen und nach Möglichkeit auszuweiten. Die Partei arbeitete mit Aktionen gegen die internationale Intervention im 2. Golfkrieg 1990, die Luftangriffe der NATO auf Jugoslawien 1999[43] und den Irak-Krieg 2003, gegen die Gipfeltreffen des Internationalen Währungsfonds und der NATO 2000 und 2002 in Prag, gegen den deutsch-tschechischen Vertrag von 1992, die deutsch-tschechische Erklärung von 1997 und die Eröffnung eines Büros der sudetendeutschen Landsmannschaft in Prag 2003 und konnte so die Protesthaltung unter den Parteimitgliedern stabilisieren. Stabil blieb auch das parteinahe Milieu, zu dem Vereinigungen wie der *Komunistický svaz mládeže* (Kommunistischer Jugendbund, KSM)[44], der *Odborové sdružení Čech, Moravy a Slezska* (Gewerk-

---

[43] Siehe etwa das Flugblatt „Stoppt den Krieg!". Dort heißt es, die Aggression gegen Jugoslawien bedrohe „den Frieden in ganz Europa". Der NATO ginge es „nicht um die Kosovo-Albaner, sondern um einen Vorwand, ihre Truppen auf dem Territorium eines souveränen Staates zu stationieren." Die tschechische sozialdemokratische Regierung, die sich nicht eindeutig von den Angriffen distanzierte, sei „gesichtslos" und verteidige nicht „die Interessen der Bürger des Landes", sondern folge „fremden Befehlen und fremden Interessen". Es wird deutlich, daß es der KSČM nicht um die Situation in Jugoslawien, sondern um die Staatssouveränität im allgemeinen und die tschechische Staatssouveränität im besonderen ging. Das Flugblatt findet sich unter: <www.kscm.cz/tiszpr/letnato1.htm>.

[44] Die Entwicklung des KSM verlief parallel zu jener der KSČM. Ebenso wie in der Partei setzte sich auch im KSM 1993 der konservative Flügel durch und die reformorientierten Anhänger verließen den KSM. Der Bund gebärdete sich in den 1990er Jahren unter seinem Vorsitzenden Josef Gottwald in seiner Ablehnung aller 1989 eingeleiteten Veränderungen noch weitaus radikaler als die KSČM. Vgl. da-

schaftsverband Böhmens, Mährens und Schlesiens, OS ČMS)[45] sowie jene Organisationen gehörten, die mit antifaschistischen und pazifistischen Losungen an der Abwehr echter und vermuteter sudetendeutscher Forderungen arbeiteten, etwa der *Klub českého pohraničí* (Tschechischer Grenzlandklub)[46], die *Vlastenecké sdružení antifašistů* (Patriotische Vereinigung der Antifaschisten),[47] der *Československý výbor* (Tschechoslowakisches Komitee)[48], der

---

zu: Petr Fiala, Jan Holzer, Miroslav Mareš, Pavel Pšeja: Komunismus v České republice. Brno 1999, S. 193-198.Siehe auch: Vojtěch Šimček (Hg.): Mládežnické organizace politických stran v České republice. Brno 1999. Das Grundlagenprogramm des KSM (Minimální program Komunistického svazu mládeže) findet sich unter: <www.mujweb.cz/www/UR_KSM/Prog_ksm.html>.

45 Er blieb gegenüber dem nichtkommunistischen, explizit proeuropäischen Dachverband der tschechischen Gewerkschaften, der *Českomoravská konfederace odborových svazů* (Böhmisch-Mährische Konföderation der Gewerkschaftsbünde, ČMKOS) so schwach, daß die KSČM seit Ende der 1990er Jahre die Verbindung gelockert hat und versucht, sich der ČMKOS anzunähern. Vgl. ebd., S. 198-201.

46 Zur Ideologie des Klub českého pohraničí siehe dessen Zweimonatszeitschrift *Hraničář* (Der Grenzer). Zusammenfassend: Rozhovor Haló noviny s předsedou Národní rady KČP PhDr. Josefem Groušlem, CSc.: Hraničáři se chystají na svůj IV. sněm, Haló noviny 18.1.2000; Byl to kontrrevoluční převrat. Ze stanoviska severočeské rady KČP, Naše pravda 44/1999.

47 In dieser Vereinigung sind Organisationen der Zeit vor 1989 aufgegangen wie der *Svaz protifašistických bojovníků* (Bund der antifaschistischen Kämpfer) Svaz československo-sovětského přátelství (Bund der tschechoslowakisch-sowjetischen Freundschaft). Viele Mitglieder entstammen der ehemaligen Volksmiliz. Zum Programm siehe: Vlastenecké sdružení k SNP, in: Nase pravda 33/1999; siehe auch Petr Fiala (Hg.): Politický extremismus a radikalismus v České republice. Brno 1998.

48 Zum Českoslvenský výbor vgl. Petr Fiala (Hg.): Politický extremismus a radikalismus v České republice. Brno 1998.

Slovanský výbor (Slawisches Komitee)[49] und der *Československý mírový výbor* (Tschechoslowakisches Friedenskomitee).[50]
Es gelang der KSČM jedoch nicht, das „kommunistische" Umfeld und das „linke" Spektrum unter dem Motto des Kampfes gegen die Globalisierung zu vereinen. Beide bleiben bis heute ungeachtet gemeinsamer sozialpolitischer Forderungen strikt voneinander getrennt. Sozialstrukturell handelt es sich um Vertreter zweier Generationen, einer alten und alternden „kommunistischen" und einer jungen und sich immer wieder verjüngenden bei den „linken" Gruppierungen. Die politische Scheidelinie zwischen den Milieus ist das nationalpolitische Programm. Die Globalisierungsgegner in den anarchistischen, syndikalistischen, trotzkistischen, radikalökologischen und radikalfeministischen Gruppierungen lehnen den antigermanischen Kern der antifaschistischen und pazifistischen Losungen der KSČM-nahen Organisationen in ihrer überwiegenden Mehrheit vehement ab und distanzieren sich von der europäischen wie der innertschechoslowakischen Ordnung der Jahre vor 1989.[51]
Somit war das gesellschaftliche Umfeld der KSČM von den sich „links" verstehenden Gruppen ebenso abgeschlossen wie die Partei von den übrigen Parlamentsparteien. Diese innertschechische Isolation förderte zweifellos die Wa-

---

[49] Diese Organisation wurde im Vorfeld des aus Anlaß des 150. Jubiläums des Slawentreffens 1998 in Prag veranstalteten Allslawischen Kongresses gegründet. Intellektueller Kopf des *Slovanský Výbor* ist der dem orthodoxen Flügel der KSČM nahestehende Verleger Jaroslav Weber, Herausgeber des Presseorgans dieses Flügels *Dialog* sowie der Zeitschrift des Slawenkomitees *Slovanská vzájemnost* (Slawische Verbundenheit). Der Slovanský výbor hält die EU für eine „Integration des internationalen Kapitals", die auf dem „Machtinteresse Deutschlands, Europa politisch und wirtschaftlich zu beherrschen" beruhe. In der EU drohe den Tschechen „das Schicksal der Sorben, oder, noch schlimmer, der Elbslawen." Interview mit dem Vorsitzenden des Slovanský výbor, Jan Minář, - <www.mujweb.cz/www/slovansky_vybor/slovza67.htm>.

[50] Zur ablehnenden Haltung des *Friedenskomitees* zum NATO-Beitritt und den Luftangriffen auf Jugoslawien: Otevřený dopis Československého mírového výboru, in: Naše pravda 13/1999.

[51] Vgl. dazu: Martin Bastl: Radikální levice v České repulice. Devadesátá léta dvacátého století. Brno 2001; - Pavel Pečinka: Pod rudou vlajkou proti KSČ. Osudy radikální levice v Československu. Brno 1999. – Zu den Versuchen siehe etwa das von einer Arbeitsgruppe des ZK der KSČM unter Leitung von M. Formánek erarbeitete Thesenpapier „Česká republika v procesech globalizace a evropské integrace". <www.kscm.cz/tiszpr/tezglob1.htm>. Dort ist zwar viel von den negativen sozialen Folgen der Globalisierung die Rede. Entscheidend aber ist die Auffassung, daß die Globalisierung der „Staatssouveränität der schwächeren Länder" schade und der „Kollaps in den europäischen sozialistischen Ländern im Jahr 1989 die Positionen des revolutionären Subjekts geschwächt" habe.

genburgmentalität der KSČM. Einem Umdenken stand zudem das hohe Alter der Parteimitglieder und der Vereinsaktivisten in ihrem Umfeld entgegen. Die Partei leidet seit 1990 immer stärker unter einer Überalterung, die bedrohliche Ausmaße angenommen hat. Hatte der Umbruch 1989 einen Massenaustritt nach sich gezogen, bei dem die Mitgliederbasis von über 1,5 Millionen Menschen (Tschechoslowakei) auf 350 000 im Jahre 1992 (tschechischer Landesteil) schrumpfte, so verließen nach dem Sieg der konservativen Kräfte in der KSČM weitere 150 000 Menschen die Partei. Im Jahre 1995 war sie dennoch mit gut 200 000 Mitgliedern die mit Abstand größte Partei in der Tschechischen Republik. Der Mitgliederschwund konnte seitdem deutlich gebremst werden und ist vor allem auf das Verscheiden von Mitgliedern zurückzuführen. Lag das Durchschnittsalter der Parteimitglieder 1997 noch bei hohen 62,5 Jahren, so stieg es bis 2004 auf 68 Jahre. Schon 1999 waren nur 35 Prozent der Mitglieder unter 60 Jahre, nur 19 Prozent unter 50 Jahre und lediglich 2,7 Prozent unter 35 Jahre alt. Im gleichen Jahr gehörten fast zwei Drittel der Mitglieder der Partei seit über 40 Jahren an. Neumitglieder hingegen konnte die Partei in den 1990er Jahren nur gut dreieinhalbtausend gewinnen.[52]

Diese Zahlen sagen viel über die Milieugebundenheit des tschechischen Nationalkommunismus, über die Zielgruppe, an die sich die den Geist der unmittelbaren Nachkriegszeit und des Kalten Kriegs atmenden Pamphlete sowie die Publikationen des kommunistischen Verlagswesens[53] richten. Sie geben eine Vorstellung davon, daß die Funktion der Programme weniger in der Entwicklung einer zukunftsträchtigen Politik als in der Stabilisierung von Menschen liegt, deren politische Lebensgewißheit 1989 zusammengebrochen ist. Diese Zahlen, die das Schwinden des „kommunistischen" Milieus dokumentieren, dürfen aber nicht darüber hinwegtäuschen, daß die KSČM seit 1989 bei Wahlen durchaus erfolgreich war und ihre Ergebnisse seit der Auflösung der Tschechoslowakei nach einer anfänglichen Schwäche konsequent verbessern konnte. Nach 14,3 bzw. 14,5 Prozent im tschechischen Landesteil bei den Wahlen zur Volks- bzw. Nationenkammer der tschechoslowakischen Föderalversammlung 1992, 10,3 Prozent bei den Wahlen zum tschechischen Abgeordnetenhaus 1996 und 11,0 Prozent 1998 erhielt sie im Jahre 2002 18,5

---

[52] Angaben der Partei, nach: Zpráva ÚV KSČM o činnosti KSČM v období po IV. sjezdu Liberci (prosinec 1995 - prosinec 1999).

[53] Neben der dem konservativen Mehrheitsflügel nahestehenden Tageszeitung *Haló noviny* ist die der orthodoxen Strömung zuzuordnende Wochenzeitung *Naše pravda* das wichtigste Periodikum. Hinzu kommen Regionalzeitungen wie *Echo* (Brno), *Nový zítřek* (Hradec Králove), *Pravda* (Nordböhmen), *Svoboda* (Kladno) und einige dem kommunistischen Milieu zuzurechnenden Verlage.

Prozent der gültigen Stimmen, die ihr 41 der 200 Mandate im tschechischen Abgeordnetenhaus sicherten. Ihren bislang größten Triumph feierte sie bei den Europawahlen des Jahres 2004 mit 20,3 Prozent der gültigen Stimmen. Es läßt sich somit ein langsamer struktureller Wandel der Partei von einer milieuintegrierenden gesellschaftlichen Massenorganisation zu einer Partei mit einer wachsenden, aber weniger fest gebundenen Wählerschaft beobachten.

Dieser Wandel führte zu innerparteilichen Spannungen zwischen dem dominanten Flügel an der Parteispitze, der sich auf die Parteibasis stützt, und einer Strömung, die vor allem in der Parlamentsfraktion der KSČM verankert ist. Während die Parteispitze in der Reproduktion fester Weltbilder verharrte und den in den Jahren 1989-1998 entstandenen Status quo rundweg ablehnte, drängte die Fraktion auf die Entwicklung eines tragfähigen europapolitischen Programms, das die KSČM auf der tschechischen Bühne koalitionsfähig und damit auch auf der europäischen Bühne handlungsfähig machen sollte. Ohne daß dieser Parteiflügel das Attribut „kommunistisch" aufgab, das auf die bipolare Ordnung in Europa und die Existenz der Tschechoslowakei verwies und damit Legitimität bei der Parteibasis versprach, näherte er sich einem tschechisch-staatsnationalen Programm an, welches das Ende der Blockkonfrontation und die Teilung der Tschechoslowakei als Faktum anerkennt und auf dieser Basis zu einer neuen Europapolitik gelangen will.

Dieser neue Ansatz fiel ihm um so leichter, als sich auf der innenpolitischen Ebene das nationalpolitische Programm der tschechisch-staatsnationalen „Rechten" und „Linken", der ODS und des lange von Miloš Zeman angeführten staatsnationalen Flügels der ČSSD, sehr langsam von „Westen" nach „Osten" zurückorientierte und damit die Hürde, welche die KSČM zu überwinden hat, um aus der Isolation zu kommen, niedriger wurde. Diese Reorganisation der nationalpolitischen Landschaft wurzelt in der Europapolitik. Hatte sich der innerparteiliche Konflikt in der KSČM, der mit dem Sieg des „böhmisch-mährisch"-staatsnationalen Flügels endete, Anfang der 1990er Jahre an der symbolischen Frage des Parteinamens entzündet, so zeichnete sich seit Ende der 1990er Jahre eine neue Auseinandersetzung ab, in deren Mittelpunkt die europapolitische Position der Partei, insbesondere die Haltung zum geplanten Beitritt der Tschechischen Republik zur Europäischen Union stand.

Der „böhmisch-mährisch"-staatsnationale Mehrheitsflügel sowie die kleine tschechisch-staatsnationale Strömung mit ihren nach Osten weisenden nationalpolitischen Programmen lehnten den von den übrigen Parteien vorangetriebenen EU-Beitritt der Tschechischen Republik erwartungsgemäß vehement ab. Als nach dem Beitrittsantrag der Regierung Klaus 1996 das Thema

EU in den Fokus der europapolitischen Überlegungen der KSČM geriet, dominierte der „böhmisch-mährisch"-staatsnationale Flügel die Partei noch deutlich, so daß er seine Zurückweisung der Beitrittsabsichten ungefiltert in das offizielle Programm der KSČM einschreiben konnte.

So hieß es in dem Vierjahresprogramm *Socialismus – Šance pro budoucnost*, daß die gesellschaftliche Entwicklung in der Tschechischen Republik seit 1989 „Freiheit und Demokratie nur für die Reichen" gebracht habe.[54] Die Partei verlangte daher eine „gleichberechtigte" und „demokratische" europäische Integration. Diese Forderung bedeutete nicht, daß die Partei sich für eine aktivistische Europapolitik, für eine Teilhabe der Tschechischen Republik an der europäischen Integration aussprach, um die Ziele der KSČM in einem europäischen Rahmen zu verwirklichen. Forderte die KSČM „Gleichberechtigung", so bezog sie sich nicht in erster Linie auf die innere Ordnung der europäischen Staaten, sondern auf das europäische Ordnungssystem. Es ging ihr um die „Gleichberechtigung" der Staaten. Sprach die KSČM von „Demokratie", so meinte sie die Souveränität der Nationalstaaten, die ihr als einzige Quelle „demokratischer" Legitimität galt. Unter „Integration" verstand sie das, was der Titel des europapolitischen Abschnitts dieses Programms verkündete: Frieden und Kooperation. Im Klartext: die Stabilität der Territorialordnung und ein lockeres Nebeneinander von Nationalstaaten. Diese beiden Kernelemente ihres Integrationsbegriffs sah der Mehrheitsflügel der KSČM im Jahre 1996 nicht erfüllt. Zwar erklärte die Partei in dem Programm nicht eindeutig, sie spreche sich gegen einen EU-Beitritt aus, doch wird das, was die EU in den Augen der KSČM war, deutlich angesprochen: Abzulehnen seien

> Integrationsforen, die eine Unterordnung unter die Interessen des übernationalen Kapitals und der Großmächte, einen Verlust der nationalen Souveränität sowie soziale Opfer der Bürger zur Folge haben.[55]

Ähnlich formulierte es auch das anläßlich der vorgezogenen Parlamentswahlen 1998 veröffentlichte Wahlprogramm *Jiní o lidech, my s lidmi*.[56] Bereits der Titel gab das nationalpolitische Programm zu erkennen: Die anderen (entscheiden) über die Menschen (aus dem Volk), wir (sind) mit den Menschen (aus dem Volk). Damit rekurrierte die KSČM auf den sozialen Volksbegriff, den

---

[54] Socialismus – šance pro budoucnost. Volební program Komunistické Strany Čech a Moravy 1996-2000, Abschnitt: Mír a spolupráci.

[55] Ebd.

[56] Jiní o lidech, my s lidmi. Volební program KSČM pro predčasné volby do Poslanecké sněmovny Parlamentu České republiky v roce 1998.

lid.[57] Diesem verlieh sie eine unübersehbare staatsnationale Komponente, in dem sie zu erkennen gab, daß sie die von den übrigen politischen Kräften nach 1989 geschaffene innere und äußere Ordnung als Verrat an dem Staat und seinem Volk verstand: Die Formel „über das Volk – mit dem Volk" verweist unverkennbar auf die gängigste aller tschechischen politischen Formeln, jene zur Charakterisierung des Münchner Abkommens über die Teilung der Tschechoslowakei von 1938: *O nás – bez nás*, über uns, ohne uns.
Entsprechend hieß es in diesem Programm der KSČM erneut, der „europäische Einigungsprozeß" dürfe nicht zu einer

> Unterordnung unter die Interessen des internationalen Kapitals und der Großmächte, einem Verlust der nationalen Souveränität, einer Liquidation ganzer Wirtschaftszweige und zu sozialen Opfern der Bürger[58]

führen. Die KSČM verweigere sich einem EU-Beitritt zu Bedingungen,

> die unsere Republik in die Position einer Kolonie bringen würden, die von den stärkeren Ländern nur als Absatzmarkt für ihre Güter und Reservoir für billige Arbeitskräfte betrachtet wird.[59]

Konkret kritisierte die Partei „die Politik eines bedingungslosen und überhasteten Beitritts zur EU ohne Diskussion der Bedingungen der Integration" und forderte eine Änderung des Charakters der europäischen Integration als Voraussetzung für einen Beitritt der Tschechischen Republik. Wie stark das Denken in den Kategorien des in Ost und West geteilten Europas in der KSČM auch 1998 noch war, zeigt sich daran, daß das Programm der KSČM von einem „Beitritt zu Europa" (Vstup do Evropy) sprach. Während die nationalföderativen Kräfte den Doppelprozeß Transformation und Integration - eine innere „Europäisierung" und den Beitritt zur Europäischen Union - als „Rückkehr nach Europa" verstanden, die staatsnationale „Rechte" die Tschechische Republik seit 1993 in Europa sah und bei ihrer Kritik an der EU mit dem Topos vom „falschen Europa" operierte, lag für die KSČM die Tschechische Republik auch Ende der 1990er Jahren noch außerhalb des politischen Europas.

---

[57] Die Verwendung des Plurals „lide" in dem Slogan ist als Ansatz zu einer Individualisierung des Kollektivbegriffs zu verstehen, nicht als Plural im Sinne mehrerer „Völker".

[58] Ebd.

[59] Ebd.

Gleichzeitig tauchte 1998 in den Reihen der KSČM ein anderer Europabegriff auf, der zum Ansatzpunkt für ein neues europapolitisches Denken werden sollte, das von einer reformorientierten Gruppe aus den Reihen der außen- und europapolitisch aktivsten Mitgliedern der Parlamentsfraktion kam. Diese sammelten sich um den für Außenkontakte zuständigen stellvertretenden Vorsitzenden der KSČM, Miloslav Ransdorf, der wie Václav Klaus (ODS) und Miloš Zeman (ČSSD) bis 1989 im Prognoseinstitut der Akademie der Wissenschaften gearbeitet hatte.[60] Die Anhänger dieses Flügels setzen sich in der zweiten Hälfte der 1990er Jahre in persönlichen Stellungnahmen zunehmend für einen EU-Beitritt ein. Im Februar 1998 erklärte etwa der bald darauf zum stellvertretenden Fraktionsvorsitzenden der KSČM gewählte Jiří

---

[60] Neben Ransdorf sind diesem Flügel etwa Jiří Maštalká, Kateřina Konečná und Jiří Dolejš zuzurechnen. Dolejš, der nach Ransdorf wichtigste Reformer in der KSČM, versuchte allerdings bislang kaum, ein Umdenken der Partei in der zentralen europapolitischen Frage zu erreichen, sondern eher diese Frage zu umgehen. Maštalká und Konečná hingegen agieren deutlich vorsichtiger als Ransdorf. Bei der Ratifizierung des Washingtoner Vertrags votierte Maštalka etwa mit der KSČM-Fraktion gegen den NATO-Beitritt, während Ransdorf der Abstimmung fernblieb. Die Zusammensetzung der Gruppe um Ransdorf zeugt davon, welche Bedeutung der Kontakt mit der Welt außerhalb des kommunistischen Milieus und die Erfahrung realer Einflußchancen sowie das Alter haben. Ransdorf und Maštalká sind Ende der 1990er Jahre als Beobachter des tschechischen Abgeordnetenhauses ins europäische Parlament entsandt worden und sind seit 1.5.2004 als Vollmitglieder des Europäischen Parlaments kooptiert, wo sie im Rahmen der Fraktion Vereinigte Europäische Linke/Nordische grüne Linke agieren. Die 1981 geborene Konečná, die seit 2002 der KSČM-Fraktion im Abgeordnetenhaus angehört, ist seit Oktober 2004 Mitglied der parlamentarischen Versammlung des Europarats. Einer der führenden intellektuellen Köpfe der Gruppe um Ransdorf ist Oskar Krejčí, der als außenpolitischer Berater des bis Dezember 1989 amtierenden letzten Ministerpräsidenten der kommunistischen tschechoslowakischen Regierung, Ladislav Adamec, und des ersten Ministerpräsidenten der „Regierung der nationalen Verständigung", Marián Čalfa, fungierte. Krejčí, der nach 1993 noch eine beratende Rolle als Mitglied des Redaktionsrats der vom dem Außenministerium nahestehenden *Ústav Mezinárodních vztahů* (Institut für internationale Beziehungen, ÚMV) herausgegebenen Zeitschrift *Mezinárodní politika* spielte, sah sich im Verlauf der 1990er Jahre zunehmend isoliert (Hausverbot im ÚMV). Krejčí lehrt heute Internationale Beziehungen im slowakischen Banská Bystrica, steht aber dem aktivistischen Flügel der KSČM um Miloslav Ransdorf und Jiří Maštalká nahe. Zu seiner Beratertätigkeit siehe etwa: Evropká unie středem zájmu eurokanditatů KSČM. Haló Noviny 5.4.2004. Interview des Autors mit Jiří Maštalká, Prag 3.12.2000. - Zu Krejčís geopolitisch inspiriertem Denken siehe: Oskar Krejči: Český nádodní zájem a geopolitika. Praha 1993. – Oskar Krejčí: Geopolitika středoevropského prostoru. Horizonty zahraniční politiky České republiky a Slovenské Republiky.

Maštálka, er habe sich „niemals dagegen ausgesprochen, daß im Rahmen des Beitritt zur Europäischen Union die Souveränität der Tschechischen Republik in bestimmten Maße beschränkt wird.“[61]
Unter Einfluß dieses Flügels sprach die KSČM nun aber auch in ihrem offiziellen Programm von einer

> Vereinigung Europas im Rahmen des gesamten europäischen Wirtschaftsraums bei Unterstützung von Integrationsprozessen auch jenseits der EU mit der Möglichkeit, mit der EU lediglich eine gleichberechtigte Assoziation einzugehen.[62]

Hatte nach dem Ende der bipolaren Ordnung in Europa das bipolare Denken seine Fortsetzung in der nationalkommunistischen Verschließung gefunden, so tauchen hier neue Ordnungsvorstellungen auf, welche die Selbstisolation der KSČM und das isolationistische europapolitische Programm zu überwinden suchen. Die Formulierung deutet drei Modelle an, denen gemeinsam ist, daß sie versprechen, den Integrationsdruck auf die Tschechische Republik abzuschwächen: einen größeren Integrationsraum, mehrere Integrationsräume, eine abgestufte Integration. Dieses Ziel zeigt sich deutlich an der Haltung auch dieses Flügels der KSČM zu der Kerneuropafrage. Während die nationalföderativen Kräfte bekundeten, die Tschechische Republik müsse für den Fall, daß sich die EU in Richtung eines abgestuften Integrationsraum entwikkeln würde, zu dem inneren Kern der EU gehören, will selbst der aktivistische Flügel der KSČM außerhalb dieses Kerns verbleiben:

> Die Integration darf kein Mittel zur Unterordnung Europas unter ein neues Großdeutschland sein [. . .] Eine positive Rolle könnte ein Verständnis der europäischen Integration als freierer Bund einiger Gruppierungen sein, von denen eine durch die relativ fortgeschrittenen mitteleuropäischen Länder gebildet werden könnte.[63]

---

[61] Rede im tschechischen Parlament. Stenoprotokoll unter: <www.psp.cz/eknih/1996ps/stenprot/020schuz/s020226.htm>.

[62] Jiní o lidech, my s lidmi. Volební program KSČM pro predčasné volby do Poslanecké sněmovny Parlamentu České republiky v roce 1998. Abschnitt Pevné místo České Republiky v Evropě a ve světě.

[63] Pro demokratickou Evropu. Manifest KSČM; – <www.kscm.cz/dokument/manifest.htm>.

Entscheidend aber ist, daß der Flügel der KSČM um Miloslav Ransdorf mit diesen Ordnungsvorstellungen die isolationistischen, auf europäischer und tschechischer Ebene lähmenden Maximalforderungen der „böhmisch-mährisch"-staatsnationalen Kräfte aufgab. Statt dessen entwarf er Ordnungsvorstellungen, die auf eine aktivistische Europapolitik zielen, die eine tschechische Beteiligung an der Gestaltung der europäischen Ordnung ermöglicht und den innergesellschaftlichen Handlungsspielraum erhöhen soll. Auch wenn sich dieser Flügel der KSČM damit in Richtung der tschechisch-staatsnationalen Kräfte bewegte, bleibt er bei seinem nach Osten gerichteten nationalpolitischen Programm. So wird Rußland im europäischen Ordnungssystem die Rolle zugewiesen, die

> Grundlagen unserer Staatssouveränität und nationalen Existenz gegen eine ständig wachsende einseitige Abhängigkeit zu schützen.[64]

Hatte das posttschechoslowakische „böhmisch-mährisch"-staatsnationale Programm dem geschwächten postsowjetischen Rußland keine reale Bedeutung für das europäische Ordnungssystem mehr zugeschrieben, so zeichnet sich hier eine aktivistische Europapolitik ab, die auf die Integration Rußland als neuer staatsnationaler status quo-Macht den von der europäischen Integration ausgehenden Anpassungsdruck auf die Tschechische Republik mildern soll.
Diese Ansätze zu einem - strategischen - Umdenken in der KSČM hatten sich erstmals in einem Diskussionspapier der Partei aus dem Jahre 1997 mit dem Titel *Pro demokratickou Evropu* (Für eine demokratisches Europa)[65] widergespiegelt, das sich deutlich von dem erwähnten sicherheitspolitischen Positionspapier *K bezpečností politiky KSČM* abhob.
Beide Papiere gehen von der gleichen düsteren Lageeinschätzung aus. Die Hoffnung,

> daß das Ende des Kalten Krieges und der Zerfall des bipolaren Systems zu einem dauerhaften Frieden und zu Sicherheit, aber auch zu Wohlstand und sozialer Absicherung in den Ländern Europas, zu einer auf den Prinzipien der Gleichberechtigung und der Gerechtigkeit beruhenden Vereinigung unseres Kontinents führt,

sei „bitter enttäuscht" worden.

---

[64] Jiní o lidech, my s lidmi. Volební program KSČM pro predčasné volby do Poslanecké sněmovny Parlamentu České republiky v roce 1998. Abschnitt Pevné místo České Republiky v Evropě a ve světě.

[65] Pro demokratickou Evropu. Manifest KSČM; – <www.kscm.cz/dokument/manifest.htm>.

Europa sei

> voller Konflikte, Zwiste, Gefahren und Bedrohungen, voller Machtdruck und Machtambitionen, Ungerechtigkeit und Unklarheit. [. . .] Unter den herrschenden Verhältnissen und der Verteilung der machtpolitischen und ökonomischen Kräfte verwirklicht sich ein Konzept der Herrschaft der Mächtigen über die Schwachen, der Macht der Großen, vor allem des Finanzkapitals, gegen die Interessen der Völker, einer Unterdrückung der sozialen Rechte und nationalen Besonderheiten. Es ist ein Konzept der ökonomischen und politischen Herrschaft Deutschlands über Europa, dem in Europa mit Billigung der USA eine Vormachtrolle zukommt.[66]

Wenngleich damit die grundsätzliche Einschätzung der Mehrheitsströmung der KSČM bestätigt wird und keine substantiell andere Wahrnehmung der Veränderungen des europäischen Ordnungssystems seit 1989 auszumachen ist, so erkennen doch die Autoren bei aller Kritik den Zerfall der bipolaren Ordnung als Tatsache an. Dies lieferte die Basis für eine scheinbar kaum vom üblichen Duktus der KSČM abweichende Forderung:

> Das zukünftige Europa braucht eindeutig eine ganz andere Ordnung als die, die nach dem Zweiten Weltkrieg in Westeuropa entstanden ist.[67]

Aus diesem Appell ziehen die Autoren dann allerdings eine Schlußfolgerung, die eine entscheidende strategische Wende zu einem europapolitischen Aktivismus bedeutet:

> Es ist daher für uns von lebenswichtiger Bedeutung, wie es gelingt, in Kooperation mit den übrigen demokratischen Kräften *zuhause und im Ausland* die bestehenden *Integrationsprozesse in ganz Europa positiv zu beeinflussen.* [. . .] Die Bildung eines neuen Systems in Europa muß ein gemeinsames Werk aller demokratischen Kräfte aller europäischen Völker sein. Als Vertreter einer radikalen, antikapitalistischen *Linken* verspüren wir die erstrangige Pflicht zu sagen, wie wir uns die Zukunft des europäischen Kontinents konkreter vorstellen und auf welchen Wegen wir diese Ziele erreichen wollen.

[66] Ebd., S. 2.
[67] Ebd.

> [. . .] Die wachsende Erfahrung mit dem wilden Kapitalismus, die jahrelange Erfahrung mit dem *sogenannten Realsozialismus*, die spezifische Durchdringung verschiedener kultureller Einflüsse und die tiefverankerte soziale Tradition unseres Volkes schaffen eine auf ihre Art unersetzliche Voraussetzung dafür, daß wir zu dem Projekt eines zukünftigen, demokratischen Europa auf unsere eigene, für eine vielgestaltige Zukunft Europas unerläßliche Weise beitragen.[68]

Schon das Schlüsselwort „links" signalisiert die Abkehr von dem in die tschechoslowakische Vergangenheit weisenden „kommunistischen" Programm. An die Stelle des blockkommunistischen Denkens, das nach dem Zusammenbruch des Warschauer Pakts und des Rates für Gegenseitige Wirtschaftshilfe Anfang der 1990er Jahre in die nationalkommunistische Isolation führte, tritt ein neuer, „positiver" – also aktivistischer und nicht mehr negativistischer - strategischer Ansatz. Neu ist insbesondere die hier erstmals auftauchende Option, die EU von innen zu verändern:

> Im Rahmen des Nationalstaats ist keine komplexe Antwort auf die Herausforderung des *Neokonservatismus*, der mit den unkontrollierbaren Prozessen der Internationalisierung verbunden ist, mehr zu finden. Für die Linke muß die Herausforderung von *Maastricht* ein Anstoß zur Schaffung des *wirtschaftlichen Projekts eines kooperierenden und später auch vereinigten Europas* sein [. . .] Wir sind für die europäische Integration und unterstützen die Teilnahme unseres Staates an ihr, wir werden aber eine Neuverhandlung der Maastrichter Verträge anstreben sowie eine grundlegende *Demokratisierung* des *ganzen Systems* [. . .].[69]

Hier zeigt sich exemplarisch, wie sich das nationalpolitische Programm des sich im Aufbruch befindenden kleinen Flügels der KSČM um Ransdorf auf die europapolitischen Ordnungsvorstellungen auswirkt. So wie dieser Flügel noch nicht wirklich von der Tschechoslowakei Abschied genommen hat, aber doch im Gegensatz zum Mehrheitsflügel der Partei in der Tschechischen Republik angekommen ist, so ist er in Europa, aber noch nicht wirklich in der EU angekommen. In beiden Fällen heißt die politische Fahrtrichtung: Nach vorne zurück. Erst will der Ransdorf-Flügel der EU beitreten, um nach dem Beitritt die

[68] Ebd. Hervorhebungen von mir.

[69] Ebd., S. 3. Maastricht im Original hervorgehoben, andere Hervorhebungen von mir.

EU wieder auf ein Nebeneinander souveräner Nationalstaaten zurückzuschrauben. Die in den vier Freiheiten des Maastrichter Vertrags geschaffene Grundlage für die europäische Vergesellschaftung, die bislang in erster Linie nur eine Wirtschaftsvergesellschaftung ist, soll „neu-" also „alt"-verhandelt werden. Die „Demokratisierung" der mit nicht allzu freundlichen Worten als „ganzes System" bezeichneten EU beinhaltet nicht die Idee eines europäischen demos, sondern zielt auf die Gleichberechtigung der Nationalstaaten, die wirtschaftlich – und nur wirtschaftlich – kooperieren, deren politische Vereinigung aber erst „später" stattfinden könne.

Mit diesem europapolitischen Programm, das Ansätze eines „linken" tschechisch-staatsnationalen Programms zeigt, näherte sich der Ransdorf-Flügel nicht nur dem staatsnationalen Flügel der ČSSD, sondern auch dem „rechten" staatsnationalen Programm der ODS an. Während die ODS seit Ende der 1990er Jahre immer häufiger von einem drohenden Verlust der nationalen Souveränität in der EU spricht und dennoch den Beitritt befürwortet, begann Ransdorf zum gleichen Zeitpunkt immer lauter, die für den Mehrheitsflügel der KSČM ketzerische These zu vertreten, daß „unter bestimmten Bedingungen der Beitritt zur EU unsere Souveränität erhöhen kann".[70]

Bewegen sich somit die nationalpolitischen Programme von KSČM und ODS in bezug auf die Europäische Union immer mehr aufeinander zu, so trennt sie doch weiter das strategische Mittel, das dazu diesen soll, daß auch in der EU die Souveränität des tschechischen Nationalstaats bewahrt bleibt. Diese unterschiedlichen strategischen Ziele sind mit der „Herausforderung des Neokonservatismus", also der Politik der ODS, angesprochen. Dem bis heute dominanten „rechten" *West*programm der ODS, in dem die USA als Garant der Staatssouveränität der Tschechischen Republik in einem euroatlantischen Raum auftreten, stellt der aktivistische Flügel der KSČM ein „linkes" *Ost*programm entgegen, in dem Rußland die tschechische nationale Souveränität in einem euroasiatischen Raum garantieren soll. So erklärt das „Manifest für ein demokratisches Europa", das „linke" Pendant des „rechten" „Manifest des Eurorealismus", der

> Herausforderung des *internationalen Kapitals* müsse durch die Schaffung *demokratisch aufgebauter* und kontrollierter *supranationaler Zentren*

begegnet werden.

---

[70] Z vystoupení místopředsedy ÚV KSČM Miloslava Ransdorfa na 4. zasedání ÚV KSČM dne 24. června 2000: Prosadit skutečnou sociální dimenzi evropského integračnímu projektu. Haló Noviny 26.6.2000.

> Wollen die europäischen *Völker* ihre bisherige ökonomische Stellung bewahren, müssen sie ihre Kräfte bündeln. Europa hat weiter ein riesiges Produktionspotential, das ihm – unter der Voraussetzung einer *gleichberechtigten Integration der Länder* der ehemaligen sozialistischen Gemeinschaft – im *Wettbewerb mit den anderen Regionen der Welt* einen würdige Stellung garantieren würde. [. . .] Der Markt, der durch eine Kooperation in *Europa vom Atlantik bis zum Ural* entstehen würde, ist nur schwer mit irgendeinem anderen vergleichbar.[71]

Dieses euroasiatische nationalpolitische Programm operiert mit der „linken" Chiffre der „Völker". Es ist jedoch nicht mit einem nationalföderativen Programm zu verwechseln, geht es ihm doch um eine „gleichberechtigte Integration der Länder". Im „demokratischen Europa", das sich vom „Atlantik bis zum Ural" erstrecken soll, also Rußland umfaßt, bleiben die Nationalstaaten die alleinige Quelle der Demokratie. Ein Europa, in dem die Staaten nicht gleichberechtigt sind, kann der KSČM nicht als „demokratisch" gelten.
Die staatsnationale „Rechte" weist den USA die Rolle zu, die Entstehung einer „undemokratischen" europäischen Ordnung zu verhindern, in dem die Staaten nicht gleichberechtigt (rovnoprávný) sind. Der aktivistische Flügel der staatsnationalen „Linken" in der KSČM hingegen will Rußland in dieser Position sehen. Dieses auf Rußland orientierte europapolitische Programm zielt daher gerade gegen die USA und ihr „internationales Kapital". Die geopolitische Ordnungsvorstellung, die hinter diesem Programm steckt, ist die in Rußland so populäre Vorstellung einer multipolaren Welt, in der ein Rußland umfassendes Europa „in Wettbewerb mit anderen Regionen" tritt.[72]
Die nationalföderativen Kräfte setzen seit Mitte der 1990er Jahre ungebrochen auf eine Vermittlung von europäischer Integration im Rahmen der EU und transatlantischer Bindung. Die staatsnationale „Rechte" spielte seit Ende der 1990er Jahre mit dem Gedanken, eine Anbindung an die USA als Alternative zu einem Beitritt zur Europäischen Union zu sehen. Die staatsnationale „Linke" aber sieht in einem Rußland umfassenden euroasiatischen Integrationsraum ein mögliches Mittel zur Loslösung von der Dominanz der USA:

[71] Pro demokratickou Evropu. Manifest KSČM, S. 2. Hervorhebung von mir.
[72] Zu den rußländischen Ordnungsvorstellungen siehe exemplarisch Sabine Fischer: Rußlands Westpolitik in der Krise 1992–2002: eine konstruktivistische Untersuchung. Frankfurt/Main [u.a.] 2003.

> Der Zusammenhalt Europas und seiner einzelnen nationalen Gemeinschaften sollte nicht nur auf wirtschaftlichen und politischen Strukturen aufgebaut sein, sondern auch auf geteilten kulturellen Werten. [. . .] Unser Ziel in diesem Bereich ist die Einheit in der Vielfalt: Wir wollen keine einheitliche *europäische*, erst recht keine importierte *Kultur* der Gewalt, sondern ein Europa der Kulturen – mit seinem ganzen Reichtum, seiner Buntheit und Vielgestaltigkeit.[73]

In aller Deutlichkeit taucht hier das europapolitische Spannungsverhältnis auf, das den innerparteilichen Konflikt in der KSČM prägt. Während jener Flügel, der auf eine aktivistische Europapolitik setzt, um sich mittels einer engeren europäischen Integration von den USA und ihrer „importierten Kultur der Gewalt" zu lösen, sieht der isolationistische Flügel keine Möglichkeit, durch eine aktive Europapolitik die Verklammerung von europäischer Integration und Westintegration zu lösen und fürchtet, daß die EU-Mitgliedschaft einen Verlust der nationalen „Kultur" bringe.

Auch wenn der Flügel um Miloslav Ransdorf in diesem Spannungsverhältnis mit der Vorstellung einer multipolaren Welt, in dem ein um Rußland erweitertes Europa die Vorherrschaft der USA mildern oder brechen könnte, einer Stärkung Europas näher gerückt ist, so lehnt doch auch Ransdorf

> die Schaffung eines europäischen *Superstaats* mit den Attributen einer militärischen Supermacht ab, die in Zukunft um Einflußsphären oder um die fortgesetzte Herrschaft über andere Völker kämpft. Ein Machtgegengewicht zu der einen Supermacht kann man heute nicht durch die Militarisierung der EU und die Schaffung europäischer Streitkräfte erreichen. Eine Ausbalancierung der Interessen der USA kann nur aus einer wohlverstandenen, *freiwilligen* Vereinigung der Staaten auf der Grundlage von Konzepten hervorgehen, die auf der *Anerkennung der Interessen anderer Völker* [národů], auf *friedlicher Kooperation*, auf wechselseitigen Vorteilen und *Gleichheit*. [. . .] Multipolarität verstehen wir als ausgewogene Sicherheit und auf keinen Fall als Spiel auf dem ‚großen Schachbrett'.[74]

---

[73] Pro demokratickou Evropu. Manifest KSČM; – <www.kscm.cz/dokument/manifest.htm>, S. 5. Kursiv im Original.

[74] Miloslav Ransdorf: Za Evropu a svět míru a spolupráce, S. 5; - <www.kscm.cz/archiv_detail.asp?menu=1&necId2=286&necId=228&newId=1160>.

Während die nationalföderativen Kräfte, die auf eine Vermittlung zwischen den USA und der EU setzen, eine Stärkung des sicherheits- und verteidigungspolitischen Pfeilers der EU akzeptieren, da sie hoffen, daß diese nicht auf die Bildung einer Gegenmacht zu den USA herausläuft, die staatsnationale „Rechte" hingegen bereits eine solche Gegenmachtbildung beobachtet und daher große Vorbehalte gegen die Europäische Sicherheits- und Verteidigungspolitik anmeldet, hat die KSČM das Ziel, die von ihr konstatierte Dominanz der USA zu brechen. Das Vertrauen in die Europäische Union und ihre großen Mitgliedstaaten genügte aber auch bei dem aktivistischen Flügel um Ransdorf nicht, um ihn auf eine integrierte Sicherheits- und Verteidigungspolitik der EU setzen zu lassen: „Die Militarisierung der EU nähert diese den Zielen der NATO an."[75] Die Position dieses Flügels der KSČM in bezug auf die EU kommt damit – bei entgegengesetzten Zielen in bezug auf die USA – jener der staatsnationalen ODS gleich. Diese strategischen Unterschiede manifestieren sich in der unterschiedlichen Bezeichnung des gleichen staatsnationalen Ziels: Während die ODS von der Gewährleistung der „Sicherheit" der Tschechischen Republik durch die USA spricht, möchte die KSČM den „Frieden" erhalten und sieht Rußland als dessen Garanten.
Ein ähnliches Muster zeigen die tektonischen Verschiebungen der tschechischen nationalpolitischen Landschaft, in deren Verlauf sich in den vergangenen zehn Jahren die staatsnationale „Linke" dem Ordnungssystem der EU angenähert und die staatsnationale „Rechte" sich diesem zunehmend entfremdet hat, in bezug auf die soziale Frage. Während die ODS besonders empfindlich auf die Ansätze der EU reagiert, eine unionsweite Sozial- und Arbeitsmarktpolitik zu schaffen, da sie diese als Eingriff in die nationale Souveränität begreift, dem sie einen Wettbewerb der Nationalstaaten als Ordnungsmodell entgegenstellt, bieten diese Ansätze der KSČM Anlaß für eine Öffnung gegenüber der EU. Zu den Grundlagen eines Moralkodexes für das 21. Jahrhundert müßten

> *soziale Gerechtigkeit*, die Würde des Menschen, die Achtung seiner Rechte, Anstand, Herrschaft des Rechts, allseitige menschliche Entwicklung und bessere Lebensbedingungen gehören. [. . .] Eine andere Botschaft kann unserer Ansicht nach auch die Europäische Union nicht haben, wenn sie wirklich die Gleichheit zwischen den *Menschen* [aus dem Volk, lidmi], Freiheit und Achtung gegenüber dem Verstand, kurz ein Europa der ‚Einheit in der Vielfalt' will, wie es der Entwurf des Verfassungsvertrages für Europa erklärt.[76]

---

[75] Ebd.

[76] Miloslav Ransdorf: Za Evropu a svět míru a spolupráce, S. 2; -

Während Ransdorf hier der Europäischen Union die Aufgabe zuweist, universale Werte, insbesondere soziale Gerechtigkeit, zu verwirklichen, ohne daß diese soziale Einheit die nationale Vielfalt gefährden soll, sieht die ODS gerade in solchen sozialpolitischen Einheitsbemühungen eine Kernbedrohung für die nationalstaatliche Vielfalt. Wenngleich die Vermittlung von sozialer Einheit und nationaler Vielfalt in den Vorstellungen der KSČM keineswegs geklärt ist und das Bild von der EU als Ursache sozialen Niedergangs in der Tschechischen Republik noch stark verbreitet ist, deutet sich eine Bereitschaft an, eine wirtschafts- und sozialpolitische Zentralisierung auf europäischer Ebene mitzutragen. Ziel der Europapolitik der KSČM sei es, so Ransdorf,

> einen breiten internationalen und demokratischen Rahmen für die Kontrolle von Kapitalbewegungen, Finanzprogrammen, Unternehmensfusionen und einigen Forschungsprojekten zu schaffen. Wir unterstützen auch neue Kriterien für die wirtschaftliche Entwicklung und eine Änderung der Steuersysteme, [. . .] eine demokratische Kontrolle der Europäischen Zentralbank, eine Harmonisierung der Haushalte unter demokratischer Kontrolle, eine gerechte Erhöhung der öffentlichen Haushalte.[77]

Doch ähnlich wie im Falle der Sicherheits- und Verteidigungspolitik zeigt sich auch hier, daß selbst der auf eine aktive Europapolitik setzende Flügel der KSČM der Europäischen Union kein europäisches Selbstverständnis hat, in dem die Europäische Union ein Selbstzweck wäre, sondern die EU lediglich als unter Umständen geeignetes Mittel zu einem nationalen Zweck betrachtet. Und ebenso wie das Ansinnen der KSČM, die diagnostizierte Dominanz der USA zu brechen, nicht so stark ist, als daß sie zu diesem Zwecke eine Stärkung europäischer Institutionen befürworten würde, so hat auch die Erkenntnis, daß ihre sozialpolitische Anliegen wohl nur im Rahmen der EU zu verwirklichen sind, bislang nur in geringem Maße dazu geführt, daß die KSČM ihre nationalpolitischen Ängste vor einem Souveränitätsverlust der Tschechischen Republik überwunden hätte.

So leuchtet zwar bei der KSČM vereinzelt die Bereitschaft auf, einer weiteren Verlagerung von Kompetenzen auf die europäische Ebene zuzustimmen. Gleichzeitig wacht die KSČM mit Argusaugen darauf, daß das Repräsentationsprinzip in der EU nicht supranational ausgestaltet wird, sondern jene EU,

---

<www.kscm.cz/archiv_detail.asp?menu=1&necId2=286&necId=228&newId=1160>.

77 Miloslav Ransdorf: Za Evropu a svět míru a spolupráce, S. 8; - <www.kscm.cz/archiv_detail.asp?menu=1&necId2=286&necId=228&newId=1160>.

die stark genug sein soll, um sich von den USA zu lösen, dennoch ein Europa der Nationalstaaten ist, der „Imperialismus der USA" nicht durch einen europäischen „Imperialismus" abgelöst wird. Dies zeigt sich zum einen am Beispiel der Vorstellungen von der Rolle der europäischen Kommission als auch des Europäischen Parlaments. Mit Bezug auf die Europäische Kommission fordert auch der aktivistische Flügel der KSČM, daß

> anstelle der Entscheidungen eines bürokratischen Apparats, der im Dienste des übernationalen Kapitals steht, ein *demokratischer Entscheidungs- und Kontrollmechanismus* geschaffen werden muß.[78]

Da mit einem „demokratischen Entscheidungs- und Kontrollmechanismus" ein Vetorecht der Nationalstaaten gemeint ist, wird offensichtlich, daß das im Ansatz zentralistische Politikverständnis der KSČM, nach dem die entgrenzte Wirtschaft einer starken politischen Kontrolle unterworfen werden muß, durch das auf den Nationalstaat fokussierte Repräsentationsverständnis blokkiert wird. Die diametral entgegengesetzten sozialpolitischen Stoßrichtungen der staatsnationalen „Rechten" und der staatsnationalen „Linken" führen somit zu sehr ähnlichen ordnungspolitischen Konzepten. Ganz gleich ob die einen weniger Regulierung in Europa und die anderen mehr Regulierung in Europa fordern, ob die Europäische Union ihnen zu kapitalistisch, oder zu sozialistisch ist: Beide zielen mit ihrem europapolitischen Programm nicht darauf, das die EU ihre Wirtschaftspolitik ändert, sondern daß der Nationalstaat eine bessere Politik machen kann. Der ODS wie der KSČM gilt die Europäische Kommission nicht als unparteiisches Fachorgan, das die Konflikte zwischen den Mitgliedsstaaten der EU durch Sachexpertise in einzelnen Politikfeldern in eine Kooperation überleiten kann, sondern als „bürokratischer Apparat". Ob dieser „Apparat" im Namen des „rechten" Programms als „sozialistisch" oder im Namen des „linken" Programms als ein Instrument des „übernationalen Kapitals" gegeißelt wird, hat weniger mit der Wahrnehmung der Wirtschaftspolitik der Kommission zu tun, als vielmehr mit der Frage, ob die beiden Parteien glauben, daß die nationalstaatliche Souveränität der Tschechischen Republik in einem euroatlantischen oder einem euroasiatischen Raum erhalten werden könne, ob ihr Garant die USA oder Rußland sein soll.

---

[78] Pro demokratickou Evropu. Manifest KSČM; – <www.kscm.cz/dokument/manifest.htm>.

Ähnliches gilt für die Vorstellungen von der Rolle des Europäischen Parlaments. Die KSČM erklärt, sie würde sich

> für eine Stärkung des Europäischen Parlaments einsetzen, für eine Ausweitung seiner Aufgaben bei der Gesetzgebung und der Haushaltskontrolle, aber auch seiner politischen Kontrollfunktion im Rahmen der ganzen EU. Nicht weniger wichtig ist für uns, daß eine klare Scheidelinie zwischen dem Parlament und der Exekutive gezogen, die Kompetenzen gegenüber den ausführenden Organen erhöht und die Beziehungen zwischen dem Europäischen Parlament und den nationalen Parlamenten der einzelnen Mitgliedstaaten intensiviert werden, wobei deren Einfluß auf die nationale Entwicklung erhalten bleibt. Diese Verknüpfung zwischen den nationalen und den europäischen Legislativorganen kann ein bedeutender Ort für die Stärkung der Demokratie bei der Arbeit der Institutionen der EU im Interesse des Gemeinwohls sein.[79]

Zunächst erscheint es, als würde die Partei hier einer Stärkung des Europäischen Parlaments das Wort reden und damit jenem Organ eine wichtigere Stellung im Institutionengefüge der EU zuweisen wollen, daß die europäischen Bürger repräsentiert. Ein genauerer Blick auf die Ziele und Voraussetzungen dieser Absicht offenbart jedoch, daß zum einen die Stärkung des Europäischen Parlaments zulasten der Europäischen Kommission gehen soll und nicht zulasten des Ministerrats als Vertretungsorgan der Staaten. Zum anderen knüpft die KSČM die Aufwertung des Europäischen Parlaments an die Bedingung, daß sein Charakter als europäische Volkskammer geschwächt wird und es sich zu einer europäischen Nationenkammer entwickelt. De facto soll also durch eine veränderte Verteilung der Kompetenzen und ein verändertes Repräsentationsprinzip das supranationale und das europäische Prinzip geschwächt, das intgergouvernementale Prinzip hingegen gestärkt werden.
Das europapolitische Ordnungskonzept des aktivistischen Flügels der KSČM zielt somit auf der einen Seite darauf, die EU zu stärken, um die wahrgenommene amerikanische Dominanz zu brechen. Gleichzeitig und in kaum zu überbrückendem Widerspruch dazu, sollen auf der anderen Seite jene Institutionen, die dazu dienen, lähmende nationale Differenzen zu überwinden, geschwächt werden. Der Forderung nach einer zentralistischen Organisation

---

[79] Miloslav Ransdorf: Za Evropu a svět míru a spolupráce, S. 8; - <www.kscm.cz/archiv_detail.asp?menu=1&necId2=286&necId=228&newId=1160>.

der EU zur Durchsetzung sicherheits- und sozialpolitischer Ziele stehen die nationalpolitischen Vorbehalte entgegen. Während die nationalföderativen Kräfte in einer gemäßigten Stärkung bundesstaatlicher Elemente bei gleichzeitiger Erhöhung der nationalen, in erster Linie der kulturellen Autonomie keine Gefahr für die Vielfalt der Nationen sehen und die staatsnationale „Rechte“ sich klar für ein Europa der souveränen Nationalstaaten ausspricht, prallen in diesem Leitbild eines zentralistischen Staatenverbundes, das der aktivistische Flügel der KSČM hegt, europäische Einheit und nationale Vielfalt unvermittelt aufeinander.

6 Resümee

Die Untersuchung hat gezeigt, daß sich die nationalpolitischen Vorstellungen der politischen Kräfte in der Tschechischen Republik in sechs Gruppen gliedern lassen. Die grundlegende Unterscheidung, die es zu treffen gilt, ist jene zwischen staatsnationalen Kräften und nationalföderativen Kräften. Die staatsnationalen Kräfte sehen im Staat die Verkörperung der Nation. Sie neigen dazu, die Nation als Staatsnation vom Staat abzuleiten, so daß eine Minderung der Staatssouveränität ihnen als Schwächung der Nation gilt. Die nationalföderativen Kräfte hingegen verstehen die Nation als eine dem Staat vorgängige Kulturnation, so daß sie dem Nationalstaat in erster Linie kulturelle Aufgaben zuweisen. Eine Verlagerung von Herrschaftskompetenzen auf eine supranationale Ebene gilt ihnen als erwägenswertes Mittel zur internationalen Konfliktbearbeitung, wenn es die Entfaltungs- und Gestaltungsmöglichkeiten der Nation erhöht und ihre kulturelle Autonomie bewahrt.
Des weiteren ist zu unterscheiden zwischen solchen Kräften, denen die Tschechoslowakei als zentraler Bezugspunkt ihres politischen Handelns galt, und solchen Kräften, bei denen ein tschechischer Nationalstaat den Kern der nationalpolitischen Vorstellungen ausmacht. Da die Idee einer tschechoslowakischen Kulturnation spätestens im Zweiten Weltkrieg die meisten ihrer Anhänger verloren hat, gibt es keine relevanten Kräfte mehr, die ein tschechoslowakisch-nationalföderatives Programm vertreten. Bei den staatsnationalen Kräften ist hingegen in den 1990er Jahren ungeachtet der Teilung der Tschechoslowakei zu unterscheiden zwischen tschechisch-staatsnationalen Kräften und tschechoslowakisch-staatsnationalen Kräften, die sich mit der Auflösung des Staates nicht abgefunden haben. Schließlich ist zu unterscheiden zwischen jenen Kräften, die sich als „rechts“ und jenen, die sich als „links“ verstehen.
Somit lassen sich empirisch sechs Kräfte unterschiedlicher nationalpolitischer Grundorientierung ausmachen:

- tschechoslowakisch-staatsnationale „Rechte“
- tschechoslowakisch-staatsnationale „Linke“
- tschechisch-staatsnationale „Rechte“
- tschechisch-staatsnationale „Linke“
- tschechisch-nationalföderative „Linke“
- tschechisch-nationalföderative „Rechte“

Die Analyse hat gezeigt, daß die „Rechts-Links“-Achse in der Tschechischen Republik in den vergangenen anderthalb Jahrzehnten weitaus mehr eine nationalpolitische als eine wirtschafts- und sozialpolitische Achse war und bis in die zweite Hälfte der 1990er Jahre im wesentlichen die Konstellation des Ost-West-Konflikts widerspiegelte, seit Mitte der 1990er Jahre stetig zunehmend aber auch den Konflikt zwischen staatsnationalen und nationalföderativen Kräften um die Gestalt der Europäischen Union. Als „rechts“ verstanden sich jene Kräfte, deren nationalpolitisches Programm auf einen tschechischen Nationalstaat zielte, und deren europapolitisches Programm nach Westen zeigte. Diese „Rechte“ bezeichnete all jene Kräfte als „links“, deren nationalpolitisches Programm an der Tschechoslowakei als staatlichem Bezugsrahmen festhielt und deren europapolitisches Programm nicht eindeutig nach Westen wies. Gleichzeitig wohnte dem Begriff „links“ in der Sprache der „Rechten“ eine Ambivalenz inne, bezeichnete doch die staatsnationale „Rechte“ auch eine nationalföderative Politik als „links“. Dies spiegelte sich wiederum darin, daß die kommunistische tschechoslowakisch-staatsnationale „Linke“ sich selbst gar nicht als „links“ – also nationalföderativ - bezeichnete, sondern großen Wert auf das Attribut „kommunistisch“ legte, das für das nach Osten weisende tschechoslowakisch-staatsnationale Programm stand.
Als eines der wichtigsten nationalpolitischen Ereignisse der vergangenen anderthalb Dekaden kann wohl die Entstehung einer tschechischen „Linken“ in Gestalt der ČSSD betrachtet werden, die auf der einen Seite das tschechoslowakisch-staatsnationale Programm aufgab und sich von den Kommunisten abgrenzte, auf der anderen Seite aber in dem Sinne eine vereinigte „Linke“ darstellt, als sie sowohl tschechisch-staatsnationale als auch nationalföderative Kräfte umfaßt. Diese Überwindung des innergesellschaftlichen Ost-West-Konflikts im Namen „Europas“ hat erheblich zur Entpolarisierung der tschechischen politischen Landschaft beigetragen. Gleichzeitig hat auch das Beharren der tschechoslowakisch-staatsnationalen „Kommunisten“ auf ihrem revisionistischen Ostprogramm, das weder den Umbruch des europäischen Ordnungssystems von 1989 noch die Teilung der Tschechoslowakei 1992 akzeptierte, dazu geführt, daß die tschechische „Linke“ sich ungeachtet der erheblichen inneren Differenzen zwischen dem tschechisch-staatsnationalen und dem tschechisch-nationalföderativen Flügel stabilisierte. Das europapolitische Programm der tschechischen „Linken“ nimmt daher in bezug auf die Europäische Union eine vermittelnde Position ein, die mit dem Nebeneinander bundesstaatlicher und staatenbündischer Elemente in der EU kompatibel ist.

Umgekehrt verlief dagegen die Entwicklung der tschechischen „Rechten". Da die tschechoslowakisch-staatsnationale „Rechte" in Gestalt der Republikaner keine kohärenten Vorstellungen zur Einbettung der wiederherzustellenden Tschechoslowakei in ein europäisches Ordnungssystem entwickeln konnte – das Westprogramm war von der tschechisch-staatsnationalen „Rechten" in Gestalt der ODS „besetzt", das „Ostprogramm" von der tschechoslowakisch-staatsnationalen „Linken" in Gestalt der KSČM – verschwand sie in der zweiten Hälfte der 1990er Jahre von der politischen Bühne. Ob es lediglich eine zeitliche Koinzidenz war oder ob es einen Kausalzusammenhang gibt, läßt sich nicht feststellen: Fest steht aber, daß ebenfalls in der zweiten Hälfte der 1990er Jahre die tschechische „Rechte" in einen nationalföderativen Flügel in Gestalt der KDU-ČSL und der *Unie Svobody* und einen staatsnationalen Flügel in Gestalt der ODS zerfiel. Diese Spaltung hat das europapolitische Programm der ODS in bezug auf die EU erheblich radikalisiert. Je mehr der innergesellschaftliche Ost-West-Gegensatz sowie der nationalpolitische tschechoslowakisch-tschechische Gegensatz schwand, desto mehr positionierte sich die ODS als staatnationale Kraft gegenüber den nationalföderativen Kräften, in dem sie die EU als einen gefährlichen Superstaat betrachtet, der den Nationalstaaten das Wasser abgräbt.

Diese sechs Typen lassen sich mit gewissen Einschränkungen den tschechischen Parteien zuordnen. Am tschechoslowakischen Staat hielten auch nach dessen Teilung die *Republikaner* und die *Kommunistische Partei Böhmens und Mährens* fest. Die in dieser Studie nur am Rande behandelten Republikaner verschwanden in der zweiten Hälfte der 1990er Jahren von der politischen Bühne der Tschechischen Republik, weil die in ihrem nationalpolitischen Programm wurzelnden europapolitischen Ordnungsvorstellungen mehrfach anachronistisch waren. Nicht nur hielten sie an der Tschechoslowakei der Zwischenkriegszeit fest, was sich daran zeigte, das sie als einzige tschechische Partei den Verlust der 1945 der Sowjetunion zugeschlagenen Podkarpatská Rus beklagten. Darüber hinaus stand ihr „rechtes" Programm in der Tradition der staatsrechtlichen tschechischen Monarchisten des 19. Jahrhunderts, die eine enge Anlehnung an das zarische Rußland gesucht hatten. Den Republikanern gelang es in den 1990er Jahren nicht, ihren doppelten Revisionismus sowie ihre gleichzeitig antiöstliche und antiwestliche Position zu überwinden, so daß ihre europapolitischen Ordnungsvorstellungen auf eine Isolation der von ihnen nicht anerkannten Tschechischen Republik hinauslief.

Ordnungsvorstellung der tschechoslowakisch-staatsnationalen „Rechten“ (Sdružení pro Republiku – Republikanská strana Československa)

Die Tschechoslowakei in der Isolation

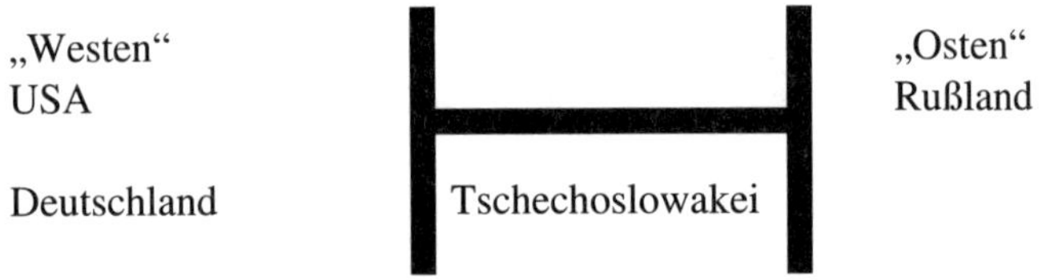

Mit der europapolitischen Isolation korrespondierte auch die innenpolitische Isolation, hielten doch die übrigen tschechischen Parteien die Republikaner, die bis zu ihrem Scheitern bei den Wahlen des Jahres 1998 vor allem durch xenophobe Rhetorik auf sich aufmerksam machten, auf Abstand.

Ähnlich isoliert war auch die *Kommunistische Partei Böhmens und Mährens*, die zweite tschechische Partei, die sich nicht mit den Umbrüchen des europäischen Ordnungssystems der Jahre 1989-1992 abfinden konnte und ein ähnlich isolationistisches Programm vertrat. Wie die Republikaner setzte auch die KSČM selbst nach der Auflösung der Tschechoslowakei auf ein tschechoslowakisch-staatsnationales Programm. Tief in der Tradition der tschechischen „Linken“ des 20. Jahrhunderts verwurzelt, war ihr europapolitisches Programm auf eine Sicherung tschechischer Positionen gegenüber Deutschland durch die Sowjetunion gerichtet. Obgleich der sukzessive Zusammenbruch der kommunistischen Einparteienherrschaft in der Tschechoslowakei, der Warschauer Vertragsorganisation sowie des Rates für gegenseitige Wirtschaftshilfe, der Sowjetunion und schließlich der Tschechoslowakei die KSČM aller realen Grundlagen ihrer europapolitischen Ordnungsvorstellung beraubt hatte, konnte sie sich auf ein stabiles gesellschaftliches Milieu stützen, so daß sie sich bis heute als relevante Kraft im tschechischen Parteiensystem halten kann. Ihre europapolitischen Ordnungsvorstellungen, die in der Leninschen Imperialismustheorie wurzeln und die Verschmelzung von Antigermanismus mit Antiamerikanismus zu einem antifaschistischen Antikapitalismus reproduzieren und die KSČM in Opposition sowohl zum NATO-Beitritt als auch zum EU-Beitritt der Tschechischen Republik brachten, lassen sich schematisch wie folgt darstellen:

Ordnungsvorstellung der tschechoslowakisch-staatsnationalen Linken
(Komunistická strana Čech a Moravy)

Die Tschechoslowakei im Ostblock

Westen	Osten
	Sowjetunion)
USA	Rußland
Großbritannien - Frankreich – Deutschland	(Tschechoslowakei) „Böhmen und Mähren“

Eine dem europapolitischen Programm der tschechoslowakisch-staatsnationalen „Linken“ scheinbar radikal entgegengesetzte Ordnungsvorstellung vertrat hingegen die tschechische „Rechte“, die ihre parteipolitische Heimat in der *Občanská demokratická strana* (ODS) und der kleineren *Občanská demokratická aliance* (ODA) fand. 1991 entstanden, positionierte sich die ODS als politische Gruppierung, die mit aller Kraft eine neue europapolitische Ordnung anstrebte.
Die Analyse hat jedoch gezeigt, daß für den staatsnationalen Mehrheitsflügel der ODS hinter dem radikalen Bruch mit der Ordnung des Ost-West-Konflikts der Versuch stand, eine größtmögliche nationalpolitische Kontinuität zu bewahren. Der Ausgangspunkt des nationalpolitischen Denkens der staatsnationalen Kräfte in der ODS, das an das tschechische historische Staatsrechtdenken des 19. Jahrhunderts anknüpfte, war die veränderte nationale Konstellation in der Tschechoslowakei durch die Vertreibung und Abschiebung der Deutschen aus Böhmen und Mähren nach dem Zweiten Weltkrieg, die der tschechisch-slowakischen mehrheitsbildenden Koalition und damit der Tschechoslowakei die innere Grundlage entzogen hatte. Als sich in den 1980er Jahren die militärische und ökonomische Schwäche der Sowjetunion offenbarte und das neue sicherheitspolitische Denken unter Michail Gorbačev die UdSSR zu einem weitgehenden Verzicht auf einen ostmitteleuropäischen cordon sanitaire brachte, drohte der Tschechoslowakei auch die bisherige Grundlage der äußeren Absicherung gegenüber Deutschland entzogen zu werden. Das Scheitern des Augustputsches in Moskau 1991 und die Auflösung der Sowjetunion zum Ende des gleichen Jahres gaben den Anstoß für den radikalen Scheinkurswechsel. Die binationale Tschechoslowakei sollte in einen homogenen Nationalstaat verwandelt werden, in dem nationalpolitische Fragen nach den Ursachen der Homogenität nicht mehr gestellt

werden. Da dies aufgrund der nationalen Ambitionen der Slowaken nicht möglich war, lief das nationalpolitische Programm auf eine Teilung der Tschechoslowakei hinaus. Die neuentstandene Tschechische Republik deklarierten die staatsnationalen Kräfte der ODS unter Premierminister Václav Klaus zu einem „westlichen Standardstaat“, in dem Staat und Nation zur Deckung gekommen seien und der sich endgültig vom „Osten“ und seinen nationalpolitischen Konflikten gelöst habe. Die Souveränität dieses neuen Staats sollte nun im „Westen“ abgesichert werden. An die Stelle des auseinandergebrochenen Nationalitätenstaates Sowjetunion, der Schutzmacht der Tschechoslowakei im verlorenen Ost-West-Konflikt, sollte nach dem Auseinanderbrechen der binationalen Tschechoslowakei als Garant der territorialen Integrität des Nationalstaats Tschechische Republik der Sieger des Ost-West-Konflikts, die USA, treten. Dasselbe Prinzip der Kontinuität durch radikale Diskontinuität, das die staatsnationale „Rechte“ zum sicherheitspolitischen Credo erhob, wendete sie auch zur Sicherung des nationalen Besitzstands an. Das sudetendeutsche Eigentum, das nach 1945 qua Verstaatlichung „nationalisiert“ worden war, sollte nun qua Privatisierung an nationale tschechische Eigentümer übergeben werden. An die Stelle des nationalen Kommunismus sollte ein nationaler Kapitalismus treten, der sicherheitspolitische und der sozialsystemare „Systemwechsel“ sollten Hand in Hand gehen. Innenpolitisch bedeutete dies eine radikale Abgrenzung von der Kommunistischen Partei, deren nationalpolitisches Programm zwar in der Substanz das gleiche Ziel hatte, deren „unrealistische“ Mittel die ODS aber veranlaßte, sie als Anti-System-Partei darzustellen, deren Ablehnung des obersten europapolitischen Ziels der ODS, der NATO-Mitgliedschaft, sie zu einer Gefahr für das auf ein Nebeneinander souveräner Nationalstaaten zielende europapolitische Programm der ODS machte.

Ordnungsvorstellung der tschechisch staatsnationalen Rechten
(Občanská demokratická strana)

Souveräne Nationalstaaten im Westen

USA
Rußland
Europäischer Staatenbund

Großbritannien | Frankreich | Deutschland | Tschechische Republik

Zielten die europapolitischen Programme von ODS und KSČM in bezug auf die strategische Absicherung der Tschechischen Republik in diametral entgegengesetzte Richtungen, so waren sie sich doch in der nationalpolitischen Substanz sehr ähnlich. Die tschechoslowakisch-staatsnationale „Linke" und die tschechisch-staatsnationale „Rechte" erblickten beide in der Europäischen Union eine Gefährdung der nationalen Souveränität – der sie mit den beschriebenen konträren Mitteln begegnen wollten. Freilich zeigte sich die ODS in den 1990er Jahren offener gegenüber der EU, war ihr doch klar, daß eine Verankerung im „Westen" ohne eine gewisse Aufgeschlossenheit gegenüber dem europäischen Staatenverbund nicht zu haben sein würde. Je mehr allerdings die Europäische Union ins Zentrum der europapolitischen Debatte in der Tschechischen Republik rückte, desto stärker näherten sich die europapolitischen Programme von ODS und KSČM an. Zwar konnte sich die ODS anläßlich des Referendums über den EU-Beitritt im Sommer 2003 ungeachtet massiver Vorbehalte noch einmal zu einer leisen „Ja"-Empfehlung durchringen, während der Mehrheitsflügel des KSČM einem wenn auch nicht allzu laut geäußerten „Nein" anhing. Doch in der Debatte über den EU-Verfassungsvertrag standen KSČM und ODS in staatsnationaler Einigkeit über alle Rechts-Links-Gräben hinweg in einer gemeinsamen Ablehnungsfront.
Diese Annäherung von KSČM und ODS hatte vor allem mit einem nationalpolitischen Revirement Mitte der 1990er Jahre zu tun, in dessen Zuge sich die tschechische „Rechte" in einen staatsnationalen Flügel und einen nationalföderativen Flügel spaltete. Diese Umgruppierung, in deren Zuge sich mehrere kleine Parteien von der ODS abspalteten, so daß diese auf ihren staatsnationalen Kern reduziert wurde und ihr souveränistisches Programm verschärfte, zeigt das folgende Schaubild:

Nationalpolitische Umgruppierung der tschechischen „Rechten“

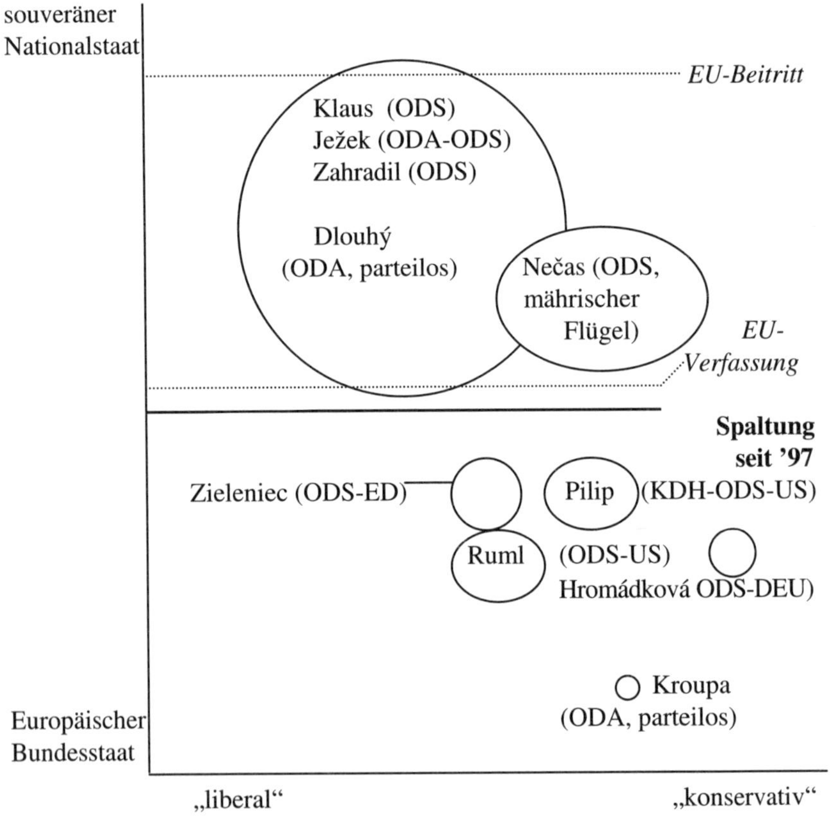

** Die Größenrelation der Kreise zueinander gibt in etwa die Kräfteverhältnisse der Parteien nach ihrem Wählerpotential in der vergangenen Dekade wieder.*

Bis Mitte der 1990er Jahre setzte sich die tschechische „Rechte“ ungeachtet der parteipolitischen Organisation in ODA und ODS – deren nationalpolitische Programme sich kaum voneinander unterschieden – unter dem Schlagwort „Europa“ geschlossen für die Westintegration der Tschechischen Republik ein. Zwar flackerten sowohl in der ODS als auch in der ODA immer wieder Konflikte über die Vorstellungen von der Gestalt des europäischen Ordnungssystems auf, doch über das Ziel eines NATO-Beitritts herrschte

Einigkeit. So fand die tschechische „Rechte“ der ersten Hälfte 1990er Jahre in der Abgrenzung gegenüber der tschechoslowakisch-staatsnationalen KSČM und der Westorientierung einen vereinenden gemeinsamen Nenner. In dem Maße, in dem allerdings der Beitritt zur Europäischen Union auf die politische Tagesordnung gelangte, verschärften sich die innerparteilichen Konflikte, was schließlich zur Abspaltung mehrerer kleiner Parteien von der ODS führte: der von Alena Hromadková gegründeten *Demokratická unie* (Demokratische Union, DEU), der von Jan Ruml und Ivan Pilip, dem vormaligen Vorsitzenden der *Křesťanskodemokratické hnutí* (Christdemokratische Bewegung, KDH), gegründeten *Unie Svobody* (Freiheitsunion, US), sowie schließlich der anläßlich der Europawahlen im Jahr 2004 vom ehemaligen ODS-Außenminister Josef Zieleniec, der die ODS 1997 verlassen hatte, gegründeten *Evropské Demokraté* (Europäische Demokraten, ED).
Diese kleineren Parteien stützten sich auf die in der tschechischen Gesellschaft historisch schwach verwurzelte Tradition des tschechischen liberalen Bürgertums sowie des konservativen tschechischen Adels, die mit ihrem nationalföderativen Programm im Rahmen des Habsburgerreichs schon in der zweiten Hälfte des 19. Jahrhunderts immer mehr Anhänger an die staatsnationale „Rechte“ verloren, die auf das historische Staatsrecht der böhmischen Länder, also auf einen tschechischen Nationalstaat pochte. In den 1990er Jahren setzte sich diese nationalföderative „Rechte“ so konsequent wie keine andere politische Kraft der Tschechischen Republik für eine doppelte Westintegration ein. Unter dem geopolitischen Leitbild eines „euroamerikanischen Raums“ plädierte sie für ein europäisches Ordnungssystem mit bundesstaatlichen Zügen. Eine solche Ordnungsvorstellung für die Europäische Union setzt im Kontext des tschechischen europapolitischen Denkens ein hohes Maß an Vertrauen auf eine deutsche Selbstbeschränkung voraus. Obwohl dies bei der nationalföderativen „Rechten“ wie bei keiner anderen tschechischen politischen Kraft gegeben war, strebte auch diese Strömung eine doppelte Versicherung an. Die Präsenz der USA in Europa sollte die transatlantische Ausrichtung Deutschlands und der EU sichern und die Ausgrenzung Rußlands aus dem bundesstaatlich organisierten Europa die Renaissance eines deutsch-russischen staatsnationalen Großmachtsprojekts verhindern.

Ordnungsvorstellung der nationalföderativen „Rechten“
(KDU-ČSL, US, DEU)

Europäischer Bundesstaat in einem euroamerikanischen Raum

USA	
Europäischer Bundesstaat	
Großbritannien - Frankreich - Deutschland	Rußland
Belgien - Tschechische Republik - Slowakei	

Hatten die nationalföderativen Kräfte in der ersten Hälfte der 1990er Jahre im Rahmen der vereinigten tschechischen „Rechten“ noch erheblichen Anteil an dem – durchaus ambivalenten – Westintegrationsprojekt, so ist ihr Einfluß seit der Spaltung in eine nationalföderative und eine staatsnationale „Rechte“ stetig geschwunden. Die ODA verlor nach dem Austritt ihrer wichtigsten staatsnationalen Repräsentanten, des ehemaligen Privatisierungsministers Tomáš Ježek und des ehemaligen Industrie- und Handelsministers Vladimír Dlouhý, an Bedeutung. Zwar nahm sie zunächst an der von der US und der DEU gemeinsam mit der christlichsozialen KDU-ČSL gegründeten, explizit nationalföderativen Wahlallianz unter dem Namen *Čtyřkoalice* (Viererkoalition, 4K) teil, verschwand aber nach einem Finanzskandal und dem Austritt des Parteigründers Daniel Kroupa von der politischen Bühne. Die mit der DEU verschmolzene Freiheitsunion steht zwar seit 2002 gemeinsam mit den Sozialdemokraten und den Christlichsozialen in der Regierungsverantwortung, konnte sich jedoch nicht gesellschaftlich verankern und steuert Umfragen zufolge auf ihre politische Marginalisierung zu. Mit dem Ende der zwölfjährigen Präsidentschaft Václav Havels im Jahr 2003 hat diese nationalföderative „Rechte“ zudem ihre Symbolfigur verloren,

So ist als letzte nationalföderative Kraft der tschechischen „Rechten“ mit einer stabilen gesellschaftlichen Verankerung heute die christlichsoziale *Křesťanskodemokraticka Unie – Československá strana lidová* (Christdemokratische Union - Tschechoslowakischen Volkspartei, KDU-ČSL) übriggeblieben. Ihre Ordnungsvorstellungen unterscheiden sich nur unwesentlich von jenen der kleineren liberalen Parteien. Ihre traditionelle Verankerung im tschechischen katholischen Milieu, das dem laizistischen tschechisch-staatsnationalen Programm mit einer Verankerung der tschechischen Nation in einer christlichen Gemeinschaft europäischer Völker begegnen will, sichert der Partei jedoch ein stabileres Wählerpotential als jenes, über das die liberalen nationalföderativen Kräfte verfügen. Dennoch entzweit die 1997 entstandene europapolitische Spaltungslinie auch die christlichen politischen Kräfte,

was zu einer erheblichen Schwächung der nationalföderativen Kräfte in der tschechischen Republik beiträgt. So verblieb beim Zerfall der breiten „rechten" Westintegrationskoalition, in welche die KDU-ČSL als eigenständige Partei eingebunden war, ein christlich-konservativer Flügel, dessen wichtigster europapolitischer Repräsentant der mährische Politiker Petr Nečas ist, in der ODS. Dieser mährische Flügel der ODS trägt – wenn auch in gemäßigter Form – das tschechische staatsnationale Programm des Prager laizistisch-nationalliberalen Flügels der ODS mit. Während die nationalföderative KDU-ČSL ihre Hochburgen in den ländlichen Gebieten des katholischen Mähren hat, hat sie in den städtischen Zentren Mährens, vor allem in Brno, viele Wähler an die staatsnationale ODS verloren. Somit hat die Schwächung des mährischen nationalpolitischen Sonderbewußtseins, das traditionell in einer umfassenderen mitteleuropäischen oder gesamteuropäischen Ordnung die Chance für mehr mährische Autonomie gegen den Prager Zentralismus gesehen hatte, erhebliche europapolitische Bedeutung.
Mit guten Gründen kann behauptet werden, daß der gemäßigt tschechisch-staatsnationale mährische Flügel der ODS zum Zünglein an der Waage werden könnte, wenn sich ein weiteres nationalpolitisches Revirement bei der tschechischen „Rechten" durchsetzt, dessen Ansätze bereits zu erkennen sind. So deutete sich schon bei den Luftangriffen der NATO auf Jugoslawien 1999 eine europapolitische Spaltung in der ODS an, welche nicht zuletzt entlang der böhmisch-mährischen politischen Linie verlief. Während der mährische Flügel auf der proamerikanischen Linie der 1990er Jahre beharrte, hinter der das Leitbild eines euroamerikanischen Raums souveräner Nationalstaaten steht, entwickelt der Vordenker der Prager staatsnationalen „Rechten", Václav Klaus, eine europapolitische Ordnungsvorstellung, die sich zunehmend von der Westorientierung der 1990er Jahre entfernt. Diese Neupositionierung stellt einen weiteren Schritt zur Überwindung der innergesellschaftlichen Konfliktlinie entlang des Ost-West-Gegensatzes dar, der in den 1990er Jahren den Links-Rechts-Gegensatz konstituierte.
Das neue staatsnationale Konzept, das sich bei Václav Klaus abzeichnet, zielt allerdings nicht auf eine Überwindung der von Rußland und den USA forcierten Ost-West-Integrationskonkurrenz zugunsten eines vereinten Europa. Vielmehr zielt es umgekehrt auf eine Schwächung der nationalföderativen Kräfte in der Europäischen Union durch eine nichtinstitutionalisierte nationalstaatliche Konkurrenz und ad-hoc Koalitionen mit den Flügelweltmächten USA und Rußland. Nachdem das Ziel eines tschechischen Seitenwechsels und einer Bewahrung des „alten Westens" souveräner Nationalstaaten aus der Sicht von Klaus gescheitert war, da sich die Europäische Union in den 1990er Jahren durch das erfolgreiche Doppelprojekt „Erweiterung und Vertiefung"

in ein die Nationalstaaten bedrohenden „Superstaat" verwandelt habe, läuft das neue Projekt von Klaus auf eine Resouveränisierung durch Überdehnung der EU hinaus. Nicht die Ukraine steht dabei im Fokus des von einer Minimal- auf eine Maximalvariante umgeschwenkten EU-Erweiterungskonzepts der von Klaus repräsentierten staatsnationalen Rechten, würde dies doch einen Konflikt mit dem unter Putin wiedererstandenen rußländischen Machtstaat heraufbeschwören. Es ist vielmehr die Türkei, von deren Beitritt die staatsnationalen Kräfte aller europäischen Groß- und Kleinmächte sich eine Schwächung der als Korsett empfundenen supranationalen Institutionalisierung europäischer Politik erhoffen.
Die schrittweise Wiederannäherung der staatsnationalen „Rechten" an Rußland, die symbolisch in einer Reise Václav Klaus', die er ein halbes Jahr nach seinem Amtsantritt als tschechischer Staatspräsident im November 2003 nach Moskau unternahm und sich politisch in der gemeinsamen Ablehnung der Menschenrechtsdimension der OSZE äußert, hat auch Konsequenzen auf der tschechischen politischen Bühne. So ist eine wenn auch unausgesprochene, von der „Rechts-Links"-Achse der 1990er Jahre noch überlagerte und verdeckte Annäherung der radikalen Kräfte der staatsnationalen „Rechten" um Klaus und der auf ein Ende der rhetorisch als tschechoslowakisch-revisionistisch, de facto tschechisch-isolationistischen Politik drängenden Kräfte in der kommunistischen staatsnationalen „Linken" zu beobachten.

Ordnungsvorstellung der tschechisch-staatsnationalen Postkommunisten
(Klaus, Ransdorf)

Souveräne Nationalstaaten in einer multipolaren Welt

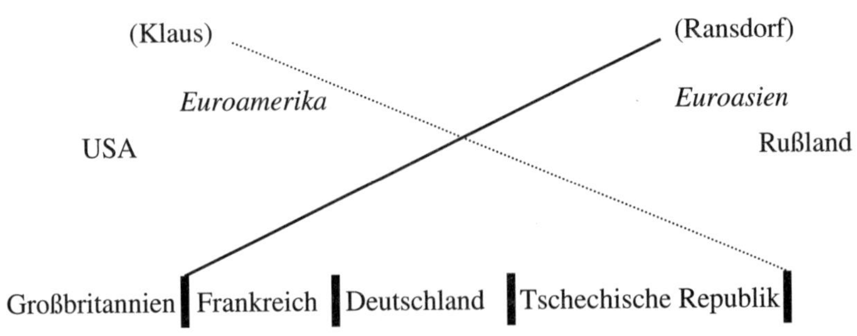

Wie in der Graphik durch die unterschiedliche Strichstärke angedeutet, ist bei Klaus die Vorstellung von einem euroamerikanischen Raum bereits weiter hin zu der Vorstellung von einem Gesamteuropa geöffnet, in dem der in der EU-25 herrschende Integrationsdruck deutlich gemildert wäre, als dies bei Ransdorf und seinem Konzept eines euroasiatischen Raums der Fall ist. Der von der wachsenden Skepsis an „dem Westen" als Welt der territorialen Integrität und umfassenden Staatssouveränität vorangetriebene Abschied der staatsnationalen „Rechten" von ihrem auf eine Isolation gegenüber dem Osten zielenden Programm ist weiter vorangeschritten als der von der Hoffnung auf eine mittelfristige Herauslösung aus dem von den USA dominierten „Westen" vorangetriebene Abschied der kommunistischen „Linken" von ihrem auf eine Isolation gegenüber Westeuropa zielenden Programm.
Diese Annäherung, die auf eine Überwindung der parallel zu der Ost-West-Konfliktlinie verlaufenden „Rechts-Links-Achse" hinausläuft, wird nicht zuletzt von der inneren Entwicklung der nationalpolitisch in einen staatsnationalen und einen nationalföderativen Flügel gespaltenen *Tschechischen Sozialdemokratischen Partei* (ČSSD) abhängen. In der ersten Hälfte der 1990er Jahre hatte zunächst die Wiedererstehung der traditionsreichen tschechischen Sozialdemokratie, deren nationalpolitisches Denken in den personalautonomistischen Vorstellungen des austromarxistischen Denkens wurzelt, dazu beigetragen, daß die ČSSD als Sammelbewegung der postkommunistischen – d.h. post-tschechoslowakischen – „Linken" sich von dem im Blockdenken des Ost-West-Konflikts verhafteten revisionistischen Tschechoslowakismus der Kommunistischen Partei Böhmens und Mährens abgrenzte, den Zerfall der Tschechoslowakei akzeptierte und die europapolitische Zukunft des nunmehr selbständigen tschechischen Staates in der Mitgliedschaft in der Europäischen Union suchte. Während über die erweiterte EU als entscheidender europäischer Ordnungsrahmen Konsens in der ČSSD herrschte, entzündete sich ein heftiger innerparteilicher europapolitischer Konflikt an der Frage der Mitgliedschaft in der NATO. Während der nationalföderative Flügel der ČSSD die NATO- und EU-Mitgliedschaft schon sehr früh als einander ergänzende Komponenten einer doppelten Westintegration betrachteten und in einem euroamerikanischen Ordnungssystem genügend Spielraum für ein amerikanisches und ein europäisches Sozialmodell sahen, schwenkte der staatsnationale Flügel der ČSSD unter Miloš Zeman, der in der Tradition der National-Sozialistischen Partei Edvard Benešs Rußland als Garanten der tschechischen Staatlichkeit sah, erst im Verlaufe der 1990er Jahre auf eine Zustimmung zur NATO-Mitgliedschaft um. Gleichwohl gab dieser Flügel der ČSSD die europapolitische Orientierung nach Osten nicht ganz auf, sondern versprach sich von einer auf eine Vermittlung zwischen den Flügelgroßmäch-

ten Rußland und USA gerichteten Politik sowohl mehr sicherheitspolitische Flexibilität als auch einen größeren nationalpolitischen Spielraum in einem Europa, dessen vorsichtige Entwicklung in Richtung Bundesstaat der staatsnationale Flügel der ČSSD mit Skepsis betrachtete und im Stadium eines Staatenverbundes eingefroren sehen wollte.

Ordnungsvorstellung der tschechisch-staatsnationalen „Linken"
(staatsnationaler Flügel der ČSSD)

Europäischer Staatenverbund in einer multipolaren Welt

USA Rußland

Europäischer Staatenverbund

Großbritannien | Frankreich | Deutschland | Tschechische Republik

Der nationalföderative Flügel der ČSSD hingegen, der unter den Parteivorsitzenden Vladimír Špidla und Stanislav Gross seit 2001 deutlich an Einfluß in der ČSSD gewonnen hat, sieht die größten sozialen und kulturellen Entfaltungsmöglichkeiten für die tschechische Nation in einer in Ansätzen bundesstaatlich organisierten EU gewährleistet und hat sich in den 1990er Jahren von der seit Ende der 1920er Jahre bei der tschechischen „Linken" dominanten Rußland-Orientierung weitgehend emanzipiert. Vielmehr gilt diesem Flügel der ČSSD ein Ausgleich zwischen der NATO und der EU, der auf der einen Seite die sicherheitspolitische Präsenz der USA in Europa garantieren und auf der anderen Seite die wirtschaftspolitische Gestaltungsfähigkeit der in der EU vereinigten europäischen Staaten in einer von wirtschaftlicher Entgrenzung gekennzeichneten Welt bewahren soll, als europapolitisches Credo.

Ordnungsvorstellung der nationalföderativen Linken
(nationalföderativer Flügel der ČSSD)

Europäischer Bundesstaat in einem euroamerikanischen Raum

USA

Europäischer Bundesstaat
Großbritannien - Frankreich - Deutschland
Belgien - Tschechische Republik - Slowakei

Rußland

Zusammenfassend läßt sich somit in der Tschechischen Republik eine Konkurrenz europapolitischer Ordnungsvorstellungen entlang zweier Konfliktlinien konstatieren, die beide in erheblichem Maße die Selbst- und Fremdwahrnehmung der Parteien als „rechts“ und „links“ prägten und das entlang einer solchen Rechts-Links-Achse strukturierte Parteiensystem prägten. Während bis weit in die zweite Hälfte der 1990er Jahre der zentrale Konflikt über die sicherheitspolitische Verankerung der Tschechischen Republik geführt wurde und die nach „Osten“ - auf die Sowjetunion bzw. Rußland – orientierten „linken“ Kräfte den nach „Westen“ – auf die USA – orientierten Kräfte gegenüberstanden, trat dieser Konflikt seit Ende der 1990er Jahre immer deutlicher in den Hintergrund und wurde von der Auseinandersetzung zwischen staatsnationalen „rechten“ und nationalföderativen „linken“ Kräften um die Gestalt der Europäischen Union abgelöst. Dieser Vorgang hat nicht nur etwas mit der in den 1990er Jahren stetig gewachsenen Bedeutung der Europäischen Union auf der einen Seite und dem schwächer gewordenen Einfluß der Militärmacht der beiden Flügelgroßmächte USA und Rußland zu tun. Er ist auch auf die langsam in das politische Denken eindringende Tatsache zurückzuführen, daß die sozialsystemare Codierung in einen sozialistischen Osten und einen kapitalistischen Westen seit 1989 der Vergangenheit angehört.

Die Frage des EU-Beitritts hat im Jahre 2003 ungeachtet dessen, daß der Parteichef der ODS, Václav Klaus, bereits zu Beginn der 1990er Jahre die staatsnationale Ablehnung supranationaler Integration in aller Deutlichkeit formuliert hatte und seit 1998 die Skepsis in der gesamten ODS massiv gewachsen war, noch einmal von der in der Graphik horizontal dargestellten Konfliktlinie geprägt. In der Diskussion um den Verfassungsvertrag der EU brach sich dann aber die bereits seit langem deutlich gewordene Entwicklung Bahn und die Auseinandersetzung zwischen staatsnationalen und nationalföderativen Kräften wurde zum zentralen europapolitischen Konflikt in der Tschechischen Republik. Dieses europapolitische Revirement – in der Graphik an der Drehung der Konfliktachsen gegen den Uhrzeigersinn zu erkennen - kam in einem Wechselspiel zwischen der Reaktion auf den Anpassungsdruck eines sich wandelnden europäischen Staatensystems auf der einen Seite und Kräfteverschiebungen zwischen innerparteilichen Strömungen mit unterschiedlichen nationalpolitischen Traditionen auf der anderen Seite zustande.

Europapolitische Konfliktlinien im tschechischen Parteiensystem 1993-2005

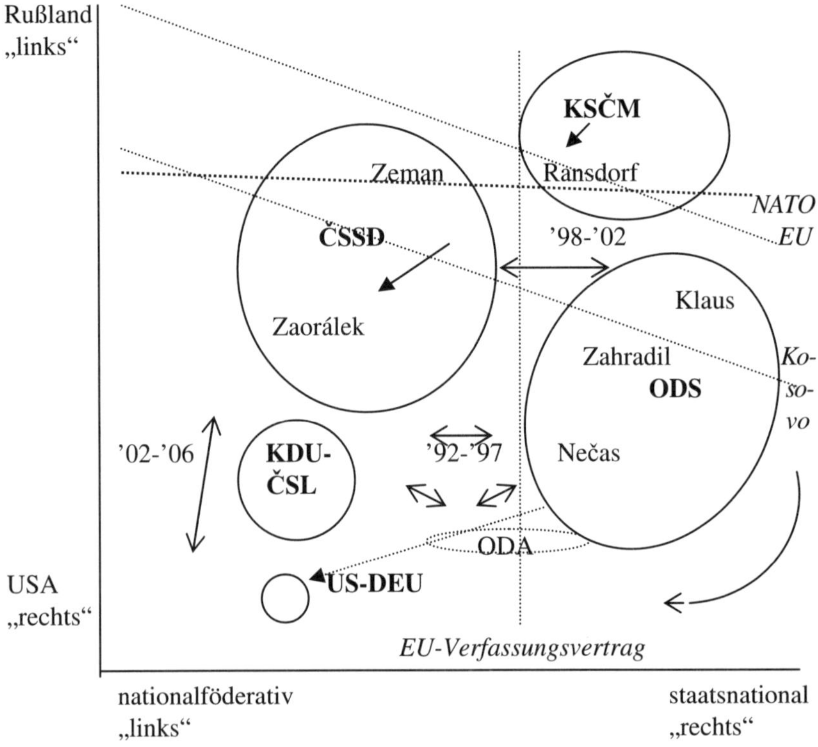

Die gestrichelten horizontalen Linien geben die Zustimmung bzw. Akzeptanz an: oberhalb bzw. rechts der Linie = Ablehnung, unterhalb bzw. links der Linie = Akzeptanz
Das Größenverhältnis der Kreise spiegelt grob das Wählerpotential der Parteien in der vergangenen Dekade wider.

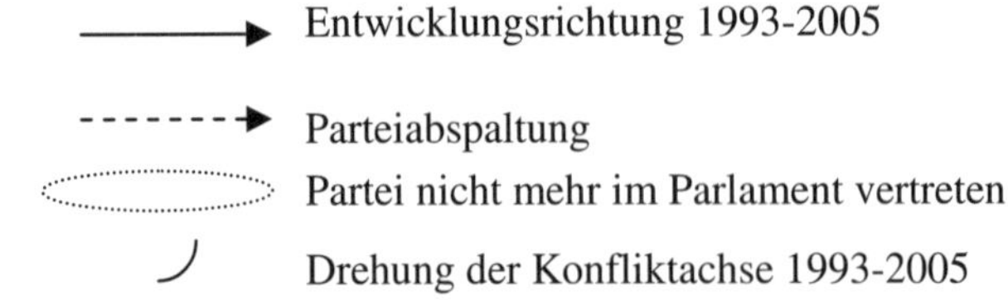

So wuchs in dem Maße, in dem relevante Kräfte in der ODS das Bekenntnis zur Europäischen Union nicht mehr als notwendiges Mittel auf dem Weg zur internationalen Anerkennung der Souveränität des tschechischen Staates verstanden, sondern vielmehr den Beitritt zum Staatenverbund EU als Souveränitätsverlust zu betrachten begannen, die Spannungen in der „rechten Westkoalition" aus KDU-ČSL, ODA und ODS. Mit dem Zerfall dieser Koalition 1997 sowie der Abspaltung der kleinen nationalföderativen *Unie Svobody – Demokratická Unie* von der ODS zerfiel die Koalition der Befürworter der „Westintegration" entlang der Sollbruchlinie von nationalföderativen und staatsnationalen Kräften. Seitdem bildet nur noch der gemäßigt staatsnationale südmährisch-konservative Flügel unter Petr Nečas ein Gegengewicht gegen den Souveränismus des von Schattenaußenminister Jan Zahradil und insbesondere vom Ehrenvorsitzenden der Partei, dem tschechischen Präsidenten Václav Klaus repräsentierten Prager „liberalen" Flügels. Eine weitere Verschiebung des europapolitischen Ordnungskonzepts der ODS hin zu einer Reorientierung auf Rußland haben die Luftangriffe der USA und der großen westeuropäischen Staaten auf das ehemalige Jugoslawien 1999 verursacht. Seit diesem von den staatsnationalen Vordenkern der ODS als Präzedenzfall für das Ende der Staatssouveränität begriffenen Zwangsaktion zur Beendigung des serbischen Staatsterrors im Kosovo hat Rußland, das sich als Hüter des territorialen *status quo* und der Staatssouveränität in Osteuropa zu präsentieren versucht, wieder deutlich an Bedeutung für die ODS gewonnen.
Die Entwicklungsrichtung der ČSSD hingegen verlief genau umgekehrt. Nachdem die Partei unter dem Einfluß ihres in der austromarxistischen Tradition stehenden nationalföderativen Flügels bereits zu Beginn der 1990er Jahre in der Europäischen Union ein geeignetes Modell zur inter-nationalen und zwischenstaatlichen Konfliktlösung in Europa erblickt hatte, zog auch der in staatsnationaler Tradition stehende Flügel unter Miloš Zeman in der EU-Frage rasch nach. Viel heftiger hingegen waren die Auseinandersetzungen um die Mitgliedschaft der Tschechischen Republik in der NATO und die Rolle der USA in Europa. Gingen für den nationalföderativen Flügel EU-Beitritt und NATO-Beitritt als Integration in einen euroatlantischen Raum Hand in Hand, so hegte der staatsnationale „linke" Flügel eher die Absicht, die Verschränkung von NATO und EU und die Westbindung der großen europäischen Staaten zu schwächen und die Rolle Rußlands als Garantiemacht der tschechischen Staatssouveränität in Europa zu stärken. Angesichts des ökonomischen Niedergangs und der inneren Schwäche der rußländischen Staatlichkeit in den 1990er Jahren ging aber auch dieser Flügel dazu über, in der NATO-Mitgliedschaft und der Präsenz der USA in Europa zumindest vorübergehend eine unersetzliche Sicherheitsgarantie

gegen mögliche revisionistische deutsche Bestrebungen zu sehen. In dem Maße, in dem seit 2002 der nationalföderative Flügel, der heute u.a. von dem Vorsitzenden des tschechischen Abgeordnetenhauses, Lubomír Zaorálek, repräsentiert wird, in der ČSSD die Oberhand gewann, hat sich allerdings die Orientierung auf Rußland in der Partei abgeschwächt, so daß die Schaukelpolitik zwischen den beiden Flügelgroßmächten USA und Rußland von der Arbeit an einer Einbindung Deutschlands in eine starke EU abgelöst wurde.
Eben jene Schaukelpolitik versucht seit Ende der 1990er Jahre ein kleiner, von Miloslav Ransdorf angeführter Flügel in der KSČM innerparteilich durchzusetzen, um die Partei aus der innertschechischen Isolation zu führen, in welche sie der Mehrheitsflügel der Partei unter Parteichef Miroslav Grebeníček manövriert hat, indem er an der europäischen Ordnung der Jahre vor 1989 festhielt. Dieses Vorhaben ist allerdings nach mehreren Anläufen im Jahre 2004 erneut daran gescheitert, daß die angestrebte Loslösung von den USA nur über eine Stärkung der EU mittels Souveränitätsdelegation zu erreichen ist, was der staatsnationale Flügel der KSČM vehement ablehnt. Damit setzt der dominante Flügel der KSČM seine negativistische Burgpolitik gegenüber der EU fort, statt wie die ODS, die der EU kaum weniger skeptisch gegenübersteht als die KSČM, mit einer aktivistischen, auf Veränderung der Europäischen Union von innen zielenden Politik, an einer für sie akzeptableren Gestalt der EU zu arbeiten.
Die Ursache für diese unterschiedlichen Politikansätze hat sich wie gezeigt in den vergangenen Jahren immer mehr von der Frage der – immer noch mit einer sozialsystemaren Codierung aufgeladenen - sicherheitspolitischen Orientierung gen West oder Ost entfernt. Immer stärker haben sich die in den nationalpolitischen Traditionen der tschechischen Parteien und ihrer Strömungen wurzelnden Vorstellungen von der besten europäischen Ordnung auf die innere Ordnung der EU konzentriert. Insbesondere für die ODS ist die Frage des Verhältnisses zu Nicht-Mitgliedstaaten der EU, darunter auch den nahen und fernen Beitrittskandidaten in Südost- und Osteuropa zu einer Frage geworden, die alleine von dem erwarteten Einfluß der An- oder Einbindung dieser Staaten an bzw. in die EU auf die innere Gestalt der Europäischen Union geprägt ist.
In welche Richtung aber sich nach den Vorstellungen der tschechischen Parteien die Europäische Union entwickeln soll, hängt von den Tiefenstrukturen der tradierten nationalpolitischen Vorstellungen ab, die sich im Gegensatz zu den eher taktischen Erwägungen über die zu ihrer Umsetzung geeigneten Mittel nur langsam wandeln. Diese nationalpolitischen Vorstellungen lassen sich schematisch wie folgt darstellen:

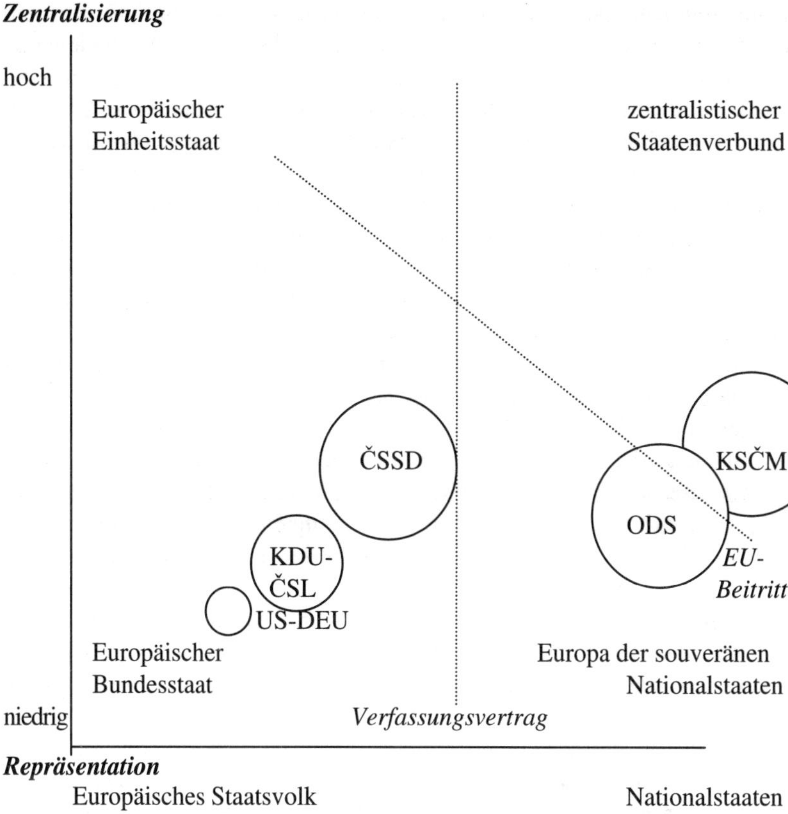

Mit der KSČM und der ODS sind zwei starke staatsnationale Kräfte im tschechischen Parteiensystem präsent, denen nur ein solches Ordnungssystem als rechtens gilt, in dem Volk und Staat eine untrennbare Einheit bilden, Volkssouveränität also in der umfassenden formellen Souveränität der Nationalstaaten zum Ausdruck kommt. Diese Verschmelzung von Staat und Nation geht bei der staatsnationalen „Linken" der KSČM noch von einem ethnisch tschechischen Volk (národ) aus. Dieses Nationsverständnis ist bei der KSČM aufgrund der Gewaltexplosion Mitte des 20.Jahrhunderts zu der Vorstellung radikalisiert, daß das Volk als Kollektiv nur Bestand habe, wenn es sich in einem im Inneren homogenen und nach außen vollumfänglich souveränen Nationalstaat verkörpert. Die staatsnationale „Rechte" der ODS hat hingegen die konzeptionelle Konsequenz aus der Homogenisierung des tschechischen

Staates durch Flucht und Vertreibung der deutschen Bevölkerung nach 1945 gezogen und leitet das Volk vom Staat her, der den Willen der individuellen Staatsbürger (občan) zum kollektiven Interesse bündele. Das Nationsverständnis beider Parteien ist auf den Staat fokussiert, ganz gleich ob wie bei der KSČM noch die historische Entwicklung dieser Vorstellung sichtbar ist, oder ob wie bei der ODS die von ihr als „Standardisierung“ verstandene ethnische Homogenisierung des Volks durch die Herleitung des Volks vom Staat bereits verschleiert wird. Beide Nationsverständnisse sind nicht kompatibel mit einer europäischen Ordnung, in der nicht alleine der Nationalstaat das Volk bzw. die Bürger repräsentiert und die Nationalstaaten im freien Wechselspiel der Kräfte Konflikte austragen, sondern inter-nationale Konflikte durch die Einrichtung supranationaler Institutionen geregelt werden. Solche Institutionen können nur dauerhaft Unterstützung finden, wenn das Nationsverständnis Raum läßt für ein europäisches Bewußtsein und eine europäische staatsbürgerliche Loyalität. So lange ein ausschließlich staatsnationales Nationsverständnis das politische Denken der ODS bestimmt, wird sich nichts daran ändern, daß sie an einem Europa der souveränen Nationalstaaten festhalten. Dies gilt auch für die KSČM, die in linker Tradition zwar den Anspruch auf eine zentralisierte politische Organisation zum Zwecke des Ausgleichs gesellschaftlicher Ungleichheit erhebt, mit diesem Anspruch aber an der selbst gesetzten Grenze des nationalstaatlichen Alleinvertretungsanspruchs scheitert.
Ein Nationsverständnis, das kompatibel mit einer europäischen Ordnung ist, in der die Nationalstaaten ihre Kräfte nicht nur ad hoc bündeln oder Souveränität bis auf Widerruf delegieren, sondern supranationale Institutionen eine eigenständige Legitimität gegenüber intergouvernementalen Gremien haben, hegen in der Tschechischen Republik drei parteipolitisch organisierte Kräfte, die gemeinsam in der vergangenen Dekade etwa die Hälfte der Wähler auf sich vereinen konnten. Am stärksten ausgeprägt ist ein solches Denken bei den liberalen und konservativen nationalföderativen Kräften, die im tschechischen Präsidenten Václav Havel in den 1990er Jahren ihre Leitfigur hatten. Ihre gesellschaftliche Basis, die historisch auf das kleine tschechische Bürgertum und den schon früh dezimierten tschechischen Adel zurückgeht, ist jedoch so schwach, daß ihrer parteipolitischen Vereinigung, der US-DEU, das Verschwinden von der parlamentarischen Bühne droht. Damit würde die tschechische Politik jene Kraft verlieren, die sich am entschiedensten für ein europäisches Ordnungssystem mit bundesstaatlichen Zügen einsetzte, in dem der

> Nationalstaat als Gipfel und Sinn der nationalen Existenz überwunden [wird] und es so allen Völkern [národ] möglich ist, ihre nationale [národní] Eigenart im Rahmen einer Zivilgesellschaft, die von einer übernationalen Gemeinschaft geschaffen wird, zu verwirklichen.[1]

Sehr ähnliche europapolitische Konzepte hegen die tschechischen Christlichsozialen, deren nationalpolitische Vorstellung auf der Verbindung von tschechischer Nationszugehörigkeit und katholischer Religionszugehörigkeit beruhen. Im Zuge der Urbanisierung und Säkularisierung Südmährens, der Hochburg des nationalföderativen politischen Katholizismus in der Tschechischen Republik, hat die KDU-ČSL allerdings Anhänger an den gemäßigt staatsnationalen Flügel der ODS verloren. Die Christlichsozialen sind daher die Partei einer Minderheit, die zum Zwecke der soziokulturellen Entfaltung der tschechischen Katholiken auf ein Vereinigung der europäischen Christen in einem europäischen Bundesstaat mit hoher Autonomie der Gliedstaaten setzt. Sie ist jedoch immer damit konfrontiert, eine unheilige Allianz mit den staatsnationalen Kräften eingehen zu müssen, um gesellschaftliche Freiräume für ihre Wählerklientel erhalten zu können.
Daher steht und fällt eine mehrheitsbildende Kooperation der nationalföderativen Kräfte der tschechischen Politik mit den Sozialdemokraten, die mit ihrem kulturellen und sozialen Nationsverständnis (národ und lid), die größte soziale Basis unter den nationalföderativen Kräften haben. Allerdings basiert die politische Resonanz, welche die ČSSD findet, auch auf einer starken staatsnationalen Strömung in der Partei. Je stärker dieser Flügel Denken und Handeln der Partei im vergangenen Jahrzehnt bestimmte, desto größer war der Erfolg der ČSSD bei Wahlen. Seitdem die nationalföderativen Kräfte um das Jahr 2002 die Führung in der Partei übernommen haben, ist die gesellschaftliche Zustimmung zur Politik der ČSSD - wie etwa zuletzt bei den Wahlen zum europäischen Parlament - rapide gesunken. Dennoch haben die Sozialdemokraten mit ihrem in der austromarxistischen personalautonomistischen Tradition wurzelnden Ansatz, die Lösung der sozialen mit der Lösung der nationalen Frage zu verbinden, indem sie eine umfassende kulturelle und administrative Autonomie im Rahmen des Nationalstaats mit einer vor allem wirtschaftspolitischen Zentralisierung auf europäischer Ebene zu verbinden suchen, in der tschechischen Politik das größte gesellschaftliche Potential für die Überwindung einer auf den Nationalstaat fixierten Ordnung.

---

[1] Projev prezidenta republiky Václava Havla na vrcholném shromáždění Rady Evropy, Wien, 8.10.1993.

Dies kann nur gelingen, wenn der in der politischen Kultur der staatsnationalen Kräfte so tief verankerte Kampf *um* den tschechischen Nationalstaat der Anerkennung weicht, daß die Tschechische Republik seit 1993 ein Nationalstaat *ist*. Dies ist das Ziel einer Initiative, welche der Vordenker christlichsozialer nationalföderativer Ideen, der Senatsvorsitzende Petr Pithart, im Jahre 2004 startete. Pithart schlug vor, dem Staatsnamen der Tschechischen Republik – Česká Republika – einen zweiten Namen zur Seite zu stellen: Česko (Tschechien). Die symbolische Verschmelzung von Staat und Nation in diesem Mitte der 1990er Jahre aufgekommenen Begriff scheint die Voraussetzung dafür zu sein, daß in der Tschechischen Republik das Ringen um den Nationalstaat der Erkenntnis Platz macht, daß die Zukunft des tschechischen Nationalstaats nicht in seiner vollen Souveränität liegt, die von der zu immer größeren Einheiten drängenden Rationalisierungslogik der industriellen Produktion unterhöhlt wird, sondern in der Öffnung für ein europäisches Ordnungssystem, in dem sich die Nationen assoziieren, um ihre sozialkulturelle Entfaltung zu ermöglichen, ohne die nationale Differenz preiszugeben.

Literaturverzeichnis

Primärliteratur

Parteidokumente

ODS

- Adrian, Petr; Bednář, Miloslav; Plecitý, Petr; Zahradil, Jan: Manifest českého eurorealismu (dokument k ideové konferenci ODS). Praha 2001.
- Adrian, Petr; Bednář, Miloslav; Plecitý, Petr; Zahradil, Jan: Odpoveď' kritikům Manifestu českého eurorealismu. 4.10.2001, - <www.zahradil.cz/html/publikace/old/manifest_odpoved.htm.>
- Europoslanecky klub ODS, Tiskové prohlášení. 16.12.2004; - <www.ods.cz/press/zprava.php?ID=395>.
- Modrá šance pro Evropu – stejné šance pro všechny. Program ODS pro volby do evropského parlamentu.
- Prohlášení politického grémia ODS dne 19.3.1999. – <www.ods.cz/990319-grem.html>.
- Stejné šance pro všechny. Program pro volby do evropského parlamentu [Gleiche Chancen für alle. Programm für die Wahlen zum Europäischen Parlament]. Praha 2004.
- Svoboda a prosperita. Volební program Občanské demokratické strany. Volby 1992.
- Svoboda a prosperita. Volební program ODA. Parlamentní volby 1996.
- Ustavující prohlášení Meziparlamentího klubu demokratické pravice (září 1990), in: 10 let na straně svobody. Kronika ODA z let 1989-1999. Brno 1999, S. 17.
- Volební program ODA, in: 10 let na straně svobody. Kronika ODA z let 1989-1999. Brno 1999, S. 264-267.
- Volební program Sdružení pro republiku – Republikánské strany Československa 1992.
- Zahraniční politika. Národní zajmy v reálném světě (dokument stínové vlády ODS). Praha 2000.
- Záznam závěrečného projevu předsedy ODS Václava Klause. - <www.ods.cz/idkonpr/clanky/pr-ideo-zaver-klaus.htm>.

KDU–ČSL

- Československá Křestanská a demokratická unie. Volební koalice. Volební program, červen 1990.
- Československá strana lidová. Volební program 1990.
- Dáme věci do pořádku. Rovné šance pro každého. Programové prohlášení Koalice. Volby 2002. <www.kdu-csl.cz/media/tisk.asp?page=510&IDC1=10946&IDR=10149>.
- Místo chaosu řád – místo řečí skutky. Stručný volební program KDU-ČSL 1992.
- Na cestě k rozšiřené Evropě. Postoje KDU-ČSL v debatě o bodoucnosti Evropy. <www.kdu-csl.cz/media/tisk.asp?page=510&IDC1=11659&IDR=10155>.
- Průvodce politikou KDU-ČSL. Klidná síla, jistota, bezpečnost. Praha 1996.
- Průvodce politikou KDU-ČSL. Vydáno v předvolební kampani 1992.
- Společně pro změnu. Praha 2000.
- Stanovisko KDU-ČSL k návrhu evropské ústavní smlouvy předloženému Konventem o budoucnosti Evropy. <www.kdu-csl.cz/media/tisk.asp?page=510&IDC1=11658&IDR=10155>.
- Strategie přípravy KDU-ČSL na vstup ČR do EU. Česká republika před branami Evropské Unie. <www.kdu.cz/SJEZD/2001/Pre/Diskusmat/Zahrpolitika.htm>.
- Zahraniční politika KDU-ČSL. Praha 1997. <www.kdu-csl.cz/media/tisk.asp?page=510&IDC1=11662&IDR=10155>.
- Zpráva o stavu příprav České republiky na přistoupení k Evropské unii. Praha 1999.
- Zpráva o stavu příprav České republiky na přistoupení k Evropské unii. Praha 2000.

ČSSD

- 7 důvodů PRO Smlouvu o Ústavě pro Evropu. Praha 2005. - Ústava – proč říct ANO, in: Euro Zprávy. Informatiční bulletin pro členy a sympatizanty České strany sociálně demokratické vydávaný delegací poslanců za ČSSD v Evropském parlament 2/2005, S. 6-7. -<www-cssd.cz/soubory/ 422011O/euro%20zpr%E1vy-2ur%E8eno%20k%distribuci.pdf>.
- Alternativa pro naši zemi. Program schváleny XXVIII. sjezdem ČSSD dne 15.3.1997. – <www.socdem.cz/dokumenty/program_start.htm.>
- Československá sociální demokracie. Volební program 1992.
- Klíčová Slova k programu Československé sociální demokracie. Praha 1992.
- Lidskost proti sobectví. Volební program České strany sociálně demokratické. Praha 1996.
- Názory na možné členství ČR v NATO před madridským summitem. Tisková správa IVVM, 21.7.1997.
- Pragmatický posun aneb k volební a politické strategii ČSSD (diskusní materiál). Praha 1994.
- Protokol XXVI sjezdu ČSSD. Praha 1990.
- Rezoluce XXXI. Sjezdu ČSSD ke Konventu o budoucnosti Evropy. Praha 28-30-3.2003. - <www.cssd.cz/vismo/dokumenty2.asp?u= 422010&id_org=422010&id=299065&p1=4981&p2=&p3=34>.
- Smlouva o spolupráci demokratických proevropských stran ČSSD, KDU-ČSL a US-DEU.
- Smlouva o vytvoření stabilního politického prostředí v České republice uzavřená mezi Českou stranou sociálně demokratickou a Občanskou demokratickou stranou.
- Společné prohlášení delegací ODS a ČSSD ze dne 14.1.2000. <www.vlada.cz/1250/vlada/dokumenty/opozsml_dodatek.htm>.
- Usnesení XXIV. sjezdu ČSSD ze dne 24. až 25. 3. 1990. - <www.cssd.cz/vismo/dokumenty2.asp?u=422010&id_org=422010&id= 310113&p1=4981&p2=&p3=>
- Usnesení XXVII sjezdu ČSSD, in: Protokol XXVII sjezdu ČSSD. - <www.cssd.cz/vismo/dokumenty2.asp?u=422010&id_org=422010&id= 310334&p1=4981&p2=&p3=>.
- Volební program československé sociální demokracie: „S námi do sjednocené Evropy“. Praha 1990.

KSČM

- Česká republika v procesech globalizace a evropské integrace". <www.kscm.cz/tiszpr/tezglob1.htm>.
- Co chtějí komunisté? Volební program KSČM. Praha 1992.
- Deklarace názorového proudu KSČM „Za socialismus", Naše Pravda 4/1993.
- Dokumenty III sjezdu KSČM. Interní materiál KSČM. Praha 1993.
- Evropká unie středem zájmu eurokanditatů KSČM. Haló Noviny 5.4.2004.
- Jiní o lidech, my s lidmi. Volební program KSČM pro predčasné volby do Poslanecké sněmovny Parlamentu České republiky v roce 1998.
- Jiní o lidech, my s lidmi. Volební program KSČM pro predčasné volby do Poslanecké sněmovny Parlamentu České republiky v roce 1998.
- Jiní o lidech, my s lidmi. Volební program KSČM pro predčasné volby do Poslanecké sněmovny Parlamentu České republiky v roce 1998. Abschnitt Pevné místo České Republiky v Evropě a ve světě.
- K bezpečností politiky KSČM; - <www.kscm.cz/dokument/bpkscm.htm>.
- Lepší budoucnost pro naši zemi. Programové minimum volební koalice Levý Blok (KSČM – DL ČSFR). Praha 1992.
- Minimální program Komunistického svazu mládeže); - <www.mujweb.cz/www/UR_KSM/Prog_ksm.html>.
- Otevřený dopis Československého mírového výboru, in: Naše pravda 13/1999.
- Pro demokratickou Evropu. Manifest KSČM; – <www.kscm.cz/dokument/manifest.htm>.
- Protokol XXVI sjezdu ČSSD, S. 184.
- Socialismus – šance pro budoucnost. Volební program Komunistické Strany Čech a Moravy 1996-2000.
- Zpráva Komise o vyhodnocení výsledků vnitrostranické diskus, in: Dokumenty III. sjezdu KSČM, S. 19.
- Z vystoupení místopředsedy ÚV KSČM Miloslava Ransdorfa na 4. zasedání ÚV KSČM dne 24. června 2000: Prosadit skutečnou sociální dimenzi evropského integračnímu projektu. Haló Noviny 26.6.2000.
- Za občanskou a sociální spravedlnost. Volební program KSČM 1996.

- Zpráva ÚV KSČM o činnosti KSČM v období po IV. sjezdu Liberci (prosinec 1995 - prosinec 1999).
- Zpráva ÚV KSČM o činnosti strany od 1. sjezdu KSČM, in: Dokumenty II. sjezdu KSČM. Interní materiál KSČM. Praha 1991.

Programmatische Beiträge

ODS

- Bělohradský, Václav: Legitimita a legalita po bavorsku. Lidové Noviny 30.9.1995.
- Joch, Roman: Konzervativci pro Zemana - <www.volny.cz/oi.praha/konzervativci.htm>.
- Joch, Roman: Zahraniční politika pro Českou republiku – několik rad novému ministrovi. Mladá Fronta Dnes 3.8.2002.
- Klaus Václav: O Kosovu a naší zodpovědnosti, in: ders.: Od opoziční smlouvy k tolerančnímu patentu. Praha 2000, S. 102-104.
- Klaus, Václav: Dánské referendum řekl euru ne! in: Ders.: Evropa pohledem politika. Evropa pohledem ekonoma. Praha 2001 S. 189-191.
- Klaus, Václav: Evropa po zavedení Euro, Presseclub Forum, Bonn, 14.3.1998, in: Ders.: Evropa pohledem politika. Evropa pohledem ekonoma. Praha 2001, S. 121-125;
- Klaus, Václav: Evropa pohledem politika, pohledem Ekonoma. Praha 2001, S. 25-30.
- Klaus, Václav: Evropská měnová unie a její systemové a fiskalní souvislosti – je nelegitimní zamlčovat problémy. Rede auf dem Europäischen Forum, Alpbach, 28.9.1996, in: Ders.: Evropa pohledem politika. Evropa pohledem ekonoma. Praha 2001, S. 93-99;
- Klaus, Václav: Jarní Anglie, in: Ders.: Evropa pohledem politika, pohledem Ekonoma. Praha 2001, S. 49-51.
- Klaus, Václav: Jiný pohled na jugoslávskou krizi než jaký předvádějí pánové Buchert a Leschtina, in: ders.: Od opoziční smlouvy k tolerančnímu patentu. Praha 2000, S. 105-105.
- Klaus, Václav: Jugoslávský problém naši země (a Proglasu), in: ders.: Od opoziční smlouvy k tolerančnímu patentu. Praha 2000, S. 108-112.

- Klaus, Václav: Naše třetí volby. Lidové noviny 22.5.1996.
- Klaus, Václav: Nevytvářejme nové falešné myty 29.3.1999. Zitiert nach: Václav Klaus: Od opoziční smlouvy k tolerančnímu patentu. Praha 2000, S. 113-115.
- Klaus, Václav: Nevytvářejme nové falešné myty, in: ders.: Od opoziční smlouvy k tolerančnímu patentu. Praha 2000, S. 113-115.
- Klaus, Václav: Překročili jsme rubikon. Projev u Siemense, Feldafing, in: ders.: Evropa pohledem politika, pohledem Ekonoma. Praha 2001, S. 25–31.
- Klaus, Václav: Turecko, Evropa a Evropská unie. Právo 30.9.2004.
- Klaus, Václav: V předvečer Kodaňské schůzky, in: Ders.: Evropa pohledem politika, pohledem Ekonoma. Praha 2001, S. 31-33.
- Klaus, Václav: Vícerychlostní Evropa, in: Ders.: Evropa pohledem politika, pohledem Ekonoma. Praha 2001, S. 53-55.
- Klaus, Václav: VÚSČ – řešení které nikdo nepotřebuje, in: ders.: Od opoziční smlouvy k tolerančnímu patentu. Praha 2000, S. 202-204.
- Zahradil Jan: EU – příbeh s otevřeným koncem. Mladá Fronta Dnes. 2.11.2000.
- Zahradil, Jan: EU – příbeh s otevřeným koncem. Mladá Fronta Dnes. 2.11.2000.
- Zahradil, Jan: S euroelitami je možné bojovat. Hospodářské noviny 11.9.2001.
- Zahradil, Jan: Základní koncepční teze pro II. ideovou Konferenci Národní zajmy v reálném světě. – <www.ods.cz/vlada_zahradil-k.html>.

KDU–ČSL

- Pithart, Petr: Česká politika a Evropa v dějinách a dnes, in: Teologické listy 5/1999. <www.pithart.cz/archiv_textu_tisk.pp?id=36>.
- Pithart, Petr: Evropa „stará“ a „nová“? „Evropský střed“. 22.4.2004. <www.pithart.cz/archiv_textu_tisk.pp?id=241>.
- Pithart, Petr: Od Bernarda Bolzana k Chartě 77 – kontinuita idejí, in: ders. Po devětaosmdesátém: Kdo jsme? Bratislava, Brno 1998, S. 233-238.

ČSSD

- Kavan, Jan: Do NATO bez jaderných zbraní. Listy 3/1995, S. 35-43.
- Zeman, Miloš: Co je za kampaní k Benešovým dekretům, in: Večerník Praha, 26.4.2002.
- Miloš Zeman: Kosovo. Pražský večerník 4.5.1999.
- Projev předsedy vlády České republiky Vladimíra Špidla na téma: „Evropa: hodnota a výzva" přednesený dne 10.12.2003 v Královském institutu mezinárodních vztahů v Bruselu. – <http://wtd.vlada.cz/scripts/detail.php?id=5201>.
- Rozhovor předsedy vlády ČR Miloše Zemana s redaktorem Václavem Moravcem. Frekence 1. 25.3.1999. <http://wtd.vlada.cz/scripts/detail.php?id=1818>
- Gross, Stanislav: Česká republika v procesu evropeizace a globalizace a úkoly ČSSD. Podklad pro ÚV ČSSD a pro programovou radu ČSSD. <http://cssd.cz/soubory/422010/p%F8%EDsp%ECvek-gross_04.12.04.rtf>.
- Gross, Stanislav: Jak Rusko o nás, tak my o Rusku. Anketa Lidových novin. Lidové noviny 29.4.1995.
- Záznam rozhovoru místopředsedy vlády ČR Egona T. Lánského s redaktorem Danielem Takáčemna téma Jednání vlády, vysílánéh v přímém přenosu rozhlasové stanice Český rozhlas, 2.4.1999. <http://wtd.vlada.cz/scripts/detail.php?id=2716>.

KSČM

- Svoboda, Jíří: Strana na rozcestí, Naše pravda 9/1993, S. 2.
- Kráčmar, Stanislav: Jsme národy Čechů, Moravanů a Slezanů? Haló Noviny 13.11.2000.
- Ransdorf, Miloslav: Za Evropu a svět míru a spolupráce, - <www.kscm.cz/archiv_detail.asp?menu=1&necId2=286&necId=228&newId=1160>.

Stenoprotokolle von Parlamentssitzungen des Tschechischen Abgeordnetenhauses

- Bericht des Vorsitzenden des Abgeordnetenhauses über seinen Auftritt im Europäischen Parlament am 5.12.2001, Stenoprotokoll, <http://www.psp.cz/eknih/1998ps/stenprot/043schuz/s043267.htm>.
- Česko-německá deklarace o vzájemných vztazích a jejich budoucím rozvoji, podle sněmovního tisku 129: Stenografický zápis 8. schůze, 11. února 1997; Stenografický zápis 8. schůze, 12. února 1997; Stenografický zápis 8. schůze, 13. února 1997; Stenografický zápis 8. schůze, 14. února 1997. Beginn des Protokolls: <www.psp.cz/eknih/1996ps/stenprot/008schuz/s008033.htm>; Ende des Protokolls: <www.psp.cz/eknih/1996ps/stenprot/008schuz/s008075.htm>.
- Rede des Außenministers Josef Zieleniec vor dem Abgeordnetenhaus am 21.4.1993, Stenoprotokoll, <www.psp.cz/cgi-bin/win/eknih/1993ps/stenprot/008schuz/8-2.html?0=1>.

Offizielle Dokumente der Tschechischen Republik

- Bezpečnostní strategie České republiky 1999.
- Bezpečnostní strategie České republiky 2003.
- ČR chce spoluvytvářet evropské dílo. Abgedruckt in Lidové Noviny, 24.1.1996.
- Ke koncepci zahraniční politiky České republiky. Vystoupení ministra zahraničních věcí Josefa Zieleniece na 8. schůzi Poslanecké sněmovny Parlamentu České republiky. Abgedruckt in: Mezinárodní vztahy 2/1993, S. 95-100.
- Koncepce zahraniční politiky České republiky. Příloha k časopisu Mezinárodní Politika. Mezinárodní Politika 4/1999, S. 2.
- Referendum o přistoupení České republiky do Evropské unii konané ve dnech 13.-14.06.2003. Výsledky za Českou republiku. – <www.volby.cz/pls/ref2003/re12>.
- Vládní návrh, kterým se předkládá Parlamentu České republiky k vyslovení souhlasu přístup České republiky k Severoatlantické smlouvě, sjednané ve Washingtonu dne 4. dubna 1949 /sněmovní tisk 384/ - prvé čtení; - <www.psp.cz/eknih/1996ps/stenprot/020schuz/s020258.htm>.

- Vládní návrh, kterým se předkládá Parlamentu České republiky k vyslovení souhlasu přístup České republiky k Severoatlantické smlouvě, sjednané ve Washingtonu dne 4. dubna 1949 /sněmovní tisk 384/ - druhé čtení; - <www.psp.cz/eknih/1996ps/stenprot/024schuz/s024041.htm>.
- Volby do Poslanecké sněmovny Parlamentu České republiky – <www.volby.cz>.

Dokumente der Europäischen Union

- Europäische Kommission. Agenda 2000. Eine stärkere und erweiterte Union. Kom (1997) 2000 endg.
- Europäischer Rat: Schlußfolgerungen des Vorsitzes, Madrid 16.12.1995 (00400/95).
- Regelmäßiger Bericht der Europäischen Kommission über die Fortschritte der Tschechischen Republik auf dem Weg zu Beitritt, KOM (1998) 708 endg., KOM (1999) 503 endg., KOM (2000) 703 endg., KOM (2001) endg., KOM (2002) 700 endg.

Zeitungsartikel

- Byl to kontrrevoluční převrat. Ze stanoviska severočeské rady KČP, Naše pravda 44/1999.
- Češi, Britové a Poláci: Evropskou ústavu ne. Mladá fronta dnes 13.1.2005.
- Doktor Klaus – on i v Rossii doktor. Rossijskaja gazeta 3.11.2003.
- Evropa podepsala historickou ústavu, Lidové noviny 30.10.2004.
- Evropské parlament schválil euroústavu. Právo 13.1.2005.
- Klaus kritizuje vládu kvůli euroústavě, Lidové noviny 29.10.2004.
- Mlynář: Pluralita na levici je nutná, Rudé Právo 2.5.1995.
- Mne važno vlijanie, a ne vlast' – sčitaet prezident Češskoj Respubliki Vaclav Klaus, in: Rossijskaja Gazeta 27.12.2003.
- Nekrolog za jednu malou křesťanskou stranu. Mladá fronta dnes, 3.6.1995.

- ODS se připravuje na variantu, že Češi nevstoupí do Evropské unie. Lidové Noviny 24.3.2001.
- Prázdný pojem eurooptimismu. Lidové Noviny 16.7.1996.
- Rozhovor Haló noviny s předsedou Národní rady KČP PhDr. Josefem Groušlem, CSc.: Hraničáři se chystají na svůj IV. sněm, Haló noviny 18.1.2000.
- Turecko není pro Evropu zralé. Lidiové Noviny 19.12.2002.
- V ČSSD vzniká nová platforma Lidové Noviny 11.4.1997.
- Vlastenecké sdružení k SNP, in: Nase pravda 33/1999.

Sekundärliteratur

- Arendt Hannah: Elemente und Ursprünge totalitärer Herrschaft. Antisemitismus, Imperialismus, totale Herrschaft. München 20007 [The origins of totalitarianism. New York 1951].
- Arendt, Hannah: Macht und Gewalt. München 121996. [On violence. New York 1970].
- Barták, Karel: Průvodce Evropskou unií. Praha 1999.
- Bastl, Martin: Radikální levice v České repulice. Devadesátá léta dvacátého století. Brno 2001.
- Bauer, Michael: Die Europäische Union der Regionen. Subpolity und Politiken der dritten Ebene. Opladen 1999.
- Bauer, Michael: Erweiterungsdynamik? Das Europa der Regionen, in: Osteuropa 5-6/2004, S. 160-179.
- Bauer, Otto: Die Nationalitätenfrage und die Sozialdemokratie. Wien 1907.
- Becker, Peter; Lippert, Barbara (eds.): Towards EU-Membership. Transformation and Integration in Poland and the Czech Republic. Bonn 1998.
- Bednář, Miloslav: Evropa a Evropská Unie jako otázka budoucnosti demokracie, in: Mezinárodní politika 1/2001, S. 18-19.
- Bednář, Miloslav: Evropská tyranie. Česká státní idea, Evropská unie a demokratická civilizace. Praha 2003.
- Bednář, Miloslav: Spravedlnost, demokracie a česká filosofie politiky po roce 1989. Olomouc 1998.

- Benda, Marek: Konzervatismus v 90. letech. Odkaz Václava Bendy, in: Petr Fiala, František Mikš (Hg.): Česká konzervativní a liberální politika. Sborník k desátému výročí založení revue Proglas. Brno 2000, S. 125-137.
- Bieniek, Markus: Polens Westintegration und Ostpolitik: Vorstellungen unterschiedlicher politischer Kräfte im Vergleich. Münster 2005.
- Bock, Ivo: Die Wiedergeburt regionaler kultureller Traditionen in Mähren, in: Forschungsstelle Osteuropa an der Universität Bremen (Hg.): Kollektive Identitäten in Ostmitteleuropa – Polen und Tschechoslowakei. Bremen 1994, S. 134-184.
- Brandes, Detlef: Der Weg zur Vertreibung. Pläne und Entscheidungen zum „Transfer“ der Deutschen aus der Tschechoslowakei und Polen. München 2001.
- Brennerová, Christiane: Ex oriente lux? Obraz východní Evropy v poválečném Československu, in: Eva Hahnová: Evropa očima Čechů. Sborník ze sympozia konaného v Centru Franze Kafky ve dnech 22.-23. října 1996, S. 131-143.
- Břízová, Michaela: Perspektivy zapojení regionů zemí první vlny rozšíření do evropských regionálních struktur, in: Michal Kubát: Východní rozšíření Evropské unie. Vychodiska – stav – perspektivy. Brno, Praha 2001, S. 148-172.
- Brokl, Lubomír; Mansfeldová, Zdenka: Die letzten Wahlen der ČSFR 1992 und die Lage danach. Berichte des Bundesinstituts für ostwissenschaftliche Studien 1993.
- Bugge, Peter: Home at Last? Czech views of joining the European Union, in: Noel Parker, Bill Armstrong (Hg.): Margins in European Integration. Houndsmill 2000, S. 203-229.
- Bútora, Martin; Kipke, Rüdiger (Hg.): Abschied von der Tschechoslowakei: Ursachen und Folgen der tschechisch-slowakischen Trennung. Köln 1993.
- Cabada, Ladislav: Český stranický systém 1890-1939. Plzeň 2000.
- Cabada, Ladislav: Intelektualové a idea komunismu v českých zemích 1900-1939. Praha 2000.
- Cabada, Ladislav; Karel Vodička: Rozpad československé federace, in: dies. (Hg.): Politické systém České republiky. Praha 2003.
- Čabada, Ladislav; Vodička, Karel: Politický systém České republiky. Historie a současnost. Praha 2003.
- Černý, Václav: Vývoj a zločiny panslawismu. Praha 1995.

- Český biografický slovník XX. století. II. dil. Herausgegeben von Josef Tomeš et al., Praha, Lytomyšl 1999.
- Ciganek, František et al.: Kronika demokratického parlamentu. Praha 1992.
- Conzelmann, Thomas, Knodt, Michèle (Hg.): Regionales Europa – Europäisierte Regionen. Eine Bilanz von fünfzehn Jahren Regionenforschung. Frankfurt/Main, New York 2002 [=Mannheimer Jahrbuch für Europäische Sozialforschung. Bd. 6].
- Dančák, Břetislav (Hg.): Integrační pokusy ve středoevropském prostoru I. Brno 1998.
- Dančák, Břetislav (Hg.): Integrační pokusy ve středoevropském prostoru II. Brno 1999.
- Day, Stephen: Die Osterweiterung der Europarteien. Ambivalenzen eines Familienzuwachses, in: Osteuropa 5-6/2004, S. 223-235.
- de Gaulle, Charles: L'esprit de la Ve république. Paris 1999.
- Christian Deubner: Frankreich in der Osterweiterung der EU, 1989-1997, in: Politische Studien 1-2/1999, S. 89-121.
- Doležal, Bohumil: Nesamožrejmá politika. Praha 1997.
- Duleba, Alexander: Nerovné partnerstvo – Rusko a Slovensko, in: Mezinárodní vztahy 4/1997, S. 25-33.
- Duleba, Alexander: Slepý pragmatizmus slovenskej východnej politiky: Aktuálna agenda slovensko-ruských bilaterálnych vzťahov. Bratislava 1996 [= Výskumné centrum Slovenskej spoločnosti pre zahraničnú politiku: Študie k mezinárodním otázkam 1/1996].
- Duleba, Alexander: Slovenská zahraniční politika – bilancia šiestich rokov a perspektivy zmeny, in: Mezinárodní vztahy 1/1999, S. 36-54.
- Edwards, Geoffrey; Spence, David (Hg.): The European Commission. Harlow 1994; Dietrich Rometsch: Europäische Kommission, in: Werner Weidenfeld, Wolfgang Wessels (Hg.): Europa A-Z. Taschenbuch der Europäischen Integration. Bonn 1995, S. 160-167.
- Elias, Norbert: Über den Prozeß der Zivilisation der Zivilisation. Soziogenetische und psychogenetische Untersuchungen. Erster Band. Wandlungen des Verhaltens in den weltlichen Oberschichten des Abendlandes. Frankfurt 1978.
- Engels, Friedrich: Herrn Eugen Dührings Umwälzung der Wissenschaft. MEW Bd. 20, S. 147-171.
- Fajmon, Hynek: 17. listopad 1989: Kdo se zasloužil nejvíce?, in: Revue Politika 11-12/2003.

- Ferry, Jean-Marc: Die EU, die postnationale Konstellation und das Problem der Souveränität, in: Osteuropa 5-6/2004, S. 76-86.
- Fiala, Petr (Hg.): Politický extremismus a radikalismus v České republice. Brno 1998.
- Fiala, Petr ; Holzer, Jan; Mareš, Miroslav, Pšeja, Pavel: Komunismus c české republice. Brno 1999.
- Fiala, Petr; Mikš, František: Intelektuálové, novináří a česká politiká, in: Petr Fiala, František Mikš (Hg.): Česká konzervativní a liberální politika. Sbornik k desátému výročí založení revue Proglas. Brno 2000, S. 9-32.
- Fischer, Sabine: Rußlands Westpolitik in der Krise 1992–2002: eine konstruktivistische Untersuchung. Frankfurt/Main [u.a.] 2003.
- Fukuyama, Francis: Das Ende der Geschichte. Wo stehen wir? München 1992.
- Gellner, Ernest: Nationalismus und Moderne. Berlin 21995.
- Guérin-Sendelbach, Valérie; Schild, Valérie: French Perceptions of Germany's European Policy, in: Mathias Jopp et al.(Hg.): Germany's European policy: perceptions in key partner countries. Bonn 2002, S. 33-55.
- Habermas, Jürgen: Die postnationale Konstellation. Frankfurt 1998.
- Had, Miloslav: Evropská společenství : První pilíř Evropské unie. Praha 1997.
- Had, Miloslav; Valenta, Jiří et al. (Hg.): České národní zájmy. Prag 1993.
- Hamerský, Milan Dimun, Petr (Hg.): 10 let na straně svobody. Kronika ODA z let 1989-1999. Brno 1999.
- Handl, Vladimír; Seifert, Pavel: Die Sicherheitspolitik der Tschechischen Republik, in: August Pradetto (Hg.): Ostmitteleuropa, Rußland und die Osterweiterung der NATO. Perzeptionen und Strategien im Spannungsfeld nationaler und europäischer Sicherheit. Opladen 1997, S. 43-76.
- Hausleitner, Marianna: Die sowjetische Osteuropapolitik in den Jahren der Perestrojka. Frankfurt/Main [u.a.] 1994.
- Havranek, Jan; Sekera, Martin; Znoj Milan; (Hg.): Český liberalismus. Texty a osoby. Praha 1995.
- Hertig, Maya: Die Auflösung der Tschechoslowakei. Analyse einer friedlichen Staatsteilung. Basel, Genf, München 2001.
- Hoensch, Jörg K.: Das Scheitern der Verständigung: Tschechen, Deutsche und Slowaken in der Ersten Republik. (1918–1938). Essen 1994.
- Holub, Petr; Erik Tabers: Liberálové, vzbuď te se, in: Respekt 32/2000, S. 9.

- Houžvičká, Václav: Euroregiony jako nástroje příhraniční spolupráce, in: Mezinárodní vztahy 1/1994, S. 56-62.
- Hřích, Jan: Evropská unie v roce konání mezivládní konference a aktuální problémy vztahů ČR k Unii. Praha 1996.
- Hřích, Jan: Obchodní politika EU a obchodní vztahy ČR s Unií. Praha 2001 [=Ústav mezinárodních vztahů: Studijní sešity 2/2001].
- Hřích, Jan: Tranzitivní země střední a východní Evropy v závěru svého transformačního procesu a v předvečer vstupu do EU. Praha 2004. [= Ústav mezinárodních vztahů: Studijní sešity 1/2004].
- Hřích, Jan: Zahraničněobchodní vztahy mezi Českou republikou a Evropskou unií. Praha 1995 [= Ústav mezinárodních vztahů: Studijní sešity 4/1995].
- Hřích, Jan; Larischová, Kristina: Die Tschechische Republik. Der langwierige Weg zur Reform der öffentlichen Verwaltung, in: Föderalismus, Subsidiarität und Regionen in Europa. Baden-Baden 2000, S. 358-369.
- Hrubý, Karel (Hg.): Léta mimo domov. K historii Československé sociální demokracie v exilu. Praha 1996.
- Hudalla, Anneke: Außenpolitik in Zeiten der Transformation. Die Europapolitik der Tschechischen Republik 1993-2000. Münster, Hamburg, London 2002.
- Hudalla, Anneke: Der Beitritt der Tschechischen Republik zur Europäischen Union. Eine Fallstudie zu den Auswirkungen der EU-Osterweiterung auf die finalité politique des europäischen Integrationsprozesses. Hamburg 1996.
- Huntington, Samuel: The Clash of Civilizations, in: Foreign Affairs 3/1993, S. 22-49. Deutsch: Der Kampf der Kulturen. Die Neugestaltung der Weltpolitik im 21. Jahrhundert. München 1998.
- Husák, Petr: Budování kapitalismu v Čechách. Rozhovory s Tomášem Ježkem. Praha 1997.
- Jachtenfuchs, Markus: Die Konstruktion Europas. Verfassungsidee und institutionelle Entwicklung. Baden-Baden 2002.
- Jahn, Egbert: Die Außenpolitik Rußlands, in: Manfred Knapp, Gert Grell: Einführung in die internationale Politik. München, Wien 42004, S. 250–284.
- Jakš, Jaroslav: Co je to, když se řekne Evropská unie. Praha 1997.
- Jiří, Pehe: Česká politika v zajetí opoziční smlouvy, in: ders.: Vytunelovaná demokracie. Praha 2002, S. 278.

- Joch, Roman: Americká zahraniční politika a role USA ve světě. Praha 2000 [= Občanský institut, Studie 13].
- Kdo je kdo v našich dějinach ve 20. století. Praha 1994.
- Kielmannsegg, Peter Graf: Nach der Katastrophe. Eine Geschichte des geteilten Deutschland. Berlin 2000.
- Kielmansegg, Peter Graf: Integration und Demokratie, in: Kohler-Koch, Beate; Jachtenfuchs, Markus (Hg.): Europäische Integration. Opladen 1996, S. 47-71.
- Kipke, Rüdiger; Vodička, Karel (Hg.): Abschied von der Tschechoslowakei. Köln 1993.
- König, Thomas; Rieger, Elmar; Schmitt; Hermann: Das Europäische Mehrebenensystem. Frankfut 1996.
- Král, David: Profile of the Visegrad Countries in the Future of Europe Debate. Prague 2003 [=Europeum Institute for European Policy. Working Paper September 2003].
- Král, David; Pachta, Lukáš: Česká republika a irácká krize: Formování české pozice. Praha 2004 [= Institut pro evropskou politiku EUROPEUM].
- Krejči, Oskar: Český nádodní zájem a geopolitika. Praha 1993.
- Krejčí, Oskar: Geopolitika středoevropského prostoru. Horizonty zahraniční politiky České republiky a Slovenské Republiky.
- Křen, Jan: Die Konfliktgemeinschaft. Tschechen und Deutsche 1780-1918. München 22000.
- Kučera, Jaroslav: Minderheit im Nationalstaat. Die Sprachenfrage in den tschechisch-deutschen Beziehungen 1918–1938. München 1999.
- Kučera, Rudolf: K teoretickému pozadí současné krize, in: Střední Evropa 72–73/1993.
- Kučera, Rudolf: Omyly české transformace (politické analyzy z let 1993-1998). Praha 1998.
- Kučera, Rudolf: Příčiny a důsledky pádu železnch opony, in: Střední Evropa 94-95/1999, S. 5-16.
- Kuhn, Heinrich: Der Kommunismus in der Tschechoslowakei. Köln 1965.
- Kural, Václav: Německo a Němectví jako faktor české a československé národní a státní existence, in: Jiří Valenta et al. (Hg.): Máme národní zajmy? Praha 1992, S. 70-82.
- Lazar, Boris: Směr západo-zapad, in: Respekt 10/1993, S. 2.

- Lemberg, Hans: Das Erbe des Liberalismus in der ČSR und die Nationaldemokratische Partei, in: Karl Bosl (Hg.): Die Erste Tschechoslowakische Republik als multinationaler Parteienstaat. München 1979.
- Leška, Vladimír: Ukrajina – zájimy a perspektivy, in: Mezinárodní vztahy 2/1998, S. 56-65.
- Lippert, Barbara: Sternstunde oder Stolperstein? Erweiterung und Europäische Integration, in: Osteuropa 5-6/2004, S. 47-60.
- Lobkowicz, Michal: Prag zwischen Ost und West? In: Walter Koschmal et al (Hg.): Deutsche und Tschechen. Geschichte – Kultur – Politik. München 2001, S. 489-496.
- Löw, Raimund: Der Zerfall der „Kleinen Internationale". Nationalitätenkonflikte in der Arbeiterbewegung des alten Österreich 1889-1914. Wien 1984.
- Machaček, Jan; Petr Holub: Země dvou Mečiaru, in: Respekt 29/1998, S. 2.
- Maňák, Martin: Sto otázek a odpovědí o Evropské unii. Praha 2000.
- Manfrass-Sirjacques, Françoise: Frankreichs Position zur NATO-Osterweiterung, in: August Pradetto (Hg.): Ostmitteleuropa, Rußland und die Osterweiterung der NATO. Perzeptionen und Strategien im Spannungsfeld nationaler und europäischer Sicherheit. Opladen 1997, S. 182–209.
- Marada, Radim: The 1998 Czech elections, in: East European Constitutional Review 3/1998, S. 51-58.
- Mareš, Miroslav: Česká Republika, in: Břetislav Dančák, Miroslav Mareš (Hg.): Zahraniční politika politických stran v České republice, Maďarsku Polsku a na Slovensku. Brno 2000, S. 12-39.
- Mareš, Miroslav: Zahraničněpolitické koncepce české krajní pravice. Brno 2000 [=Středoevropské politické studie 1/2000].
- Mates, Pavel; Obrman, Jan: Subdivising the Czech Repblic: The Controversy Continues. RFE/RL Research Report 9/1994, S. 27-32.
- Meier, Christian: Wirtschaftsbeziehungen zwischen den Staaten Osteuropas. Regionale Kooperation auf dem Prüfstand. Berichte des Bundesinstituts für ostwissenschaftliche und internationale Studien 36/1995.
- Mezihorák, František: Průvodce evropanstvím. Olomouc 1997.
- Michal, Klíma: Kvalita demokracie v České republice a volební inženýrství. Praha 2001.
- Miosga, Manfred: Europäische Regionalpolitik in Grenzregionen. Passau 1999.

- Mitrofanov, Alexandr: Za fasádou lidového domů. Česká sociální demokracie 1989-1998. Praha 1998.
- Mlčoch, Lubomír: Úvahy o české ekonomické transformace. Praha 2000.
- Mlynář, Vladimír: Čěkání na Godesberg, in Respekt 7/1993, S. 3.
- Moravcová, Dagmar: Československo, Německo a Evropská hnutí 1929-1932. Praha 2001.
- Moravscik, Andrew: Liberalsims and international relations theory. Cambridge/Massachusetts 1992.
- Musil, Jiří: The end of Czechoslovakia. Budapest 1995.
- Nečas, Jaromír: Politická situace na Podkarpatské Rusi. Praha 1997 [Brno 1921].
- Nečas, Jaromír: Spojené státy evropské. Praha 1926.
- Nečas, Jaromír: Ukrajinská otázka. Brno 1918.
- Nečas, Jaromír: Upřímně slovo o stycích česko-ukrajinských. Sbírka informačních a časových pojednání o ukrajinské otázce. Kyjiv-Praha 1919.
- Olivová, Věra: Dějiny první republiky. Praha 2000.
- Patočka, Jan: O smysl dneška. Rozmluvy. London 1987, zitiert nach: Ivan Blecha: Jan Patočka, Praha 1997, S. 148.
- Pečinka, Bohumil: Formování české občanské pravice, in: Petr Fiala, František Mikš (Hg.): Česká konzervativní a liberální politika. Sborník k desátému výročí založení revue Proglas. Brno 2000, S. 69-85.
- Pečinka, Pavel: Pod rudou vlajkou proti KSČ. Osudy radikální levice v Československu. Brno 1999.
- Petráček, Zbyněk: Od Kosova k Bruselu. Respekt 9.7.2001.
- Pick, Otto: Česká republika ve světě, in: Václav Kotyk (Hg.): Česká zahraniční politika. Úvahy o prioritach. Prag 1997, S. 11-16.
- Pithart, Petr: Po devětaosmdesátém: Kdo jsme? Bratislava, Brno 1998.
- Poguntke, Thomas; Pütz, Christine: Parteien in der Europäischen Union: Zu den Entwicklungschancen der Europarteien. Unveröffentlichtes Manuskript. Mannheim 2004.
- Renner, Karl (unter dem Pseudonym Rudolf Springer): Der Kampf der österreichischen Nationen um den Staat. Wien 1902.
- Renner, Karl (unter dem Pseudonym Synopticus): Staat und Nation. Zur österreichischen Nationalitätenfrage . Staatsrechtliche Untersuchungen über die möglichen Principien einer Lösung und die juristischen Voraussetzungen eines Nationalitätengesetzes. Wien 1899.

- Roberts, Andrew: Demythologising the Czech Opposition agreement, in: Europe-Asia-Studies 8/2003, S. 1273-1304.
- Rossiter, Clinton (Hg.): The Federalist Papers. Alexander Hamilton, James Madison, John Jay. New York 1999.
- Ruge, Undine: Eine konservative Vision –das „Europa der Regionen“, in: Leviathan 1/2005, S. 495-513.
- Schelle, Karel: Vývoj správy v předválečném Československu, I., II. díl. Brno 1991.
- Schmidt, Manfred G.: Demokratietheorien. Opladen 2000, S. 110-127.
- Schwarz, Karl-Peter: Mit der Vertreibung vollendet, in Arnold Suppan, Elisabeth Vyslonzil (Hg.): Edvard Beneš und die Tschechoslowakische Außenpolitik 1918-1948. Frankfurt/Main 2002, S. 189-194.
- Scott, J.W.: Euroregions, Governance and Transborder Cooperation, in: Martin van der Velde, Henk van Houtum(Hg.): Border, Regions, and People. London 2000, S. 104-115.
- Seubert, Heribert: Zum Legitimitätsverfall des militarisierten Sozialismus in der DDR. Münster, Hamburg 1995, S. 19-166.
- Šimček, Vojtěch (Hg.): Mládežnické organizace politických stran v České republice. Brno 1999.
- Širinovskij, Vladimir: Poslednij brosok na jug. Moskva 1994.
- Sokol, Petr: Rozšiřování Evropské unie a politický strany, in: Michal Kubát: Východní rozšíření Evropské unie. Vychodiska – stav – perspektivy. Brno, Praha 2001, S. 112-147.
- Solženicyn, Aleksandr: Russkij vopros k koncu XX. veka, in: Novyj mir, 7/1994, Deutsch: Alexander Solschenizyn: Die russische Frage am Ende des 20. Jahrhunderts. München 1994.
- Srubar, Ilja: Neoliberalismus, Transformation und bürgerliche Gesellschaft, in: Bálint Balla, Anton Sterbling: Zusammenbruch des Sowjetsystems. Herausforderung für die Soziologie. Hamburg 1996, S. 61-80.
- Stanger, Allison K.; Kraus, Michael: Irreconcilable differences? Explaining Czechoslovakia's dissolution. Lanham 2000.
- Stroehlein, Andrew et al: The Czech Republic 1992 to 1999: From unintentional political birth to prolonged political crisis. Central European Review 12/1999.
- Tomeš, Josef et al. (Hg.): Český biografický slovník XX. století. II. díl. Praha 1999.

- Tomeš, Josef: Průkopníci a pokračovatelé. Osobností v dějinách české sociálnídemokracie 1878-2003. Praha 2004.
- Tomeš, Josef; Malínský, Jiří: Z historie české sociální demokracie. Doplněk khistorické části programu ČSSD. <www.cssd.cz/soubory/422010/stru%E8d%Ecj%E8ssd.doc>.
- Třeštík, Dušan: Češi. Jejích národ, stát, dějiny a pravdy v transformaci. Texty z let 1991-1998. Praha 1999.
- Troebst, Stefan: Autonomiebewegungen im Osteuropa der Nach-„Wende"-Zeit. Mähren-Schlesien, Subkarpaten-Rus' und Gagausenland, in: Osteuropa 6/1999, S. 597-615.
- Ulč, Otto: Czechoslovakia's Velvet Divorce, in: East European Quarterly, 3/1996, S. 331-352.
- Urban, Otto: Die tschechische Gesellschaft 1848-1918. Wien, Köln, Weimar 1994.
- Valenta, Jiří et al. (Hg.): Máme národní zajmy? Praha 1992.
- Vlachova, Klara: Czech Political Parties and their Voters, Czech Sociological Review 1/1997, S. 39-56.
- Vodička, Karel: Rozdělení Československa: Deset let poté. Praha 2003.
- Votápek, Vladimír: Policy of the Czech Republic towards Russia, the Ukraine and Belarus, in: Katarzyna Pełczyńska-Nałęcz et al. (Hg.): Eastern Policy of the Enlarged European Union. Developing Relations with Russia, Ukraine and Belarus. A Visegrad Perspective. Thinking about an Eastern Dimension. Bratislava 2003, S. 89-108.
- Weber, Hermann: Geschichte der DDR. München 2000.
- Weichsel, Volker: Westintegration und Rußlandpolitik. Der Tschechischen Republik. Münster 2000.
- Winkler, Martina: Karel Kramář. (1860-1937). Selbstbild, Fremdwahrnehmungen und Modernisierungsverständnis eines tschechischen Politikers. München 2002.
- Zjuganov, Genadij: Za gorizontom. Moskva 1995.
- Żukrowska, Katarzyna: Probleme der Regionalen Zusammenarbeit der CEFTA-Staaten, in: Osteuropa-Wirtschaft 1/1996, S. 38-51.

zeichnet in Russland existierende Vorstellungen von einer europäischen Ordnung nach, bietet Erklärungen für Kontinuität und Wandel der Europapolitik Russlands an, zeigt Möglichkeiten und Grenzen gesamteuropäischer Integration auf.
Bd. 15, 2006, 344 S., 24,90 €, br., ISBN 3-8258-9046-5

Osteuropa: Geschichte, Wirtschaft, Politik

hrsg. von Wolfgang Eichwede, Frank Golczewski, Friedbert Rüb und Günter Trautmann †

Esther Meier
Eine Theorie für "Entwicklungsländer"
Sowjetische Agitation und Afghanistan 1978 – 1982
Esther Meier diskutiert das Verhältnis von Presse, theoretischen Texten und Politbüroprotokollen in der Sowjetunion am Beispiel Afghanistans. Mit der Machtübernahme der "Demokratischen Volkspartei Afghanistan" 1978 und insbesondere mit dem Einmarsch sowjetischer Truppen in Afghanistan 1979 bedurfte die sowjetische Afghanistanpolitik der Legitimierung gegenüber der eigenen Bevölkerung. Diese erfolgte im Rückgriff auf entwicklungstheoretische Konzepte, die sich am Modell der zentralasiatischen Sowjetrepubliken orientierten. Die Arbeit untersucht neben der *Pravda* eine Zeitung aus einer dieser Republiken, den *Kommunist Tadžikistana.*
Bd. 29, 2001, 152 S., 17,90 €, br., ISBN 3-8258-5298-9

Michaela Tzankoff
Der Transformationsprozess in Bulgarien und die Entwicklung der postsozialistischen Medienlandschaft
Bulgarien gehört zu den Transformationsländern Osteuropas, deren Entwicklung bislang vergleichsweise wenig Beachtung gefunden hat. Das vorliegende Buch zeichnet den Transformationsprozess Bulgariens seit 1989 nach, die politische und wirtschaftliche Entwicklung und besonders die neu entstandene Medienlandschaft. Zudem wird ein theoretischer Zugang zum Zusammenhang von Medien und Transformation eröffnet.
Bd. 30, 2002, 200 S., 20,90 €, br., ISBN 3-8258-5948-7

Ingrid Oswald; Eckhard Dittrich; Viktor Voronkov (Hg.)
Wandel alltäglicher Lebensführung in Russland
Besichtigungen des ersten Transformationsjahrzents in St. Petersburg
„... und überhaupt ist alles viel viel schneller geworden", so faßt eine Wissenschaftlerin aus St. Petersburg den Wandel im Alltags- und Arbeitsleben zusammen. Wer sich den neuen Anforderungen nicht fügt und seine Lebensführung rationalisiert, dem droht der soziale Absturz, könnte man annehmen. Doch dagegen werden alle verfügbaren Ressourcen mobilisiert: Familie, Freunde und Bekannte, Beziehungen, Zweit- und Drittbeschäftigungen. Letztlich verändert sich alles, doch die früheren Gewohnheiten sind unverkennbar. In welche Richtung sich die postsowjetische Gesellschaft entwickelt ist dabei noch offen: hin zu apolitischer Improvisation auf Dauer oder hin zu einem „kooperativen Individualismus", der durchaus auch ein Handlungsmuster für westliche Gesellschaften sein könnte.
Bd. 31, 2002, 240 S., 17,90 €, br., ISBN 3-8258-5805-7

Jakob Fruchtmann; Heiko Pleines
Wirtschaftskulturelle Faktoren in der russischen Steuergesetzgebung und Steuerpraxis
Das vorliegende Buch untersucht das russische Steuersystem in seinem wirtschaftskulturellen und gesellschaftlichen Kontext. Die politische Motivation hinter der Steuerreform 2000/01, ihre Auswirkungen auf Föderalstaat und Sozialsystem sowie die Reaktionen zentraler gesellschaftlicher Gruppen werden im ersten Teil analysiert. Der zweite Teil des Buches beschreibt dann Probleme der Steuerpraxis, die von Steuerzahlungen in Güterform über Verhandelbarkeit von Steuerzahlungen und Korruption bis zur Steuerhinterziehung reichen.
Bd. 32, 2002, 208 S., 20,90 €, br., ISBN 3-8258-6257-7

Heiko Pleines
Wirtschaftseliten und Politik im Russland der Jelzin-Ära (1994 – 99)
Das vorliegende Buch untersucht die politische Rolle von Wirtschaftseliten in Russland unter Präsident Jelzin. Einleitend wird der politische Entscheidungsprozess beschrieben und die relevanten Akteure auf Seiten von Staat und Wirtschaft werden vorgestellt. Neben den „Oligarchen", einflussreichen Unternehmerpersönlichkeiten, die durch politische Korruption und Medienschlachten Beachtung gefunden haben, werden dabei auch alternative Akteure, etwa die Agrarlobby und der Kohlebergbau berücksichtigt. Die konkreten Interaktionen zwischen Wirtschaftseliten und staatlichen Akteuren werden abschließend anhand einer Fallstudie zur Unternehmensbesteuerung illustriert.
Bd. 33, 2003, 448 S., 30,90 €, br., ISBN 3-8258-6561-4

Henrike Anders
Ukrainisch-katholische Gemeinden in Norddeutschland nach 1945
Die Ukrainische Katholische Kirche (UKK) in Deutschland hat ihren zentralen Sitz seit 1945 in München. Henrike Anders untersucht die Entstehung der drei norddeutschen Gemeinden Berlin, Hamburg und Hannover nach 1945. Die Anwesenheit ukrainischer Displaced Persons (DPs) in Westdeutschland ermöglichte die Einrichtung dieser kirchlichen Zentren. Besonders interessiert der Einfluß der UKK auf das Selbstverständnis der „Heimatlosen Ausländer" in ihrer religiösen und nationalen Identität unter den unterschiedlichen politischen Bedingungen vor 1945, danach und seit der Selbständigkeit der Ukraine 1991.
Bd. 35, 2003, 176 S., 17,90 €, br., ISBN 3-8258-6606-8

Andreas Heinrich
Globale Einflussfaktoren auf das Unternehmensverhalten
Die corporate governance des russischen Erdöl- und Erdgassektors
Die Untersuchung des Einflusses globaler Faktoren auf die corporate governance des russischen Erdöl- und Erdgassektors kommt zu dem Ergebnis, dass globale Einflüsse in Form der Internationalisierung mit einer Zeitverzögerung positiv auf die Qualität von corporate governance wirkten. Je stärker die Internationalisierung eines Unternehmens, desto höher ist der Druck zur Übernahme internationaler corporate governance-Standards.
Bd. 36, 2004, 304 S., 29,90 €, br., ISBN 3-8258-7708-6

Ulrike Preuß
Stalin und die Kirchen – ein Bündnis für den Sieg
Eine Analyse der sowjetischen Presse während des Zweiten Weltkriegs
Nach dem deutschen Überfall auf die Sowjetunion am 22. Juni 1941 änderte sich schlagartig der Umgang mit Religion in der sowjetischen Presse: Die Tageszeitungen *Pravda*, *Izvestija* und *Krasnaja Zvezda* stellten die zuvor vom Staat bekämpften Kirchen nun positiv dar. Ulrike Preuß zeigt, wie die durch die äußere Bedrohung motivierte Zusammenarbeit zwischen Kirchen und Sowjetführung durch die Medien diskursiv vorbereitet wurde. Ihre Analyse basiert auf bisher zu diesem Thema nicht systematisch untersuchten Zeitungen und liefert eine differenzierte Sicht auf die liberale Phase von Stalins Religionspolitik in den frühen 40er Jahren.
Bd. 37, 2004, 160 S., 14,90 €, br., ISBN 3-8258-8009-5

Isabelle de Keghel
Die Rekonstruktion der vorsowjetischen Geschichte
Identitätsdiskurse im neuen Russland
Diese Studie untersucht in Form einer Diskursanalyse die nostalgische Rückwendung zur vorsowjetischen Geschichte in Russland, die in den Jahren 1989 – 1993 Hochkonjunktur hatte und während der gesamten El'cin-Ära anhielt. Durch diesen Rekurs sollte eine entschiedene Distanzierung vom sowjetischen Erbe erreicht und Traditionsbildung für das postsowjetische Russland betrieben werden. Im Mittelpunkt der Untersuchung stehen drei exemplarische Diskursstränge: 1) Die Debatte über Moral und Gewalt im Bürgerkrieg, vor allem über die Erschießung der Zarenfamilie. 2) Der Rekurs auf die Reformtradition der ausgehenden Zarenzeit, insbesondere auf die Stolypinschen Agrarreformen. 3) Die Wiederentdeckung vorrevolutionärer parlamentarisch-demokratischer Traditionen. Die Analyse stützt sich vorwiegend auf Schulbücher, fachwissenschaftliche und publizistische Texte.
Bd. 38, 2006, 680 S., 44,90 €, br., ISBN 3-8258-8201-2

Jin-Sook Ju
Konstituierung der Programmatik russischer Parteien
Programmatische Differenzierung als Element der Parteibildung im post-sowjetischen Russland
Das Buch behandelt die Frage nach der Entwicklung des Parteiwesens in Russland mit der Fokussierung auf der Konstituierung der Programmatik als Element der Parteientwicklung. Der Konstituierungsprozess wird anhand von fünf internen und externen Bestimmungsfaktoren erfasst: Parteigenese, parteiinterne Interaktionsmodus, Translation der cleavage-Struktur, institutionelle Rahmenbedingungen und Strategie der Parteienkonkurrenz. Zur Untersuchung wurde die außenpolitische Programmatik der KPRF und Jabloko unter Berücksichtigung von Relevanz, Dynamik und Kontrast zweier Fälle, des Kosovo-Krieges und des Tschetschenien-Krieges, ausgewählt.
Bd. 39, 2005, 312 S., 24,90 €, br., ISBN 3-8258-8537-2